王本兴 著

中国印章边栏史

文物出版社

图书在版编目（ＣＩＰ）数据

中国印章边栏史 / 王本兴著. -- 北京 : 文物出版
社, 2021.4
ISBN 978-7-5010-7080-0

Ⅰ.①中… Ⅱ.①王… Ⅲ.①印章－艺术史－中国
Ⅳ.①K877.6

中国版本图书馆CIP数据核字(2021)第029495号

中国印章边栏史

著　　者　王本兴

责任编辑　赵　磊　陈博洋
责任印制　张　丽

出版发行　文物出版社
社　　址　北京市东直门内北小街2号楼
邮政编码　100007
网　　址　http://www.wenwu.com
经　　销　新华书店
制版印刷　天津图文方嘉印刷有限公司
开　　本　889mm×1194mm　1/16
印　　张　20
版　　次　2021年4月第1版
印　　次　2021年4月第1次印刷
书　　号　ISBN 978-7-5010-7080-0
定　　价　128.00元

前 言

一件成功的篆刻作品，应该是印文与边栏互相映衬，互相协调，相辅相成的艺术品。印章的边栏不仅仅是印章的边界、护栏，而且是印文的延伸，是印章的重要组成部分。它包含在印章艺术这一不可分割的整体之中。所谓边栏一般是指：一、印章的外围边界；二、印文中的分格界栏。构成边栏的线条可粗可细，可光洁可残破，可单行可双行，可朱白相间，也可用灵形、几何纹、异形图案饰在印文周围，以作边栏用。有一些朱文印只有印文而看不到边栏，属无边栏式印章，其实它亦是在一个无形的边框内设计布白，这类朱文印往往很巧妙地借用印文周边的点画作边栏用。纵观历代印章，无论哪个时代，其边栏的特点，总是与印章的总体风格密切相关，总是与印章的格调保持一致，凭借印文的疏密、虚实、线条的粗细、轻重为依托，随印文变化而变化，红花绿叶，交相辉映，更臻完美。因此，边栏与印文具有有机的、唇齿相依的整合关系，边栏是在印章章法的基本格调下产生的，研究边栏问题，对认识与确立边栏在印章艺术中的作用，从而更好地发展、弘扬印章艺术，有着不可替代的实际意义。

在诸多篆刻理论著述中，论述印章边栏问题的，最早要算宋代米芾的《书史》，再就是元代吾丘衍《三十五举》，明代何震《续学古篇》卷上、徐上达《印法参同》、沈野《印谈》、清代吴先声《敦好堂论印》、冯承辉《印学管见》、陈沣《摹印述》等，均有提及边栏之语，然深论和创见不多，没有把边栏在印章中的重要作用作为专题进行研究。明清文人印代表，流派印人丁敬、邓石如、吴让之、赵之谦、吴昌硕等大家出世后，对边栏有着多方面的探索与突破，但对边栏亦无专著。邓散木的《篆刻学》对边栏问题也是简略行文，未作深入论述。

为了总结前人经验，更好地理解边栏与印文的关系，以及其在篆刻艺术美学方面所起的作用，笔者将历代印章边栏的特点作一梳理归纳，分门别类。并以此为纲，对边栏的各种形式进行专题讨论，究心于斯十多年，遂成《中国历代印章边栏演变简史》，此书 2002 年 11 月由辽宁美术出版社正式出版发行，填补了篆刻领域专题空白，反响强烈，受到书画各界多方关注。十多年过去了，艺术在发展，认识在提高，边栏在创新，审美在完善。为让边栏更好地发挥作用，更进一步交流同好，笔者深思熟虑，从旧石器时代、新石器时代陶器、陶拍、工具等器物边框形态的萌生、孕育，到明清及近代文人印章丰富多彩、各种各样的印章边栏，纵横采纳，上下借鉴，以作品为证据，力求图文并茂，深入浅出，补文修订，遂成《中国印章边栏史》面世，以飨爱好篆刻的读者。

王本兴

己亥仲夏识于南京凤凰西街 59 号二类轩

目 录

第一章

第二章

第三章

第四章

第五章

第六章

附　录　中国历代印章边栏总汇

第一章

旧石器时期、新石器时期和夏代

三方商代玺印是历史上出土最早的印章，分别是朱文"口"字格边栏、"亚"字形边栏、朱文"田"字格边栏。似乎已相当成熟，相当完美，之前还没有发现更早的印章。常言所说"冰冻三尺，非一日之寒"，在成熟的商玺之前，肯定会有一些器物，与之血脉相连。换言之，成熟的商玺之前，会有一个"玺孕育期"。我们说旧石器时代、新石器时代和夏代的那些陶器、瓦器、用物、工具的多器形外框，就是将来印章边栏的雏形。

古代人类大多傍水而居，旧石器时代及之前的古人饮水和动物一样，需要直接到沟河湖塘的水边去饮用。当社会进入新石器时代，出现了农业和牧畜业，人类开始了定居、半定居的生活，谷物成为人类可靠而稳定的可供食物。谷物的烹饪和储存需要有耐火和防水的器皿；人们饮水也希望能有汲水和贮水的工具，以减少频繁往返的奔走之劳。就在这一时期，人类通过生活实践，一种既耐水又耐火的陶器应运而生。

起初，人们用树枝编成器皿形状，将水调和黏土敷在其内外壁，以火焙烧，这就是最早的陶器，只是厚重了一些。后来人们不要里面编织的树枝，直接用黏土做成的器皿烧硬以后，一样耐火、耐水，真正的陶器就这样产生了。从已出土的文物来看，中国最早的陶器大约出现在距今一万年左右的新石器时期早期。陶器的发明，是人类第一次利用化学变化，依照自己的意志，把自然物质创造成一种崭新的器物。这不仅是人类在利用自然、改造自然、改进生活质量方面迈出的划时代意义的巨大一步，同时也是人类文明史上的一个重要里程碑。在此以后的四五千年里，人类的生产、生活、祭祀、丧葬等活动，再也没有离开过陶器。新石器时代的陶器主要有素陶和彩绘陶两大类。"素陶"是没有彩绘纹饰的陶器。由于烧制的工艺或胎土不同，烧成后的陶器又有红陶、黑陶和白陶之分。

远古人类把自然界复杂的形态用几根简练的线条真实生动地描绘出来，又将这些形体抽象为具有对称、均衡、疏密、变化等美学特征的规范化的几何图形，这些几何图案在几千年后的今天，仍然是设计学平面构成中最基本的组成要素。陶器上的纹饰体现了原始社会人类丰富的想象力和惊人的创造力。无论是后来的玺印还是边栏，也往往溯源于一种原始的形态，亦可称之为脱胎于某种原始形态，或孕育于某种原始形态之中。

一、旧石器时期

旧石器时期（约 300 万年至 1 万年前），如图 1，1954 年山西襄汾县丁村出

示意图

三棱尖状器

7 万年前　旧石器时代中期　掘削工具

1954 年山西省襄汾丁村出土

示意图

石球

10 万年前　旧石器时代中期　狩猎工具

1976 年山西省阳高许家窑出土

图 1

土的旧石器时代中期约 7 万年前人类用来做掘削工具的三棱尖状器，即类似于椭圆形、水滴形。1976 年山西阳高许家窑出土约 10 万年前旧石器时代中期狩猎工具石球，纯属圆形。

二、新石器时期

新石器时期（约 1 万年至 4000 年前），器物又前进了一大步，如图 2，"亚"字形冠状王饰，类似于后来的玺印亚字形边栏。玉璧类似于后来的钱币式边栏。双性浮雕彩陶壶，类似于后来的椭圆形、菱形古玺花纹杂形边栏。骨耜农具类似于先秦古玺的编钟式边栏。绘图用的双格陶器调色盒，类似于后来的圆形竖栏边栏。

三、新石器时期刻符陶文

新石器时期的仰韶文化、二里头文化、高邮龙虹庄文化等出土发现了刻符、

示意图

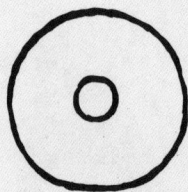

示意图

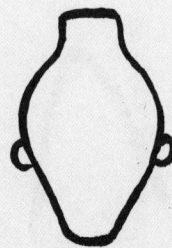

示意图

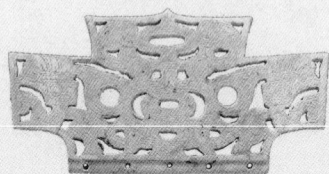

"亚"字形冠状玉饰

新石器时代良渚文化

1986 年浙江省余杭县文山出土

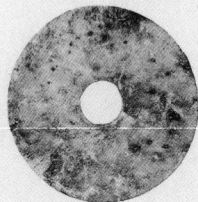

玉璧

新石器时代良渚文化

裸体双性浮雕彩陶壶

新石器时代马厂文化 酒器

1974 年青海省乐都县柳湾出土

图 2-1

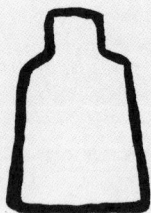

示意图

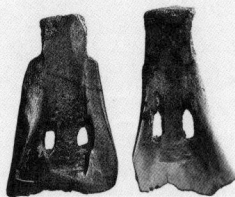

骨耜农具

新石器时代河姆渡文化

1973 年浙江省余姚市河姆渡出土

示意图

陶壶

新石器时代仰韶文化

1973 年陕西省宝鸡市北首岭出土

示意图

双格陶调色盒

新石器时代马家窑文化 绘画工具

1953 年甘肃省兰州市出土

图 2-2

象形符号
西安半坡仰韶文化彩陶上刻划符号

二里头遗迹陶器刻符号表

高邮龙虹庄遗址陶文

图 3

陶文。虽然还不能说是成熟的文字，但可以肯定，它是文字孕育期的产物，对印章的诞生有着不可估量的促进作用。参见图 3。

四、夏代

夏代（约公元前 21 世纪至公元前 16 世纪），这是我国最早的阶级国家形态，长期来夏代的面目一直模糊不清，经过艰辛的考古研究，大致知道中原地区如山西、河南中晚期的龙山文化，相当于历史上的夏代，而在这个历史时期的遗址、遗物中，尚未发现真正意义上的有关玺印的东西。故笔者将其放在旧石器时代与新石器时代，作同期论述。参见图 4，甘肃临洮辛店彩陶花纹，另有台湾地区凤鼻头文化陶器上的刻文。

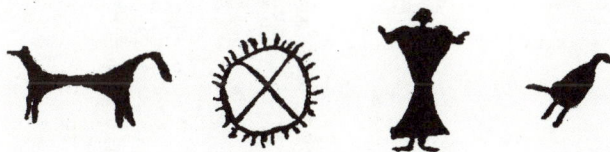

甘肃临洮辛店彩陶花纹

台湾地区凤鼻头文化陶器上刻文

图 4

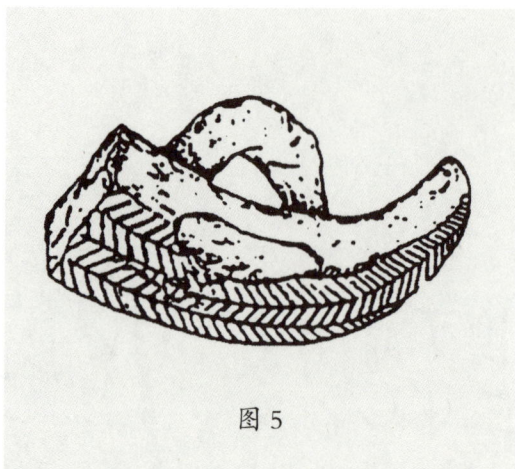

图 5

河南龙山文化晚期
遗址出土的陶拍拍面方格纹

江苏新石器时代陶拍纹

陶拍印纹陶纹

图 6

凤鼻头文化分布于台湾地区中南部海岸与河谷地区，其年代在公元前2500年至公元前1600年左右。各个时期的文化特征均出现于高雄县林园乡凤鼻头遗址，称凤鼻头文化。这些花纹、刻文，可以看出与之前历史时期一脉相承。

五、制陶拍子

制陶拍子即用其在陶泥上按捺出花纹的印模。如图5，即为新石器时代的陶拍示意图。古代那些原始器物图纹，大都脱胎于新石器时代中期的制陶用拍子，这和印章钤盖的原理基本是一样的。

中国最早出现的陶器应大约在距今一万年左右的新石器时代，那时陶器器形简单，质地疏松，陶壁厚薄不匀，一般表面无纹；随着人类进步与发展，这种状况大为改观，各类器形纷纷出现，陶质变细变硬，陶壁厚薄趋于一致，陶器表面出现了一些纹饰。人类除选料、烧铸、制型等技法不断改进外，其重要技术原因之一，就是广泛地采用了制陶拍子。专门制作的制陶拍子，表面刻上各种棱槽。有时在拍子表面缠上细线绳子，这时的制陶拍子，有滚筒碾压式用法的，也有单面拍打式用法的。经过用这种刻有棱槽，或者缠有细线绳的拍子碾压或拍打，陶胎果然更为坚致；这种完全实用的行为，改善了陶器质量，在陶器的外壁留下了一片片绳纹、篮纹、兰纹等，这样比全素面陶器竟显得美观大方；于是，人们又从审美需求出发专门制成了具有装饰功用的印纹陶拍，这样依次叠压地拍打，在陶器外壁形成了各种各样的印纹效果。参见图6。

由上文可知，这种制陶拍子，应当是后来中国玺印的原始体，玺印边栏的祖形。陶拍子有石制的、木制的和陶制的，这种固体材料的选取原则与后世玺印的选材十分相近。他们凭印面的刻纹抑盖到另一物质载体上，留下纹样印记，这事实上成为后来多种玺印在其他质地的各类器物上抑、烙、戳印功用的滥觞。故后世的玺印，从外形、性质、使用方法等诸方面，都胚孕于新石器时代出现的制陶拍模之中。

汉字中的"玺"字，最早写作"朩"或倒置"仐"，其"十"字部表示"捉手"、把柄（可示作后来的印纽），其"八"字部，是表亦抑盖在制陶软泥上凸起的纹状，两者合成"朩"字状。加上抑盖受体的质符：土制者加上"土"旁、木制者加"木"字旁、金属制者加"金"字旁、玉石制者加"玉"字旁，遂成后来的"玺""钵"等字。

六、小结

旧石器时期、新石器时期和夏代，诞生了狩猎工具、食具、陶器、制陶拍子等器物，这些器物的外形构图、钤盖手法与后来的印章及印章边栏图纹都有一定的渊源关联。这一时期的拍子、印模形式已接近方形、圆形、椭圆形，一般都有边栏，有图案花纹，这与后世的玺印刻治原理较为吻合。为后来青铜器的发展、玺印的出现，打下了坚实的基础。

第 *2* 节 ┃ 殷商时期

（公元前 16 世纪——公元前 11 世纪）

□□印省（"田"字格边栏）

示擒示（"亚"字形边栏）

□甲（朱文"口"字格边栏）

图 1

一、殷商玺印边栏概述

抗日战争前，考古学家从河南安阳殷墟大墓中出土的三方铜质商玺。20 世纪 30 年代，古董家黄濬在其《邺中片羽》中首次著录了此三枚安阳殷墟出土的铜玺（图 1），这引起了考古界的广泛关注。相继著录和选录的有于省吾《双剑誃古器物图录》、胡厚宣《殷墟发掘》、丁山《甲骨文所见氏族及其制度》、饶宗颐《殷代贞卜人物通考》等。殷商时代冶铜技术已相当发达，从出土的青铜器即可证明。尽管如此，当时的学者对三方商玺还是持怀疑的态度，相关古籍上也没有记载殷商时期的印章。但从出土的地域、背景，以及从印章的文字大体模式来看，并非周或周以后之物，后来由徐中舒、容庚、于省吾、胡厚宣、饶宗颐、丁山等这些专家、学者考定为商玺，遂成定论。

此三方商玺的释文颇有争议，有必要加以详述一二。笔者曾撰《说说三方商玺》一文，相继刊载于《印说》《中国书画报》及《甲骨论坛》上，释"田"字格玺为"□□印省"，"亚"字形玺为"示擒示"，朱文"口"字格玺为"□甲"。

"田"字格玺，共四字。鼻纽，现存台湾省。由于文字奇异，一直无法正确释读印文内容。也许因为这个原因，在诸多印刷出版物中，把此印反置、卧置、倒置的都有。由于印章正反、倒卧不一，"田"字格中的文字，也就给人们带来了种种不同的猜测。有人曾释为"子亘□□"。有人释为"子旬抑直"（并指出此释文系李学勤先生提出）。这就奇怪了，湖南美术出版社的《中国古代玺印鉴赏》中，亦称系李学勤先生释此商玺为"刉旬抑埴"只是子字右边加了立刀旁、直字左方加了土字旁，如果不是印刷排版出错，那么李先生是治学严谨的学者，他是不可能这样随随便便提出两种解释的。但无论是释"子亘□□"还是"刉旬抑直"，笔者以为皆不确。值此说明的是：既为商玺，那么当时通行的文字应是甲骨文，所以识读印文应先参照甲骨文，当然也可参照商后的西周金文来考虑。《中国书画报》上《玺印的起源》一文认为："不但放置位置方向不对，而且似是采用拓封泥的办法从印面上直接拓下来的，故文字是反的。这也是对其长期无法释读的重要原因。李学勤纠正了以往的错误，以原印正拓，发现印面四字右方上下两字是阳文，左方上下两字是阴文，并将印面文字释读为"刉旬抑直"四字"。

暂不计阴阳之说，先看印面"子"字，甲骨文"子"字的头部皆不填实而为虚空式的，唯金文之"子"字头部为满实。我们不能随意将满实的子与空虚的"子"画上等号。商玺"田"字格右上第一字若为朱文"子"的话，那么其右连的竖画与左上方的点画代表了什么？当然与"刀"旁相去甚远。也不能将其解释为印底之"石礁"！因而此字释为"刉"不可信，同样，释为"子"亦应存

疑，更不能"为我所用"，随便把"子"字左边的"点"画弃之不理。

"旬"："田"字格右下方若为朱文"旬"字，卜文旬上加一横为指事符号，下象回环之状，或省作钩形，虽然说任何文字入印，都可以将文字不同程度的"印化"，但印化了的文字不会离开原文的本质，总是有迹可循的。而此旬字两者之间毫无关联，印文上的结体亦非为旬也。有人释"亘"，卜文"亘"字外形与印文似乎有点意思（回、亘初为一字），然仔细观察，其印文中部有一个小圆圈，像斜卧的数字"8"，无论卜文还是金文"回""亘"之中部，皆无圆形或方形笔画，只是一短小、平直的横画。科学的态度应是严肃的，不能有点相近就断定是什么。释"亘"证据不足。

"抑"：通"印"，说文谓："按也，从反印，抑俗从手。"象以手抑人使之跽伏之形，印、印原为一字。后世玺印出现，说文谓："执政所持信也，从爪从卪。"即爪置于卪之左上方者为印，置于右上方者为印（抑）。而"田"字格左上方与抑无多大关联，而与卜文"印"字类近，可视为印之省文。当然这样的省文能否释为"印"字，有待进一步考定。

"直"：卜文"直"，"从目上一竖，会以目测得直立之意"。到秦时小篆上竖才讹为"十"。而"田"字格左下方若为白文"直"字，则与殷商卜文目上之直竖相差甚殊，但与卜文、金文之"省"字却十分相近。那么可否释为"省"呢？故暂作"□□印省"。

三方商玺中被释为"亚禽氏"或"亚罗示"之印。此印亦为鼻纽，现存台湾省。印文左右横向排列，左右两边均

为"示"字。示为氏之本字，古代音同字通，所以诸多学者以示释为氏。仔细观察印面被一个"亚"字形的边框所包围，故人们在印章释文前加一个"亚"字。这有牵强之嫌，因为古代有"亚"字边框的玺印为数不少，它和上述的"田"字框一样，都是起边饰作用。在殷商卜文中有现成的"氏"字，古人为什么会弃之不用，而非要用"示"借代呢？印中之"示"可是一个没有悬念、没有猜想的"示"！在殷商时代，祭祀占卜中"示"表示石柱、祭台、天神、地祇、先王等。故二个"示"表示左右两边两个神主之形。

值得探讨的是"禽"字，首先排除"罗"字，因为卜文罗字结体与之相去甚远，无理由释为罗。甲骨文禽、离（擒）二组字形，后者上方多了一"佳"即鸟之部首，应为"离"字(通"擒")。显而易见印文的中间一字与之类近，结体皆作省文处理。殷商时征战不断，"擒获"俘虏或猎物，乃是战胜者的象征。上文已表述过"示"表示"木表"或"石柱"为神主之形，故"示"为天神、地祇、先公、先王之意。左右两边二个示，应与祭祀占卜有关，从这个意义上看，印文中间系"擒"字而不应是"禽"。印文有可能是"示擒示"三字。这样的图文作为族徽或图腾的意义大于文字意义，从青铜彝器上可以看到，像这样的图文很多，与此商玺可谓一脉相承。有人将这些商玺看成是位尊官显的职官名印、诸侯王公的权力象征或凭信之物，笔者以为殷商时名印、职官印还未形成气候，因而名印的可能很小。

朱文"口"字格边栏印，大多被释

为"瞿甲"或"翼子"。鼻纽，此印原存山东济南一古玩店，后辗转流落到另一私人藏家手中，至今下落不明。印文为上下组合式，下方的印文当然不是"子"，应为卜文"甲"，系公认而无多大争议的字。问题在上方的"瞿"字上，粗略一看，中间有一竖画，两边似是当代的"目"字。两目并列者《说文》中有此字，说文谓："左右视也，从二目，读若拘，又若良士瞿。"而"瞿"字上方亦正是二目，于是有人就释其为"瞿"，此印也就称为"瞿甲玺"。笔者以为此释不确！因为印上竖画两边之目，为当代汉字之"目"，而在殷商时期没有这样的"目"字。我们怎么能开如此低级的、常识性错误的玩笑，将当代的"目"字去替代三千多年前的"目"字呢？卜文"目"字还有一个特殊性：即横者为"目"、竖者为"臣"。而重器上的二目皆为横。所以商玺上的印文、口字内加二短横者视为目，把今"目"当古"目"，并以此释为"瞿"，显然不确。

概言上述，三方商玺至目前还只能是："口口印省""示擒示""口甲"。与卜文对照，虽然有一些大概痕迹，带一点会意性，但所用印文还属未定型状态，缺乏文字的清晰度与识读性，故笔者更倾向于此三商玺系当时族徽一类、纪念性的图形玺，很可能是一种图腾符号。它具备印章的各元素，且有鼻纽，表明可以系绶佩带，上古时代还没有严密的职官制，仅有实际带兵打仗的将领，或王侯宗族。由他们佩带以示身份地位或求吉避凶的可能大。

（一）"田"字格边栏

商玺"口口印省"印，施以"田"字

格边栏。它将印面分割为四，每一个文字占一格。其"田"字格边栏线条平直，干净利落，以方折为主，刚直挺劲。四条边线加上中间两条横竖格线，粗粗细细，曲曲直直，各不相同，各呈特色。边栏的转角也不尽相同，有的主圆，有的主方，有的方圆兼备。在外观形貌和韵味风格上与印文交相辉映，留给后人们诸多联想的余地。"田"字格边栏丰富的变化，在边线与文字之间的布白设计上，有很多调节余地与变化空间。其艺术特点是：规范中有生动；匀称中有变化；平静中有动感。中国古代最早的印章，以"田"字格形式出现，在篆刻领域里树立了标杆，成为边栏的圭臬与样板。

（二）"亚"字格边栏

商玺"示擒示"印，青铜鼻纽。印面上有一个"亚"字，称"亚"字格边拦或"亚"字形边栏。印面图文穿插在上下左右，几成对称状布局。既灵气又古拙。据传"亚"字形边栏的图形是从当时的祭坛形状演化浓缩而来。这种特殊的边格形式，给人一种新鲜特别的感觉，经过印章艺术的印化处理，愈加引人注目，妙趣横生。"亚"字形边栏已不拘泥于原来的亚字，更多的是注入了印章的典雅、空灵、遒丽的神韵，注入了印章的金石气息。别具特色，很有代表性，对后学的影响亦特别深远。

（三）"口"字格边栏

商玺"口甲"印，青铜鼻纽。印章边栏为一个"口"字形，而且边栏线条较为粗壮宽绰，故称之为朱文"口"字格粗边边栏或朱文"口"字格边栏。由于年代久远，边栏被腐蚀得斑斑驳驳、断断续续。但仍能看出丰富的虚实变化。

朱文"口"字格边栏使用普遍，应用广泛，是印章边栏中最为常见的边栏形式，

二、小结

殷商玺印数量虽少，但发凡起例，他所展示的模式，对后来的印章发展，有着不可估量的引领作用，它为中国印章的边栏发展奠定了坚实的基础。特别是它的艺术审美价值，既完善又精到，遥遥领先予书法艺术、绘画艺术。综合上述，殷商玺印边栏总结参见图2。

"田"字格边栏

"亚"字格边栏

"口"字格边栏

图2

第3节 | 西周时期

（约公元前11世纪——公元前771年）

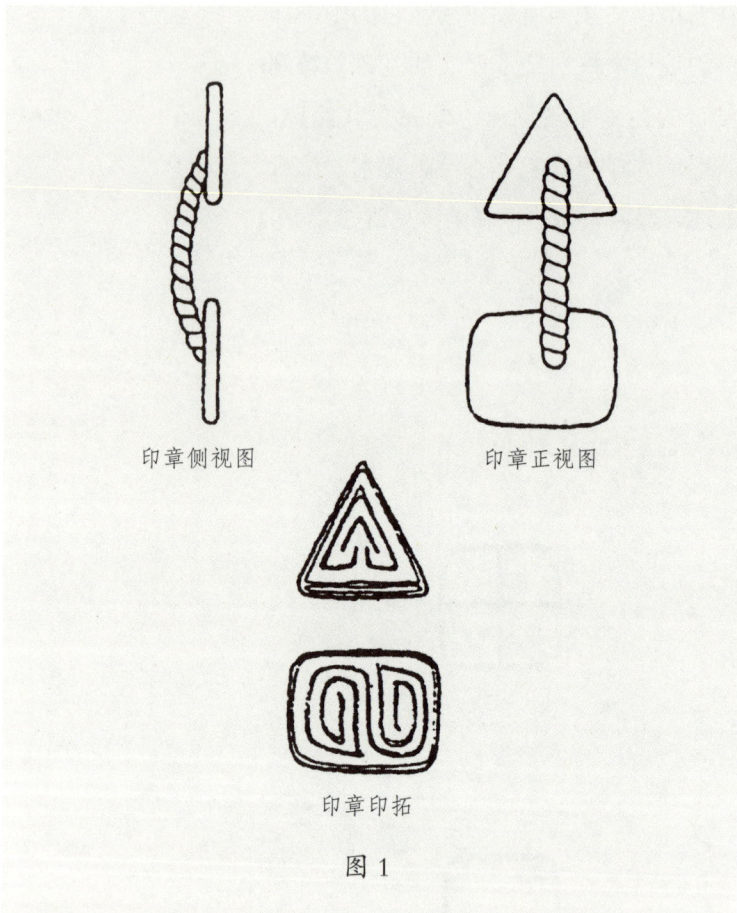

印章侧视图　　　　印章正视图

印章印拓

图1

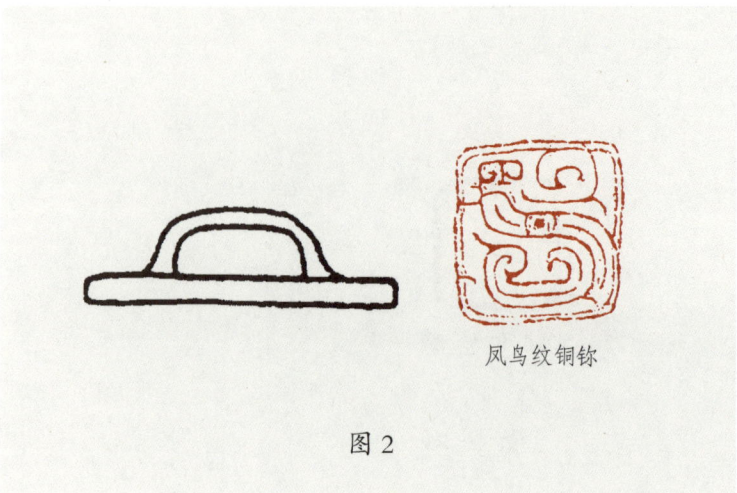

凤鸟纹铜钵

图2

一、西周时期印章边栏概述

殷商时代已基本肯定了玺印的存在，那么以沿用流传的逻辑推测，理应也延续到西周时代。到了东周时期，中国古代玺印出现了蓬勃发展的势头，那么这种情景，也理应在西周时代有其源头与基础。我们常见的西周青铜器上，一些连续出现的纹饰图样，应当是类近玺印的器物抑盖在模范上，再用模范熔铸显现于青铜器上，这为西周玺印的存在与用法，做出了重要的启示与示范。在《周礼》中，曾有三处讲到"玺"字，《地官》条称"凡通货贿，以玺节出入之"；《掌节》条称"货贿用玺节"；《秋官》条称"辨其物之美恶与其数量，揭而玺之"。其中"玺节"之词，即今之印章也。"玺"字，应该是中国关于印的最早文字，即先有"玺"字然后才有"印"字。值此说明的是，西周的印章实物资料毕竟不多，有待于考古发掘出更多的玺印实物。下面就目前存有的西周印章资料（有些在铜器和陶器上），来品鉴一下其边栏的特点：

（一）朱文三角形式边栏

参见图1，20世纪80年代，陕西扶风县一处西周中晚期灰坑中出土的一件铜印，上部作三角形，下部为圆角方形，中间由一桥形纽联结，上下两印印面上

凤鸟纹铜钵　　　　饕纹铜钵

凤鸟纹铜钵

兽面纹钵

图 3

分别铸有镢形及云纹图案。整个印式非常新颖别致。属朱文三角形式边栏与圆角方形边栏连珠式印章边栏。

（二）朱文双"口"字形边栏

参见图 2，系陕西扶风县西周中晚期灰坑中出土的另一件铜印，圆角方形，桥形纽，印面上刻制凤鸟纹图案。边栏由两道朱文线条组成，属朱文双"口"形边栏。

（三）朱文细边式边栏

参见图 3，系西周时代青铜器凤鸟图纹印。其朱文边栏细于印文细条者，属朱文细边式边栏。

（四）白文"口"字形边栏

参见图 4，系陕西出土一件西周时代仿铜灰陶酒尊上的印记。印文为白文，"南门之钵""安易水钵"，四周由一道白边构成，像一"口"字，故称之为白文"口"字形边栏。

（五）朱文圆形双边边栏

参见图 5，西周朱文圆形玺印，印面是凤鸟纹图案，周围有二道白文边栏，故属朱文圆形双边边栏。

南门之钵　　　　安易水钵

图 4

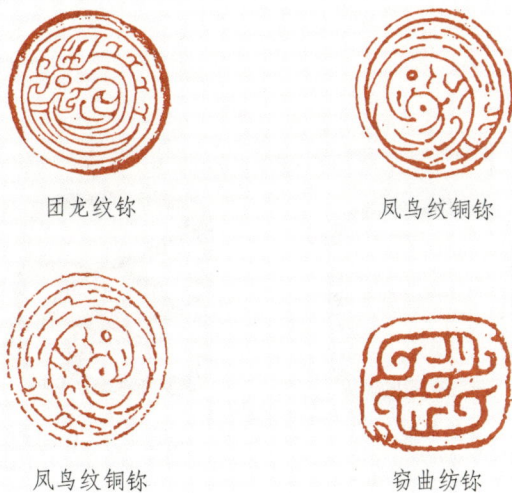

团龙纹钵　　　　凤鸟纹铜钵

凤鸟纹铜钵　　　　窃曲纹钵

图 5

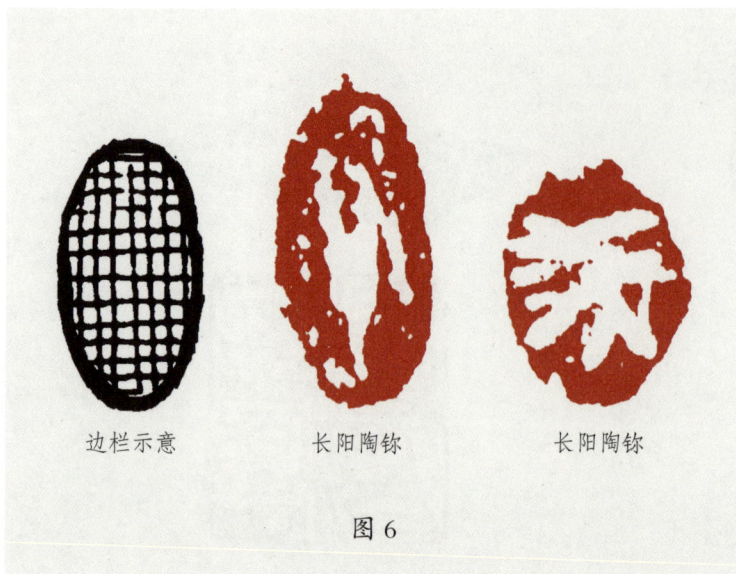

边栏示意　　长阳陶钵　　长阳陶钵

图6

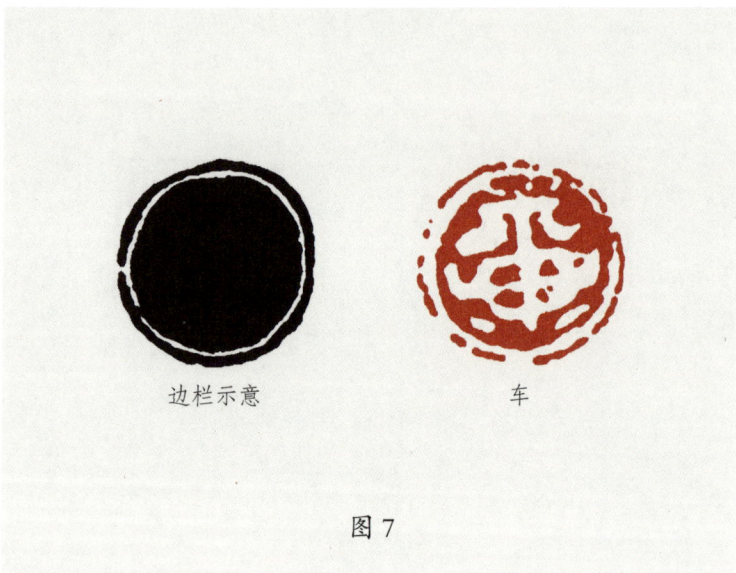

边栏示意　　车

图7

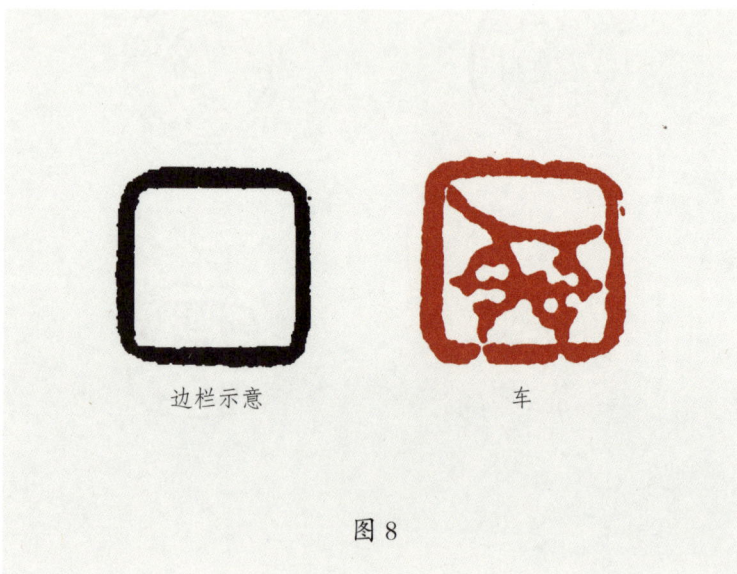

边栏示意　　车

图8

（六）白文椭圆形留红边栏

参见图6，二方长阳陶玺，印文系肖形图案，相当古朴浑厚，沉稳自然。图纹居印面中心，四周留红部分，自成边栏，称之为白文椭圆形留红边栏。

（七）白文"○"形边栏

参见图7，印文系一个"车"字，印文居印面中间部分，线条较为粗壮犷悍，粗细变化丰富，刀笔十分灵动。四周有一道白边，自然形成一个○字形。故称这类边栏为白文"○"形边栏

（八）朱文粗边边栏

参见图8，印文亦是一个"车"字，这个车字大胆泼辣，与众不同，带有大写意的手法，看上去很是生动活泼，特别引人注目。印章属朱文印，而它的边栏特别粗壮有力，四角方中寓圆，粗细变化很是丰富，看上去充满韵味。

二、小结

西周及春秋战国时代，奴隶制社会由盛至衰，封建社会逐渐发展起来。由于社会交往繁复，印章的凭信功能也日渐显出其重要性。这一时期印章开始用于国事，而且在生产、商业、军事以及平民日常生活中也占有重要位置。目前考古挖掘获得西周至春秋的印章实物为数不是很多，部分西周、春秋时代的玺印相互混在一起，不好严格区分，尚有待鉴别。当然，从文献记载看，西周和春秋时代有印章的存在则毋庸置疑。本文选择了西周数方印式边栏，对其边栏进行了分类评述，虽然为数不多，但边栏的种类与形式很有特色。综合上述，西周时代印式边栏总结参见图9。

朱文三角形式边栏　　　　　朱文细边式边栏

白文"口"字形边栏　　　　　朱文圆形双边边栏

朱文双"口"字形边栏　　　　白文椭圆形留红边栏

白文"○"形边栏　　　　　　朱文粗边边栏

图 9

春秋时期
（公元前 770 年——公元前 476 年）

西周被灭后，周王从西安迁都洛阳，史称东周。东周分为两个时期：春秋和战国。之所以要把东周分成两个时期，因为在这段时间经历了很大的变革，春秋时期，各诸侯还是以周王为尊（虽说春秋无义战，但至少打着东周的旗号）。战国时期，完全是割据的诸侯为了统一天下而征战，此时东周已经名存实亡了。

春秋时期，从有关文献资料证明，玺印的使用已十分普遍，并且在政治领域发挥了重要作用。《国语·鲁语》记："襄公在楚，季武子取卞，使季冶逆，追而与之玺书。"玺书，就是用玺印钤盖封泥后的文书。鲁襄公二十九年即公元前 544 年，相当于春秋中期，说明春秋时期继续在使用玺印。并且可以明确断定年代最早具凭信功能的印，绝大多数均属战国时期之物。春秋、战国两个时代紧挨相连，未知两个时代的玺印根本差异是什么，但春秋时期的玺印实物极少，且混迹于战国及其他年代，至今未能确指。现将春秋时代的几方玺印边栏论述如下：

一、白文椭圆形"O"形边栏

古玺肖形鱼之印，山西凤陵渡春秋墓葬出土，印面阴刻鱼形，经岁月沧桑，风化腐蚀，印章古色古香，异常朴拙自然。印面上鱼形周围还有一道白边，故称为白文椭圆形"O"形边栏。参见图 1。

二、朱文粗边边栏

印章"䣄疲"，系春秋古玺朱文印，其边栏线条粗于印文线条，故称之为朱

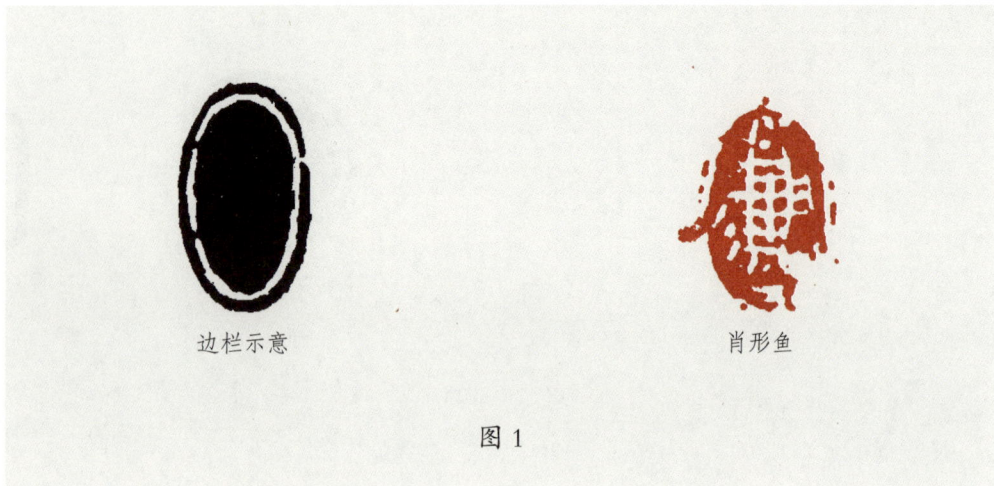

边栏示意　　　　　肖形鱼

图 1

文双粗边边栏。显而易见，朱文"鄍逸
饿府""鄍逸津"两古玺印章，是典型的
粗边边栏。"鄍逸饿府"是曹国逸县主管
借贷的政府机构印；"鄍逸津"是曹国逸
县的关津所用印，曹为春秋时期古国，
都陶丘，在今山东定陶县西北，公元前
478 年为宋所灭。战国时期不复有曹国，
故此印属春秋之物。参见图2。

三、白文"口"字形边栏

印章"昏赕"，系春秋白文古玺印，
印文四周饰有一道白边，构成一个"口"
字形，故称之为白文口字形边栏。参见
图3。

四、朱文圆形双边边栏

参见图4，系春秋时期龙纹玺，青
铜鼻纽式形制，印面图纹匀称典雅，线
条精细规范，柔丽工致。有两个圆形组
成双边边栏。

五、朱文细边边栏

参见图5，系春秋时期鸟纹玺，青
铜鼻纽式形制，现藏故宫博物院。肖形
鸟图纹呈抽象写意形式，古朴大气，印
面线条方圆兼备。边栏线条细于印文线
条，故称为朱文细边边栏。

六、小结

春秋战国时期，伴随着农业、手工
业、商业等长足发展，人们的生活发生
了质的改善。原有王权的东迁，致使奴

| 边栏示意 | 鄍 疲 |

| 鄍逸饿府 | 鄍逸津 |

图 2

| 边栏示意 | 昏 赕 |

图 3

| 边栏示意 | 龙纹玺 |

图 4

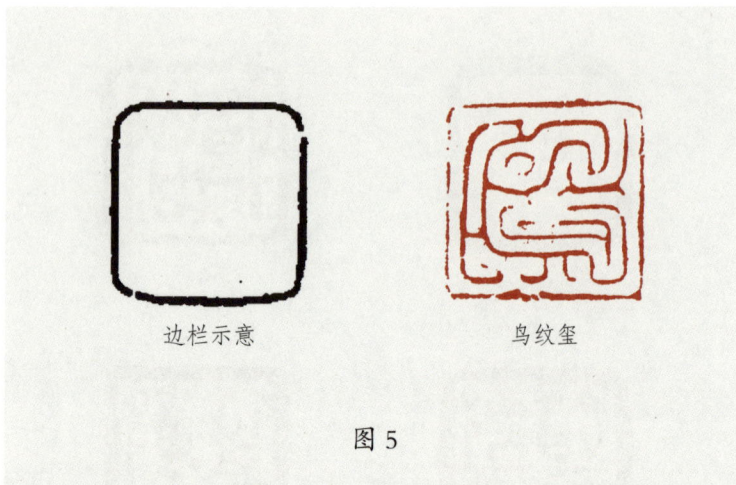

边栏示意   鸟纹玺

图 5

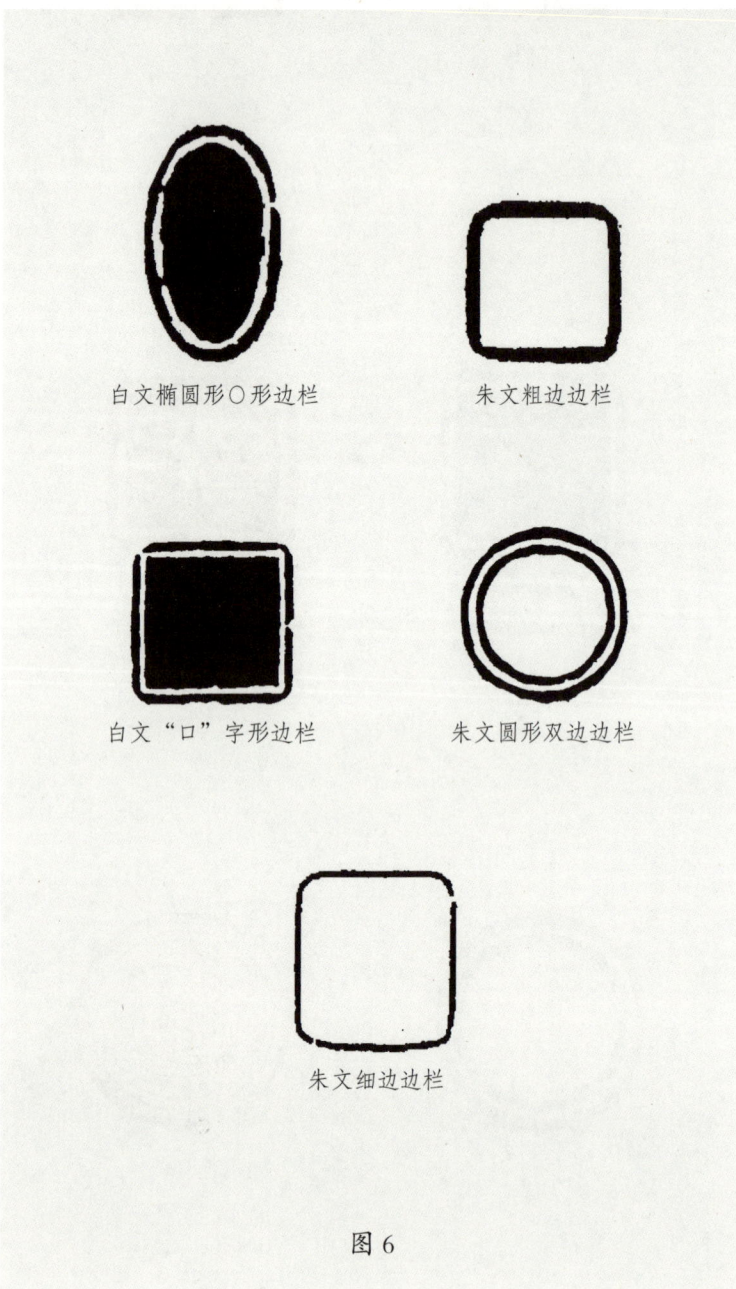

白文椭圆形○形边栏   朱文粗边边栏

白文"口"字形边栏   朱文圆形双边边栏

朱文细边边栏

图 6

隶制社会政权的日趋衰落，其权力也不再威严。物质的壮大又使得诸多附属国地位不断夯实，战乱频发。有的则在保持原有官方与民间的来往之外，文书的传递、贸易的往来等可信度有所削弱，单凭文字与承诺已无法保证时下诸多不确定因素的担忧，一种"新生"而特殊的能代表权力与身份象征的凭信之物被拟定。于是，玺印在这种错综复杂的社会背景下蓬勃发展开来。这种既"远古"又"新颖"的信物逐步进入了历史的舞台。

春秋时期，社会结构发生了质的变化，各国政权分工又较西周时期更加系统，玺印亦随之日趋体现其价值所在，遂形成了等级性较西周更加森严的玺印制度。用玺印作为官职凭证，并用此来行使职权。国君可以随时"夺玺"或"收玺"，君主掌握了玺也就有了对官吏的任免权，所以说官玺即是权力的象征。私玺是在官玺的基础上演化而来，私玺的形成标志着个人之间的商贸往来日益增加和个人在社会结构中位置的不断增强。

春秋时代的玺印虽然发掘出土的数量不多，但无论是官玺还是私玺，皆古朴典雅，浑厚大气，洋溢着浓郁的印章艺术精神。可以说玺印的制作已很成熟，玺印的使用已从生产领域、物资贸易领域走向政治领域，玺印已经成为权力的象征，凭信的象征。战国、秦汉时代长期使用玺印的手段与方法，在春秋时代已经形成。春秋时代的印章边栏归类综合总结参见图 6。

第二章

右敀军迁　　　　左司徒

□垂之钵　　　　上师之印

姊□钵　　　　□右攻师

□渾都左司马钵　　　　右攻师钵

图 1

出土印章实物证明，玺印在殷商时期即已有之。至秦汉日渐完善，此后绵绵不断，流派迭出，呈现出一派繁荣蓬勃的气象。古玺，属我国早期的印章，它是先秦印的统称。所谓先秦，就是指秦始皇统一中国（公元前 221 年）以前这一历史时期。西周至春秋，考古发掘的印章实物数量极少。而至战国则为古玺鼎盛期。近 40 年来，在战国墓中出土了许多古玺，数量以万计。如长沙的伍家岭，巴县的冬笋坝，汲县的山彪镇等。古玺是篆刻艺术上最奥妙、最艰深、最有趣味的一类印章。朱简在《印章要论》中云："先秦以上印，全有字法，故汉、晋莫及。"古玺有官玺、私玺、吉语玺、肖形玺、杂形玺等多种。无论朱白，大都借助边栏界格，使之平稳整齐。印章边栏犹如屋之墙垣，是整个建筑工程的一部分。匠师们以当时诸侯各国通行的文字为基础，依字布形，在边栏的方寸之内各逞机巧。下面我们就以常见的战国玺印为例，来分析研究边栏的特点。

一、白文古玺的边栏

白文古玺的边栏以方形为主，另有扁形、长形、矩形、圆形等形式，不一而足。他们匠心别具，在印面上添加竖栏

022

分格，粗细不一，断连残破，将诸种边栏组合在一起，经过巧妙的变化，以各种不同的面貌呈现。

（一）白文留红边栏

如图1，"右敢军迁""左司徒""□垂之钵""上师之印""姊□钵""□右攻师""□湩都左司马钵"等印章，均系先秦官玺。印文四周留红，形成了天然"红边"，遂称为"白文留红边栏"，这些留红边栏宽窄不一，有的呈不规则状。

（二）白文编钟形边栏

如图2，"易鄅邑圣遹卢之钵""徒盒之钵""职私氏之玺""遹盒之钵""善易郭钵""齐立邦钵"等印作，在其上方多了一个"把子"，有的上下左右均有"把子"，其形状犹如古时编钟或空首布币形，新奇而富有特色，很有趣味。

（三）白文"口"字形边栏

如图3，"郢粟客钵""司马之钵""将军之钵""春安君""柸易都左司马""子粟子信钵""陈强""□内师钵"等印章，印文四周都刻有一条白边，似一个"口"字，而"口"字之外又自然形成了一个朱文边栏。这种边栏则称为白文"口"字形边栏。白文"口"字形边栏在古玺印章中很普遍、广泛，它给人以端庄古朴，拙厚豪迈之感。图3中"陈强"一印，加了两层"口"字形边栏，新颖别致，更富有团聚紧密的韵味。

（四）白文界格式边栏

如图4，"鄅□洰□钵""大廮""左中军司马""东武城攻师钵"等印章，在白文"口"字形边栏内，加刻了竖线，成为界格式边栏。"困臣"印呈六角形，借"困"字的左竖线作印中的界格。"陈□"印系双"口"界格式边栏。

易鄅邑圣遹卢之钵

徒盒之钵

职私氏之钵

遹盒之钵

善易郭钵

齐立邦钵

图 2

郢粟客钵

司马之钵

将军之钵

春安君

图 3-1

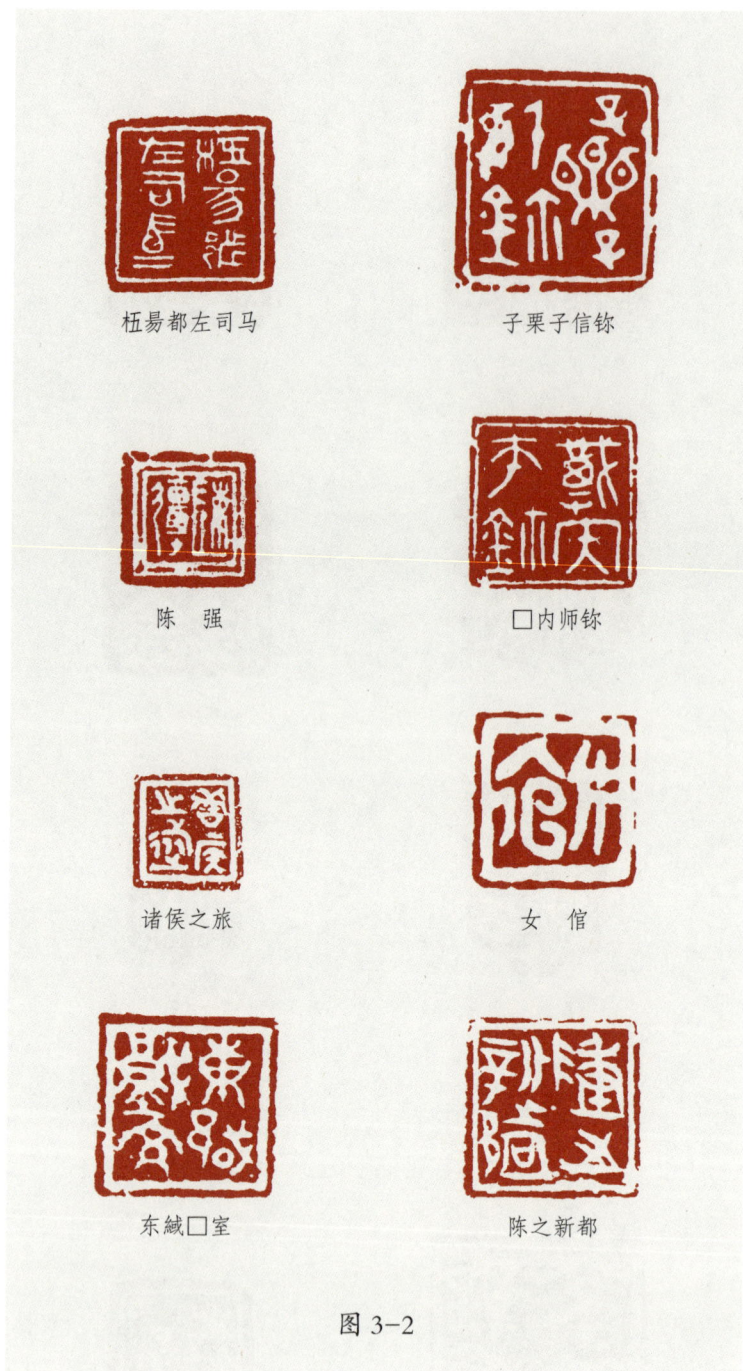

柸昜都左司马 子栗子信钵

陈强 □内师钵

诸侯之旅 女倌

东緎□室 陈之新都

图 3-2

郘□讵□钵 大庼

图 4-1

（五）白文曲尺式边栏

亦可称"缺角"式边栏，如图5，"左仆信钵""尚□钵""志从""任樛""王""封藏""车□钵""左正钵"等印章，其边栏外形似一把直角曲尺。这种印章实际上是方形印缺了一个角，有的缺在右下方，有的缺在右上方，当然也可缺在左下方与左上方。这种边栏十分奇特，开古玺之先河，饶有趣味，受到古今印人的青睐，尤其是明清以后，能见到许多缺角式边栏的印章。

（六）白文"田"字形边栏

如图6，"□府之钵""铨粟将印""连尹之玺""安□之玺""中戠室玺""右巽攻钵""□郯之钵""秦猣□钵"等印章，白文"口"字形中加了一个"十"字，遂成为"田"字形边栏。前面介绍了一方殷商晚期的朱文"田"字形边栏，两者具同工异曲之妙。"田"字形边栏将印面一分为四，尤显平正匀称，每格一字，每格如一方小印，十分和谐统一。

（七）白文"日"字形边栏

"日"字形边栏的印章，即半通印。半通印与"田"字印盛行于秦，但在战国古玺时代已有之。如图7诸印即是"日"字形边栏，实际上是白文"口"字形中加刻了一横画。系"田"字印的一半。这类印章可作书画作品的闲章，故备受人们喜爱与青睐，一直沿用不衰。

（八）白文圆形边栏

印章呈圆形，印文为白文，四周天然留红作为印章边栏，称之为白文圆形边栏。参见图8，"廪""围之信钵""沟城""后戠岁钵"，等印章，即系白文圆形边栏。

左中军司马

东武城攻师钵

困 臣

陈 □

司马之钵

司马敀钵

旃（旅）右左司马

亚将军钵

图 4-2

左仆信钵

尚□钵

志 从

任 缪

王

封 藏

车□钵

左正钵

图 5

□府之钵

铚粟将印

连尹之钵

安□之钵

图 6-1

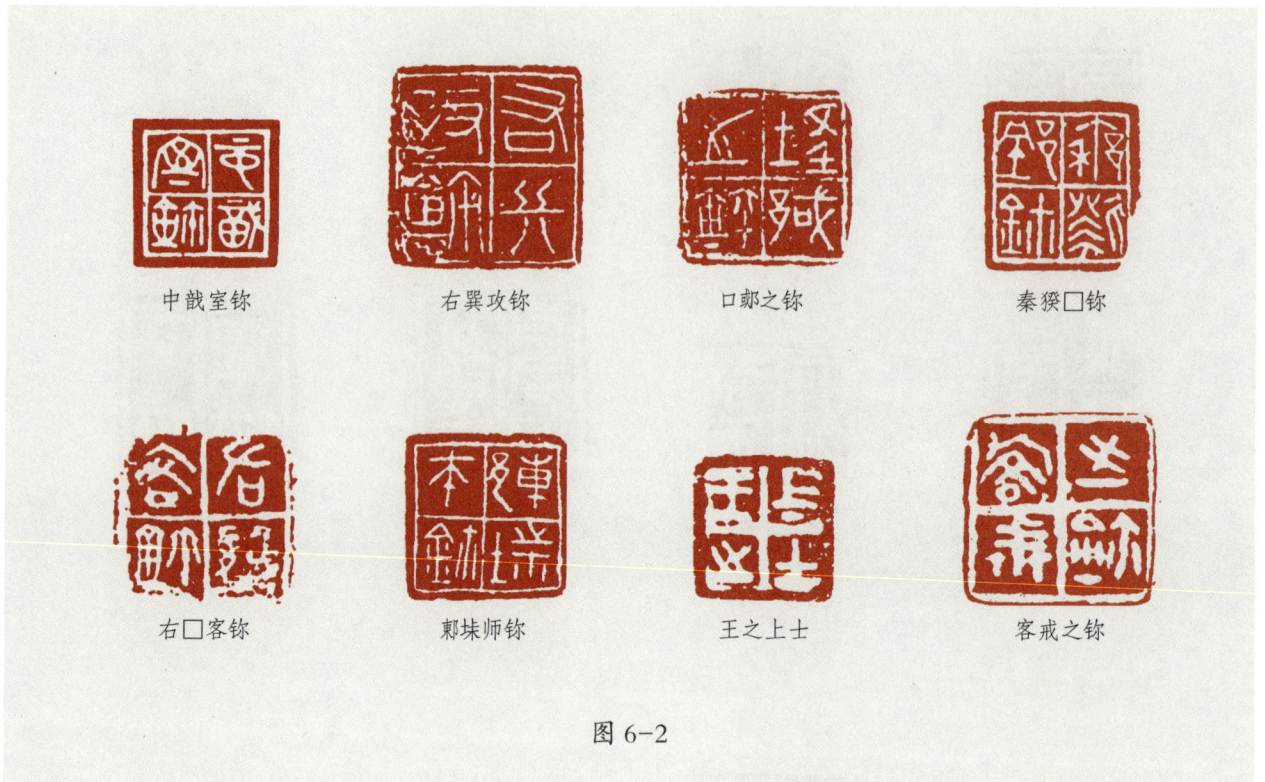

中戠室钵　　右巽攻钵　　口郫之钵　　秦猴□钵

右□客钵　　郕垛师钵　　王之上士　　客戒之钵

图 6-2

商库　　　　邦侯　　　　廐印　　　　发弩

丧尉　　　　连㢱　　　　焦得　　　　弓舍

图 7

| 边栏示意 | 廪 | 围之信钵 | 洵城 |
| 后戢岁钵 | 齐歔 | 大室□固 | 权君之钵 |

图8

（九）白文"○"形边栏

圆形印章，印文刻写在印面中间，四周再刻一道白边，形成一个"○"字形，这类印章的边栏称为白文"○"形边栏。参见图9，"田窖之钵""专室之钵""郏菱钵"等印即是。这类印章古朴多姿，有圆形白边的围栏，印章显得更含蓄与节律。

二、朱文古玺的边栏

朱文古玺的边栏种类繁多，以方形为主，另有长方形、圆形、菱形、组合式等，大都是在方形的基础上蜕变而出。

（一）朱文粗边边栏

前述早期玺印边栏，已提及朱文粗边边栏。要说明的是，所谓粗边，是指印章边栏粗于印文点画的线条。朱文粗边边栏印章在先秦时期，无论是官玺还是私印、吉语印，数量较多，且大小不一，形式各异。如图10，先秦官玺："单佑都□钵""勿正关西""石城强司寇"，姓名印："王买""司马参""王采""长生午"，吉语印："行吉""敬事"等印章，印文线条与边栏线条相比，边栏显得粗壮浑厚。这类边栏的印章在古玺中很多见，先秦私玺数量更多。它的主要特点是工稳端庄，气势不凡，给人以庄

田窑之钵

专室之钵

郏菱钵

鄄阂愧亼钵

图 9

单佑都□金　　　　勿正关西

石城强司寇　　　　王买

司马参　　　　王采

长生午　　　　行吉

敬事　　　　娶女

左桁正木

公

富昌韩君

子杢子玺

图 10

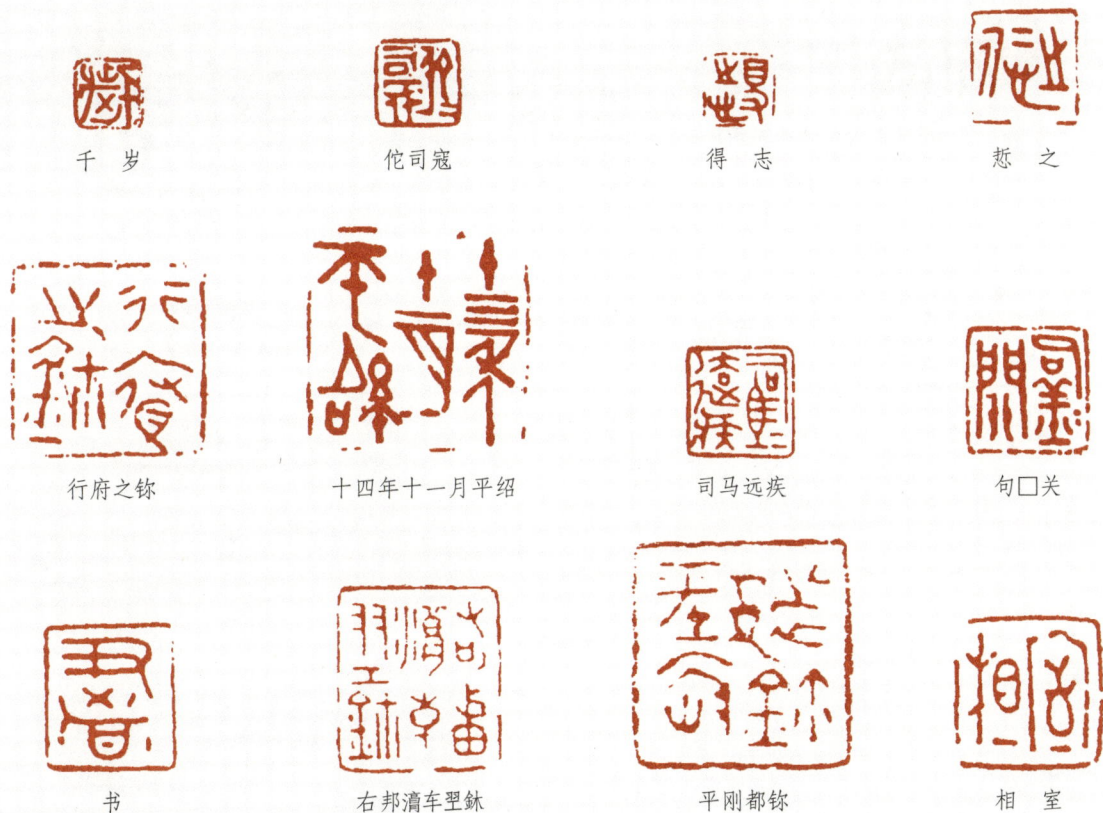

千 岁　　　　佗司寇　　　　得 志　　　　愆 之

行府之钵　　　　十四年十一月平绍　　　　司马远疾　　　　句口关

书　　　　右邦凊车塑鉢　　　　平刚都钵　　　　相 室

图 11

严肃穆之感。

（二）朱文细边边栏

所谓细边，是指印章边栏的线条
细于印文字画的线条。如图11，"千
岁""佗司寇""得志""愆之""行府
之钵""十四年十一月平绍""司马远疾"
等印章，印文点画的线条都比边栏的线
条粗。故称作朱文细边边栏。

（三）朱文粗细边混合式边栏

粗边与细边混合组成边栏，有一粗
三细、二粗二细或三粗一细式。如图12，
"木阳司工"印呈对边粗细式边栏。"愆
事"与"敬事"印，外圈边栏系粗边，
内圈边栏系细边。"粗"与"细"是两者
比较而言。印章通过边栏粗细的组合，
更好地调节了印章的平衡，使印章更秀

木阳司工　　　　愆 事

敬 事　　　　左邑余子啬夫

药 梁　　　　空侗裏

图 12-1

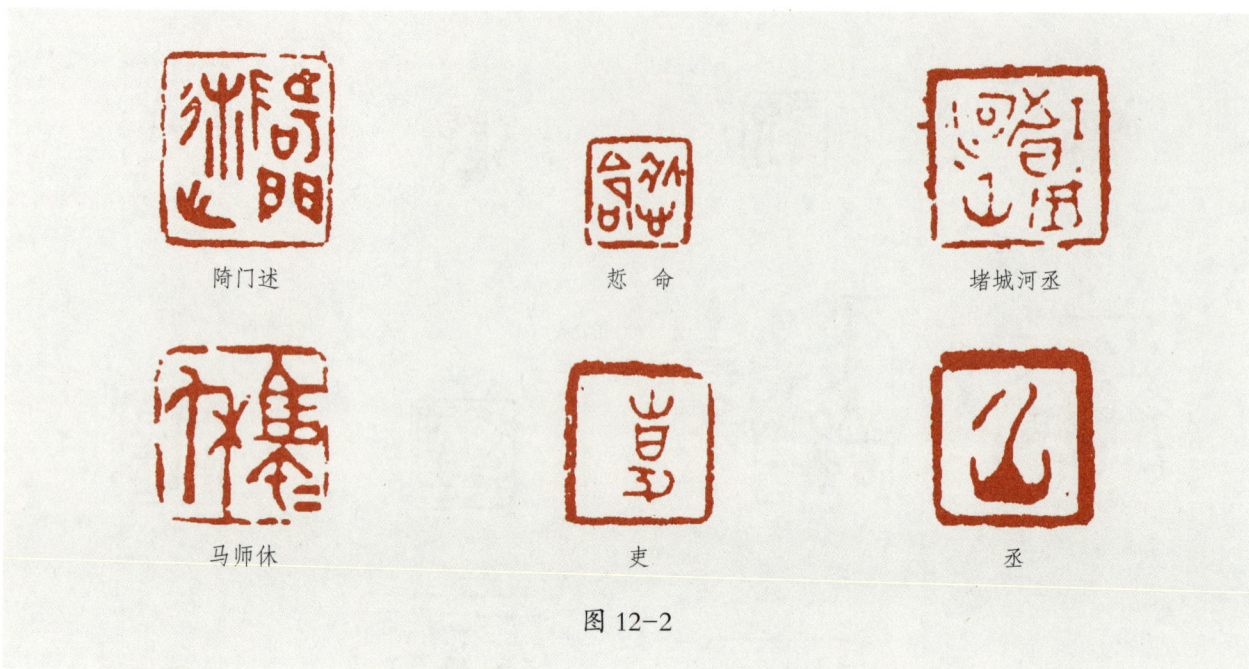

陷门述　　　　恕命　　　　堵城河丞

马师休　　　　吏　　　　丞

图 12-2

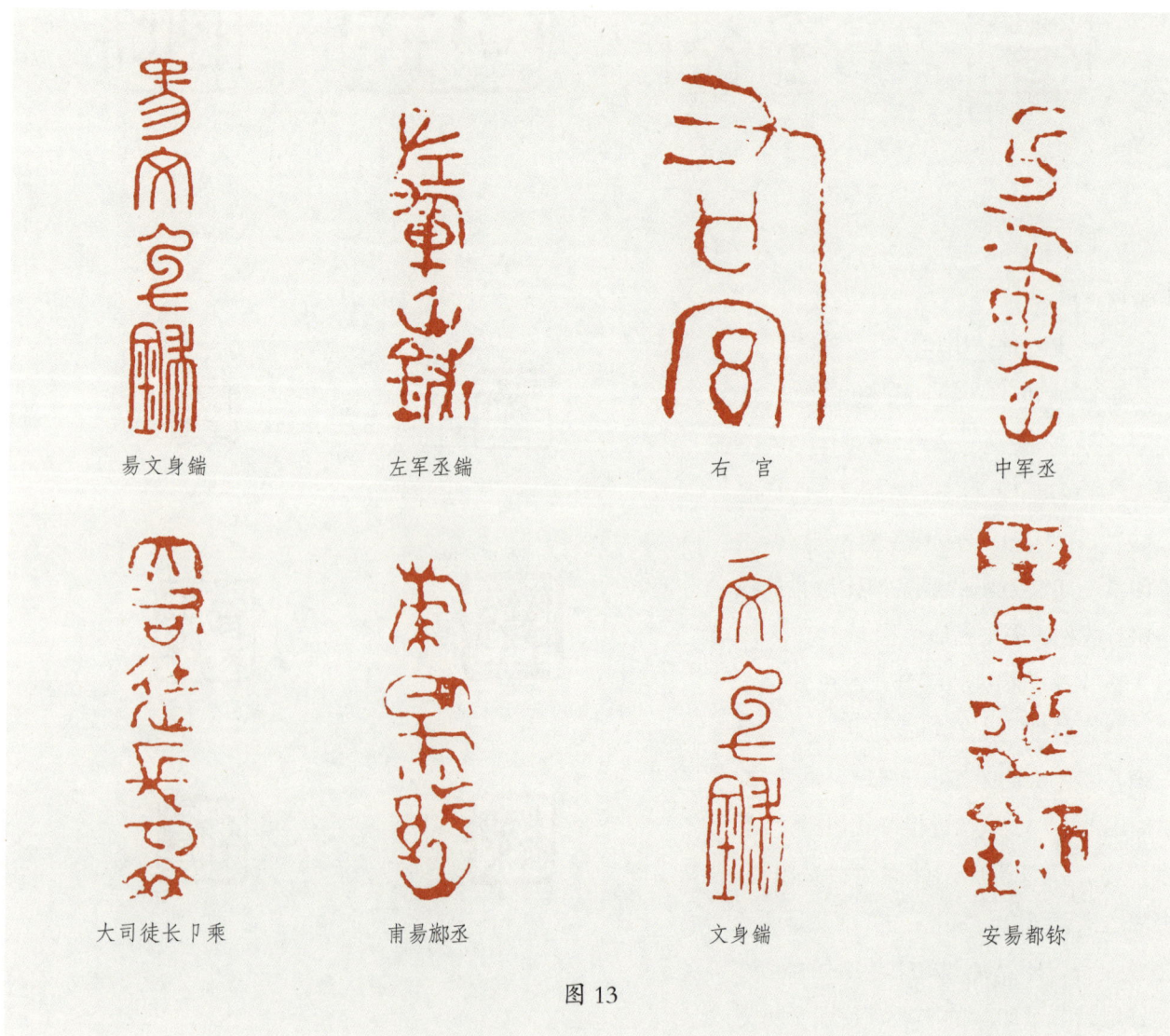

易文身鍴　　左军丞鍴　　右官　　中军丞

大司徒长卩乘　　甫易鄜丞　　文身鍴　　安易都钬

图 13

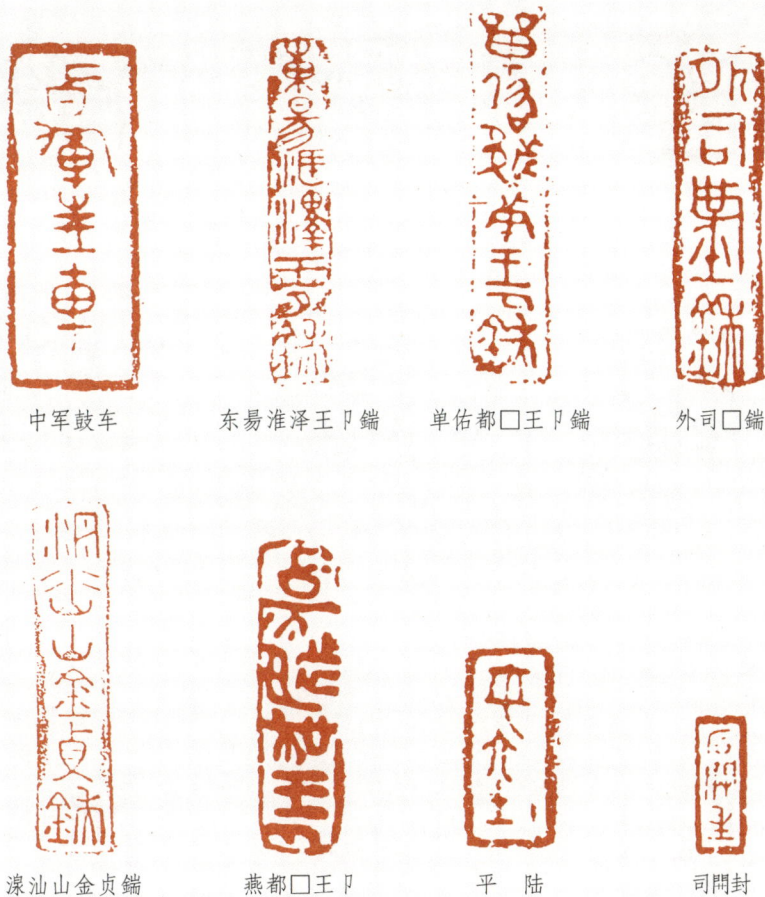

中军鼓车　　东易淮泽王卩鍴　　单佑都□王卩鍴　　外司□鍴

潆汕山金贞鍴　　燕都□王卩　　平陆　　司閤封

图 14

丽隽永，富有魅力。

（四）朱文无边栏式印章

图 13 "易文身鍴"等印，印文周围不设边栏，"左军丞鍴""右宫""中军丞"等印均属无边栏印章，虽无边栏，但总体感觉仍然方正平直，似在一个无形的边栏之内。这些印章皆呈长方形，新颖别致，很有特色。大得后继者喜爱，至今仍在沿用翻新，常用作书画闲章。

（五）朱文长方形边栏

在战国时期有一类朱文长方形印章，显得特别长与窄，如图 14，"中军鼓车""东易淮泽王卩鍴""单佑都□王卩鍴""外司□鍴""潆汕山金贞鍴"等印

章，以长见胜，以纵取势，其边栏有粗有细，有粗细相间，有方角有圆角，有破残有挺直，形式多样，各有特色。

（六）朱文"田"字形边栏

如图 15，"正行亡私"一印，印面呈一个"田"字格，印文各占一格，边栏与印文点画的线条基本一致；"大吉昌内"一印，亦呈"田"字格面目，印面基本四等分，四字各占一格，边栏的线条粗于印文的点画。此外，"王之上士"及数方"上士之右"，排序有别，形制各有不同，很有意蕴与特色。

（七）朱文多元结构边栏

如图 16，"王士"一印，系用横、

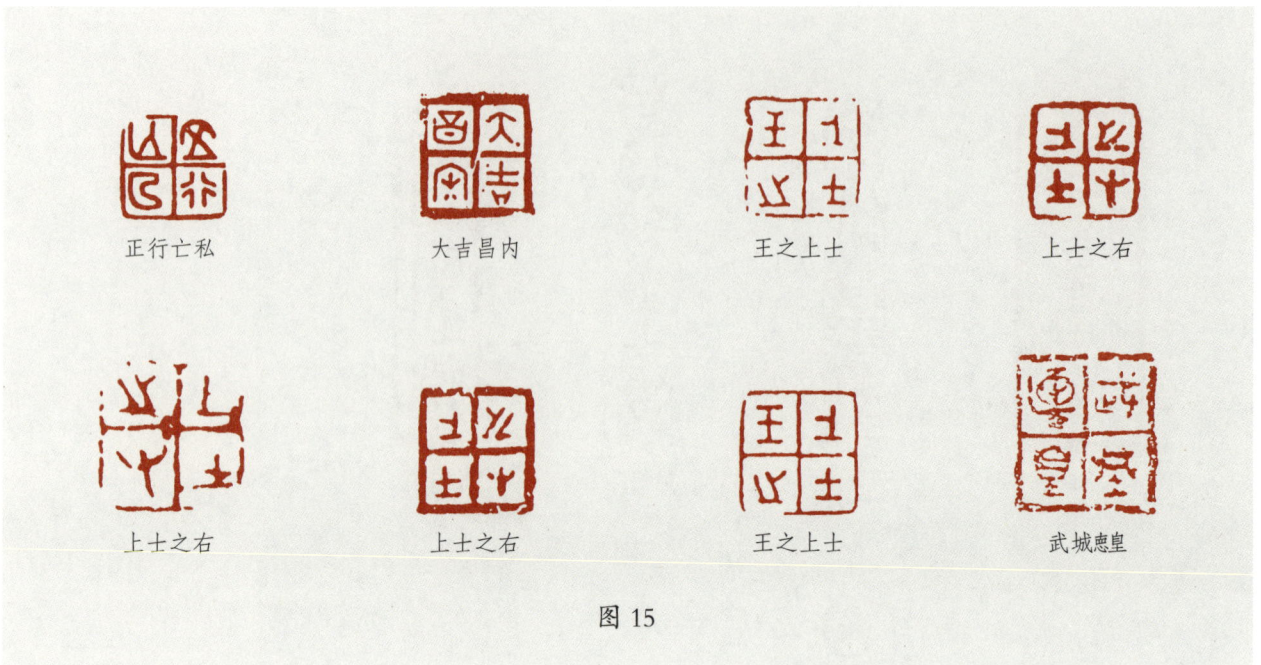

| 正行亡私 | 大吉昌内 | 王之上士 | 上士之右 |
| 上士之右 | 上士之右 | 王之上士 | 武城惠皇 |

图 15

王　士	之士之右	怒　命	宜有千万
可以正氏	两人背坐（肖形）	大吉昌内	公私之钵
□	□	士	上□□□

图 16

竖、斜三种线条，组合成无数个三角形、正方形、菱形、长方形等几何图形，将边栏设计成网状式。"之士之右"印，在方形的朱文边栏内，设置了四个框格，每个印文各占一格，四个框格之间自然形成了一个空心"十"字，妙趣横生。"土"字印系双朱文边栏，在四角之上用一短斜之线，将两通朱文边栏连接起来，成为一个立体的镜面。"恕命"印，在双圆朱文边栏内，布置了一个方形朱文边栏。"宜有千万"一印，"有"与"千"字分别设计了一个朱文边栏，形成对角对称式边栏。"可以正氏"一印，中间的格栏用曲线组合成一个"钱眼"，印文点画与边栏呼应顾盼，异常协调。再看"二人背坐"肖形印，系朱文六边形边栏。组成这六条边栏的线条，断连破残，长短不一，宽宽窄窄，粗细有别。边栏所构成的夹角亦不等同，故这不是一个普通的六边形。仔细观察就会发现，六条边线随着两个背坐人的形象变化而变化，人形长的地方，边框亦长，人形短的地方，边栏线条亦短，而且刻画人形的线条，不仅左右充满微妙的变化，与边栏的线条亦保持一致。两个肖形人物背靠背端坐的姿态，以对称静态为主，然而当你从人物的头、身、手、脚仔细观察时，会发现两者的区别与各自特点，边栏与肖形人物线条的扭动、长短、粗细以及人物姿态的变化，使之产生了一定的动势。高度概括的造型，简明凝练的质朴线条，使这方数千年前的古代玺印无与伦比的精彩。总而言之，朱文多元结构边栏变化多端，强调了雄奇遒丽、浑朴自然的风格，富有趣味性。

（八）朱文圆形边栏

图17"□铢""武阳□兵""宜官""万岁""士君子"等印章，印文四周是圆形边栏，边栏粗者如"万岁""公孙"等印，边栏细者如"公嗇夫""右痎""陆阳垒""□铢"等印章。而独字印"公""官"等圆形章，非常清醒悦目，很含蓄很有韵味。

（九）封泥式边栏

古时，作为门户和邮仓封口的凭证，用泥封口或封扎扣，再用印模按印于泥上，就形成了封泥，即所谓"以检奸萌"。它是古代篆刻艺术的珍贵遗产。用印模按在泥上，四周的受力不会等同，也会印偏，故留在泥上的边栏则呈宽窄不一，粗细不等，斑驳残破，古趣盎然。图18"赽都右司马""信券""司工"等印章即为战国时期封泥章。它们的边栏粗拙犷悍，不规则形，但浑厚古朴，气势豪迈。封泥是泥土制成的，它的可塑性与可变性可想而知，这正是封泥印每一方都不雷同，每一方都不重复的独特的前提条件。

三、杂形古玺的边栏

春秋战国时期诸子百家争鸣，文化艺术包括印章艺术也百花齐放，各种各样的玺印应运而生，尤其是古玺中的吉语印及先秦私玺，更是形形色色，种类繁多，于此统称杂形印，所谓杂形，就是说它非方非圆，形态多变，构成边栏的线条有很大的随意性，曲折多变，不守"规范"，我们将它称之为杂形印，实际上它杂而不乱，与正襟危坐的官玺、私玺相比虽然大相径庭，但杂形印杂中

□铄   武阳□兵

宜官   万岁

士君子   公孙

公畜夫   右痪

陕阳坌   公

官   左桁敷（廪）木

图17

有理，杂中有度，有六个字可以概括它：自由、活泼、奇妙。它是战国古玺中的一大类，数量相当可观。

说它自由，是因为它的印文随形而布，不做作，不硬凑。如图19中的"悲"字印，鸡心形朱文粗边栏，悲字上宽下窄，与鸡心形恰好吻合一致。而悲字没有丝毫被边栏限制拘束。说它活泼，是因为形制不呆板，不刻意。图19中的"大吉"一印，印文向右弯曲，在边栏的下方，还拖了一个又尖又弯的尾巴，似活泼的小蝌蚪，无比可爱。说它奇妙，是因为它的形制十分别致，人们通常难以想象到的而古玺有之。如图19中"王戎兵器"一印，朱文菱形边栏，印中两道挺直的斜线，打了一个大叉，这真是胆识过人，不同凡响。印人们常常提醒自己，印文要与边栏相辅相成，呼应协调。这个提法似乎有些抽象空洞。其实不然，图19中的"善"字玺印，其边栏是一个朱文盾形。也许是采用战国时的兵器形状。印文的一个"善"字，其用意似乎有告诫人们不要兵戎相斗，而应与人为善之意。盾形的上方边栏线条非常平直，下方线长圆曲。善字下方本应写成方口，这里有意刻成圆形。善字上部全部用平横、直折之线，与边栏一一对应。人们通过对杂形古玺边栏与印文的解读，对个中意趣自有心会，体悟多多：现将杂形古玺的边栏分述如下。

（一）异形边栏

异形边栏系改变线条方、圆的形态来组合成边栏。如图19的"言躬"印，呈鸡心形边栏，"敬事""禹"等印章，取古代战争用的盾形为边栏，异形边栏

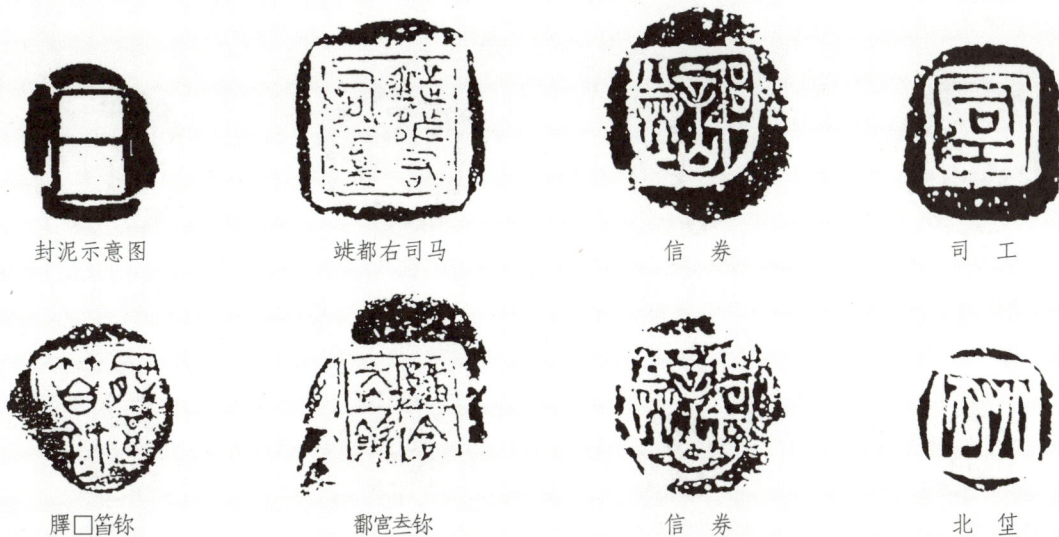

封泥示意图	蛴都右司马	信券	司工
瘅□箭钵	鄱宫杢钵	信券	北坣

图 18

悲	悲	大 吉	王戎兵器
言躬	敬 事	禹	私 玺
善	□生□	□	得 志

图 19

昌　　　　生　　　　何□　　　　王章

肖买　　　黄惑　　　王齐　　　郐昉

长幸　　　　羊迨

肖形印　　　　肖形印

长升　　　　□梁

周易　　　　益光

图 20

明快遒劲，清新悦目，新颖别致，耐人寻味。

（二）纹饰边栏

在杂形古玺印中，有一类印章的边栏除线条外，还饰以图案或图纹，如图20中的两方古兽肖形印，用粗壮而不规则的圆点装饰在印文四周，美化了边栏。"昌"与"生"两印，其边栏在"圆"形上下了功夫，每方都有十多个圆，圆中套圆，圆外有圆，圆与圆之间很匀称工整，这确实是一首以圆为主旋律，无比优美动人的圆舞曲。"长升"一印，里面系朱文细边，四边形边栏，外面系粗边，六边形边栏，里外之间还饰以花纹，十分精美。"何□""王章""肖买"等印章，圆中寓方，方圆之间的空白处饰以一条短线。"黄惑""王齐""郐昉"等印章，亦是圆中寓方，但方圆之间的空白处之图纹系一半月形。"长幸"印则相反，系方中寓圆，四角空白处以点为纹，弥补了角上的空缺感。"羊迨"一印，对角竖置成菱形，里面系白文"口"

字形边栏，外面是朱文粗边栏，里外之间的隔角饰以类似当今人民铁路标志纹样，简明扼要，美观大方。

（三）连珠式边栏

有一类杂形玺印，是由几块带文字的单元连成一体，组成连珠式的印章。自然，连珠式边栏即是这些单元连结而成的综合体。见图21，"土君子"印，两圆并列，下置一个等腰三角形，朱文边栏，连成一体。"李见长"印，系由三个方形白文小印连成一体，组成一个倒置的"品"字。"宜千万"一印，用三个大致等同的三角形相接而成，"昌内吉"印系三个不同大小的圆横向串联而成，其中"内"字倒卧着布局，治此玺的匠师真可谓有胆有识，以情取胜。连珠形边栏，关键在于造"形"，什么样的形，就营造出什么样的边栏。纵观千奇百怪，品种繁多的杂形连珠式印章，令人感慨万千，此乃是古代匠师们执着的艺术追求，敢于创新精神的真实写照。

四、肖形古玺的边栏

肖形印也称"画印""生肖印""图形印""图像印"等等。殷商时期即已有之，到春秋战国时多而盛。肖形古玺有人物、骑兽、动物、植物等图形。栩栩如生、惟妙惟肖，十分动人。像其他古玺一样，肖形印也有端庄而又多变的边栏。如图22中的"双兽"及"武士"等六方玺印，无论是方是圆，均系白文留红式边栏。双兽形象生动，简练概括，运用了拟人、夸张、变形的手法，构思巧妙，虚实有致，浑朴而有情趣。武士肖形皆一手执剑，一手持盾，方形玺武士

土君子　　　　　　　李见长

宜千万　　　　　　　昌内吉

□□□　　　　　　永世□□

大吉昌　　　　　　　公　孙

图 21

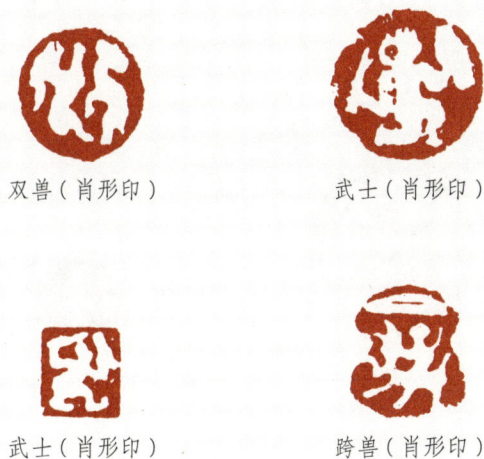

双兽（肖形印）　　　武士（肖形印）

武士（肖形印）　　　跨兽（肖形印）

图 22-1

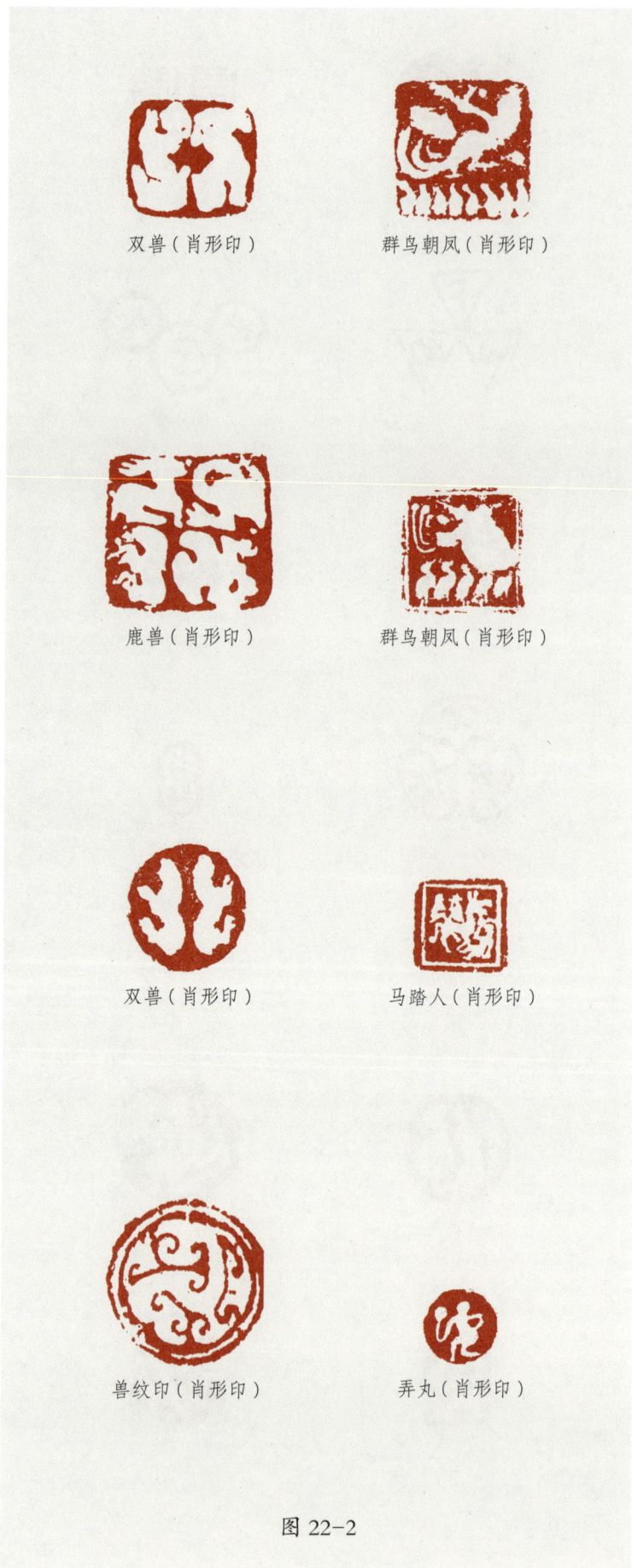

双兽（肖形印）　　　群鸟朝凤（肖形印）

鹿兽（肖形印）　　　群鸟朝凤（肖形印）

双兽（肖形印）　　　马踏人（肖形印）

兽纹印（肖形印）　　　弄丸（肖形印）

图 22-2

做进攻状，圆形玺武士作防卫状，而在河南商丘出土战国时代的肖形骑印，尤为古朴典雅，生动多姿。它的边栏亦很有特色，下部是白文留红，由于风化腐蚀，左右残破，巧得天工，上部一条弧曲之线，与玺印底线恰成呼应协调之状，乍一看，犹如现代女士用的高级牛皮提包。图 22 中的另一方肖形兽，圆形，边栏朱白相间，很自然得体。从这些肖形印可以看到当时人类的社会生活，人们将动物猎获豢养，供人骑娱，还可以看到部落之间的战斗，有攻有守的搏击姿态，古代印人取这类生活性很强的题材，在方寸之上，抓住事物的主要本质与特征，使之恰如其分地布置在构图中，这是很了不起的艺术手段。

五、拼合式古玺的边栏

古今印面以方形为主，这说明中国印章艺术以方形为本不仅有实用意义，而且有千年不易的美学价值。为了增加意趣与装饰味，也有不少采用其他形式的印面。拼合式印章就是一例。由多个独字印，拼合在一起成为组印。这种拼合完全是独立的，相互之间没有任何关联与接触。这也是与连珠印最根本的区别与不同之处。如图 23 中的"千秋万世昌"印，青铜鼻纽，中心印面为"昌"字，另四侧分别为"千秋万世"四字。五个独立的大小不等的方形独字印，拼合成一个整体。它的边栏系粗细混合式朱文边栏，每组边栏都有微妙的变化。很生动很有节律。再如"大吉昌内"一印，四个方形小印拼合在一起，按照常规与传统排列印文，然四个单元又各自独立，互不相连，互不接触。"平土玺"印也是这种形式，不过它是三个独立的单元，且这三个单元形貌各异，分别是圆形、方形与三角形，这种拼合方式十分奇特与有趣。而边栏的线条既简洁又质朴，与前面论述的朱文古玺边栏一脉相承。欣赏之余，并不感到有什么不和谐、不妥帖的地方，相反自然天成，情趣横溢，瑰丽多姿，这正是拼合式古玺的成功之处。再如"私玺□"一印，由三个扇面形拼合而成，这三个独立的单元基本相同等称，印文随扇形而布。笔者认为，方、圆形印章，可先有边栏，印文在边栏内随机应变，疏密而置，亦可先有印文，边栏在印文之外勾画布置。然而，多边、连珠、杂形、拼合式等印章则不然，它们一般应先勾画好边栏，后才能布置印文。

六、小结

先秦战国古玺，古拙古趣，为古印之尤，是印章艺术中一座不可逾越的高峰。其中包含了多姿多彩的边栏。在欣赏、识读古玺时，你会觉得印文在边栏的曲折回环之中，尽显风流，边栏随着印文的长短、屈伸、俯仰而展示自己线条优美的动势。两者相映成趣，彼此协调，正是印章艺术不可言状之处。它为中国印章的发展奠定了基础。古玺的边栏，是古代匠师们卓越的技巧、纯熟的手法、高超的智慧的表现。另外，还有"天功神力"，古玺在土中埋藏了二千年，饱经侵蚀，锋芒敛尽，致使斑驳神妙之处可意会不可言传。真乃是天赐瑰宝。综合上述，古玺边栏参见图 24 中的总结。

千秋万世昌

大吉昌内

平土玺

私玺□

图 23

白文留红边栏　　　　朱文编钟式边栏　　　　白文"口"字形边栏　　　　白文界格式边栏

白文曲尺式边栏　　　　白文"田"字形边栏　　　　白文"日"字形边栏　　　　朱文粗边边栏

朱文细边边栏　　　　朱文粗细边　　　　　　　朱文无边栏印章　　　　朱文"田"字形边栏
　　　　　　　　　混合式边栏

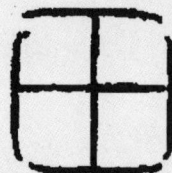

朱文多元结构边栏　　　朱文异形边栏　　　　朱文饰纹边栏　　　　朱文连珠式边栏

朱文肖形边栏　　　　朱文拼合式边栏　　　　朱文"日"字形边栏　　　　朱文"亚"字形边栏

图 24-1

白文圆形边栏

白文"〇"形边栏

朱文圆形边栏

朱文长方形边栏

封泥式边栏

图 24-2

秦代印章在中国篆刻史上占有重要地位。篆刻界一直有"印宗秦汉"之说。秦汉印被尊为垂范千古的篆刻艺术圭臬。秦始皇统一中国，在我国历史上有不可磨灭的贡献。尽管秦代历史十分短暂，但在文化上对文字进行改革取得了巨大的成功，基本上废除了六国混乱的古文，创立了小篆。《说文解字序》中说："秦始皇初兼天下，丞相李斯乃奏同之，罢其不与秦文合者，斯作仓颉篇，中车府令赵高作爰历篇，太史令胡毋敬作博学篇，皆取史籀大篆或颇省改，所谓小篆者也。"小篆因产生于秦，故亦叫秦篆。它的产生代替了繁难复杂的六国文字，使文字的字形笔画趋向统一化、规范化。这决定了秦印的风格在一派端庄祥和的范畴之内。秦印是指战国末到两汉初的印章。秦印的文体当时称摹印篆。摹印篆即是将圆柔的小篆布置到方形的印面上，使之以方折为主。玺印的名称，在春秋战国时代，无严格规定。而秦统一了中国，统一官制，规定皇帝用的印称"玺"，臣以下的官吏方称印，而低级官吏用的印只是"半通印"，是高级官吏之印的一半。显示了天子的至高无上及中央集权的威严。秦印有两大类，一类是凿印，另一类是铸印。铸印是先制印模，别出印文，即用泥做成印胚，将金属熔化浇入胚模中而成印章。凿印就是在金属印面上直接刻、凿出印文而制成印章。铸印圆润丰丽、浑厚典雅。凿印潇洒自然、挺劲生动。秦印从战国古玺过渡到汉印，具有承上启下的历史作用。它不仅总结概括了古玺的特点，又带上了秦代的时代特征，同时还影响了汉印的风格，为汉代印章艺术的繁荣鼎盛做了准备。另应注意到，秦统一了六国，规范了多方面的典章制度，因而也一定程度地限制了秦印的形式，不如战国古玺那样丰富多彩。下面就秦印边栏问题作归纳与论述。

一、白文"田"字格边栏

（一）流畅、爽直型"田"字格边栏

田字格边栏是秦代官印的一种主要形式。它将印面一分为四，不管笔画多少，每个字均占四分之一。如图1，"北乡之印""南海司空""昌武君印""中行羞府""高陵右尉"等印章，印文均布置在田字格内，平正肃穆，边栏的线条流畅挺劲，一泻千里，与印文笔画粗细相仿，配置和谐。

（二）断续、古拙型"田"字格边栏

秦印中有一类"田"字格边栏，呈断续、连绵之状，颇见古拙深沉。如图2，"泰寝上左田"五字印，"左田"置于同一格栏内，毫无拥挤感，十分自然妥

北乡之印　　南海司空　　昌武君印　　中行羞府

高陵右尉　　左中将马　　法丘左尉　　上林郎池

图 1

泰寝上左田　　左马厩将　　中官徒府　　宜津阳印

咸阳右乡　　右马厩将　　长平乡印　　公孙榖印

图 2

莒阳少内　　右褐府印　　右马厩将　　西官中官

图 3-1

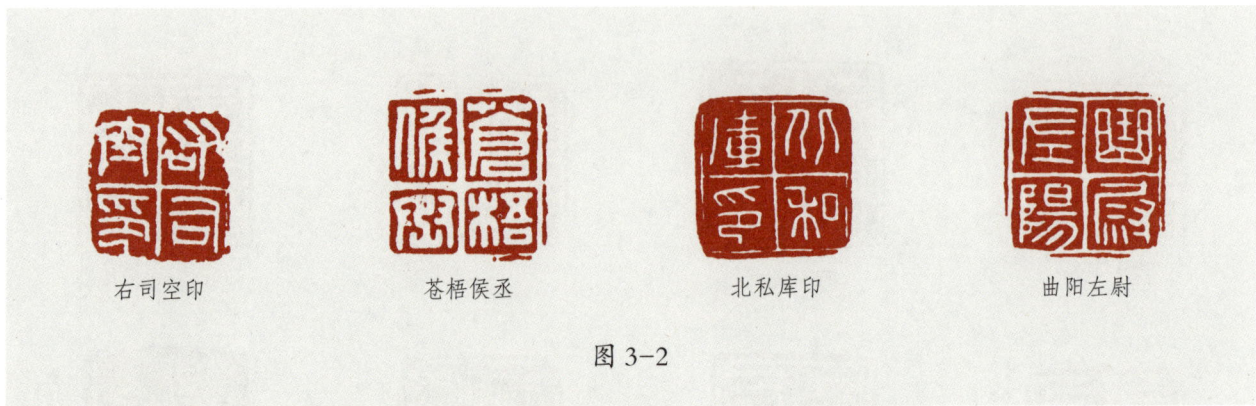

右司空印　　　　　苍梧侯丞　　　　　北私库印　　　　　曲阳左尉

图 3-2

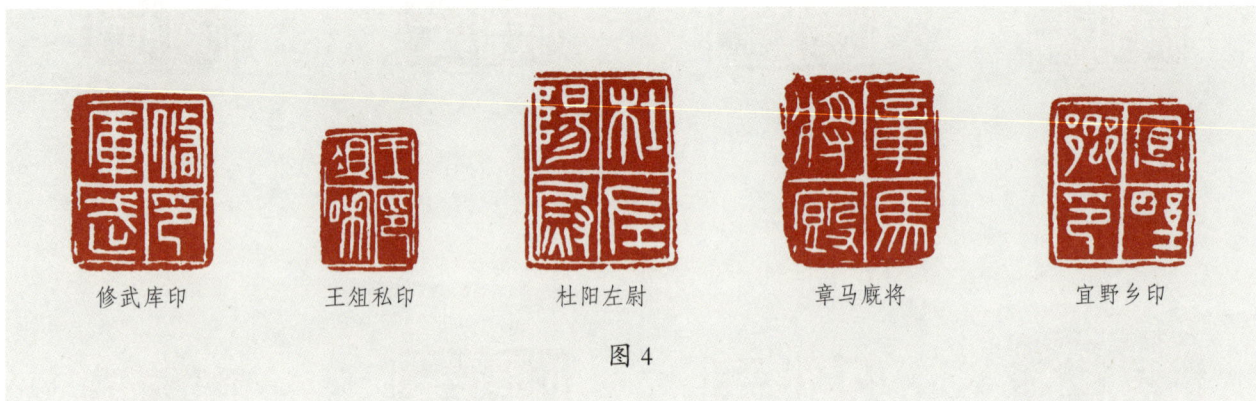

修武库印　　　王俎私印　　　杜阳左尉　　　章马厩将　　　宜野乡印

图 4

帖。其田字格边栏的线条，呈断断续续、时有时无、古拙浑朴的形态，十分苍茫含蓄。五个字在格栏内舒展伸缩自如。这恰好印证了秦印边栏的一个显著而又普遍的艺术特征：即规范中有生动、均衡中有变化、静态中有动态。从图 2 中的其他印章也能品鉴到这一点。

（三）借边式"田"字格边栏

如图 3"莒阳少内"一印，"阳"与"内"的左长竖既是本身之笔画，又是田字格边栏的线条。也就是说，左边的田字格栏线条分别被"阳"与"内"的左长竖所代替。借边或田字格栏在秦印中是十分多见的，如图 3 的"右褐府印""右马厩将""西宫中官""右司空印"等印作亦然。它不仅使印章的内涵更为丰富，平添了几分意趣与魅力，而且使边栏与印文的关系更密切、不可分割。

（四）长方形"田"字格边栏

秦印方形印居多，但也有长方形的。如图 4，"修武库印"，印文系对角排列，边栏与印文的线条都以方折为主。且"印"字下方短笔、竖折、留红，与"库"字对角呼应，突出了田字边栏线条的峻利挺劲，富有力度，气韵凝重。"王俎私印"的田字格竟还有大小之分，虚实相生，非常动人。

二、白文"口"字形边栏

田字格边栏中间去掉"十"字，即在方形白文印的四周，加刻一道白边，称为白文"口"字形边栏。这道白边的边外自然形成了一条朱文边栏。如图 5 的"寺从木府""上唐邑大夫之铢""司戍之铢""区夫相铢"等印，秦官印，边栏拙涩猛利，方圆兼宜，非常典雅古朴。

"姚枝""吕璋""王敦狐"等印，印系秦私印，它的体积一般比官印要小。这些印章的口字形边栏线条粗壮、有力，印文字画线条比边栏细，白边外的朱文边栏也特别厚实平正、稳如泰山，边栏效果非常突出，大有皇者风范。

"霍穆""程难""肖瘄"等印的边栏，不拘形质，互不关联，长短不一，歪斜不计。其线条较细，细于印文字画。因而此印突出了印文。边栏跟从印文内容需要，其风格秀丽典雅，逸气袭人。

"薛贺""陈潘""吾丘軧"等印的边栏明朗挺劲，与印文字画协调一致，但它边外的朱文线条却是断续延绵，残缺不全，全印风貌顿时变成苍古拙朴。边栏线条的不同，反映的艺术效果亦不同，可见印章的边栏不是简单的形式上的需要，而是通过边栏对印章的结体、章法起到一种调节的作用，它本身就洋溢着印章艺术的美学思想。

笔者认为，组成印章由印文与边栏两大部分，印文在印章中间，边栏一般在印章四周，两位一体，顾盼呼应，相辅相成，具有不可分割的统一性。对印人来说，在什么样的边栏内设计什么样的印文，换言之，什么样的印文须设计什么样的边栏。就像设计房屋一样，什么样的房屋须有什么样的墙垣，两者决定了印章的整体风格。

三、白文方形"口"字形带竖栏边栏

在秦印白文"口"字形边栏中间部位，加一条竖栏，将印章左右一分为

寺从木府　上厬邑大夫之钵　司成之钵

区夫相钵　姚枝　吕璋

王敦狐　霍穆　程难

肖瘄　薛贺　陈潘

吾丘軧　繺敢　陈怂

周腥　朱佗　祝迅

图 5

王步　思言敬事　张启方

孙志　王仁　任感

图 6-1

图 6-2

孔别　张利

般午　徐乡

董得　室孙□

鲑匡　张印

张唐　左忠

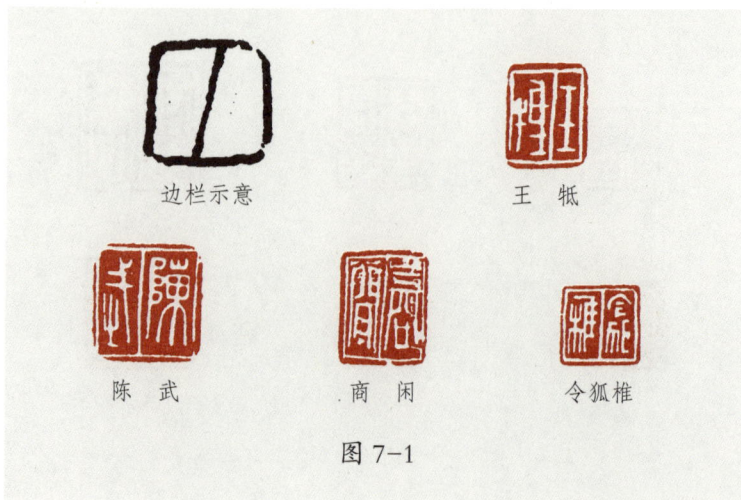

边栏示意　王牴

陈武　商闲　令狐椎

图 7-1

二。如图6"王步"印，中间竖栏将"王步"两字左右隔开，"思言敬事""张启方""孙志""王仁""任感""孔别""张利""般午""徐乡""董得"等印亦然，非常自然巧妙。带竖栏边栏的变化亦有多种多样，各有特色。

图7中"王牴""陈武""商闲"等印，在秦印白文"口"字形边栏中间部位，加一条竖栏，竖栏系一条斜线。这条斜线一不妨碍印文工稳，二不影响印面的整个重心平衡，真可谓是匠心别具。"王绮""尹庆""孟赢""吕炊"等印的竖栏偏右，使分割后的印面左大右小。"孙息""公孙肩""雕赤""赵午"等印的竖栏与之相反，竖栏靠左，印面左小右大。

图7的"谢剃""杨歇""庆聚""桓不梁"等印之竖栏峻利快捷，纤丽有余。而它的四周白文"口"字形边栏三边都隐隐约约，似有非有，只剩少许。"杨欺"印中间有一条竖栏，而四周"口"字形完全消失了。这些变化都非常耐人寻味。

四、白文"口"字形带"丁"格边栏

有一类秦印，其"口"字形边栏内带一个"丁"格，它将印面一分为三，印文一般是三个字，分别布置在三个格栏内。如图8的"司马戎"印，印中有一个朝上的"丁"字，而"辅婴隋"与"□昂乳"二印，印中的"丁"字则朝下方。由于"丁"字的位置上下不一，面积大小亦不同，印文随着面积大小而变化。

图8的"上官贤""公孙定""纪强

边栏示意	王绮	尹庆	孟赢	吕炊
边栏示意	孙息	公孙肩	雕赤	赵午
边栏示意	谢刜	杨歆	庆聚	桓不粱

图 7-2

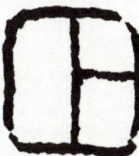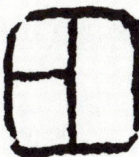

边栏示意	司马戎	辅婴隋	□昂乳	
边栏示意	上官贤	公孙定	纪强息	司马畸
边栏示意	王中山	董它人	魏得之	露毋忌

图 8

边栏示意	邦侯	廐印
丧尉	商库	东门脱
郑安	安居	汪婴
杨贺	赵骚	杨沽
杨建	隗都	姚广

图9

息""司马畸"等印,"丁"字格则朝向右方;"王中山""董它人""魏得之"等印,其"丁"字格则朝左。古代匠师在治印时,极尽变化之能事,不仅"丁"字朝向不同,而且将"丁"字格内的面积营造出大小不一的格局。"丁"字的横、竖在印面上或上或下,或左或右,各取自便,变化多端,很是生动活泼。

五、白文长方形"日"字格边栏

白文长方形"日"字格边栏,系秦代低级官吏与秦代私玺所采用的一种形式。其特点是在长方形的白文印中,用"日"字格作边栏,将印面上下一分为二,亦称为半通印,因它是高级官吏方形印的一半,故有此雅号。如图9,"邦侯"印上下平分,用白文"日"字作为格栏,边栏外自然形成了一道朱文边栏,白文边与朱文边配合默契,外包内围,堪称佳构。"日"字格边栏印章数量较多,大都浑朴凝重,给人清新秀丽之感。

图10的"瘳印""韩窑""张夕""隗芺"等印章,"日"字格呈上大下小之状;而"月黎""王騥""史鬻""段买臣"等印章,则呈上小下大。其中"段买臣"三字印,上部小格内置一个字,下部大格内置两个字,非常合适自然,亦很别致。

六、"日"字格借边式边栏

半通印的"日"字格边栏,中间一横,上下或左右的边栏,用印文点画来替代,叫借边式边栏。这类印章虽然为数不多,但不失为令人叫绝的奇思妙想。

边栏示意

瘳印

韩窑

张夕

陨芙

边栏示意

月黎

王骏

史鬻

段买臣

图 10

边栏示意

边栏示意

边栏示意

边栏示意

百尝

韩枯

苏产

苏媚

吴乐

赵嘉

张和

周角

张弟

李章

赵御

李骚

图 11

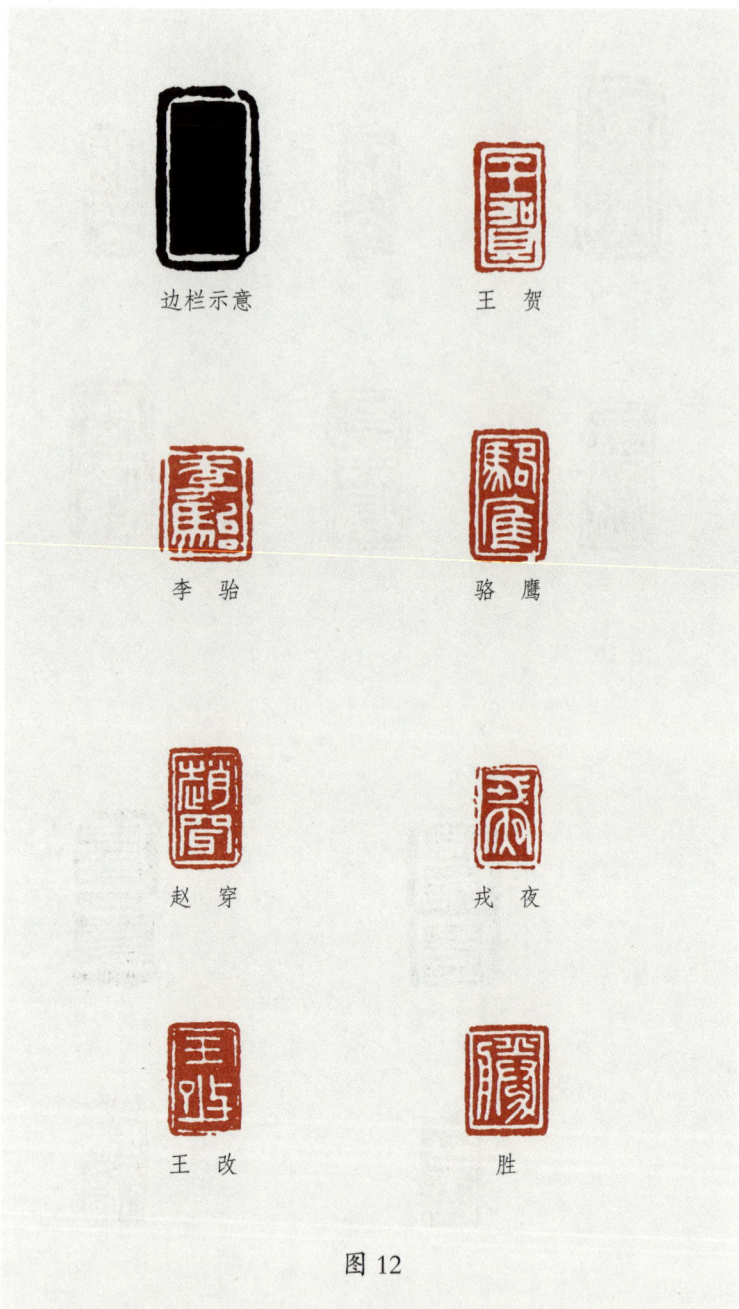

边栏示意　　　　　王贺

李驵　　　　　骆鹰

赵穿　　　　　戎夜

王改　　　　　胜

图12

中国印章边栏史

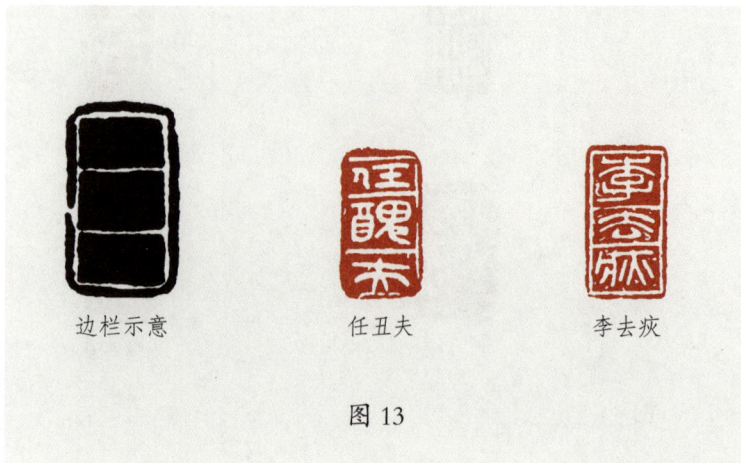

边栏示意　　　任丑夫　　　李去疢

图13

如图11，"百尝"之印，"尝"的上部笔画向两边伸展，呈对称状，与"日"字的左右两边沟通接洽。代表了"日"字中间一横画，自成天趣，很有意思。"韩枯"印，右面无边，"苏产"上下无边，"苏媚"右与左无边，"吴乐""赵嘉""张和""周角""张弟""李章"等印章，均为借边式边栏。需要说明的是，因为年代久远，边栏已经模糊不清，也许印章原有边栏很完备且很完美，由于风化剥蚀，遂成为"借边式边栏"。今日论印，当然以今日所见"天人合一"的效果为证。

七、长方形"口"字式边栏

秦印中不乏长方形"口"字式边栏的印章。如图12，"王贺"印，像方形"口"字式边栏一样，四周饰以一道白边，而白边之外又自然形成一道朱文边栏。很明显，朱文边栏是随着白文边栏的变化而变化的，两者的变化是连环式的、相互制约的。这就告诉今日的印人们，在设计白文"口"字式边栏时，要用双重目光，既要精心制作白文边栏，又要顾及自然形成的朱文边栏的形貌。图12的"李驵""骆鹰""赵穿""戎夜"等印章，无不如此。

八、长方形"目"字格边栏

"目"字格边栏印章亦属半通印，只是在"日"字格栏内多加了一横，成了"目"字。如图13，"任丑夫""李去疢"等印，三个印文分别置放在"目"字的三个格栏内，这三个格栏基本等分，体现了印面的均衡与端庄。

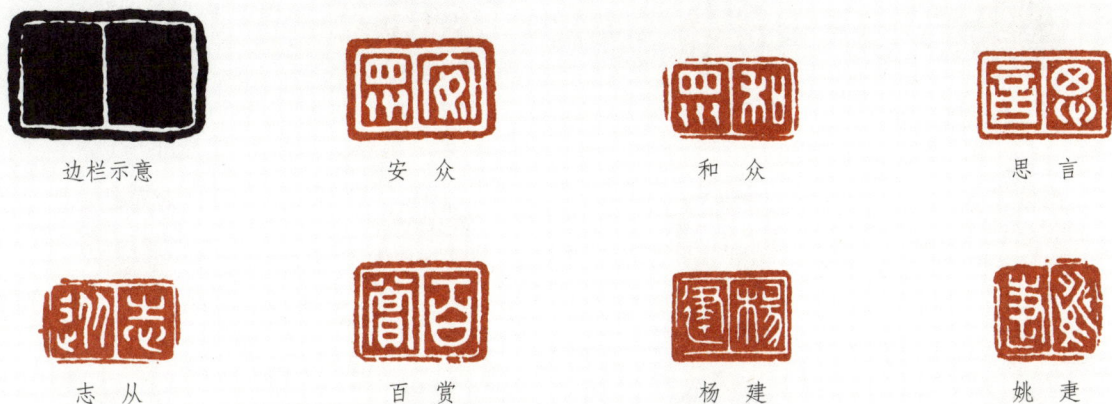

边栏示意	安众	和众	思言
志从	百赏	杨建	姚建

图 14

九、横式"日"字形带竖栏边栏

图 14"安众""和众""思言""志从""杨建""姚建"等印章，均系横卧的"日"字格边栏。是"田"字格官印的下半部分，故亦属半通印。它的格栏可以左大右小，亦可左小右大，风格与"日"字格印章大致同，前面已阐述过，这里不再赘述。

十、白文印圆形边栏

白文印圆形边栏，走的是方形、长方形印边栏的路子，系从方形、长方形印章的"口"字式、"田"字格等边栏演变而来。如图 15，"臧庆""李德""周龙私钤""享祒"等印章，系白文圆形留红边栏。

图15的"张荼""蒙洋""王禔""王武""苑赢"等印章，系白文圆形留红式带竖栏边栏，或称白文圆形竖栏边栏；"悔"字印，及"载糇""庆""任相""迁""寓"等印章，系白文"○"

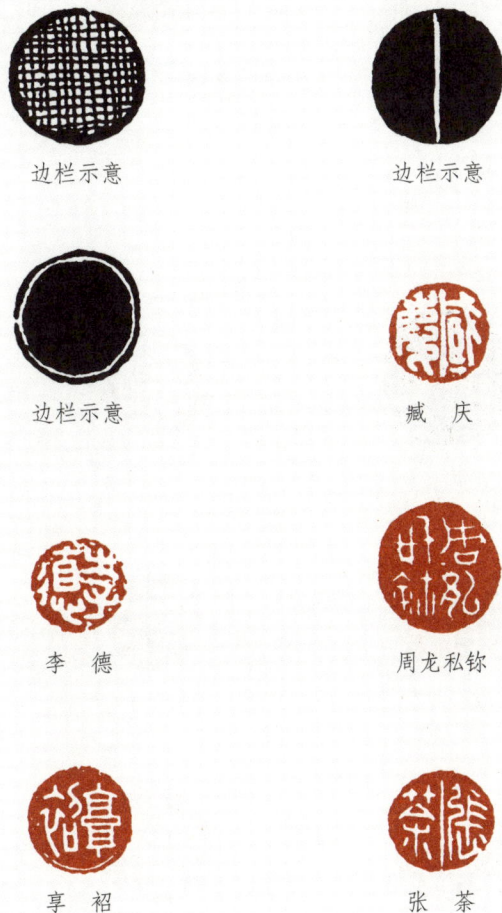

边栏示意	边栏示意
边栏示意	臧庆
李德	周龙私钤
享祒	张荼

图 15-1

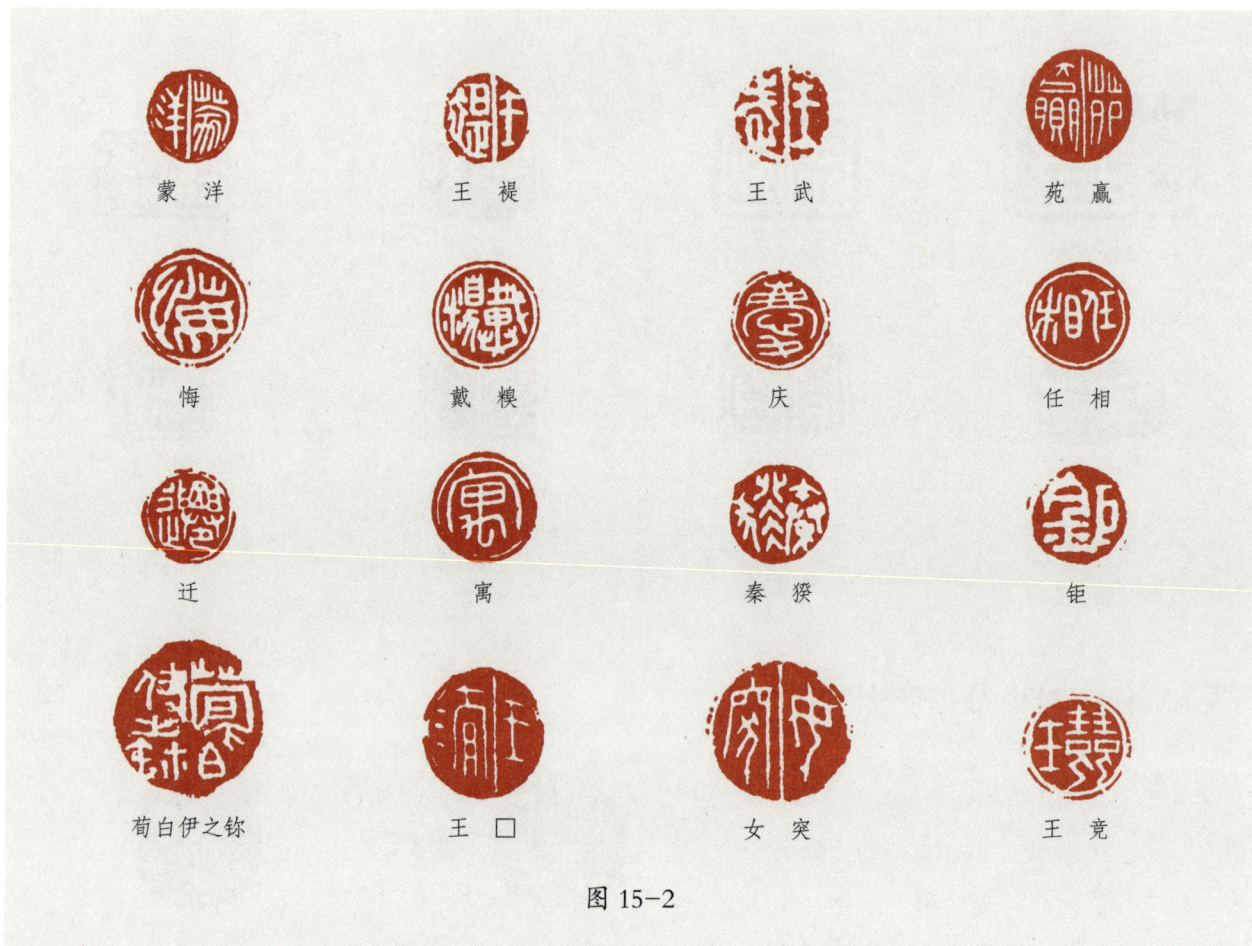

图 15-2

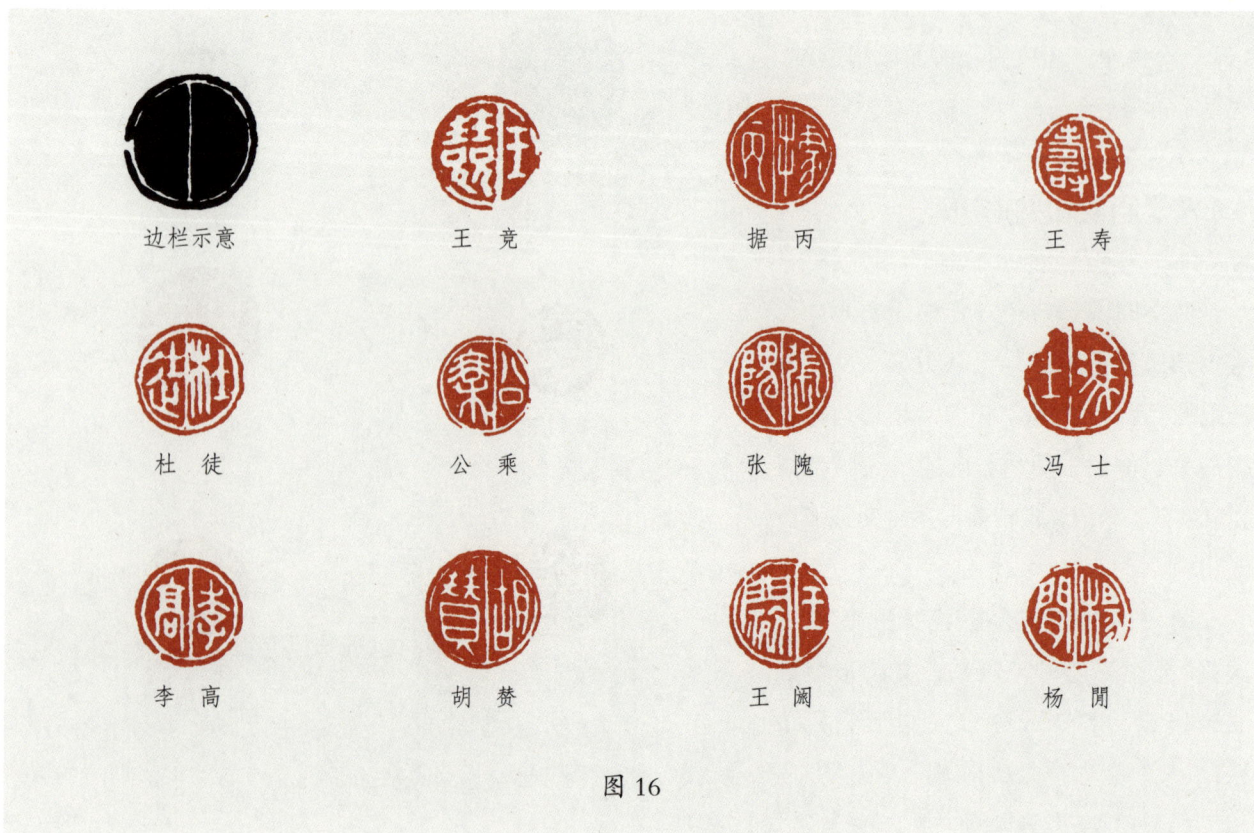

图 16

字形边栏，犹似前面论述过的白文"口"字形边栏，只不过是前者为圆形，后者为方方形已；白文"〇"字形边栏印章，圆满优美，古朴典雅。

图16的"王竞""据丙""王寿""杜徒""公乘""张隗""冯士""李高"等印章，系白文"〇"字形带竖栏边栏；

图17的"上官郢""王季印""王若印""杨独利""李逯虎""赵癸印""赵部耆"等印章，系三字印，三条短线将印面分成基本相同的三个扇形，随形赋文，文随格势，互相顾盼，耐看耐读。而"王若印"亦有三条短线将印面分割成三块扇形，只是四周无白边，活像一个汽车方向盘，其印文随形正置，十分自然得体，毫无呆板做作之状，只觉得非这样布置不可，无其他形状可以旁代。这正是艺术高境界的体现。

图18的"文仁印""司马何""公耳异""李不识"等印章的白文边栏中，加了一个"丁"字格栏。格栏的面积大小因字而设。"上官越人"四字印，印中加了左右两个"丁"字形格栏，妙趣横生，很有特色；笔者在每种形式前，勾画了边栏示意图，以助读者品赏。

十一、椭圆形边栏

图19的"张成""媚昌""张视""吕佗""杨赢""蔡欱"等印章，系椭圆形边栏，它与半通印大致相同，只是将方形白文边栏变成椭圆形而已。我们注意到在椭圆形边栏中间另加了一条横线，把印章上下一分为二，更增添了条理化与匀称的气息。

边栏示意　　　　　上官郢

王季印　　　　　王若印

杨独利　　　　　李逯虎

赵癸印　　　　　赵部耆

图 17

边栏示意　　文仁印　　司马何

公耳异　　李不识　　大夫灶

边栏示意　　　上官越人

图 18

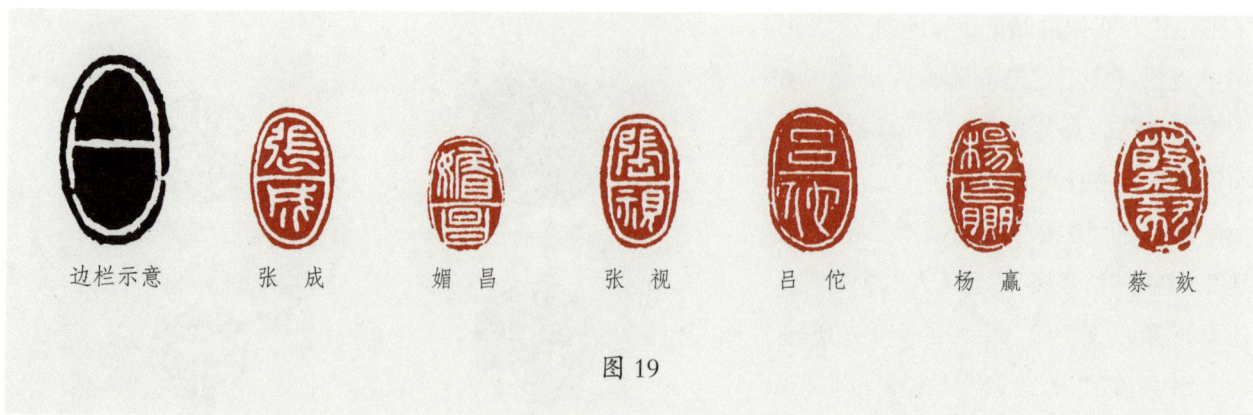

边栏示意	张成	媚昌	张视	吕佗	杨赢	蔡欸

图 19

十二、瓦当式边栏

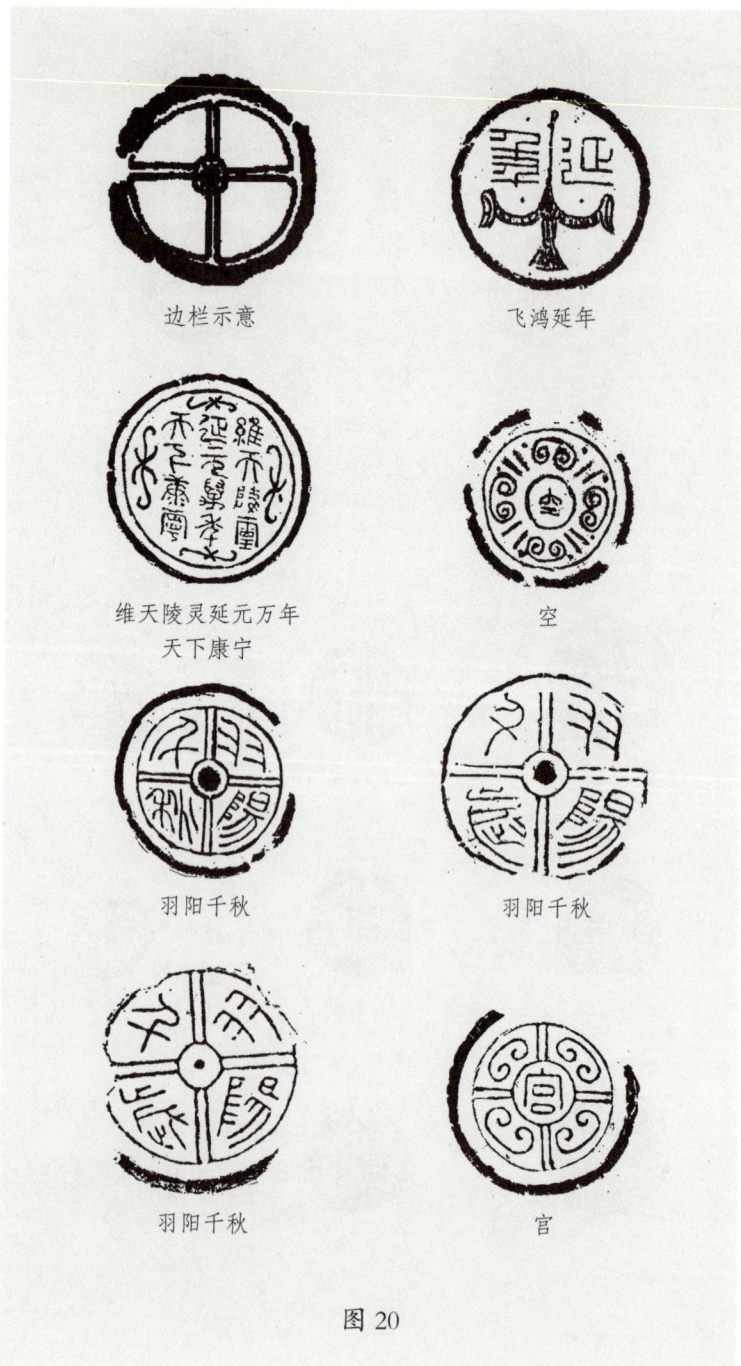

边栏示意　　　　　　飞鸿延年

维天陵灵延元万年
天下康宁　　　　　　空

羽阳千秋　　　　　　羽阳千秋

羽阳千秋　　　　　　官

图 20

瓦当俗称瓦头，是指筒瓦顶端下垂的部分。它有圆形与半圆形两种，系古典建筑中特有的装饰物。主要起庇护屋檐、防风雨侵蚀的实用作用。瓦当是没有色彩的灰暗陶制品，既不晶莹又不华丽，它的外形朴素、粗糙，所饰文字、图形种类繁多，构思巧妙新颖，纹理姿态优美，魅力慑人。瓦当按理不属于篆刻范畴，但多少年来篆刻艺术家，照瓦当形式刻印治印，故这里权作另类，聊备一格。瓦当西周时即有之，至秦汉达鼎盛，故"秦汉瓦当"成为专用语。秦代瓦当以动物图形为多，体现了当时社会一种祈福求祥的心态。同时也出现了用文字装饰瓦当的形式。文字内容大多是吉祥语，并采用诏诰文体，小篆风格，而它的边栏总体呈圆形粗边，有的在粗边内再设细边，印中用双朱文"十"字作界栏，而"十"字的交接处，设计成朱文小圆，圆内再布以一个大混点，有的在大混点周围还施以无数小点。图20中"飞鸿延年"，画面由一个飞着的鸿雁头颈将"延年"二字分于两侧，动静结合，大方洒脱，富丽新奇，系粗边朱文边栏。"维天陵灵延元万年天下康宁"，圆形双朱文边栏，上下左右还布置了花纹图形，装饰性特强。而"空"字瓦当，三道圆形朱文边栏，画面上还布设了花纹图案，格调浑朴，气息高古，意境幽深，耐人寻味。"羽阳千秋""宫"等瓦当亦古朴多姿，体现了瓦当特有的艺术特色。

除上述官印、私印的各种边栏外，秦印中还有一些白文印、肖形印、花纹异形印等款式，大都沿袭了战国古玺的形制，在此不再重复。概言之，秦印边栏方形印都加"田"字格，半通印（长方形）都加"日"字格，这是秦印边栏与战国古玺、汉印的不同之处。秦印边栏与秦印印文的线条工稳一致，和谐自然，巧拙相生，具有旺盛的艺术生命力。

十三、小结

秦代印章是印章艺术一座光辉灿烂的高峰，它的边栏亦已经趋向成熟与稳定。其中包含了边栏的千奇百怪，多姿多彩的各种形式。在欣赏、识读秦代印章时，边栏的曲折回环，尽显风流，而边栏随着印文的长短、屈伸、俯仰而展示自己线条优美的动势。两者相映成趣，彼此协调，天衣无缝，十分赏心悦目。综合上述，秦代印章边栏总结参见图21。

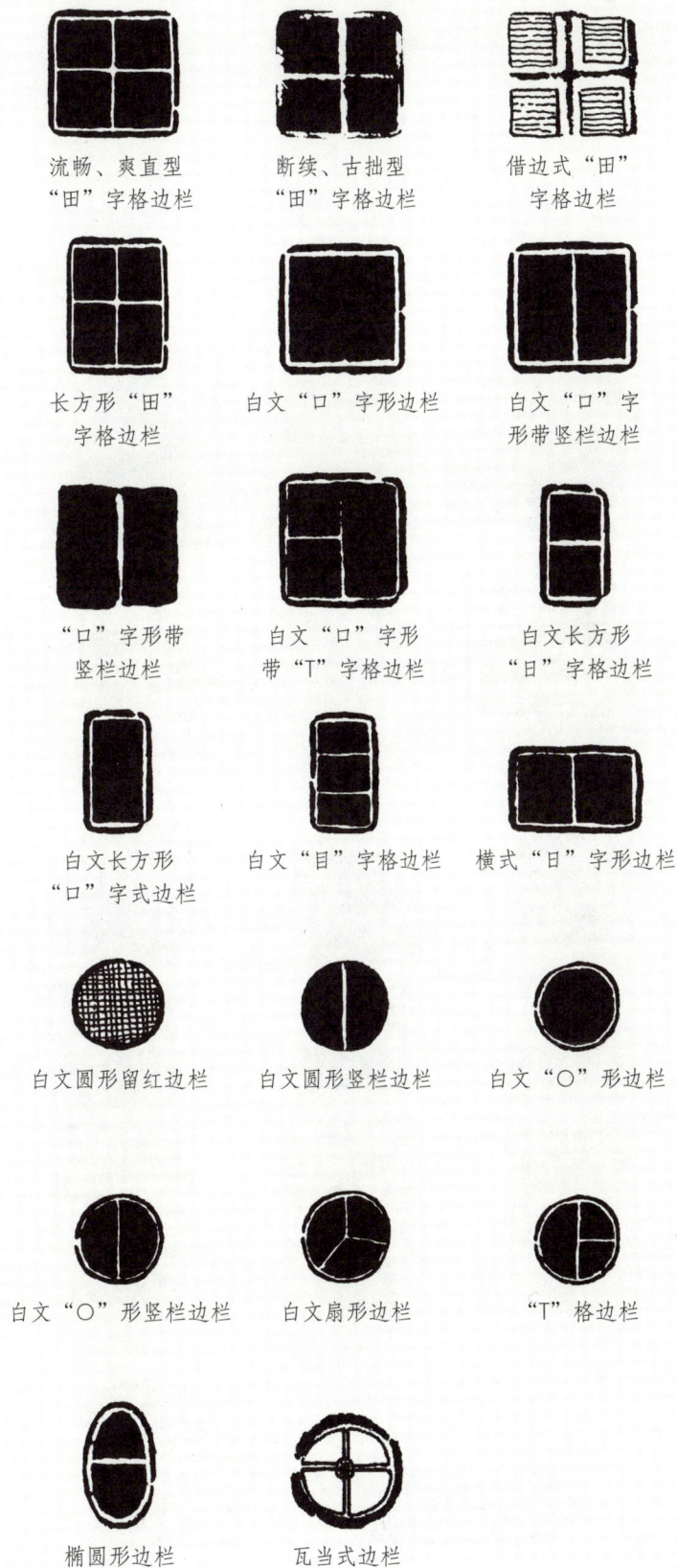

流畅、爽直型"田"字格边栏　　断续、古拙型"田"字格边栏　　借边式"田"字格边栏

长方形"田"字格边栏　　白文"口"字形边栏　　白文"口"字形带竖栏边栏

"口"字形带竖栏边栏　　白文"口"字形带"T"字格边栏　　白文长方形"日"字格边栏

白文长方形"口"字式边栏　　白文"目"字格边栏　　横式"日"字形边栏

白文圆形留红边栏　　白文圆形竖栏边栏　　白文"〇"形边栏

白文"〇"形竖栏边栏　　白文扇形边栏　　"T"格边栏

椭圆形边栏　　瓦当式边栏

图 21

关中侯印　　　　　　设屏农尉章

文帝行玺　　　　武猛都尉　　　　但弘之印

武意

图1

汉印，是印章艺术的高峰，是一个壮丽辉煌的里程碑。中国的传统文化都有一个带着时代特色的闪光点。如唐诗、宋词、元曲、明清小说，可谓各有千秋，而汉印具有同样的时代历史意义，被后人奉为典范。汉代的历史有400多年，早期承袭了秦印的制度与风格，脱离"田字格"布局至少不晚于吕后二年（公元前186年），当时官印有专职的管理机构，属"符节令"掌管颁发。随着社会的安定，国力强盛，经济发展，手工业队伍壮大。推动了私印的繁荣。私印一般都由私人作坊制作，作坊之间相互竞争。印章在社会上流通、应用极其广泛，故印章的制作更是精益求精、美中求美。至今传世的汉印大约有四万枚左右，这是中国印文化的巨大遗产。汉代流行汉篆与汉隶，汉篆外形近方，线条劲健。汉隶变篆书圆转为方折，结构删繁就简。而汉印文字融汉篆、汉隶为一，形成了一种专为治印用的"摹印篆"：平方正直，匀称饱满，极富变化。汉私印则采用比较新奇的文字，如殳篆、鸟虫篆。更有缪篆大量运用于私印。"缪"即绸缪之意，笔画如丝缠绵，屈曲婉转的篆文。由此可以看到，印文与秦代相比有了明显的不同与变化。图1为西汉、东汉及新莽时期的金印、铜印、玉印等汉代印章，其边栏也随着印文的改革而悄悄地在改变着自己的面貌。

一、西汉官印的边栏

汉初，官印仍沿袭秦官印的"田"字格式，一般都在2.5厘米见方，白文铸印居多，凿印很少。对印质、印纽的使用有明确的规定：皇帝用玉印，虎纽。皇后用金玺、虎纽。诸侯用金玺，驼纽。二千石用银印，龟纽。二百石以上用铜印，鼻纽。边栏的形式主要有如下几种：

（一）白文方形留红边栏

如图2，"骑司马印""淮阳王玺""军曲侯印""狼邪令印""宦者丞印""军假侯印""大将长史""康陵园令""成皋丞印""牟右尉印"等印章，系白文方形留红式边栏。这类边栏端庄质朴，浑厚雄强，法度谨严，与印文一样充满着豪迈奔放的金石气。具有堂堂正正的大汉帝国风范。

（二）白文逼边式边栏

如图3，"朱虚丞印""修武丞印""阳周仆印""金乡国丞""霸陵园丞""涅阳左尉""都集单右尉印""晋兴亭侯""越青邑君""建阳右尉"等印章，印文直抵边栏，几乎不留红边。白文逼边式印章在汉印中很多见，它的主要特点是古朴苍莽，空旷舒展，放纵淋漓，气势磅礴。

（三）白文残缺式边栏

图4的"众乡国丞""安汉丞印""乌国右尉""费丞之印""梧成右尉""营军司空""监营司马""猨司马印""泉陵令印""郎中户将"等印章，不仅印面残缺斑驳，边栏亦断断续续，残缺不堪。

骑司马印

淮阳王玺

军曲侯印

狼邪令印

宦者丞印

军假侯印

大将长史

康陵园令

成皋丞印

牟右尉印

皇后之玺

越张司马

图 2

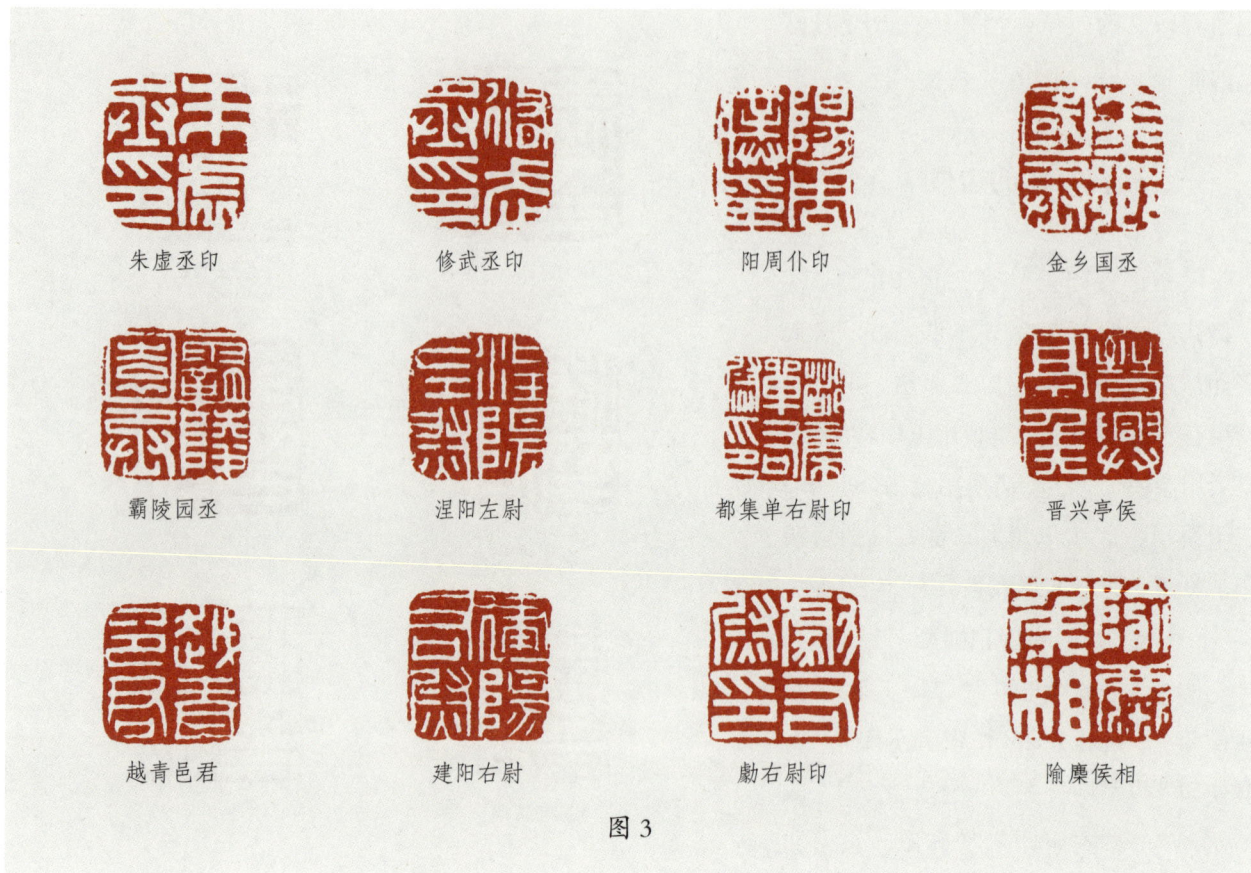

朱虚丞印	修武丞印	阳周仆印	金乡国丞
霸陵园丞	涅阳左尉	都集单右尉印	晋兴亭侯
越青邑君	建阳右尉	勮右尉印	隃麋侯相

图 3

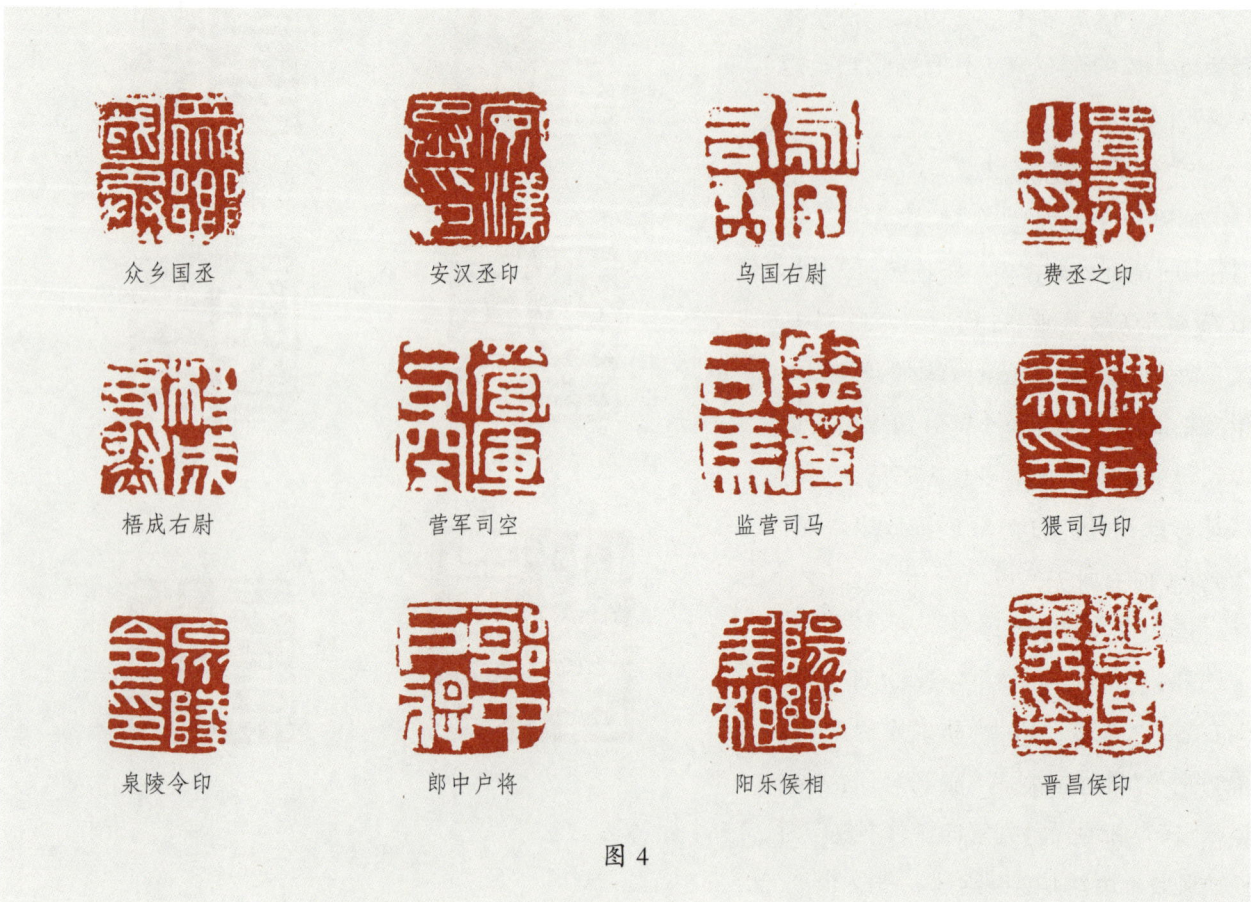

众乡国丞	安汉丞印	乌国右尉	费丞之印
梧成右尉	营军司空	监营司马	猥司马印
泉陵令印	郎中户将	阳乐侯相	晋昌侯印

图 4

上久农长	梁菑农长	尚浴	西立乡
乐乡	武成乡	定置	周大利
雕子孟	侯印	高乡	支唯印

图 5

这类印章大都是年代久远，风化腐蚀所致。白文残缺式边栏贵在自然古朴，奇趣横生，具有特殊的艺术魅力。

（四）白文长方形留红边栏

如图5"上久农长""梁菑农长""尚浴""西立乡""乐乡""武成乡""定置""周大利""雕子孟"等印章，均系西汉长方形官印，属白文留红式边栏。与方形白文留红边栏艺术特色相近。"西立乡""尚浴"印的点画顶到了边栏，甚至冲出、夺去了边栏，使留红边栏断断续续，时有时无，以残缺的形式呈现。

（五）白文"田"字格边栏

图6的"代马丞印"，兽纽，马丞是掌管养马之官。"文帝行玺"一印，金质龙纽，印面3厘米见方，高1.8厘米，重达148.5克，此乃西汉早期第二代南越王赵眛生前所用金印。"田"字格边

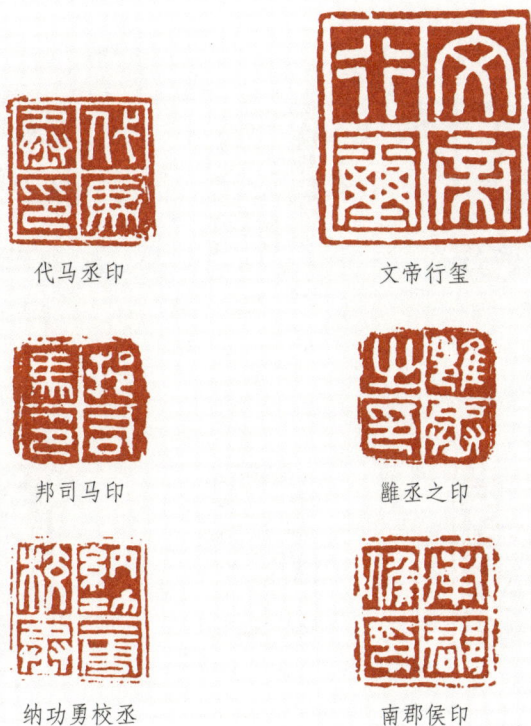

代马丞印	文帝行玺
邦司马印	雕丞之印
纳功勇校丞	南郡侯印

图 6-1

苍梧侯丞　　　宜春禁丞

彭城丞印　　　定阳市丞

右马厩将　　　小田南敳

图 6-2

栏呈粗壮浑厚，端庄刚直之气象。图 6 的"邦司马印""雕丞之印"及"田"字格五字印"纳功勇校丞"等印章十分古拙遒丽，其边栏基本沿袭秦代"田"字格边栏模式。

（六）白文"日"字格边栏

如图 7，青铜鼻纽"都侯"、青铜兽纽"留浦"、青铜鱼纽"泰仓"等印章，均系"日"字格边栏半通印，亦基本沿袭了秦代半通印的格局，平正工稳，法度谨严，气韵十足。

二、东汉官印的边栏

东汉印章与西汉印章相比，东汉印章的主要特点是侧重于庄敬典雅，高明苍古，刚直真率。但它还是充满着西汉的格调与制式，且凿印居多。

都侯　　留浦　　泰仓　　菅里　　丧尉

敦浦　　邦侯　　南乡　　周商　　诏发

图 7

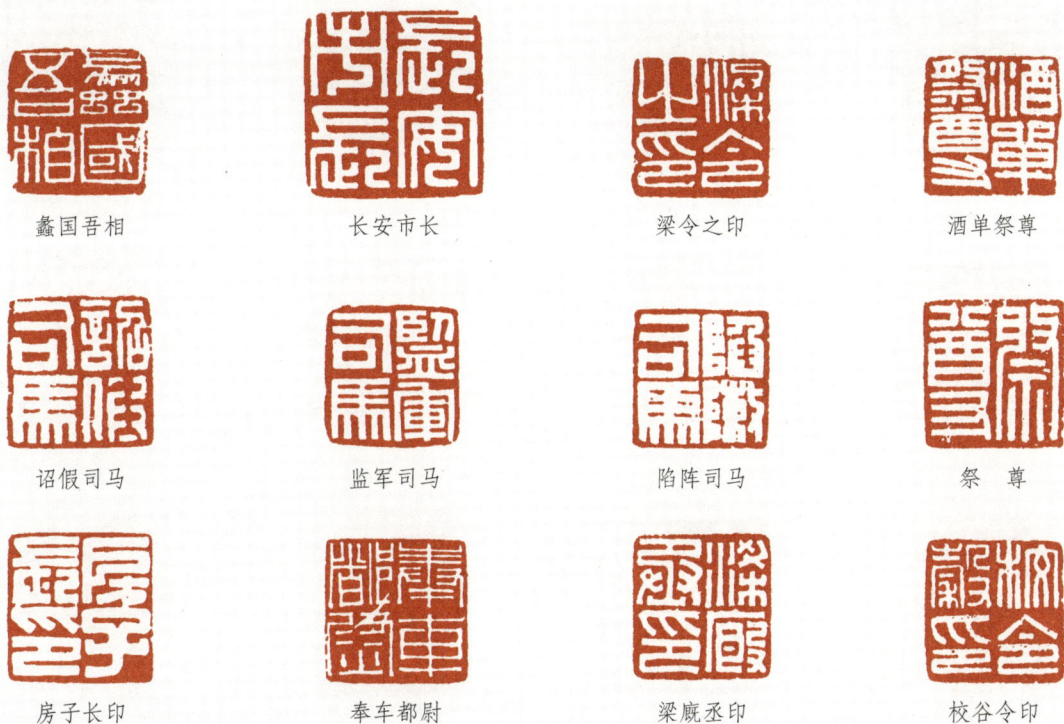

蠡国吾相	长安市长	梁令之印	酒单祭尊
诏假司马	监军司马	陷阵司马	祭尊
房子长印	奉车都尉	梁廐丞印	校谷令印

图8

（一）白文粗细边混合式边栏

图8，"蠡国吾相"印，上方与右方的边栏留红极细，而下方与左方的边栏相对较粗，其实这四条边栏粗细不一，上方最细，下方留红特别宽阔，边栏最粗大，故称为白文粗细边混合式边栏。"长安市长""梁令之印""酒单祭尊"等印章均为白文粗细边混合式印章，他们的边栏粗细相间，富有变化，使得全印生动活泼。

（二）白文借边式边栏

图9"南深泽尉"印，"泽"字上方、"尉"字左方的字画借作边栏用，"木里唯印""立解国丞"等印章，靠印周的点画亦有借用为边栏的，此乃白文借边式边栏。这类印章满实厚重、浑朴古拙，金石气息浓郁。

南深泽尉	木里唯印	立解国丞
南阳守丞	复阳国尉	左将别部司马
平舒长印	南海守丞	楪榆右尉

图9

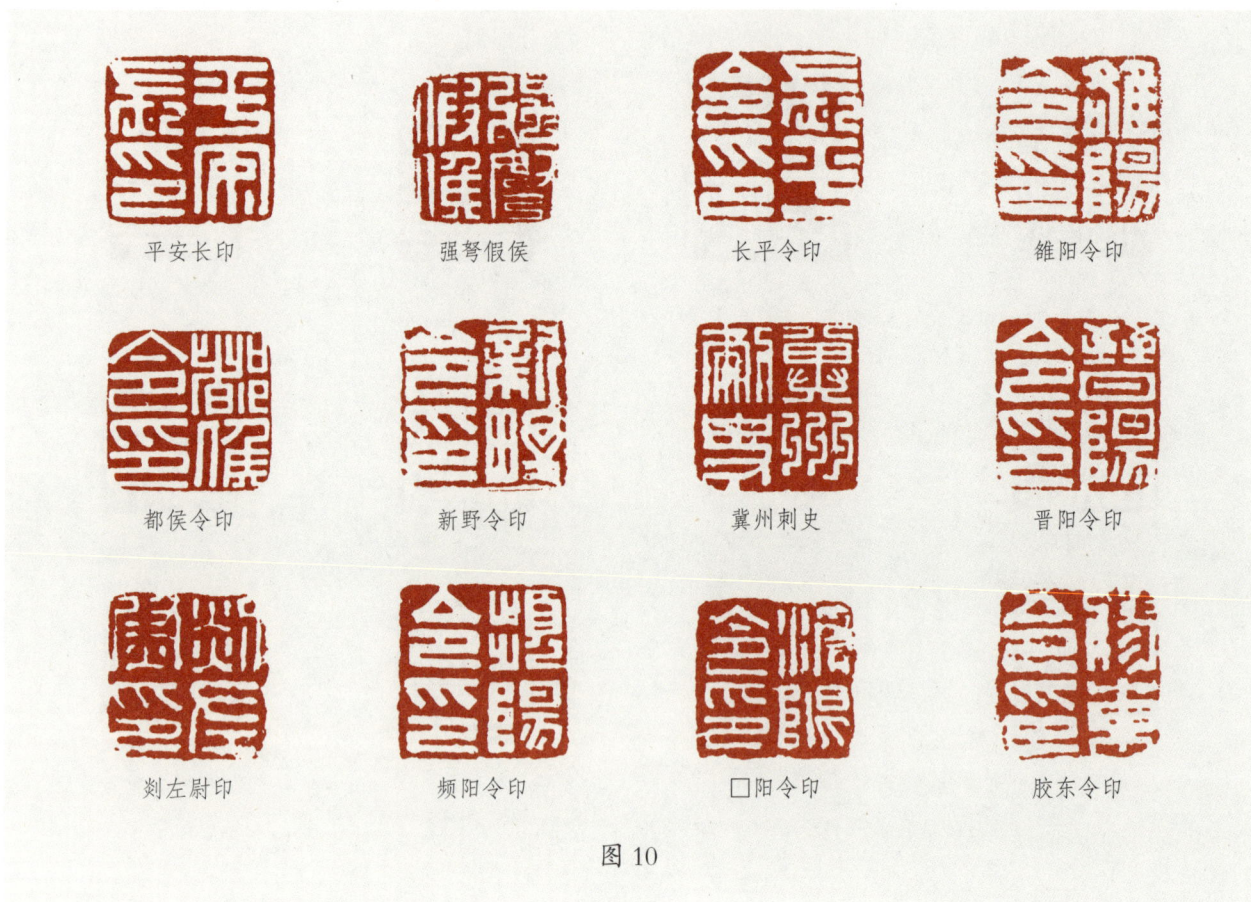

平安长印　　　强弩假侯　　　长平令印　　　雒阳令印

都侯令印　　　新野令印　　　冀州刺史　　　晋阳令印

剡左尉印　　　频阳令印　　　□阳令印　　　胶东令印

图 10

军曲侯印　　　高昌亭侯　　　诏假司马

马城尉印　　　偏军军假司马　　镇南军假司马

骑部曲将　　　建威偏将校尉　　北地牧师骑丞

图 11

（三）白文竖红边栏

图 10，"平安长印"系白文留红式边栏，但在印面上中间部位，从上至下留了一条红地。犹如朱文带竖栏边栏或白文"口"字形带竖栏边栏一样，此系白文竖红边栏。再如"强弩假侯""长平令印""雒阳令印""都侯令印""新野令印""冀州刺史""晋阳令印"等印章，印中都有一条竖红，十分醒目，它不仅使边栏更加清新别致，意趣内涵，而且使印文更加端庄平正，肃穆平稳。

（四）白文横红边栏

图 11 中"军曲侯印""高昌亭侯""诏假司马""马城尉印"等印章，在印面中间部位从左至右横贯一条红地。"偏军军假司马""镇南军假司马"二印，印中横红虽然不粗壮，但它比印周留红

之边要粗得多，横红的分量在印中占主导地位。其实这类边栏犹如白文"日"字格与朱文"日"字格的模式。上下之间，界线明朗，法度谨严，突出了印面横向的气韵，给人以平衡、静穆之感。

三、新莽官印的边栏

"新"为王莽的朝代名，这个时代的金文、钱币文都精美绝伦，印章艺术亦别开生面。时代变了，官制亦变，印制亦变，趋向一定的程式化，一般采用上下或左右对称工整的三字印或六字印，印文加有当时特有的官职称谓，印面小于西汉制式。一般为2.3厘米见方。如图12"执法直二十二""中垒左执奸""军司马承印"等印章，印文虚实相生，结体方中有圆。而点画的线条富有刀意与笔意，无比端庄遒丽，它的边栏系白文留红式边栏，方正挺劲，平稳刚直，与印文的端庄气象是十分和谐紧密配合，两者春风一家。互相辉映，再如"中大将军校尉章""班氏空丞印""陆浑关宰印"等印章，印文逼边、借边，边栏呈残缺断续之状，尤见朴实、大气、自然之风韵。新莽时代的白文留红式边栏，以刚直平稳取妍，与印文气息相通，大大促进了印章艺术的发展。

四、火烙印的边栏

火烙印是金属玺印借助火烧加热的热量，将印文、图形等烙记在另一种物质材料上的印章。战国就有之。早先研究者对此不得其解，经罗振玉先生指认"灵丘骑马"等印为烙马印后，方有所认

执法直二十二

中垒左执奸

军司马丞印

中大将军校尉章

班氏空丞印

陆浑关宰印

禾成见平咸侯道

破奸军马丞

阳秩男则相

新成左祭酒

新前胡小长

文德左千人

图12

灵丘骑马　　　柜司空　　　曲革

魏石　　　邧骀　　　常骑

遁侯骑马　　　仓内作　　　夏丘

左桁正木　　　印座　　　□

日庚都萃车马　　　右盐主官

图13

识。它的用法是以烧红的玺印灼烙在马的表皮上，以表示马的品质、属主、数量。两汉时代存在私人部曲制度（家属武装），部曲的统帅有可能在兵卒身上烙以印记。无论马皮上、人身上当时的印记无法保存下来，只能根据遗留的印章实物来考证推测他们的用法。此外还有烙木、烙竹、烙漆及烙其他物品的印章，火烙印的边栏大多是朱文或无边式印章。图13中"灵丘骑马"为朱文边栏，有趣的是在印的上方与右方另加了一道朱文边栏，增强了印面的立体感与装饰性，西汉的烙木印"柜司空"，亦是十分自然柔丽的朱文边栏。"曲革""魏石""邧骀""常骑""遁侯骑马"等烙印，则系无边式印章，"仓内作"系仓米用印，即俗称米拍子或仓拍子、粮拍子等，用它拍打在粮囤表面的粮粒堆上，使得粮粒表面出现文字，以防有人盗粮。历代的仓米印以木质制作，所以易朽烂而难以传世。此印系存世的汉代巨印，它的风格与火烙印"遁侯骑马"大致相同，方劲道丽，线条刚健挺拔。结体宽搏，气势豪放，而印文的周边点画，有意左右上下贯通，起到了边栏的作用。

五、汉将军印的边栏

汉将军印在汉代官印中是别具一格的印章。将军印往往在行军中急于使用，直接以刀在印面上刻制而成，故这类印章浑朴自然，毫无做作之痕迹，天趣横生，所谓"急就章"就是指这一类印章。它的刀法、布白、结体都有独特之处，对后代印人的影响极大。将军印的边栏亦很丰富多彩，有白文留红式、白文"口"

材官将军章	鹰扬将军章	平东将军章	牙门将印章
扬威将军章	赤城护军章	安远将军章	折冲将军章
雁门太守章	振威将军章	汤难将军印	虎牙将军章
神将军印章	中部将军章	凌江将军章	新刑军护军章

图 14

字式、白文借边式、白文残破式等等，而"印下留红式边栏"却是将军印最富特色的边栏。如图 14"材官将军章""鹰扬将军章""平东将军章"等印章，印文均紧密地排列在印面上方，而印下却留出了一大块红地，这是一块任凭将军飞马奔驰坚实的土地，而以纵取势的印文给人以稳如泰山之感，它的魅力自然十分摄人。

六、汉私印的边栏

汉私印在西汉初期一般带框格，但随着社会的发展，不久便逐渐取消了框格边栏。印章的形式结体上，不像官印那样受制度的约束而面目近同，他们体现了治印工匠敢于创新，敢于求变，重艺术效果，重趣味与精神风貌的特点。西汉私印多数为 1.2 厘米见方，到中期

齐安	夏平	王道人	利苍	赵昌
蛲姊	臣睢	赵临	戴昌	左级私印
徐杜唯	臣富昌	张辟	杨车	袁顺
宋合成	任产昌	朱祉私印	过钦私印	王恬

图 15

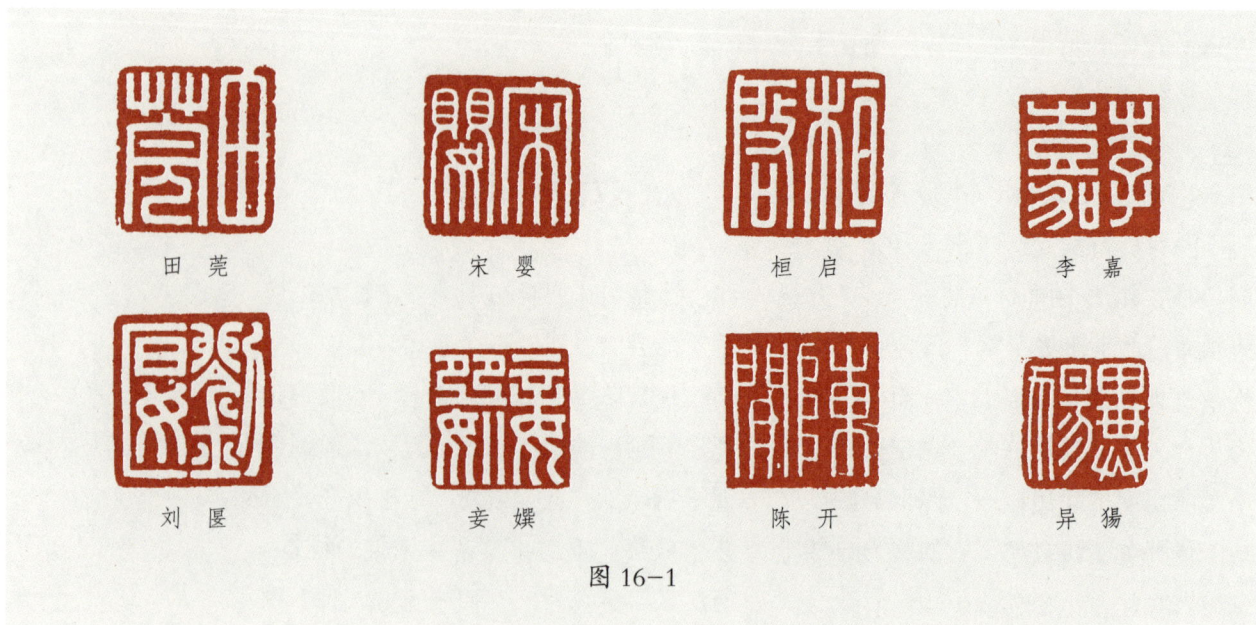

| 田莞 | 宋婴 | 桓启 | 李嘉 |
| 刘匽 | 妾嬳 | 陈开 | 异狼 |

图 16-1

印面逐渐扩大到 2 至 3 厘米见方。到东汉时，私印有凿有铸，印面多为 1.6 厘米至 2.3 厘米见方，汉私印不论从印章种类或印文格式，都是有史以来印章最为发达最为丰盛的时期，体现了汉代人民的聪明才智和印章艺术的一代精神，成为印章史上最为辉煌的一页。汉私印的边栏非常丰富多彩。前面论述到的"田"字式、"日"字式、"口"字式、白文留红、残缺式等边栏，汉私印一一皆备。为了不重复，仅将有特色的边栏分类论述如下。

（一）光洁挺直型"口"字式边栏

如图 15 的"齐安""夏平""王道人""利苍"等印章，口字形边栏光洁、畅达，浑朴厚实。无残缺、断续、粗细不一之状，看了给人以端庄稳重，静穆凝练之感。

（二）正方平齐的白文玉印留红式边栏

白文留红式边栏一般都比较拙涩老辣，由于年代久远，自然风化，周边都斑驳残缺，然而汉玉印却不是这样，它的边栏与印文都是平齐、正方呈刚直状，一切都显得那么干净利落，痛快淋漓。说它平齐并不是指不灵活、无变化，而是指它特别正襟危坐，法度谨严，浑厚流丽婉转停匀的韵味藏而不露，边栏与印文的平齐一样，横平竖直，方正工致，这样的白文留红式边栏真可谓仅玉印有之。如图 16，"田莞"印，玉质材料，坛纽制式，印文一宽一窄，以方为主，边栏留红四边基本等同，很有气势。"宋婴"印，玉质材料，印文方圆结合，在严实的白文留红边栏之中，另有一番生动活泼气象。"桓启"印，玛瑙质材料，坛纽制式，布白匀称，挪让呼应，点画

赵安　　　　　寿佗

和福　　　　　皮聚

王尊　　　　　辛偃

安国　　　　　王许

图 16-2

中和府长李　　　横野大将军莫
封字君游　　　　府卒史张林印

番廉君印宜身至前迫事　雍元君印愿君
毋闲愿君自发封完印信　自发封完言信

图 17-1

067

宜身至前迫事毋闲
愿君自发周氏印信

五威将焦
掾并印

赵谝子产印信福禄进日
以前乘浮云上华山饮玉
英饮礼泉服名药就神仙

使掌果池水中
黄门赵许私印

孝弟单右史谒

新成顺德
单右集之印

新保塞乌桓更
犁邑率众侯印

新西国安千制
外羌佰右小长

大师军垒
壁前和门丞

汉保塞乌
桓率众长

汉匈奴恶
适姑夕且渠

千秋乐平
单祭尊印

图 17-2

巧妙的穿插，十分耐人寻味。"李嘉"印，可谓玉印之精品，高仅1.4厘米，印文亦一大一小，以方为主，方中见圆，其留红边栏尤为平直方劲，增添了印章坚不可摧、严肃平稳的气息。

（三）端庄典雅的白文多字印边栏。

图17，"中和府长李封字君游""横野大将军莫府卒史张林印"等印章，均为白文多字印。印文横三竖四或横三竖三排列。"番廉君印宜身至前迫事毋闲愿君自发封完印信"一印，多达20字，呈横四竖五排列。多字印印文排列整齐，结体有方有圆，疏密一任文字点画多少而定，印面上时有为数不多的一至二个印眼，以求生动悦目。这样一种艺术气息用什么样的边栏配合，方能协调一致？古人采用了白文留红式边栏，且边栏属刚健挺拔、端庄典雅一路风格。有的多字印在印文逼边或借边处稍有破残，增添苍莽古朴感。多字印边栏很传统，很规矩，无大起大落，至今仍在沿用，可见其影响深远。

（四）秀丽工致的朱文边栏

在汉私印中，小巧玲珑的朱文印很惹人喜爱，它的主要艺术特色是秀丽工致，端庄典雅。而它的边栏与印文一样和谐天成。与官印的朱文边栏及古玺的朱文边栏有较大差别。如图18"宋止"印，边栏与印文皆以纵取势，粗细一致，印文的方折与边栏的方折亦保持一致。"祝部""许何""卫虎"等印章，均能见到边栏与印文的精工细致、优美秀雅。"蔡忠私印"的印中加了竖栏，"王相之印"则加了"丁"字格。"赵平之印""蔡忠私印""孟越之印"等印章的边栏呈断续残缺之状。边线虽然所留不多，但

宋 止	祝 郐	许 何	卫 虎
蔡忠私印	王相之印	赵平之印	孟越之印
蔡 囧	傀 裏	李 乐	郑 江
张临光	刘初私印	侯广汉印	张奉侯印

图 18

仍见其遒劲秀雅的风姿。汉私印朱文印以小博大，别具一格，给人以美的享受。

（五）方正遒丽的长方形朱文边栏

在汉私印中有一类长方形印章，它的艺术特色与上述小巧玲珑的私印基本相同，只是外形变长方形而已。如图19的"巨赵大万""杜少丙千万"等印章，十分典雅秀美。"成庚"一印，即为朱文"日"字格边栏。"巨韦卿日利千万"一印，中间加了竖栏，印文线条细于边栏，属朱文粗边边栏。"巨吴""大利石卿召""巨董千万"等，属朱文无边式印章。

巨赵大万　　杜少丙千万　　成庚　　巨韦卿日利千万

图 19-1

巨吴　　大利石卿召　　巨董千万　　巨赵是印

笋侯　　杨长卿　　大郑布　　新成日利

巨苏千万　　巨高万匹　　巨秦八千万　　大利周子平

图 19-2

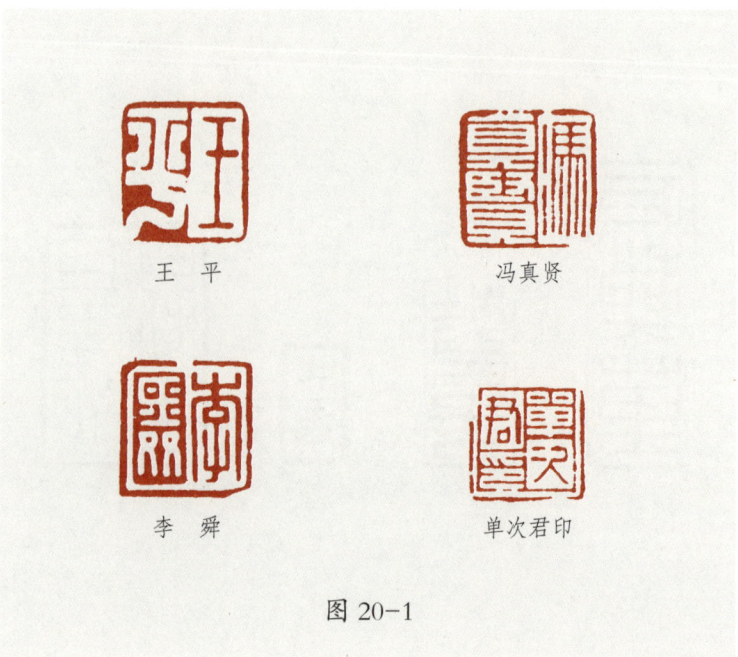

王平　　冯真贤

李舜　　单次君印

图 20-1

七、朱白相间式边栏

如图 20"王平"印的王字，三面是朱文边栏，"平"字则三面是白文留红边栏。朱白相间，别具一格，妙趣横生。"冯真贤"印，与"王平"印同理，但由于左半白文字画紧密，字画之间的留红与右半朱文字画线条几乎等同，致使印周的边栏成了朱文边栏。布白巧妙，给观赏者以情趣上的满足。再如"王建印"，"印"字系朱文，其他两字系白文，它是由白文"口"字形带竖栏切割而成的，构思独到，倍觉生动。"李舜"一印，印周系朱文边栏，印内"李"字无边，"舜"字系白文留红，两种不同的形式套用在一起，极为生动。"单次君印"系对角朱白文设计，"口"字形边栏中有留红式与朱文等多种边栏形式复合而成，且朱白错落，气势贯通。"诸长卿"印，系横卧式长方形边栏。"杨当时印""李公卿""成满意私印""郭意信印"等印章，均呈逼边残缺式边栏。"王长公""臣可"等印风格苍莽古朴，气势博大，"朱细夫印""薛回之印""贾大印"等印章，娟丽多姿，逸气逐人。"臣苍"一印，朱白边栏，印文浑然一体，气息贯通，妙不可言。

八、缪篆、鸟虫篆印边栏

汉印无论朱文、白文，皆屈曲盘缠，故广义上称汉印皆为"缪篆"印，或摹印篆印。汉私印中的缪篆印，点画如丝之缠绵，非常屈曲婉转，系吸取碑额篆文及瓦当文字变化而成，它不同于广义上的缪篆印、摹印篆印，同鸟虫篆相似，

诸长卿　　　杨当时印　　　李公卿　　　成满意私印　　　郭意信仰

王长公　　　朱细夫印　　　臣　可　　　薛回之印　　　贾大印

臣　苍　　　尹乃始　　　王建印　　　赵吴人　　　文圣夫印

姚况之私印　　　赵得之印　　　田破石子　　　公孙长乐　　　董　卿

图 20-2

但又没有鸟虫篆鸟头虫鱼的形状，如图21，"霍衡信印""王庆私印""刘伟私印"等印章即是。

鸟虫篆系依据篆书的字形，将点画盘环处理成鸟、虫、鱼等形状，用于印章则别具一格，这类印章的边栏形式有以下几种：

（一）白文留红边栏

图22的"新成甲""棱治""侯志""常龚""王莫书""张瘿"等印章，周边皆留有红地，系白文留红式边栏。它的特色是平方庄严，多姿多彩。

（二）白文"口"字形边栏

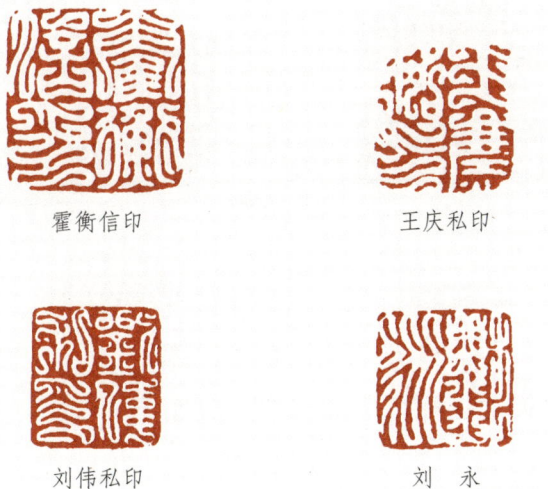

霍衡信印　　　　王庆私印

刘伟私印　　　　刘　永

图 21-1

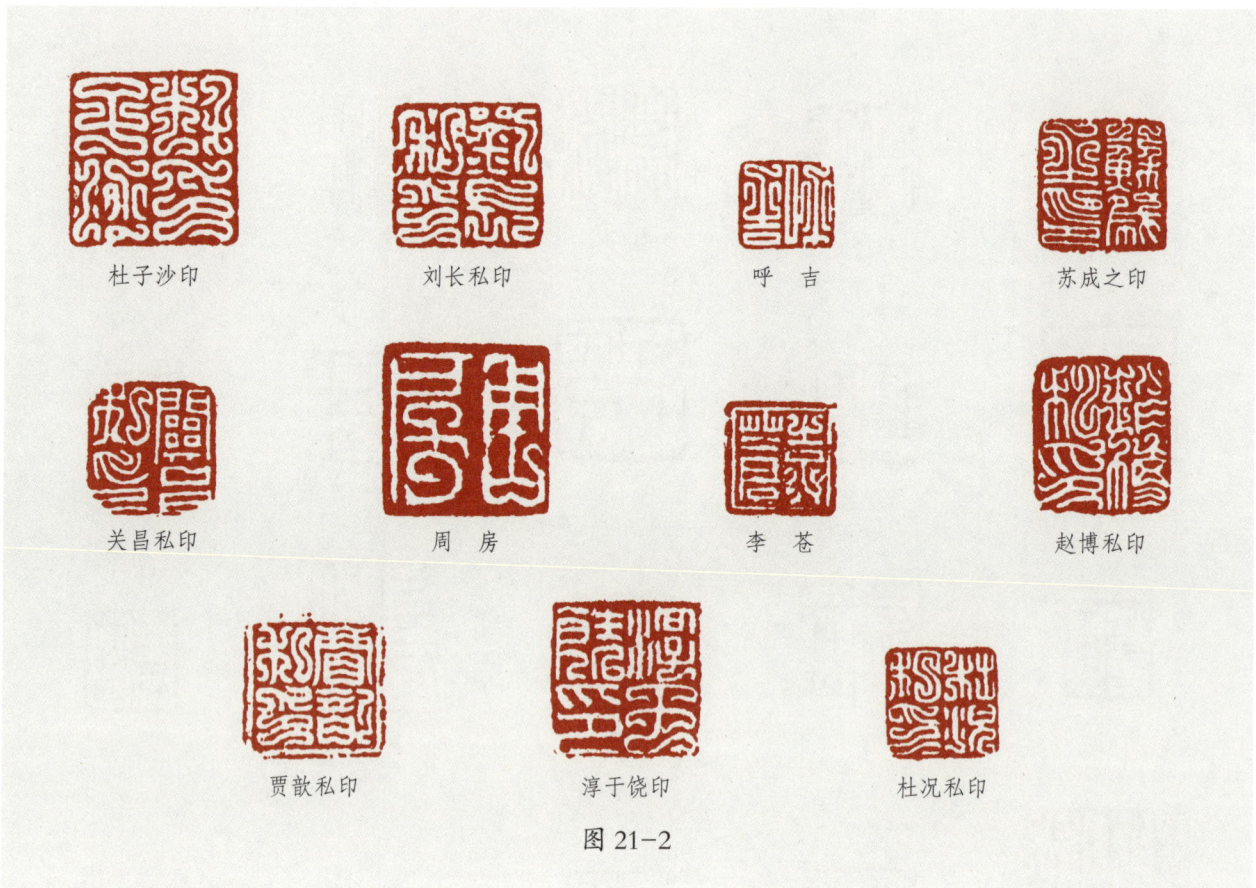

杜子沙印　　　刘长私印　　　呼吉　　　苏成之印

关昌私印　　　周房　　　李苍　　　赵博私印

贾歆私印　　　淳于饶印　　　杜况私印

图21-2

新成甲　　　桉治　　　侯志　　　常龚

王莫书　　　张瘄　　　薄戎奴　　　马级私印

武意　　　曹媄　　　程灶　　　王氏信印

图22

王 武	黄勋之印	徐伦私印	毛获私印
王安私印	或	吾 延	胡尉私印
徐伦私印	□ 说	梁胜之印	胡尉私印

图 23

图 23 中"王武""黄勋之印""徐伦私印""毛获私印""王安私印""或"等印章，均系"口"字形边栏，刚劲挺直在外，缠绵盘曲在内，两种不同的矛盾的形象被统一在方寸之上，真可谓意趣横生，魅力无穷。

（三）朱文细边边栏

图 24 中"宋迁印信""郎翁私印""房梁""公丘整""昊天""延年益寿与天毋极"等印章，均系朱文细边边栏，"田忠私印"之"田"字，四角凸圆，十分别致醒目，其边栏刚劲遒丽，残缺自然，古朴耐看。

（四）带竖栏的边栏

图 25 "阎丘长孙"系白文"口"字形带竖栏边栏。"张猛"印中间部位亦有一条竖线，系朱文带竖栏之边栏。"日

宋迁印信	郎翁私印	房 梁
公丘整	昊 天	延年益寿与天毋极
田忠私印	霍 勇	长生不老

图 24

閭丘长孙

张 猛

日 利

图 25

印

王凶

闵喜

无恙

日利

王赏

朱肉

张傅丘

□阑

日

儿成鸣

日利

共喜

王

日富

胜之

董建

王

图 26

利"一印，系朱白相间式竖栏边栏。这类印章在汉私印中数量不太多，但亦很大方朴实，疏密得当，相当有品位。

九、灵形边栏

灵，指吉祥物。青龙、白虎、玄武、朱雀称四灵。古代玺印在印文周围饰有吉祥、富贵、长寿、辟邪等寓意的鸟虫、仙鹿、寿鹤、蝙蝠、古鱼、金龟等图像，并以此为边栏刻制印章，称灵形边栏。亦称饰灵边栏。饰灵印战国古玺即有之，至汉达鼎盛，有凿有刻，刀法纯熟，线条精纤，形象概括生动，古代的工匠艺术家，深入生活，观察细致入微，构思巧妙，变化多端，所表现的灵形栩栩如生，饶有情趣。灵形边栏主要有如下几种：

（一）独灵式边栏

如图26"印""王凶""闵喜"等印章，在印文之处只饰有一灵。"无恙""日利""王赏"等印章，印文与灵形左右式布局，这类印章的边栏，统称为独灵式边栏。

（二）二灵式边栏

图27"泠平""张春""少卿""郭建""殷福""日利""张补""王乐平"等印章，印文在中间，左右饰以灵形。"宜子孙"一印，虽为圆形印，印文布在

泠平　　　　张春　　　　少卿　　　　郭建

殷福　　　　日利　　　　张补　　　　王乐平

宜子孙　　　段薯　　　　日利千万　　淳于广

方信之印　　王参　　　　樊委　　　　阴德

图 27

中间，左右饰以灵形，这类边栏称二灵式边栏。

（三）三灵式边栏

图 28 的"王昌之印""王贵□""乘马安世"等印章，印文在中间，印周饰以三灵（朱省、青龙、白虎等灵形）为边栏。"日利"一印，印文在下，上方饰一金龟，左右饰两条古鱼。三灵式边栏在方印的四边之内，非常妥帖自然，停匀精致，令人叹为观止。

（四）四灵式边栏

图 29 的"赵多""王遂""戴赏""赵子君"等印章，印文居正中，印的四边内分别饰以四灵。"长幸"一印，四个角上饰了四只蝙蝠，"日千万"一印，系

王昌之印　　　　　王贵□

乘马安世　　　　　日利

图 28

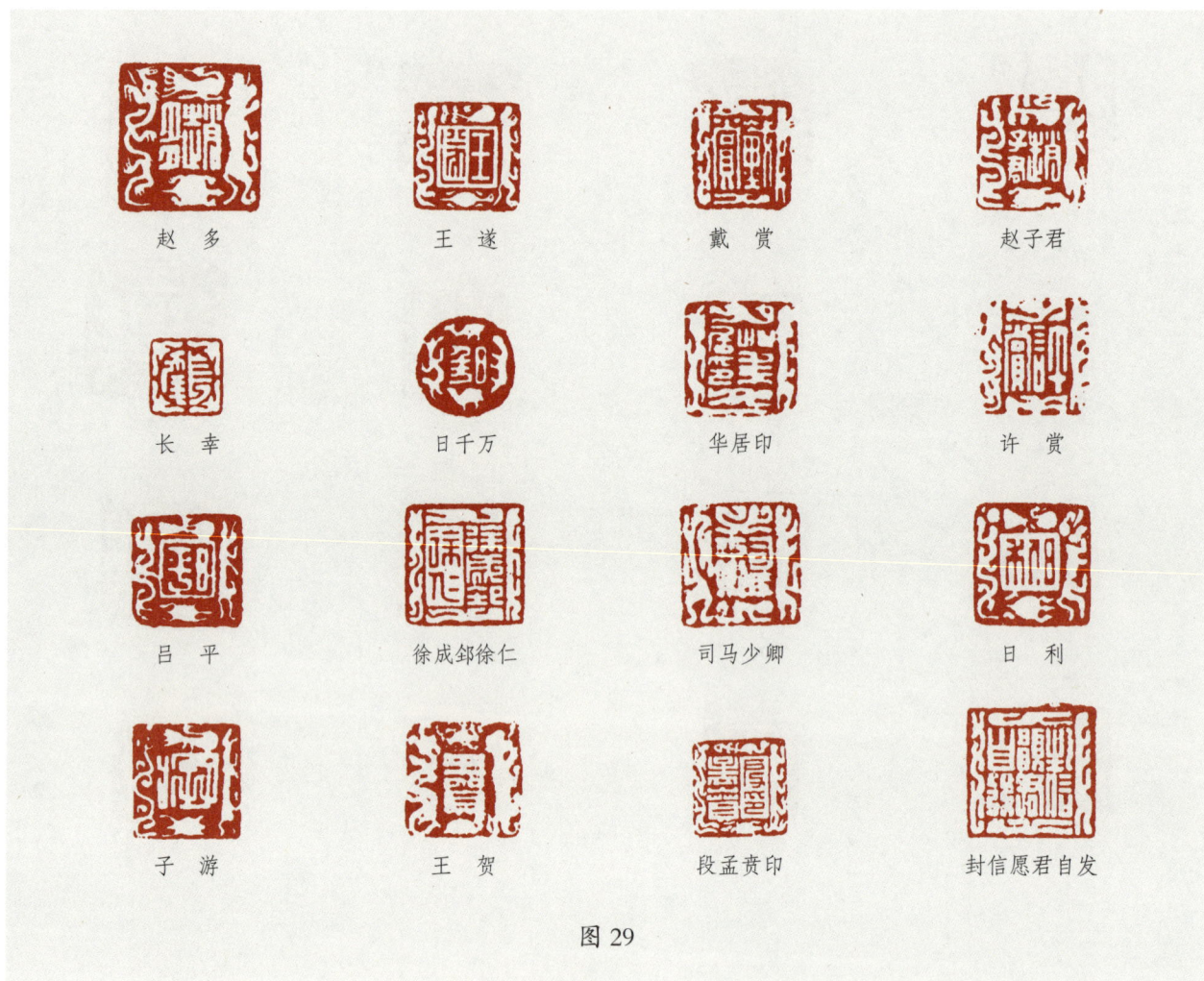

赵多　　　　王遂　　　　戴赏　　　　赵子君

长幸　　　　日千万　　　　华居印　　　　许赏

吕平　　　徐成邹徐仁　　　司马少卿　　　日利

子游　　　　王贺　　　段孟贲印　　　封信愿君自发

图29

王年　　　　武良

李弘　　　　长喜

图30

圆形印，印文四周亦很巧妙的饰上四灵，十分沉着典雅，瑰丽而又多姿。

（五）图形边栏

印文四周像绘画一样，用生活中的各种图案图形组合成边栏。如图30，"王年""武良""李弘""长喜"等印章，印文偏下，占地很少，印文四周刻画了房屋、宫阙、飞鸟走兽。宫阙刻画得富丽堂皇，十分豪华。刻画的鸟有飞掠直下的动态之鸟，有闲散观望的游逸之鸟，还有首插翅下，不动声色，作睡憩静态之鸟，宛若一幅丰富多彩的风景画，构思巧妙严谨，洋溢着相当的装饰性与趣味性，对灵形动物刻画得维肖如生，其造型准确洗练，顾盼有情，虽然着墨不多，印面也不过 1.5 厘米见方。却表现出如此内容丰富、千姿百态，气象万千的艺术效果，这样的图形边栏，永供后世印人手摹心追。

（六）灵形混合式边栏

以灵形作边栏外，还设计了白文"口"字形、朱文、田字格等多种形式与灵形组合成边栏，称为灵形混合式边栏。如图 31 的"弁弘之印"，印文由朱白相间式与灵龟组合成边栏。"王"字一印，将灵形布置在王字左侧，之外由白文曲尺式边栏组合而成。"徐乐"印朱文边栏在最外一层，灵形边栏在内层，双重混合组成边栏，无比精妙。

（七）朱文线描式长方形灵形边栏

有一类长方形朱文灵形边栏，灵形图案系用线条白描的形式刻画，令人耳目一新。如图 32 "巨张千万""大利日王君""窒孙千万""王子卿""大利公元君""王长伯"等印章，印文四周的灵形边栏均系朱文线条，一般以青龙、白鹤为主，刻画尤为精细工致，简练传神，"巨张千万"印上下之头部，以平和静态气息为主，"王长伯"印上部的龙首则张牙舞爪，怒目相对。虽寥寥数笔，但形象生动，活灵活现，笔到意到。能看到承袭了上一代灵形玺印的特点，然从构成形式到刻制技法上都有了进一步的深化与改革，气韵与品位均更上了一层楼，实为不可多得的艺术杰作。

十、花纹异形边栏

前文已述，花纹异形边栏，是在印文四周饰以花纹与图案。印章一般是印文为主，边栏为辅，印面上大部分面

弁弘之印　　王　　徐乐

口玺　　苛诉　　徐建

遗　　日利　　王

王　　李扶口　　寿乐

正朱子直　　讴君　　王

宜子孙　　陈忘得　　日益

图 31

077

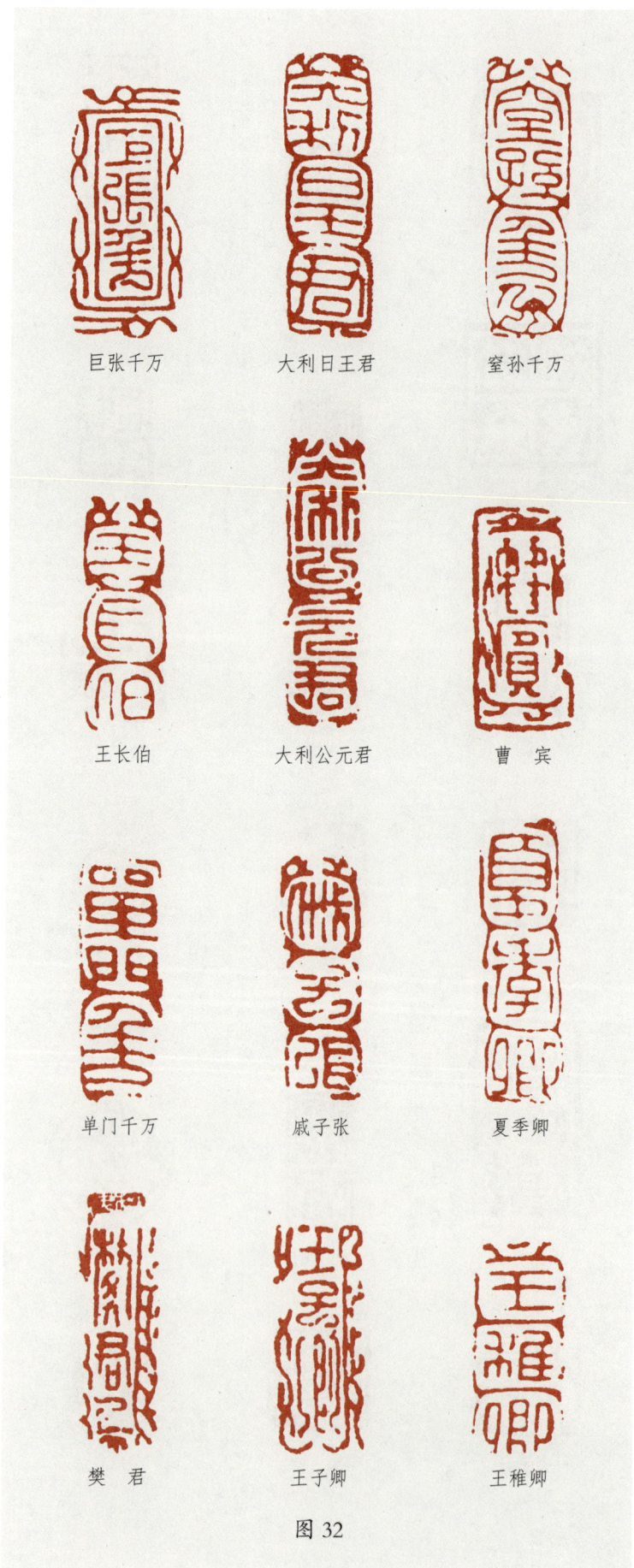

巨张千万　　　　大利日王君　　　　窒孙千万

王长伯　　　　大利公元君　　　　曹宾

单门千万　　　　戚子张　　　　夏季卿

樊君　　　　王子卿　　　　王稚卿

图 32

积用来刻制印文。但花纹异形边栏印章则相反，乃是花纹占主导地位，印面上大部分面积用来刻制花纹与图案，印文占面积的一小部分，一般在中间，也有在左、在右、在上或在下，属辅助地位。如图33，"又吉日"一印，印文以圆形布局，四周花纹，围住了印文。"王镇"印，花纹在左右两侧，印文居中，只占全印三分之一。再如"千万""日利""史禹""焦木""张绾"等印章，呈菱形状，有白文有朱文，变化多端。"杜卿印"白文居菱形正中，菱形系双朱文边栏，四个夹角之内分别置了四个文字"日内千金"。错落有致，美不胜收。

十一、封泥边栏

封泥亦称泥封，是印章按于泥上作为"以检奸萌"的封口凭记。印文多为阴文，钤下即呈阳文。封泥由周秦发展至汉，更趋成熟，由于年代久远，泥质不坚，今天我们所见到的印花，大都是斑驳缺蚀，宽厚而富有变化，古趣盎然，别具一格。但封泥边栏并不是千篇一律，它也自有不同的特点与形态。

（一）宽博方正的封泥边栏

边栏粗厚，宽阔，方正。气势博大，苍莽朴实。如图34的"阜乡""臣曾""新蔡侯相""五原太守章""丹阳太守章""长陵丞印""东乡家丞"等印章，其边栏特别宽粗厚实，犹如高大宽阔的围墙，围住了花草果蔬一样，围住了里面的印文。很有意境与气象。

（二）细柔遒丽的封泥边栏

与上述相反，边栏细柔，线条屈曲婉转，圆中寓方。如图35的"少府""齐

又吉日	王 镇	千 万	日 利	史 禹
焦 木	张 绾	日 禾	次亚之印	梁官私印
杜卿印日内千金	未 央	日 幸	驺	昌
从胜之印	肖 辛	姝 □	□ 君	謜事得志
□酋信玺	舠	畋马□	富 贵	常 光

图 33

阜 乡	臣 曾	新蔡侯相	五原太守章

图 34-1

丹杨太守章　　　　　长陵丞印　　　　　东乡家丞　　　　　广汉太守章

过仁之印　　　　　司马右前士　　　　　大河都尉章　　　　　严道长印

图 34-2

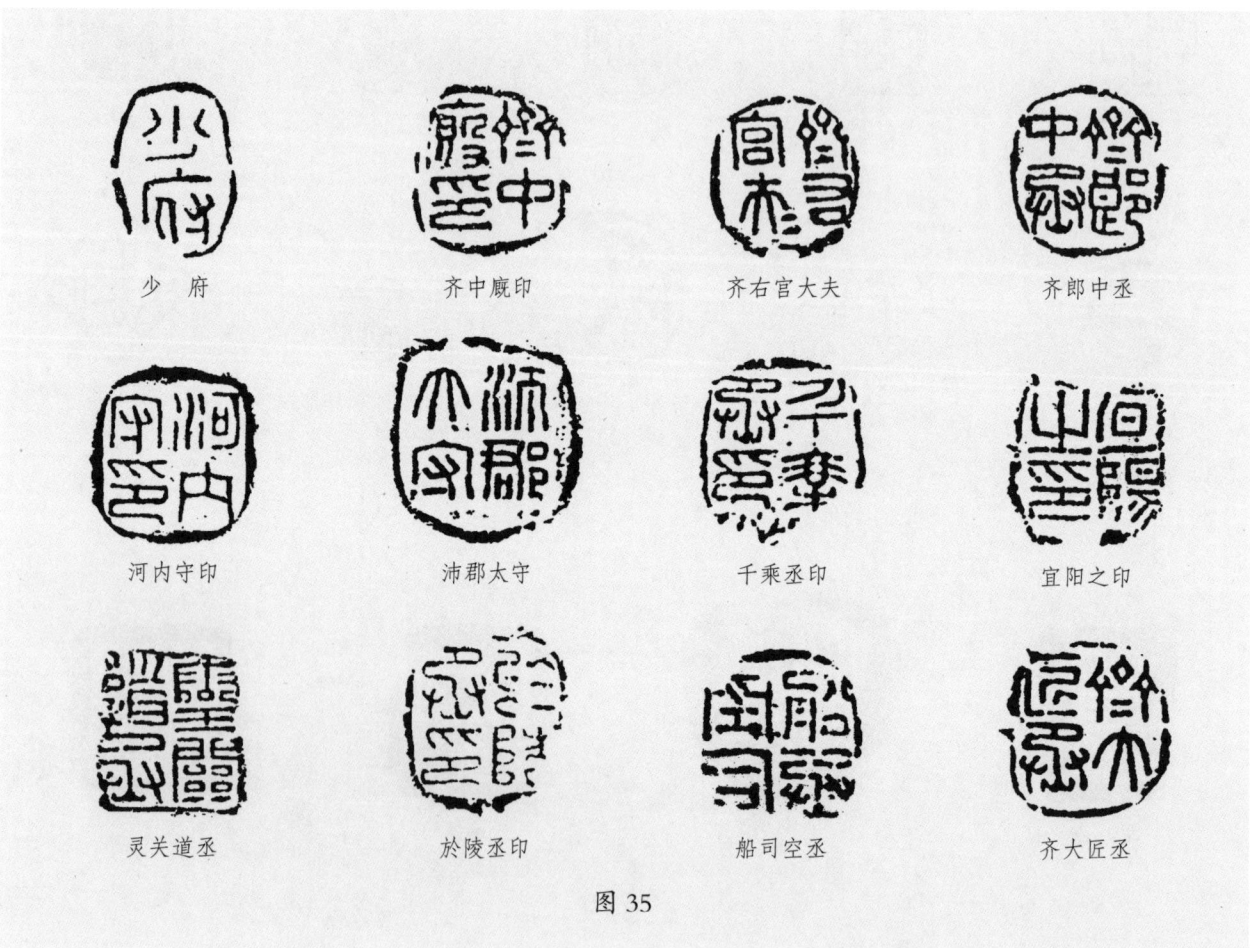

少府　　　　　齐中廏印　　　　　齐右官大夫　　　　　齐郎中丞

河内守印　　　　　沛郡太守　　　　　千乘丞印　　　　　宜阳之印

灵关道丞　　　　　於陵丞印　　　　　船司空丞　　　　　齐大匠丞

图 35

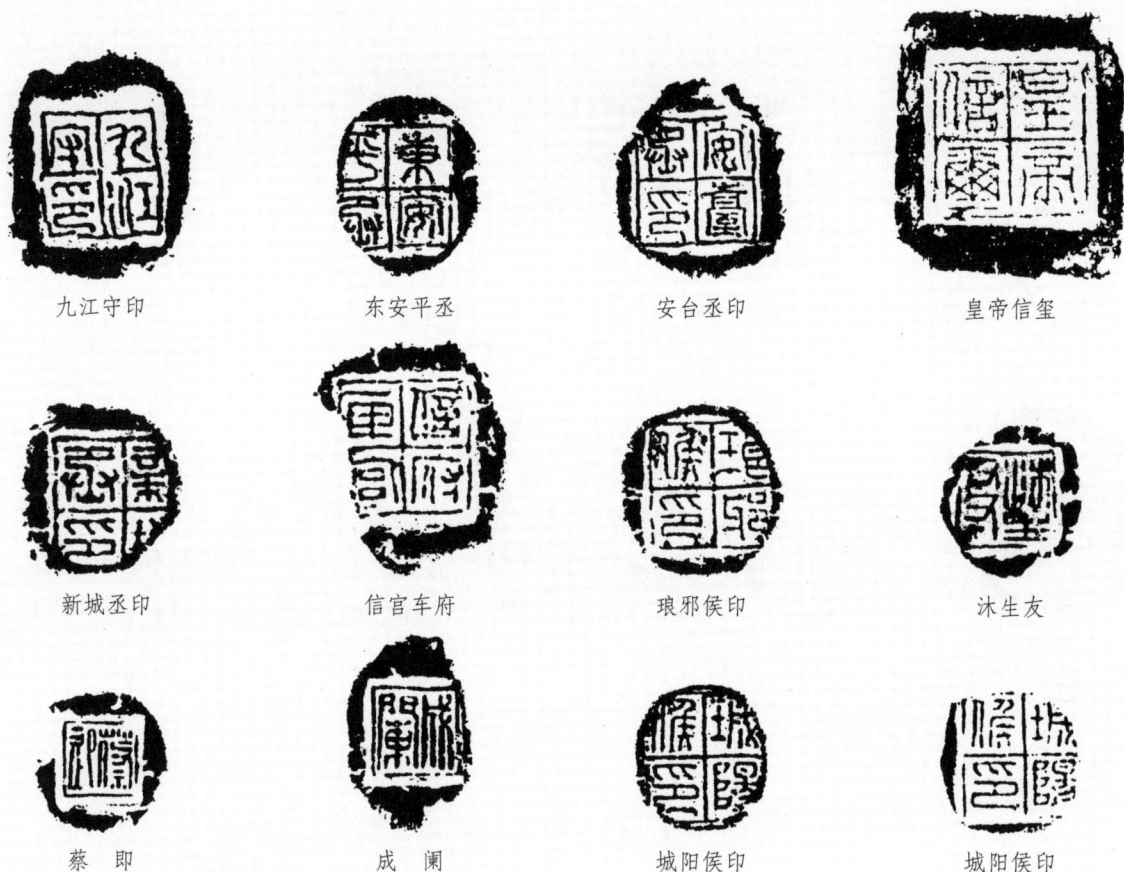

九江守印　　　东安平丞　　　安台丞印　　　皇帝信玺

新城丞印　　　信宫车府　　　琅邪侯印　　　沐生友

蔡印　　　　　成阑　　　　　城阳侯印　　　城阳侯印

图36

中厩印""齐右宫大夫""齐郎中丞""河内守印""沛郡太守""千乘丞印""宜阳之印"等印章，边栏与印文的线条基本粗细相同，属朱文细边边栏。

（三）外粗内细式"田"字格、"口"字格边栏

图36的"九江守印"，外面朱文粗边，里面系细朱文"田"字格，"东安平丞""安台丞印""皇帝信玺""新城丞印""信宫车府""琅邪侯印"等印章的边栏，亦是这种形式。另有"沐生友""蔡印""成阑"等印章，则是外粗内细式"口"字格边栏。

（四）双朱文"田"字格、"口"字格细边边栏

图37"博昌丞印"，双朱文"田"

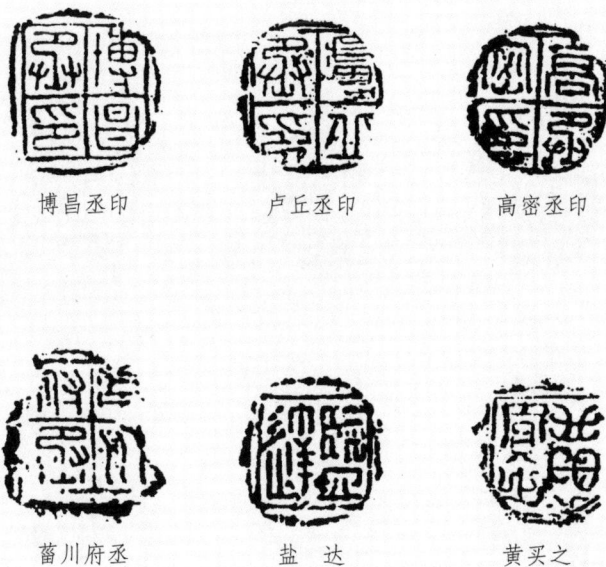

博昌丞印　　　卢丘丞印　　　高密丞印

蔺川府丞　　　盐达　　　　　黄买之

图37-1

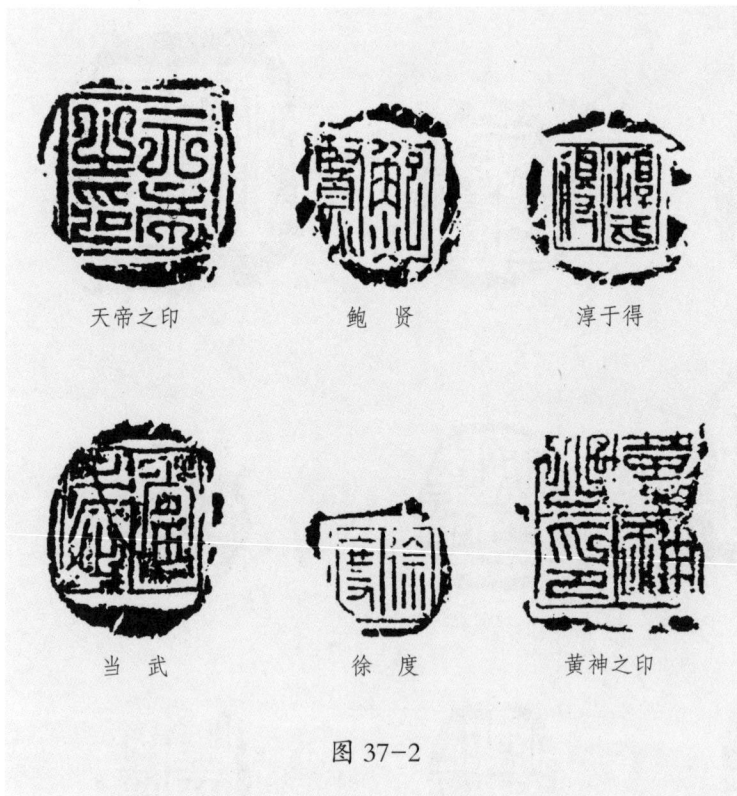

天帝之印　　鲍贤　　淳于得

当武　　徐度　　黄神之印

图 37-2

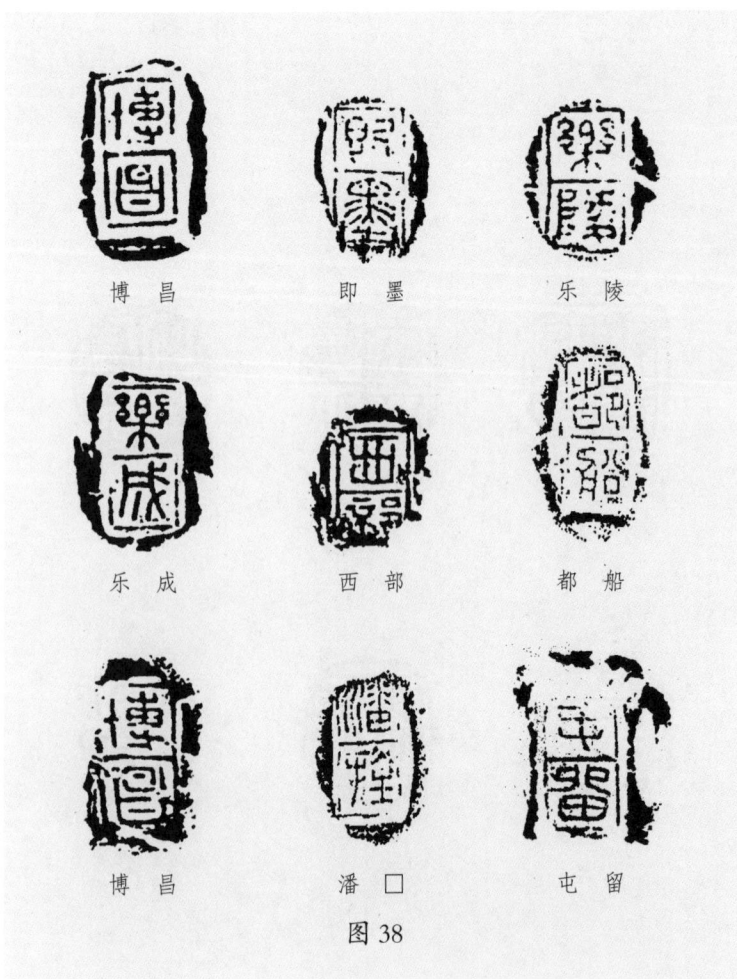

博昌　　即墨　　乐陵

乐成　　西部　　都船

博昌　　潘□　　屯留

图 38

字格边栏，与印文线条基本等同，给人以和谐、清丽的艺术感受，"卢丘丞印""高密丞印""菑川府丞"等封泥印章，皆系双朱文"田"字格边栏，很雄浑古朴。另有"盐达""黄买之""天帝之印""鲍贤"等印，则系双朱文"口"字格细边边栏。

（五）外粗内细式"日"字格边栏

图 38"博昌"印，印外一道朱文边栏，十分粗实宽阔，而里面的"日"字格栏很纤细，"即墨""乐陵""乐成""西部""都船"等印章亦如此制式，这类边栏称为外粗内细式"日"字格边栏。

（六）残缺式不规则形边栏

封泥由于种种原因，它的边栏绝大多数都呈残缺状。这里选择了一部分既残缺又不损害印文，边栏呈不规则形的印章加以论述。如图 39 的"齐郡太守章"，印章边栏左上角严重缺蚀，"章"字亦有残破，但没有影响整个印文的识读与格调。"襄阳长印"的边栏有四块形状各异的线块组成，不方亦不圆，是地道的不规则形状。"临菑司马""齐太仆印""扞关尉印""博昌丞印"等印章，均系残缺而致使边栏不规则，"泗水相印章"左下方的边栏全失去，张开了一个大口子，印文成方形、排列整齐，而边栏非方非圆，则是一个不规则形。正是这些残缺破损的自然风貌，构成了封泥印章之美。这类封泥印章，粗犷拙野，是"大写意""大手笔"。边栏之妙在于实中见虚，不规则中见天趣，气格壮伟而意味纯朴真率。

（七）粗细混合式边栏

图 40"刚羝右尉"印，上下粗边，

齐郡太守章

临菑司马

齐太仆印

扞关尉印

博昌丞印

泗水相印章

遂乘之印

掌货中元士

襄阳长印

齐太仓印

城阳中尉

广陵丞印

图 39

刚羝右尉

南郡都尉章

乐街令印

西平令印

召陵令印

鲁厩丞印

上谷太守章

云中太守章

图 40-1

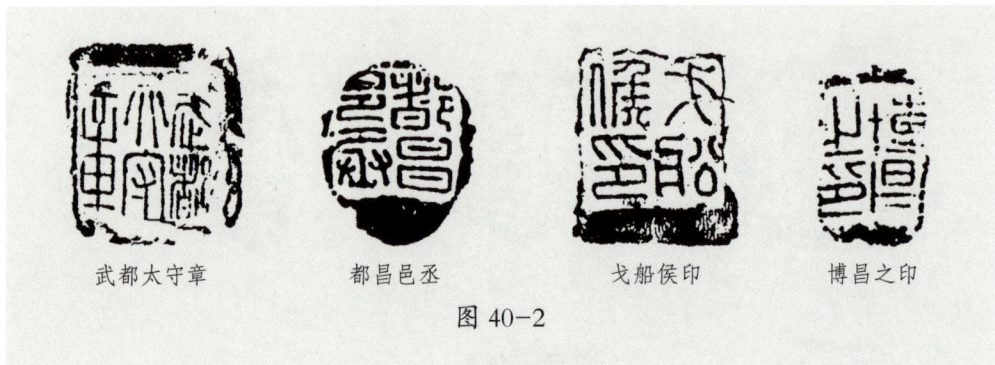

武都太守章　　都昌邑丞　　戈船侯印　　博昌之印

图 40-2

左右细边，粗细混合构成。"南郡都尉章"为上下细边和左右粗边组合而成，"乐街令印"是上左粗边和下右细边组合而成，另有三粗一细、三细一粗等构成形式。粗细之间相当悬殊，愈悬殊愈见精神，近现代印人为之倾倒，在他们的传世名作中，都借鉴封泥式边栏，化为己有，刻出了个性。

十二、瓦当式边栏

瓦当俗称瓦头，是指古代宫阙建筑筒瓦顶端的下垂部分，原为建筑物上起实用保护作用又具有美化效果的附着物，它有圆形和半圆形两种，是我国古典建筑中的一种特有的装饰物。瓦当主要起着庇护屋檐，防风雨侵蚀，延长建筑物寿命的作用。除有实用价值外，它以整齐划一的图文横列在建筑物的上部，圆润、古朴、大方，极富装饰效果，使建筑物更加绚丽辉煌，光彩夺目。由于既实用而又美观。并附有精美纹饰和文字。它和商周青铜器一样，是具有时代性的特殊产物，后世宫室，大厦、楼阁虽宏丽，但也未再见在瓦当上多倾心力。由于秦汉是使用瓦当的鼎盛时期，因此，"秦汉瓦当"成了专门名词。

瓦当本不是印章，严格一点讲不应在我们的论述范围之内。人们大都认为瓦当只能算是图案形式的美术，瓦当文字只能算是美术式的书体。对此笔者有一点不同看法，随着篆刻艺术的不断发展，人们发现打拓下来的瓦当与封泥印章一样，具有篆刻艺术之美，因而后世印人采用瓦当的形式入印，这样篆刻与瓦当，瓦当与印章有了共同的审美价值。换言之，瓦当可作为印章的直接借鉴，可作为印章的另一种形式，它像印章一样，有边格，有文字，和篆刻艺苑里圆形的印章一样，有异曲同工之美。我们说汉代图形瓦当与汉代图形印除大小不同外，其他方面可谓大同小异，汉代印章的文字是缪篆，汉代瓦当的文字大多也是缪篆。从整饬的秦篆走向汉摹印篆（即缪篆），这是时代发展的特征。这使我们清晰地看到了瓦当具备了印章的诸多审美意义的基础与条件，把印章与瓦当分割开来，无疑篆刻家不愿意，艺术上也会人为地造成缺失。

这里论述、记取的是以文字瓦当为主的外围边栏，文字瓦当到汉代可以说达到了全盛时期。在圆形这一特定的范围内，极尽变化，烂漫多姿．以雄强茂美的章法和饱满酣畅、质朴醇厚的气韵给人以安定、康宁和满足的感觉。汉代瓦当的边栏较之秦代亦有了进一步的发展与完美。秦瓦边栏窄，圆面较汉瓦小，汉瓦边栏宽，圆内的饰纹图案更精致、对称、精丽，且种类繁多。图41"宗正官当""右空"等瓦当，以线条的纵横、交叉组合成网状式格栏，新颖别致。"囗乐囗昌"为半圆式瓦当，其边栏恰好是圆形的一半。汉代瓦当的边栏推崇质朴，不求浮华，无娇柔纤巧，追求凝重古拙风貌。它体现了西周以来瓦当艺术的精神气质，体现了中华民族装饰艺术的传统审美观。瓦当艺术吸引着成千上万个追求者，独具一格的气质和魅力对中国历代印人有不可估量的借鉴和参考价值。

十三、小结

汉印的构成从用途分，有凭信印、检封印、佩带印、封记印、殉葬印、烙马印等；从内容分，有官印、半通印、私印、吉语印、祈福印、宗教印等；从形式分，有方形印、长方印、图像印、圆文印、朱文印、白文印、朱白相间印、四灵印等；从制式分，有单面印、双面印、子母印、多面印、套印、封泥印等；从材质分，有铜印、银印、铅印、金印、石印、木印、竹印、玉印、玛瑙印、琥珀印、陶印、泥印等；如此等等，他们又分属铸印、凿印、刻印、琢印等不同类型。决定印章风格的因素，不仅包括章法、刀法、篆法，还包括了结体的疏密、虚实、捺让、伸缩、大小、错落，以及线条曲直、粗细、横斜、深浅、方圆、长短等。而印章的各类艺术风格之间，其印章边栏起着独特的连贯、承应、映衬作用，两者并不是互相分割或互相独立的，他们之间的共性决定了他们是互相关联、

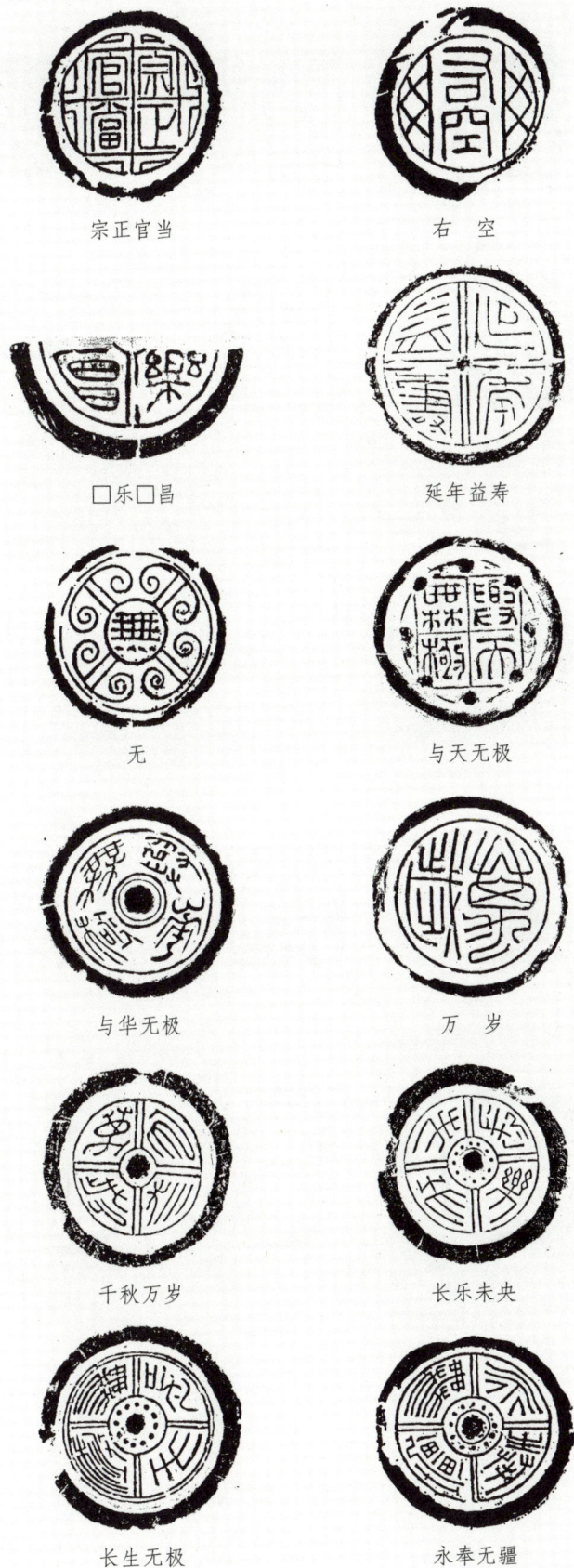

宗正官当　　　　　右空

囗乐囗昌　　　　　延年益寿

无　　　　　与天无极

与华无极　　　　　万岁

千秋万岁　　　　　长乐未央

长生无极　　　　　永奉无疆

图41

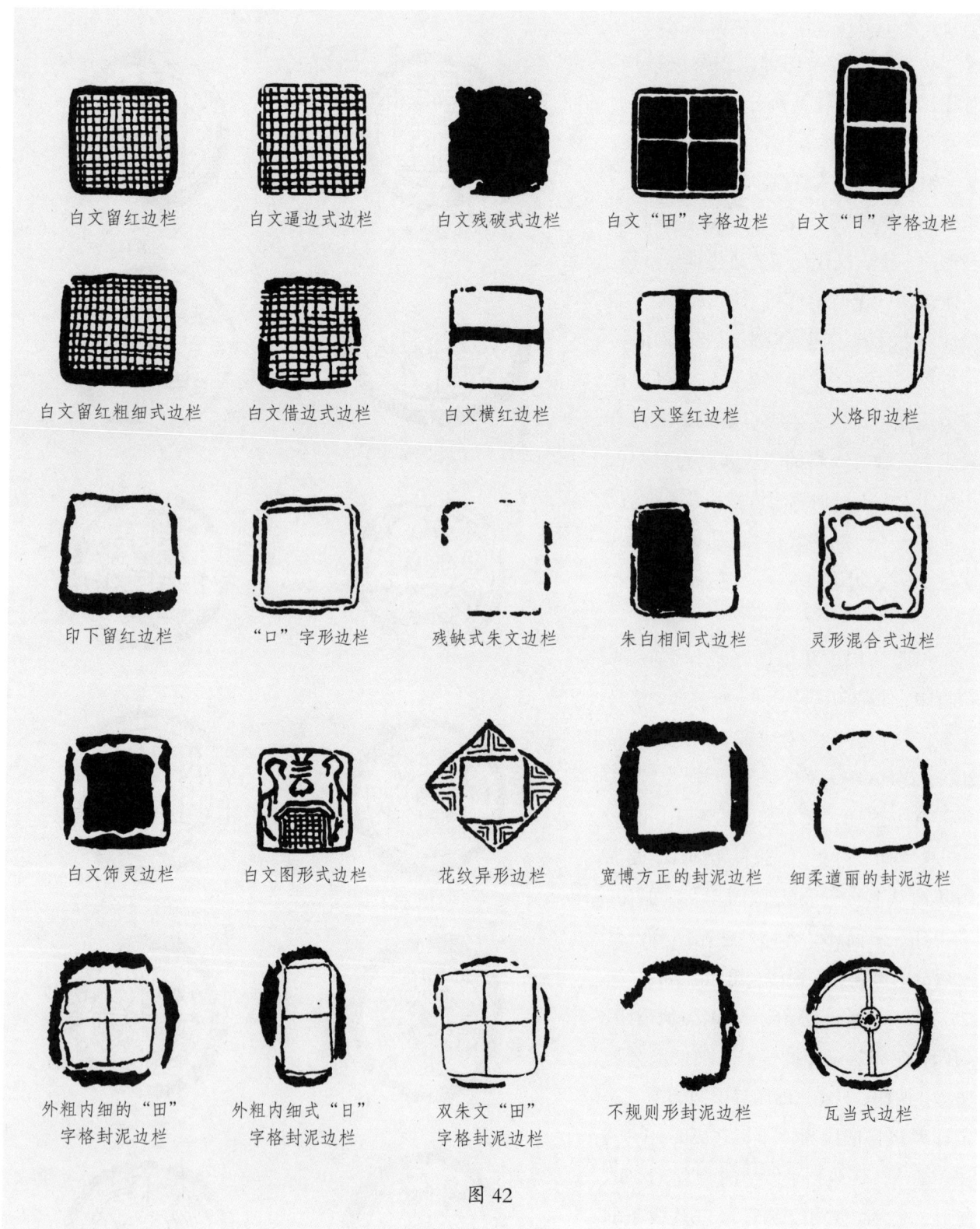

白文留红边栏　白文逼边式边栏　白文残破式边栏　白文"田"字格边栏　白文"日"字格边栏

白文留红粗细式边栏　白文借边式边栏　白文横红边栏　白文竖红边栏　火烙印边栏

印下留红边栏　"口"字形边栏　残缺式朱文边栏　朱白相间式边栏　灵形混合式边栏

白文饰灵边栏　白文图形式边栏　花纹异形边栏　宽博方正的封泥边栏　细柔道丽的封泥边栏

外粗内细的"田"字格封泥边栏　外粗内细式"日"字格封泥边栏　双朱文"田"字格封泥边栏　不规则形封泥边栏　瓦当式边栏

图 42

互相贯通、互相媲美的，在一方印章中，大多是我中有你，你中有我，顾此失彼或重此轻彼，都会失去整体的平衡与艺术的美感。所以我们从中去认识、研究印章边栏的艺术价值，只是为了更好地去欣赏、学习、传承它的艺术精神，而不是别的。

图 42 系汉代印章边栏示意图。

第三章

第8节 | 三国时期（220年——265年）

驸马都尉　　　　　云南令印

济阳令印　　　　　豹骑司马

前锋司马　　　　　关中侯印

武猛校尉　　　　　校尉之印章

图1

三国时期的印章沿袭汉印为主。制作上有铸、凿、琢等多种方法，官印普遍严整，私印劲健。由于这个时期战争频繁，体制混乱，官印凿刻草率，印文有所臆造，历史上称此期篆刻为衰微年代。任何事都得一分为二看，它上承秦汉印制，不可能随意背离传统。战事纷繁，印章的实用性必定强化，纵观此期印作，不乏中国印章的艺术精神。就边栏而论，调基本统一，线条挺拔，精气饱满占主导地位。现从传世的具有代表性的官印、私印为基础，对边栏进行分类综述。

一、白文留红边栏

白文留红指印章四周所留红地，此边栏的宽窄大致相等。如图1"驸马都尉""云南令印""济阳令印""豹骑司马""前锋司马""关中侯印"均为三国官印。印文均匀排列，工整端庄。边栏瘦细，平直方正地包围在印文四周，衬托出印章的庄重、典雅的非凡气度。

二、三粗一细式白文留红边栏

白文印留红边栏之中，有一面是细边，其他三面是粗边。图2"长水司马"印，左右与下方边栏很粗，与下方边栏相比，上方则显得很细。"讨虏司马"

长水司马

讨虏司马

关内侯印

阆中令印

图 2

印，下方与左右两边边栏很粗，而上方很细。这类边栏的印章其印文一般都朝细边靠拢，特具动感。

三、三细一粗式白文留红边栏

与上述边栏相反，印章三面边栏是细边，一面是粗边。如图3"关中侯印"印，属三国时代官印，左右与上方是细边，下方是留有宽大红地的粗边。印文线条粗壮厚重，结体自然且带稚拙之貌。"助郡都尉章""伏波将军章""扬威将军章"，皆系三国官印，皆呈三细一粗式边栏，印文线条方劲古拙，气韵生动。粗边一般在印章下方，故亦叫印下留红式边栏。

四、二粗二细式白文留红边栏

图4"振威将军章""阳翟令印""破虏将军章""主爵都尉章"印，均系二粗二细式白文留红边栏。两条粗边或两条细边可以上下分布，也可以上左或上右设置，也可以是下左或下右设置。毫无疑问，粗细边上下分布的印章，端庄稳重；而上侧分布的印章则风姿飘动，别开生面。

关中侯印

振威将军章

助郡都尉章

阳翟令印

伏波将军章

破虏将军章

扬威将军章

主爵都尉章

图 3　　　　　　图 4

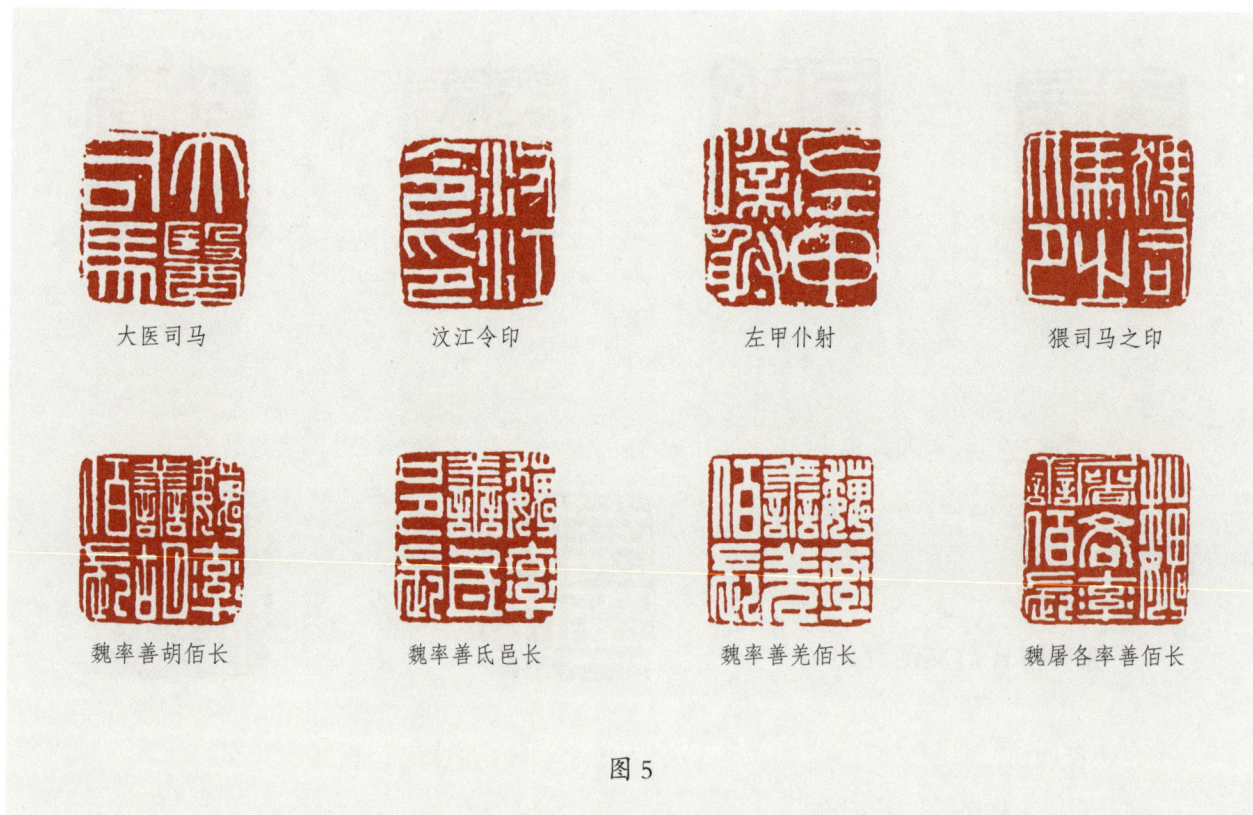

大医司马　　汶江令印　　左甲仆射　　猥司马之印

魏率善胡佰长　　魏率善氐邑长　　魏率善羌佰长　　魏屠各率善佰长

图5

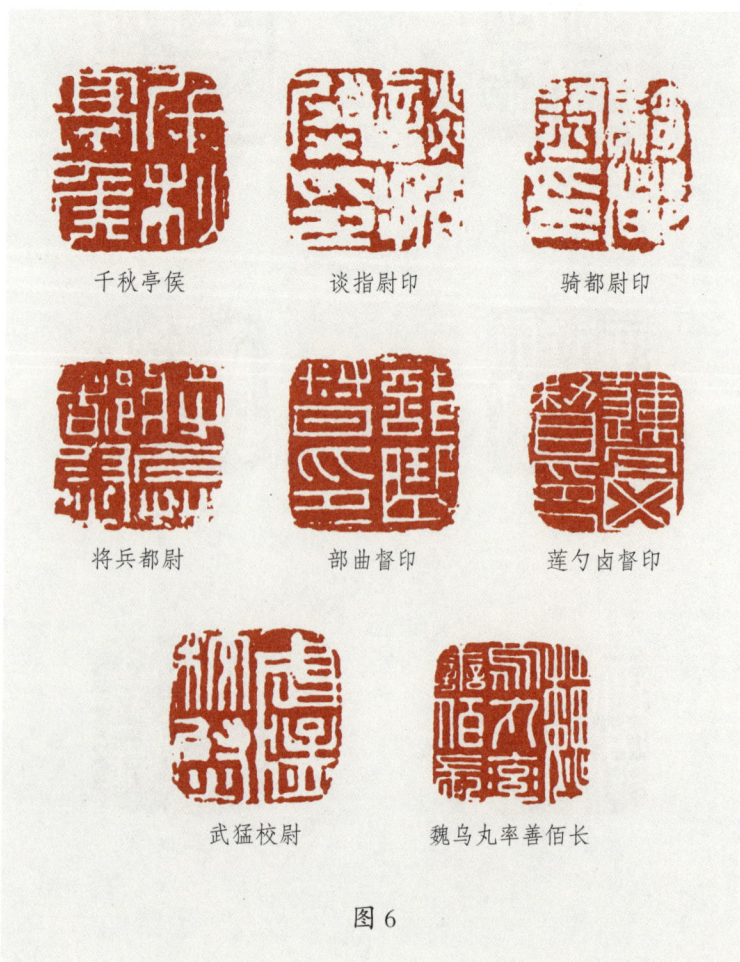

千秋亭候　　谈指尉印　　骑都尉印

将兵都尉　　部曲督印　　莲勺卤督印

武猛校尉　　魏乌丸率善佰长

图6

五、白文逼边式边栏

图5"大医司马""汶江令印""左甲仆射""猥司马之印"等印，系三国官印，其印文笔画都逼近边栏。再如"魏率善胡佰长""魏率善氐邑长""魏率善羌佰长""魏屠各率善佰长"等印，系三国时期授予少数民族官印，印文字数稍多一，印文四面撑满，属白文逼边式边栏。

六、白文留红残缺式边栏

年代久远的古印，或多或少有所残缺。上述逼边式边栏再往前走出一步，就会造成边栏、印文线条缺蚀。如图6"千秋亭候"印四边都有残缺，"谈指尉印""骑都尉印"印面笔画受损，留红边栏亦断续破残；再看"将兵都尉"，

中国印章边栏史

关外侯印	遂昌令印	魏卢奴左长	夷迁私印

陈侨印信	成济言事	纪于次	妾于次

图7

"尉"字与"兵"字之外的留红边栏几乎丧失殆尽，笔画的某些线条也有不同程度的残缺。而其他部分的边栏尚可隐约可见。这类印章断如虹收，联如雁度，出于无法，而臻于极法，神隽味永，堪为佳品。

七、白文"口"字形边栏

图7"关外侯印"，印文四周加了一道白边，形成一个"口"字；"遂昌令印"印，缪篆体势，印文线条细致挺拔，方折遒劲，亦属白文"口"字形边栏。这类边栏在古玺时期就有之，从古至今承袭不息，主要原因是它的质朴自然、方正浑穆，能使人们尽情享受与发挥。它不尚奇巧，却每于饱满处显灵动，方中寓圆，雅丽共存。印文之外的白文边栏与白文边栏之外自然形成的朱文边栏，

孙谦印信	荆参印信

张顺印信	刘庆印信

边栏示意	肖形鸟

图8

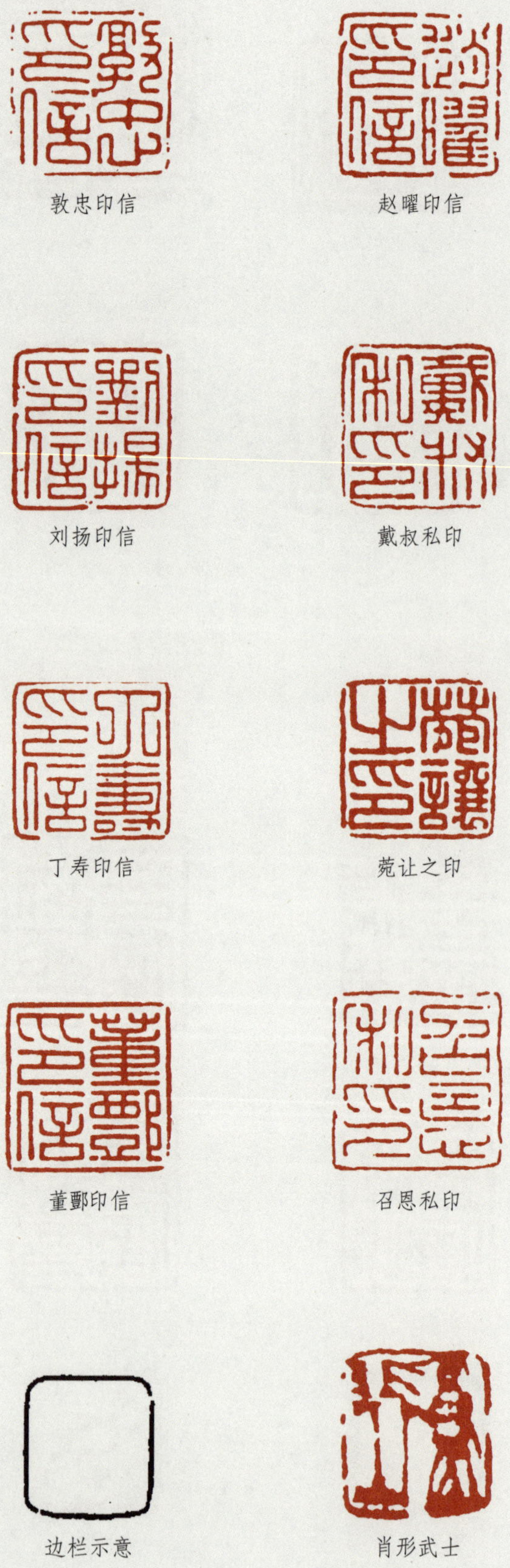

图 9

有机的变化，密切的配合，随时可以调节整个印面的气氛与格调，故它有旺盛的艺术生命力。

八、朱文粗边式边栏

朱文粗边式边栏是指边栏线条粗于或略粗于印文线条的印章边栏。图 8“孙谦印信”“荆参印信”“张顺印信”“刘庆印信”等印章，皆是朱文粗边式边栏，有一肖形鸟的印章，亦采用朱文粗边式边栏刻制，尤现古拙浑厚。这类印章边栏显得粗壮而挺拔，就像一道围墙，关住了“满园春色”。给人以一种端庄、紧密、团聚感觉。

九、朱文细边式边栏

图 9“敦忠印信”“赵曜印信”“刘扬印信”“戴叔私印”“丁寿印信”等印章，系三国私印，边栏线条与印文笔画线条相比较，边栏线条明显细于印文线条（或等同）。与上述粗边边栏互为相反。有一肖形武士印，亦采用朱文细边式边栏，边栏较细劲，更突出多肖形印文的主题，这类印章精致典雅，细劲遒丽，充满书卷气息。概括突出印文的作用特强，印文系主体，边栏为辅。边栏随着笔画线条的变化而变化。细边式对边栏的要求要高一些，它不超越印文，对于印文有较大的依傍作用。

十、朱文借边式边栏

图 10“殷选印信”，左右与下方都有朱文边栏，而上方却没有边栏。借用

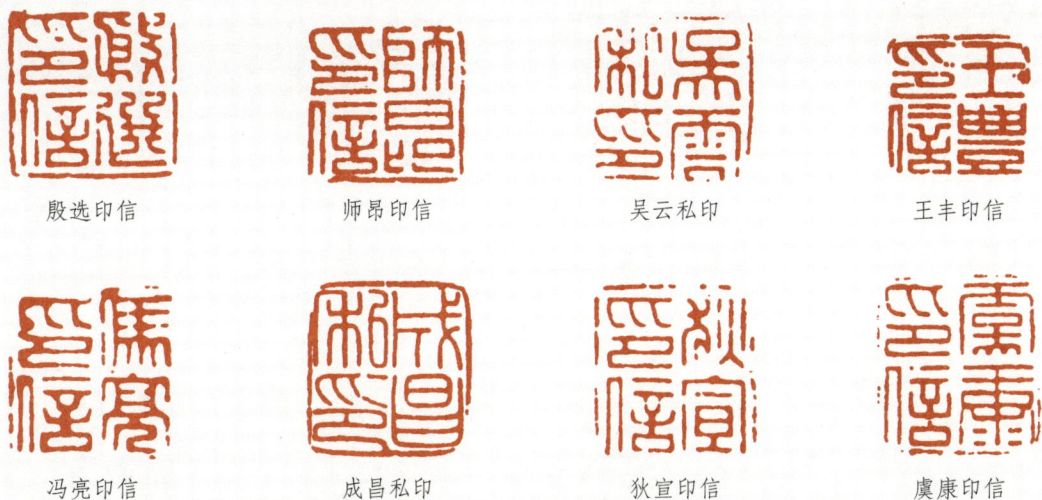

殷选印信　　　师昂印信　　　吴云私印　　　王丰印信

冯亮印信　　　成昌私印　　　狄宣印信　　　虞康印信

图 10

了印文上方的笔画线条作边栏。"师昂之印"右下有边栏，左上则无边栏，亦是借用笔画线条作边栏。另外，"吴云私印""王丰印信""冯亮印信""成昌私印""狄宣印信""虞康印信"等印章，皆属朱文借边印章，这类边栏趣味性特强，至今诸多篆刻爱好者，依然喜欢借用这种形式治印，关键是要借得合理、借得得法与巧妙。没有故意的做作与斧痕。

李逸印信　　　王瑀私印

图 11

十一、朱文无边栏印章

图 11 系两方无边栏私印。但看上去仍然在一个无形的边栏之内。这类印章新颖别致，与众不同，特殊的艺术效果，始终受到人们的青睐和喜爱。

十二、朱文残破式边栏

朱文残破式边栏，即指朱文印边栏残缺不全，断断续续，似有非有。如图12，

高堂缋印　　　邵谦之印

程融之印　　　朱颛印信

图 12-1

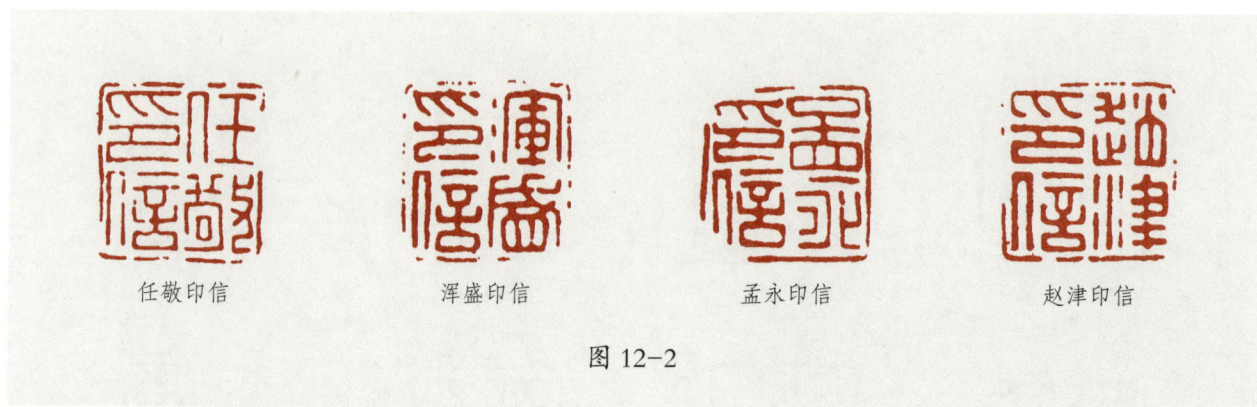

任敬印信　　　　浑盛印信　　　　孟永印信　　　　赵津印信

图12-2

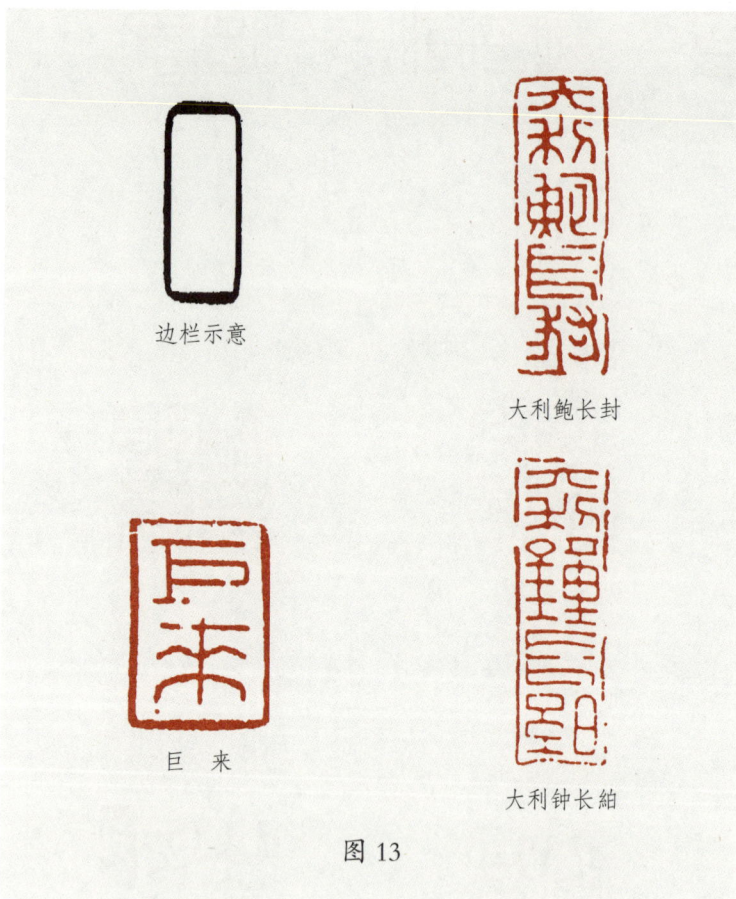

边栏示意

大利鲍长封

巨来

大利钟长紃

图13

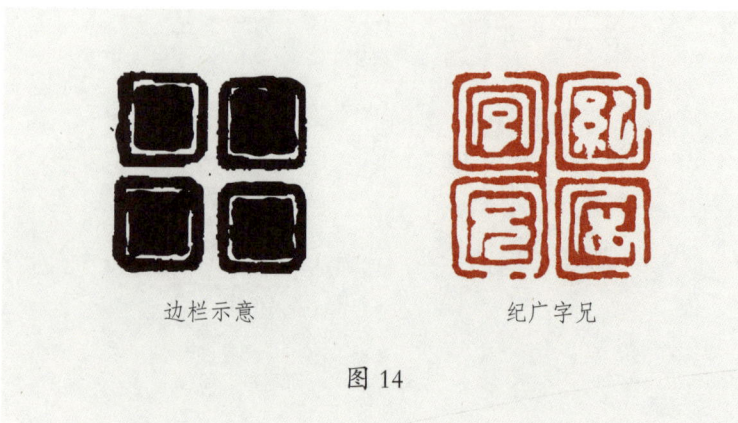

边栏示意　　　　纪广字兄

图14

"高堂缵印""邵谦之印""程融之印""朱颢印信""任敬印信""浑盛印信"等印章，皆系朱文残破式边栏印章。这些印章边栏的残破大多是时代沧桑所致，天人合一，看上去尤为古朴自然。

十三、朱文长方形边栏

朱文长方形边栏，顾名思义，即指朱文印的边栏呈长方形形式，如图13的"大利鲍长封""巨来""大利钟长紃"等印章，即为朱文长方形边栏。这类边栏以纵取势，以长见胜，很有节律与气势，今日常被书画家用作作品的起首章。

十四、白文拼合式边栏

白文拼合式边栏，形态非常别致，可谓完全与众不同。它是由多个小块、多个单元连而不接，组合成一个印章整体。这些小块或称单元，可以是圆形、可以是三角形、可以是方形，千姿百态，各有不同。如图14，"纪广字兄"一印，是有四个方形小块构成，印文刻成白文形式，每字四周又加了一道白边，是典型的白文口字形边。这类印章边栏，承袭了秦汉私玺制式，很有特色。

十五、小结

三国时期官印承袭汉制，凿印、铸印居多，印纽以龟、蛇、鼻等形制为主。印文排列方正整齐，结体匀格，用刀挺劲有力。猛利而不粗率，雄劲而仍具含蓄，年深日久、略有腐蚀者，更显得浑朴有味。东汉末至三国时期，群雄割据，战争频繁，有不少印章系授予少数民族官印，如"魏率善氐邑长""魏率善羌佰长"等印，"氐"为我国古代民族名。不论笔画多少，其印文线条粗细匀称，布局显得平稳严整。刀锋显露，转折得体，笔力猛劲，有扛鼎之势。加之笔画中常有粗细轻重之变化，章法平稳，加之年深日久，某些部分略有腐蚀斑驳，则更显得劲利、古穆而生动。体现出制作时的工整与认真态度，也体现出当时使用印章的重要性。说到三国时代的私印，其印大小，大多数为 2.4 厘米见方，也有略小于此者。印文多为汉缪篆体，在印体组合形制上，有承袭汉制的套印、两面印等。在私印中，朱文出现较多，这可能与当时纸张的使用有关。

综合上述，三国时期印章边栏可分为白文与朱文二大类，总结参见图 15。

白文留红边栏　　白文逼边式边栏　　白文残破式边栏

白文"口"字形边栏　　三粗一细式白文留红边栏　　三细一粗式白文留红边栏

二粗二细式白文留红边栏　　朱文细边边栏　　朱文粗边边栏

朱文借边式边栏　　朱文无边栏印章　　朱文残破式边栏

白文拼合式边栏　　　　朱文长方形边栏

图 15

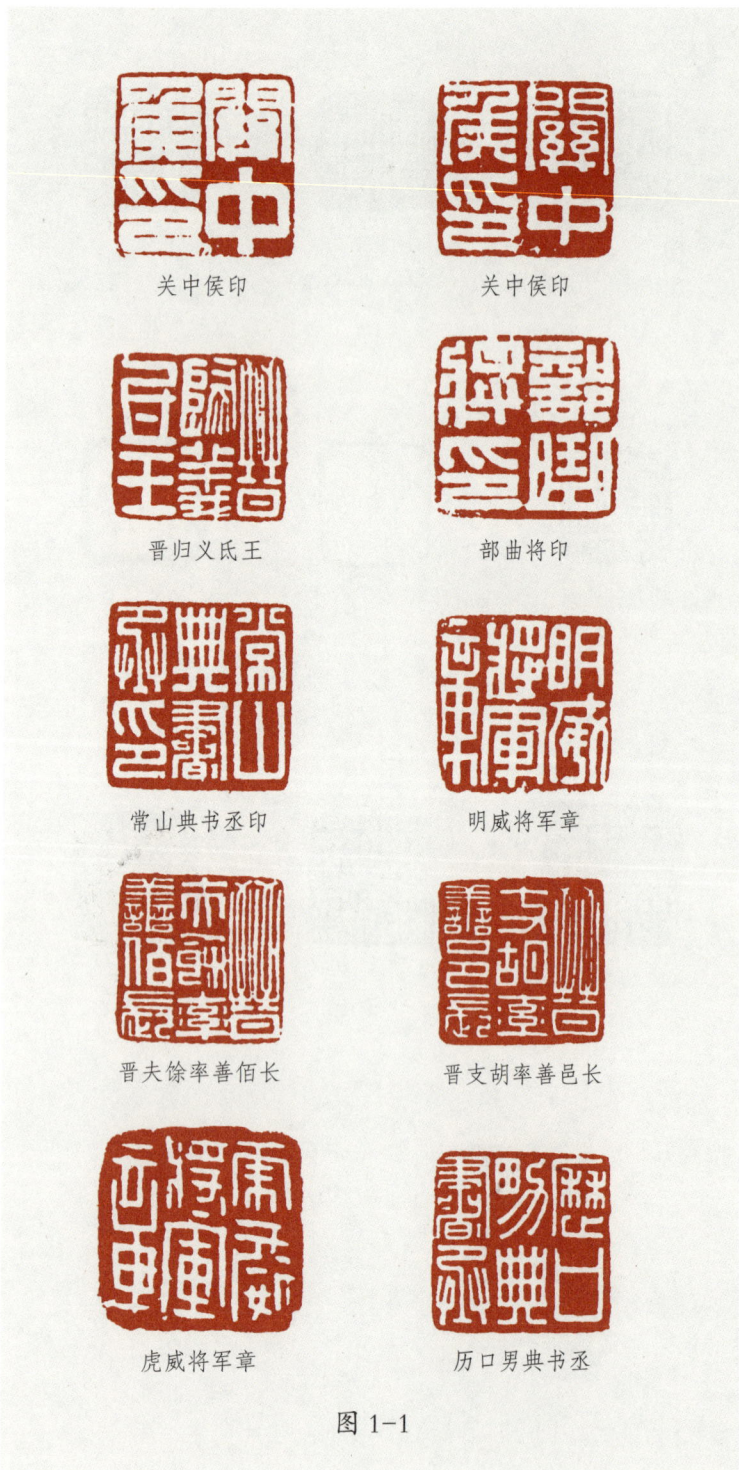

关中侯印　　　　　关中侯印

晋归义氏王　　　　部曲将印

常山典书丞印　　　明威将军章

晋夫馀率善佰长　　晋支胡率善邑长

虎威将军章　　　　历口男典书丞

图 1-1

西晋时期,官印是当时社会最明显的标识,统治者颁发给兄弟民族的官印,在印文中均冠以"亲晋"或"晋率善"等字,在制作方法上,同三国时期一样,除铸印外,多数为凿印,其风貌也随时代推移略有差异。汉印文字风格浑厚,晋以后渐趋单薄。晋代的私印,其印大小,大多数为2.4厘米见方,印文多为汉缪篆体,在印体组合形制上,有承袭汉制的套印、两面印和五面印、六面印等,可以说套印是晋印的一大特色。在印文内容方面有姓名印、书简印、成语印等。在私印中,朱文印出现较多,这可能与当时纸张的使用有关。但如今未发现实物,只能作为一种设想。下面对西晋印边栏进行归纳与论述:

一、白文留红边栏

白文留红边栏指印文居中,四周留有基本等同的留红,作为印章的边栏。这类印章基本格调保持在端庄平稳,方正典雅的审美层面上。参见图1,"关中侯印"系官爵名,在东汉末年,曹操在制定赏官封爵的制度中,开始设置了"关中侯"的爵位,以封赏有战功者,这个制度一直沿用到晋朝以后才废除。"关中侯"爵十七级,仅属虚衔。当时还有"关内侯""关外侯"等。1957年10月在湖南长沙东北郊基建工地晋墓中也发现一颗龟纽金质"关中侯印"。长宽各2.4厘米。此印金质，与史籍记载相合。因系封爵用，铸造甚为精美。在制作上有铸、有凿，也有铸后稍加修凿的，虽制作都较工整，由于加工程度不一，因此也显出不同的情趣与风味。

白文留红边栏印"晋归义氐王"印，"归义"两字见于《史记·滑稽列传》："远方当来归义。"其实质是当时中央统治者对边境上无法实力控制的少数民族部落的一种羁縻怀柔政策。晋统治者承其制，作为对边远少数民族的一种统治手段。氐，是魏晋时北方的一个大族。秦汉内迁以后，多聚居于甘肃、青海等地。因离中央较远，故该族多保留其部落组织，有自己的酋长，仅受地方官吏的监督。

"部曲将印"，汉代就有这一官称。三国时承袭汉制，魏、蜀等国皆有史籍记载。两晋时亦有此官之设置，全印显得劲健有力，且富有变化。白文留红边栏印章朴实规整，深受篆刻爱好者的青睐。

二、白文逼边式边栏

参见图2，"下邳令印""常山学官令印""中左偏将军""观雀台监""晋兴亭侯""亲晋王印"等印，皆系晋代官印。注意仔细观察，其印文皆逼近印边，故这类印章边栏被称为白文逼边式边栏。

三、白文残破式边栏

参见图3，"安乐亭侯"印，晋代官印，由于年久日远，印面残缺不全，边

亲晋羌王

晋率善胡仟长

图 1-2

下邳令印

常山学官令印

中左偏将军

观雀台监

晋兴亭侯

亲晋王印

右积弩将军章

广乡侯印

图 2

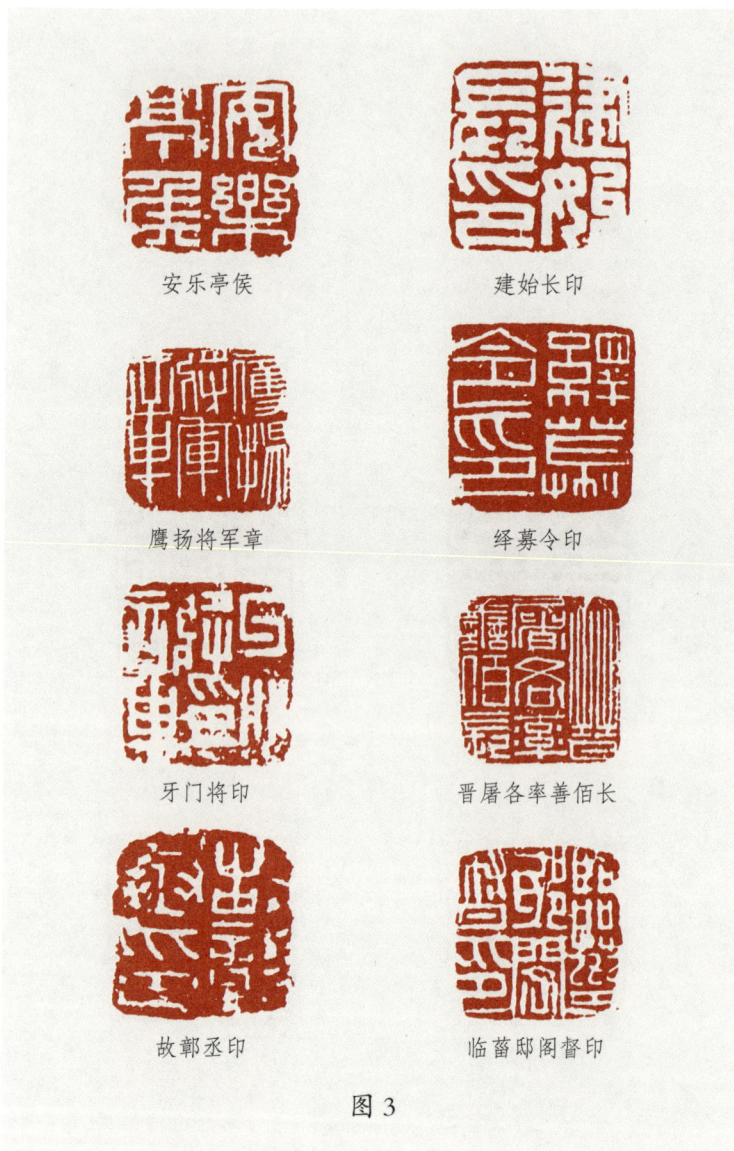

安乐亭侯　　　　　建始长印

鹰扬将军章　　　　绎募令印

牙门将印　　　　　晋屠各率善佰长

故郭丞印　　　　　临菑邸阁督印

图 3

栏显得斑斑驳驳，这类印章边栏称为白文残破式边栏。因为风化腐蚀的程度不同，所以这类印章的面貌亦千姿百态，异彩纷呈，而形成的边栏有的斑驳、有的凹凸、有的残缺，各不相同。例如"建始长印"右下缺失；"鹰扬将军章"右边残破，印文外露，无边栏可言；"绎募令印"左边边栏破残缺失。

四、粗细混合式白文留红边栏

白文印其印文在印面中间镌刻出来后，四周就自然而然地留出一条红边，此四条红边基本等同者，称为白文留红边栏。此四条红边有粗有细，有宽有窄，有二粗二细，有三粗一细，有三细一粗等形态，此类边栏称为粗细混合式白文留红边栏。参见图 4，"殿中司马""殿中中郎将印""武乡亭侯""牙门司马"等印章，印章下方留红宽阔，左右与上方留红较少；"关中候印"左边、下边留红宽阔，上边与右边留红较少。粗细混合式白文留红边栏形式多样，生动活泼，很有气息。

五、白文"口"字形边栏

在一方白文印中，有一个白文"口"字组成之边栏，称白文"口"字形边栏。如图 5"关内侯印""殿中武力司马""武安长印""后军司马"等印章，系晋代官印，印文四周都有一道白边，均属白文"口"字形边栏。"张延寿""刘耽""刘纂""氾肇""颜綝"等印章，取自晋六面印，皆为私印，亦属白文"口"字形边栏。这种系统性的六面印，气势壮观，

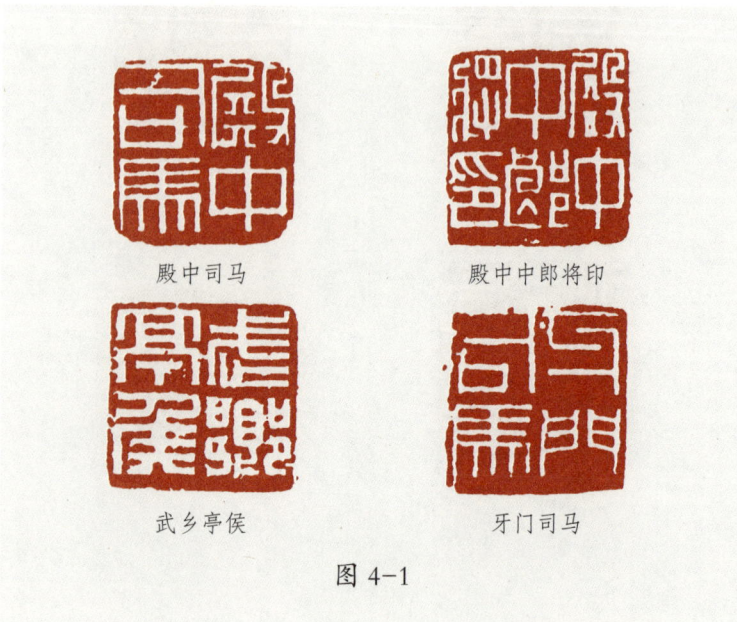

殿中司马　　　　　殿中中郎将印

武乡亭侯　　　　　牙门司马

图 4-1

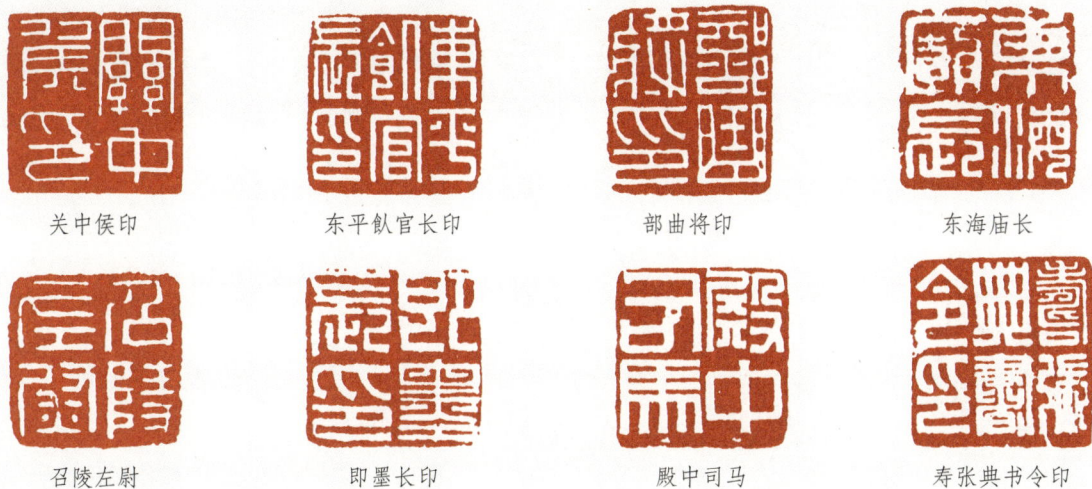

关中侯印	东平馭官长印	部曲将印	东海庙长
召陵左尉	即墨长印	殿中司马	寿张典书令印

图 4-2

新颖别致，体现了我国当时印工的智慧和才能。图5中"颜綝"印，原印即为六面印，颜綝印出于江苏南京老虎山晋墓二号。印文各面分别为"颜綝""臣綝""颜綝白事""颜綝白栈""颜文和""白记"等六方。颜綝为颜含之孙。据《晋书·颜含传》，颜含有三子：髦、谦、约。魏晋六面印是为便于携带实用，印面统为白文，其线条多细劲。总体上看大多较柔弱，尤其是某些悬针篆体更为明显，结体也有较多的做作气，显得生硬不自然。但其中"口"字形边栏挺劲有力，老辣古拙，显得自然生动。

六、白文多"口"形边栏

在一方白文印中，有两个"口"字以上的格栏组成之边栏，称白文"多口"形边栏。图6"赵国翟嘉孙印"系晋六面印，印中有六个"口"字形格栏，纵向三格，横向两格，六个字分别均匀地置于格内，印文字画与边栏线条

关内侯印	殿中武力司马
武安长印	后军司马
张延寿	刘耽
刘篆	氾肇

图 5-1

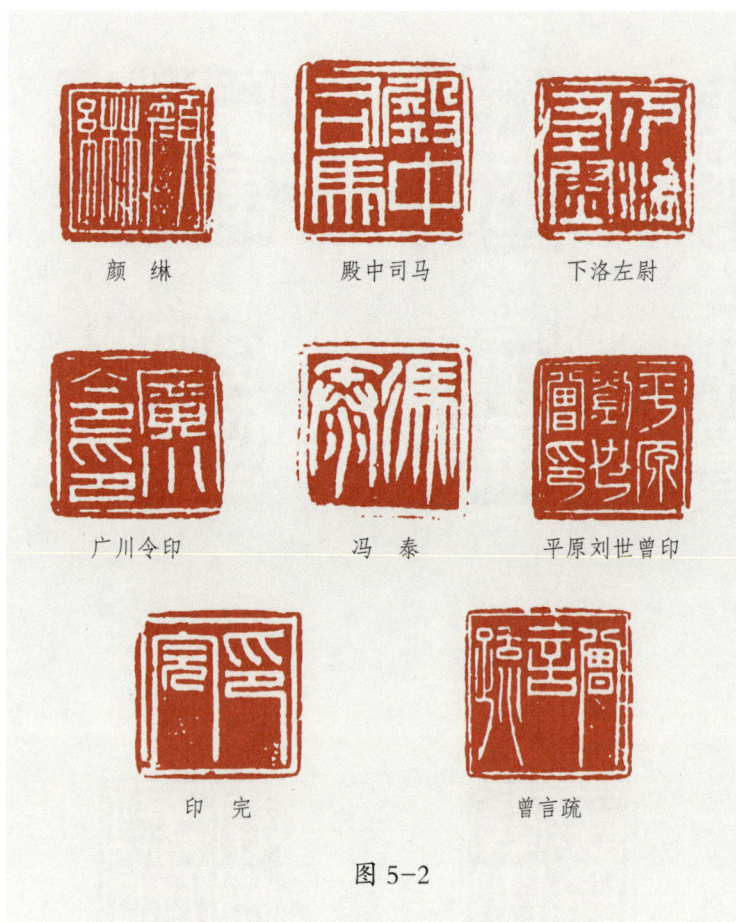

颜绵　　　殿中司马　　　下洛左尉

广川令印　　　冯泰　　　平原刘世曾印

印完　　　　　曾言疏

图 5-2

赵国翟嘉孙印

栖天如郎造中　　　癸亥年正月中

图 6

协调呼应，魅力四射，十分端庄古朴，方正平稳。另有"栖天如郎造中""癸亥年正月中"两印，印章很大，且用隶书刻写，纵向二格，横向三格，六个隶书印文，分别匀称的布白在六个方格内。在晋代印章中，这类印章虽然不多，但很有特色。

七、朱文细边边栏

参见图7，"爱绵印信""焦普印信""申宗印信""赵迁印信""刘奉印信"等印章，系朱文私印，皆为朱文细边边栏。值此说明的是，在三国魏晋时期，由于战争频繁，时代交替快速，民间私印，也包括一些官印在内，其断代分期很难正确把握，因而，三国印章中有可能夹杂晋印，晋印中有可能夹杂三国时代的印章，请读者注意并理解。

八、小结

西晋时代的印章从形制到内容，皆上袭汉制并根据时代形势的需要变化而成。综观这一时期的官印私印，没有多大的改变与创新，而印章边栏的形制也只是在汉魏之间。中国古代玺印的这种长期承袭，实际上标志着中国印章发展从形制上、用法上、美学意义上已经到了瓶颈。世间事物总是由萌生而达兴盛，由兴盛转而衰微，其周期或长或短，但其规律是不可逆转的。中国古代玺印发展上所表现的这种衰微，并不完全是消极的。其积极意义在于，它呼唤着变革，呼唤着从功用导向到美学导向上的变更。

西晋时代印章仍然比较全面地反映

爱缫印信

焦普印信

申宗印信

白文留红边栏

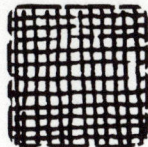
白文逼边式边栏

赵迁印信

刘奉印信

王亮印信

白文残破式边栏

白文留红粗细式边栏

王育印信

张官印信

宋斌印信

白文"口"字形边栏

白文多"口"形边栏

杨栩私印

力敏私印

盛典之印

朱文细边边栏

图 7

图 8

了当时社会、政治、经济、军事、民族、外交等各方面的种种现象与问题，作为处于中国历史大分裂时期的印章，他们所记录的当时的信息弥足珍贵。魏晋时期的历史研究，往往就要利用本期玺印所提供的资料。此外，从三国时期末到西晋时代，私人用印的数量剧减，到晋末，私印就变得十分罕见了，这与当时社会的动荡、政局的变化、战乱的频繁、人口的迁移、户口的锐减有一定的关系。综合上述，这一时代的印章边栏总结参见图8。

第 *10* 节 东晋十六国时期 （317年——420年）

西晋王朝灭亡后，公元317年镇守建康（今南京）的司马睿在江南重建晋室，史称东晋；东晋维持了长期的偏安统治，到公元420年被刘裕所建立的宋所取代，共享国103年，历四代十一帝。东晋统治者不以恢复中原为意，门阀大族致力于南方的庄园经营。与此同时，中国北方陷入分裂混战，中国西晋后期之前的中原人总体是汉民族，而西晋后期北方少数民族大量南迁中原，并建立了十六个政权，十六国指的是前赵（匈奴）、后赵（羯）、前燕（鲜卑）、前凉（汉）、前秦（氐）、后秦（羌）、后燕（鲜卑）、西秦（鲜卑）、后凉（氐）、南凉（鲜卑）、西凉（汉）、北凉（卢水胡）、南燕（鲜卑）、北燕（汉）、夏（匈奴）、成汉（西南氐族）等。北方大族及大量汉族人口迁徙江南，给南方带来了先进的生产技术。南下的北方农民和土著农民辛勤劳动，开辟南方广大的山泽荒野，促进了江南的开发，使中国经济重心开始由黄河流域向长江流域转移。东晋政权建立之初，先后平息了王敦和苏峻之乱，社会趋于稳定。在印章领域实用印数量超过殉葬所用；从考古发现看，零星出土较多，而墓葬及遗址出土比较少。而玺印实物体基本只见公印，而私印、陶文、画印等皆极为罕见，属玺印衰微期。

一、白文留红边栏

白文留红边栏的印章，是印章中最普遍、数量最多、最能体现刀笔意趣、艺术性较高的印章种类之一。白文留红指印文四周的留红部分。而这里所说的留红又是专指四边粗细基本相等的留红部分。如图1的"巧工中郎将印""牙门将印""兼高平马牧丞"等印边栏，即为白文留红边栏。这类印章的印文一般较为方正平直，边栏的变化没有大起大落，它除了粗细变化外，还可以在留红的线质和四边交叉衔接的方圆上营造别具一格的风貌来。但也有另类与例外，20世纪50年代南京老虎山3号墓出土的东晋"零陵太守章"石质印，龟纽，印章较大，采用隶书入印，晋书地理志记零陵郡属荆州。此印边栏属于白文留红边栏范畴，它是为以后的历史时代玺印发展创新变革的前奏。我们说白文留红边栏总是以配合印文、与印文保持一致并烘托印文为原则的。

二、白文逼边式边栏

根据白文印入印的文字特点，将印文间架尽量拉开或拉大，使印文排满印面，直逼边栏。何震《续学古编》云："白文必逼边，朱文不逼边。"所谓逼边

| 巧工中郎将印 | 牙门将印 | 兼高平马牧丞 | 零陵太守章 | 邺官监印 |

图1

边栏，即印文某些点画重合、占据在留红边栏上，使留红边栏似有非有或者几乎看不到。这样的白文印别具一格，充满魅力。它不仅打破了印章原有的宁静、方正、平衡。而且增添了印章的趣味与节律。如图2"四角胡王""木工司马""右贤王印"等印章边栏即是白文逼边式边栏。

三、白文残破式边栏

年代久远的印，历经沧桑和自然风化，或多或少的有所残破。尤其是逼边式印章再加重一点，就造成了边栏与印文的缺失。残缺也是一种美，也是一种艺术形式。如图3的"巧工司马""兼武毅将军司马""巧工中郎将""征虏将军章"等印章，其边栏及印文的某些部位，皆有一定程度的残破，这些印章与边栏，破如游霞，残如断虹，联如雁度，出于无法，臻于极法。神隽味永，不失为佳品。

四、白文印下留红边栏

图4白文印"副部曲将""兼南阳别屯司马""归赵侯印""安西将军司

四角胡王

巧工司马

右贤王印

兼武毅将军司马

木工司马

巧工中郎将印

都乡侯印

征虏将军章

图2　　　　图3

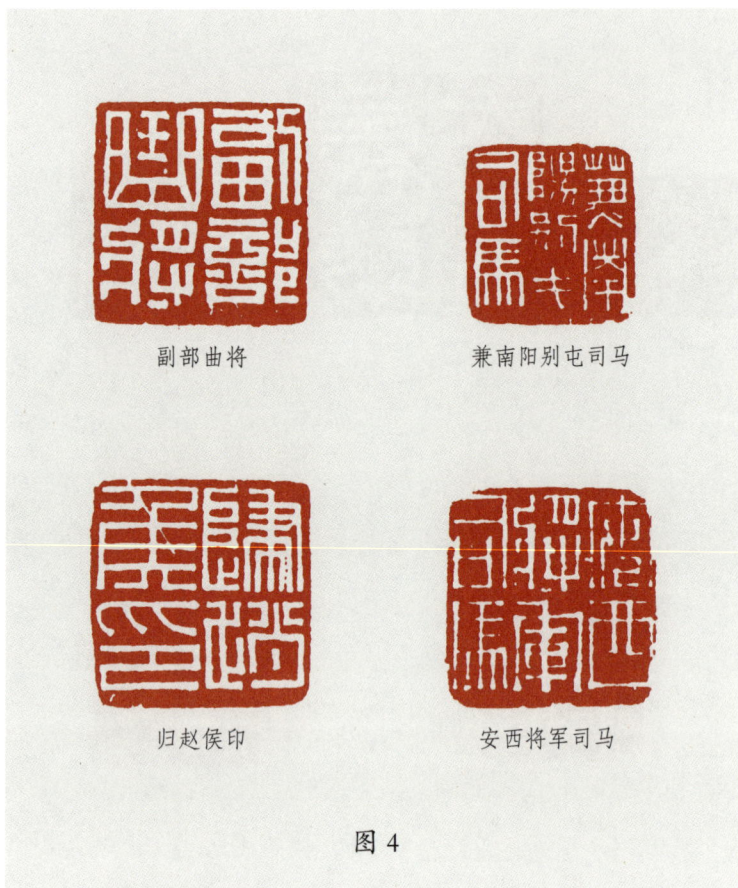

副部曲将

兼南阳别屯司马

归赵侯印

安西将军司马

图 4

建武将军章

宛川护军章

杨武将军章

范阳公章

图 5

马"等，印下皆有一条粗壮的留红边栏，而左右及上方相对留红极少，有的甚至逼边，几乎没有留红，这类印章的边栏称为白文印下留红边栏。

五、白文"口"字形边栏

在白文印四周加刻一条白边，就像一个"口"字一样，包围着印文。这样的边栏即为白文"口"字形边栏。它在古代玺印中非常多见。如图 5，其"口"字四条边可粗、可细、可长、可短、可平直、可弯曲。当四条边刻毕时，在"口"字外边又自然形成了一个朱文外边栏，这个朱文外边栏足随着白文口字边变化而变化的，因而二者之间系互相配合、互相协调，相映成趣。

六、小结

东晋十六国时期全国分裂，失去了统一共主的王朝，自然会形成各行其是的状况；经济水平的不统一，度量衡制的差异，造成了玺印尺寸不一致。战争频发，玺印被冷落淡化，文字的风貌也呈现出一种挣扎不安感；中国古代玺印的这种局面，实际上标志着中国印章发展从形制上、用法上和美学意义上已经在走下坡路。世间事物，总是由萌生而达兴盛，再由兴盛转而衰微，其周期或长或短，但自身规律是不可逆转的。中国古代玺印发展上所表现的这种衰微，并不完全是消极的。这种现象的积极意义在于：它呼唤着变革，呼唤着从功用到美学价值上的更变，它是玺印发展中由渐变转向突变的前奏。

但和西晋时期一样，印章仍然比较全面地反映了当时社会、政治、经济、军事、民族、外交等方面的种种现象，尤其是处于中国历史大分裂时期的印章，所记录的当时的信息弥足珍贵。东晋十六国时期军旅用印的比例较大，这与当时各政权武力对峙的局面有着直接的关联；而私人用印的数量剧减，到本期末，私印就变得十分罕见了，这与当时社会的动荡、政局的变化、战乱的频繁、人口的迁移和户口的锐减有一定的关系。此期印章边栏的总结参见图6。

白文留红边栏　　白文"口"字形边栏　　白文残破式边栏

白文印下留红边栏　　白文逼边式边栏

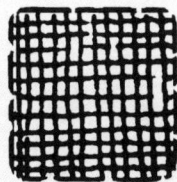

图 6

南北朝时期
（420年——589年）

東垣长印　　　　立节将军章

安西将军章　　　　遂安长印

庐陵太守章　　　　广宁太守章

新丰长印　　　　骑部曲将

图1

南北朝是南朝和北朝的统称。南北朝时期是中国历史上的一段大分裂时期，也是中国历史上的一段民族大融合时期，上承东晋十六国下接隋朝，由公元420年刘裕代东晋建立刘宋始，至公元589年隋灭陈而终。南朝（420年—589年）有刘宋、南齐、南梁、南陈四朝。北朝（386年—581年）则包含北魏、东魏、西魏、北齐和北周五朝。南北两方虽各有朝代更迭，但长期维持对峙形势，故称为南北朝。这一时代的中国玺印仍处于衰微时期，官私用印不大普遍，所见印章不多，现将南北朝时期的印章边栏综述如下：

一、白文留红边栏

见图1，"東长垣印""立节将军章""安西将军章""遂安长印""庐陵太守章""广宁太守章"等印章的边栏，即为白文留红边栏。这类印章的印文一般较为端庄平直，方正朴质，四周的留红部分衬映印文，两者相得益彰。

二、白文逼边式边栏

白文逼边式边栏是使印文排满印面，直逼边栏。如图2的"襄贲长印""关外侯印""左积弓百人将""广宗令

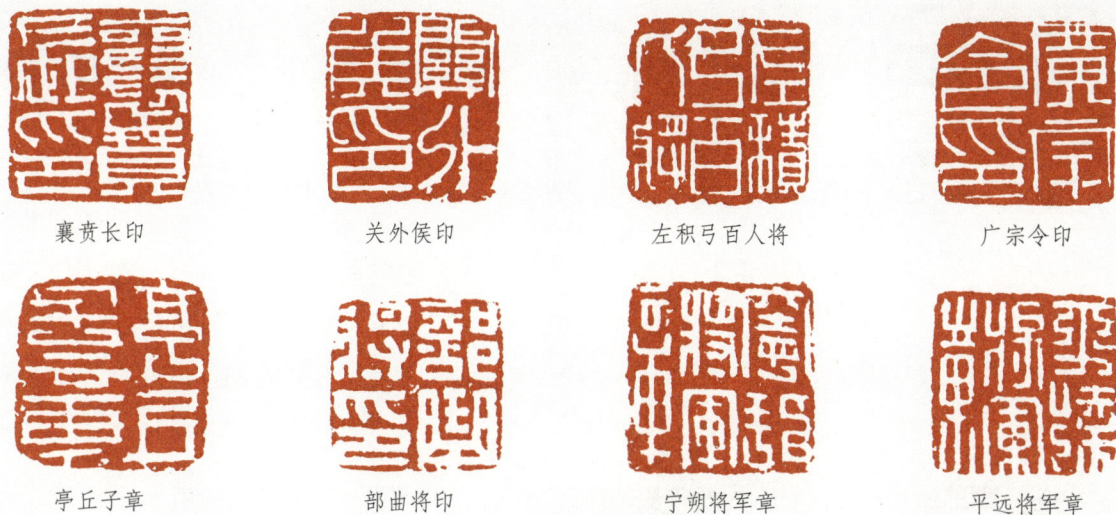

襄贲长印	关外侯印	左积弓百人将	广宗令印

亭丘子章	部曲将印	宁朔将军章	平远将军章

图 2

印""亭丘子章"等印章边栏，即系白
文逼边式边栏。其中"左积弓百人将"
印，刘宋时期青铜鼻纽印，《宋书·百官
志》记："太子左积弩将军十人，魏世至
晋江左，左右积弩为台职领营兵，宋世
度东宫无复营矣。"积弩即为积弓，百人
将为将军属官。足见此印为军旅官印。

三、白文残破式边栏

　　白文残破式边栏，即指边栏断续、
缺失、残破。连带印文亦有一定程度的
缺失。残缺也是一种美。印文没必要都
去刻光洁、平直、四角方正、千篇一律的
印章，参照现时见到的已经残缺、剥泐
的古代玺印的模式治印，也是一种艺术
创造。图 3 的"江夏太守章""平原太守
章""平南将军章""武奋将军章"等印
章的边栏，即为残破式边栏。另有"讨
难将军章"，《宋书·百官志》记有讨寇、
讨虏、讨难、讨夷等杂号将军。所见印文
边栏较为草率随意。

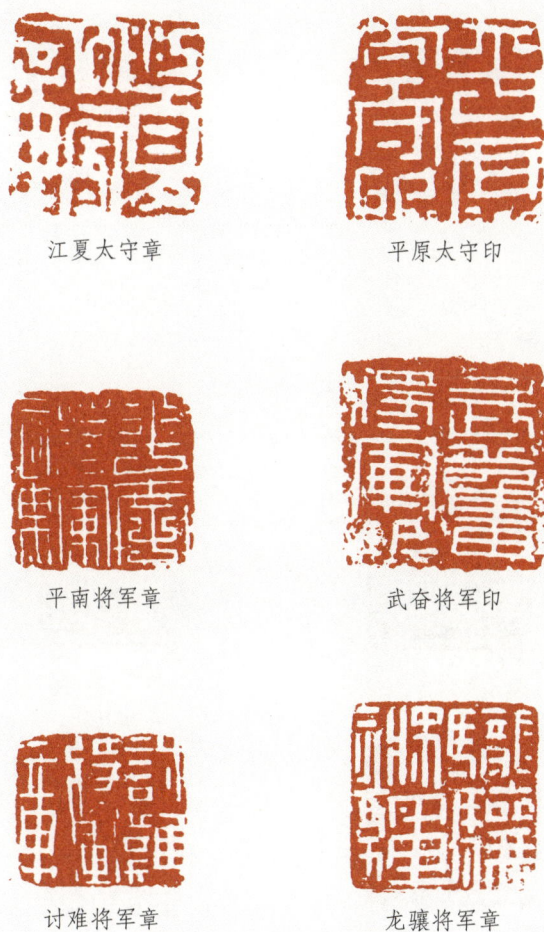

江夏太守章	平原太守印

平南将军章	武奋将军印

讨难将军章	龙骧将军章

图 3-1

临邑县开国公章　　　金城太守章

图 3-2

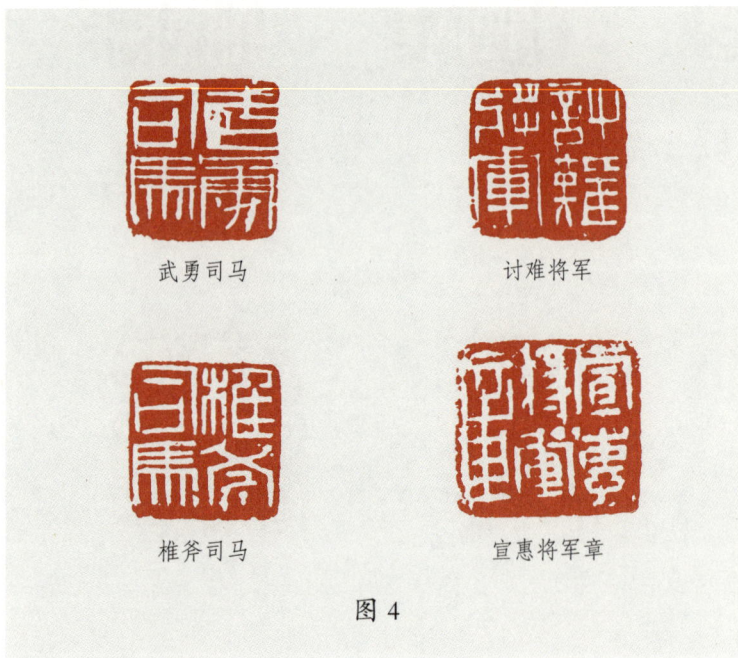
武勇司马　　　讨难将军

椎斧司马　　　宣惠将军章

图 4

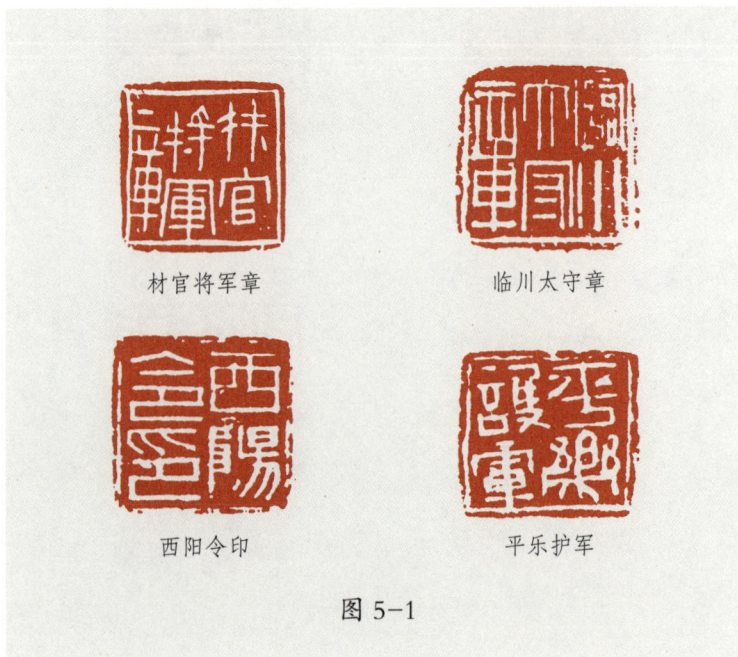
材官将军章　　　临川太守章

西阳令印　　　平乐护军

图 5-1

四、白文印下留红边栏

白文印下方留有一道粗厚的红边，特别醒目亮丽，它使印章更挺拔更有气势。图 4 "武勇司马""讨难将军""椎斧司马""宣惠将军章"等印章边栏，左右与上方留红明显窄小，而下方留红明显宽阔，这类印章不同于白文逼边印，它显得轻松自如，留有余地，充满印章艺术的节律与韵味。

五、白文"口"字形边栏

见图 5，"材官将军章""临川太守章""西阳令印""平乐护军""当涂令印""明威将军章"等印章形制，四周有一道白边构成，遂称为白文"口"字形边栏。其中"材官将军章"凿印模式，刀笔峻峭挺劲，《南齐书·百官志》记："尚书令下有材官将军一人，司马一人，属起步亦属领军。""平乐护军"亦属南齐时期印章，青铜龟纽模式，《南齐书·州郡志》有记："平乐属湘州始安郡。"可见皆为军旅官印。

六、白文特宽留红边栏

白文特宽留红边栏是印章边栏中的一个特例，参见图 6，系一方西魏多面体煤精印，印主独孤信，为西魏八柱国之一。煤精印共 26 个面，其中 14 个面上有印文，包含了公文用印、上书用印和书信用印三种功能，这种印式非常特殊，钤盖后的印拓留红宽阔，甚至有点不规则形。如"臣信上疏""信启事""耶敕""令""密""大司马印""大都督印""刺史之印""柱国之印"等印章边栏，特别宽大，留红面积很大很多，有些呈不规则形，似陶文模式。然它不是陶器，而是一方少见的南北朝私印，并且用楷书镌刻而成。这说明时局虽然动荡不安宁，但玺印领域却涌动着一股革故鼎新、企图改变原有面貌的创新潮流。

七、朱文细边边栏

朱文边栏与印文线条一样粗细，或朱文边栏细于印文线条，皆称之为朱文细边边栏。图7的"永兴郡印"边栏与印文线条相差不多，故应属于这一类边栏。这是一方大印，由于印文柔弱多曲，全印皆是圆线，不用方折与直线，布白在南北朝时很少见，故一直被看作是隋唐印章。实际上此乃南齐官印。印面较大，尺寸为5厘米×4.5厘米。此印印蜕见于甘肃敦煌石室藏古写《亲阿毗昙心论》残卷末及经卷背，据罗福颐《古玺印概论》称："考永兴郡，见于《南齐书·州郡志》：'宁州永兴郡，隆昌元年（494年）置。'永兴由晋至唐均为县，只有南齐时称郡。"由此可知，官印加大而用朱文刻成，最早见于南齐。另有"卫国公印"陕西出土，北朝晚期之物，亦属朱文细边边栏。

八、小结

南北朝官印根据出土实物和历史文献考证看，当时官印形制在承袭前代的模式基础上逐渐加大，印文字体和刻工多草率是其主要特征。这与当时战乱频

当涂令印

明威将军章

慵左尉印

魏兴大守章

图 5-2

臣信上疏

信启事

耶敕

令

密

大司马印

大都督印

刺史之印

柱国之印

臣信上章

臣言上表

独孤信白书

图 6-1

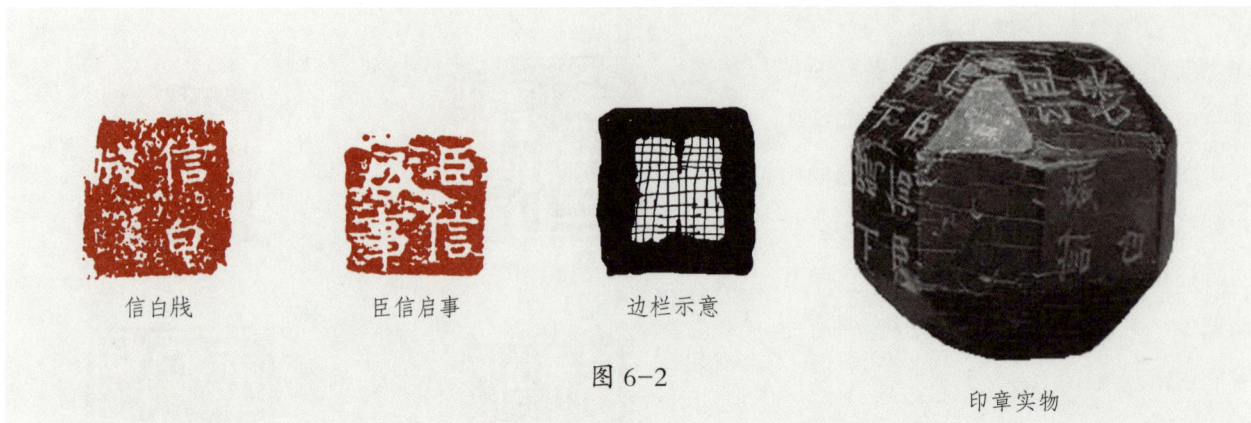

信白牋　　　　臣信启事　　　　边栏示意

图 6-2

印章实物

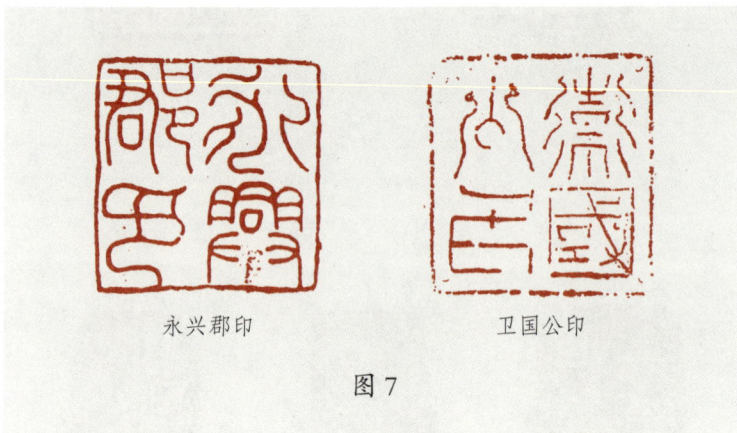

永兴郡印　　　　　　卫国公印

图 7

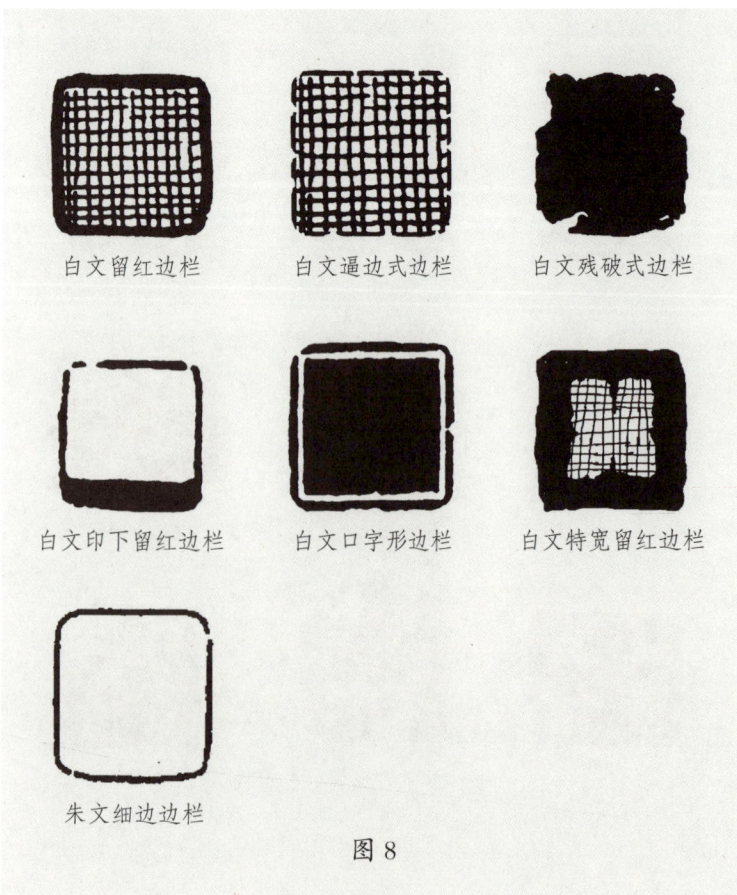

白文留红边栏　　　白文逼边式边栏　　　白文残破式边栏

白文印下留红边栏　　白文口字形边栏　　白文特宽留红边栏

朱文细边边栏

图 8

繁有关。另一方面由于时代的发展，纸帛的广泛使用，印章的使用也由"封泥"逐渐向"钤朱"过渡，封泥逐渐废止、印色逐渐通行的交替时期，人们对印章的观望、谨慎，以致不太重视。用印色钤盖纸帛上，印文清晰、美观。这对印章艺术的发展有着划时代的作用。但由于是印形章由小变大、印文从白变朱、使用由泥封变为濡朱钤印的过渡时期，加之当时制印匠师的书写水平等原因，这一类印章的艺术水平还处于转折、探索和发展的不成熟阶段。

官印面积增大，字体亦摆脱了秦汉"缪篆"，而显得阔大雍容流畅，甚至尝试用楷书、隶书入印。而更为重要的是，中国印章自此逐渐开始了根本性的更变，历经隋朝、唐朝，其风格下延到五代、宋元。将之与"印宗秦汉"可以分割开来，而对其制印艺术、审美价值则相对比较轻视，所以这样的变革是缓慢的、艰巨的，印章艺术这样的衰微时期不可能在短期内宣告结束。此期印章边栏总结参见图 8。

第四章

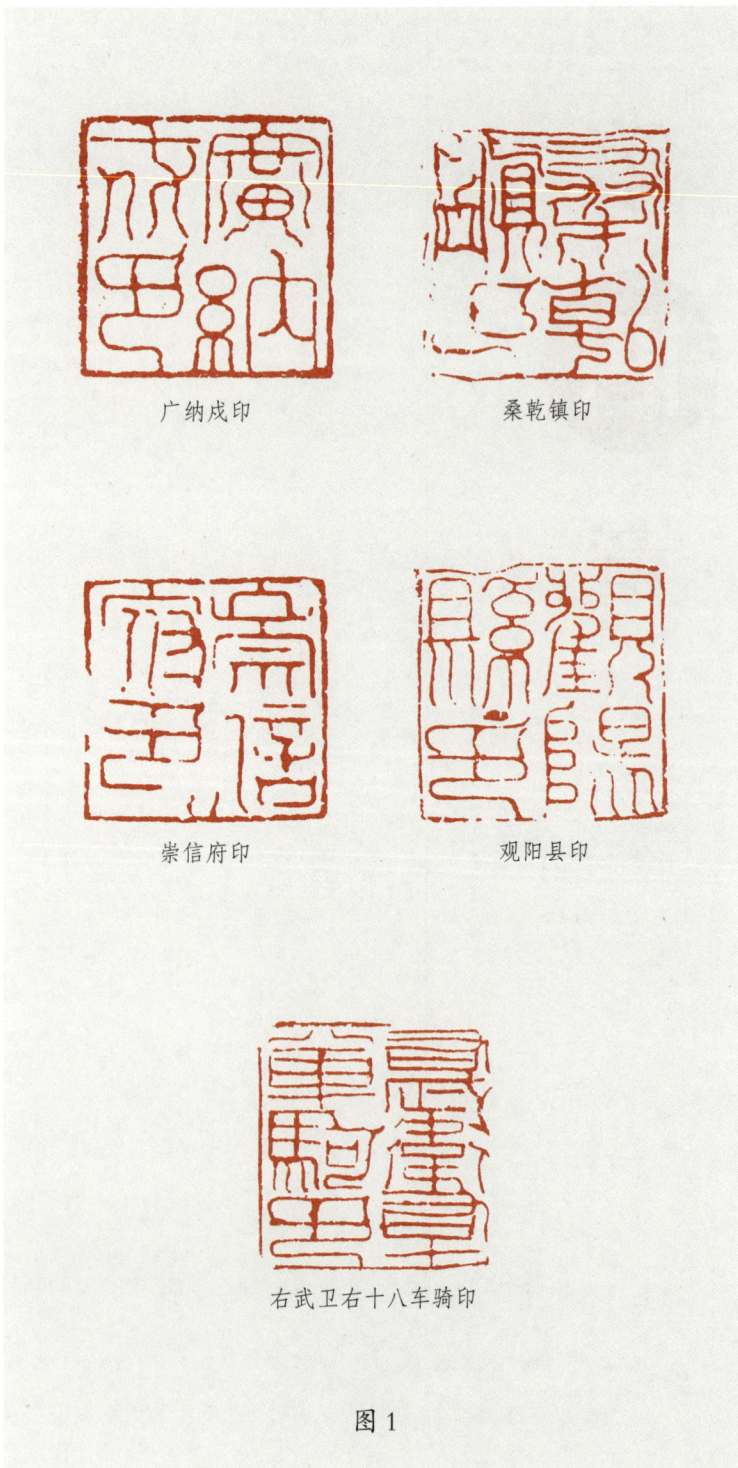

广纳戍印

桑乾镇印

崇信府印

观阳县印

右武卫右十八车骑印

图1

在"印宗秦汉"的灿烂光环下，隋唐宋印就显得光淡色浅，不那么引人注目了。其实，这个时期的印章是不可忽视且值得研究的，它处于实用印章向文人篆刻艺术过渡的时期。过渡就意味着一种艺术形式向另一种艺术形式变更、跳跃。它不是想有就有的，而是在历史发展的大前提下篆刻艺术发展的必然。隋唐时纸张的使用，摒弃、脱离了"封泥"的轨道，沾上印泥钤于纸面之上即能见到印章效果，故大多采用朱文印，印章尺寸增大，一般有5至6厘米左右见方。印面大，印文少，为了避免松散单薄的病态，便将印文作曲折叠绕处理。唐之后，有用楷书入印之新款式，五代时又出现了一种似字非字的"押"印。印章亦由此转化，为平静过渡、走出低谷打下了基础。此期各种印章的边栏，虽以朱文为主，但并不显得单一，边栏的线条变化更加含蓄、耐人寻味。仔细观察一下20世纪20年代一些著名印人所治的印章边栏，似乎能找到对隋唐印章边栏的学习痕迹。足以证明其对后世的影响不可估量。现在我们来看一下隋代的印章边栏。

一、朱文细边边栏

从图1所示可知朱文细边边栏比印

文点画的线条要细，或者等同。如"广纳戍印""桑乾镇印""崇信府印""观阳县印"等印章边栏，皆为朱文细边边栏。"右武卫右十八车骑印"，系朱文细边式边栏，在印章右边的印文有许多竖向圆弧，可能是年久日远，风化腐蚀所致，右边的边栏已缺损，反显得简明扼要，古拙朴实。其中有一方"桑乾镇印"，为后人传递了当时的官制以及印章形式等许多信息，此印为铜质，鼻纽，5.3厘米见方，印面文字为朱文。印背右刻"大业五年"，左刻"三月十一日造"。"大业"是隋炀帝杨广的年号，即为公元609年。当时隋朝的政府在吐谷浑故地置州、县、镇、戍制度进行管理，尤其是镇一级，以往各朝从未设置过此类正式行政单位。"桑乾镇"是该地区的一个县属小镇，这方印就是当时守镇长官的官印。为了使印章钤于纸上更加醒目，加大了印面，一般皆为5厘米见方。由于印面过大，导致了印章布局或多或少的失调失衡，印文显得柔软圆弱，纤弱细瘦，屈曲盘绕，缺乏生气。艺术造诣不高的一般制印工匠和理印官员将习气带入了制印领域。然任何事情皆需一分为二，各人审美观不同，近现代印人中居然有人利用此期的印章特点、"弱点"，有意扭曲放大，变本加厉，以丑为美，走所谓"现代派"的路子，而其出处即在斯。

二、小结

隋代时间很短，官印、私印皆传印不多。所见印文多为朱文。印文书体以小篆为主，结构与行笔均较为自由、朴拙，别有风神。其印章边栏的粗细与印

边栏示意

图2

文基本等同，因此印章显得比较协调统一。但其中有的印文结体略显松散，用笔也有未尽美之处。纽制仍沿袭魏晋南北朝的鼻纽形式，实际上就是在印背当中铸一个直柄，便于用手持印柄来钤印。多呈板状，没有穿孔，印背均有年号凿款和铸作地方，由于印章体积增大，重量加重，不能佩带，故藏之于匣。设专人掌管。此时期印章基本沿袭停留在前朝水准与层面上，没有进展与突破，仍处于低落与衰微时期。隋代印章边栏的示意图见图2。

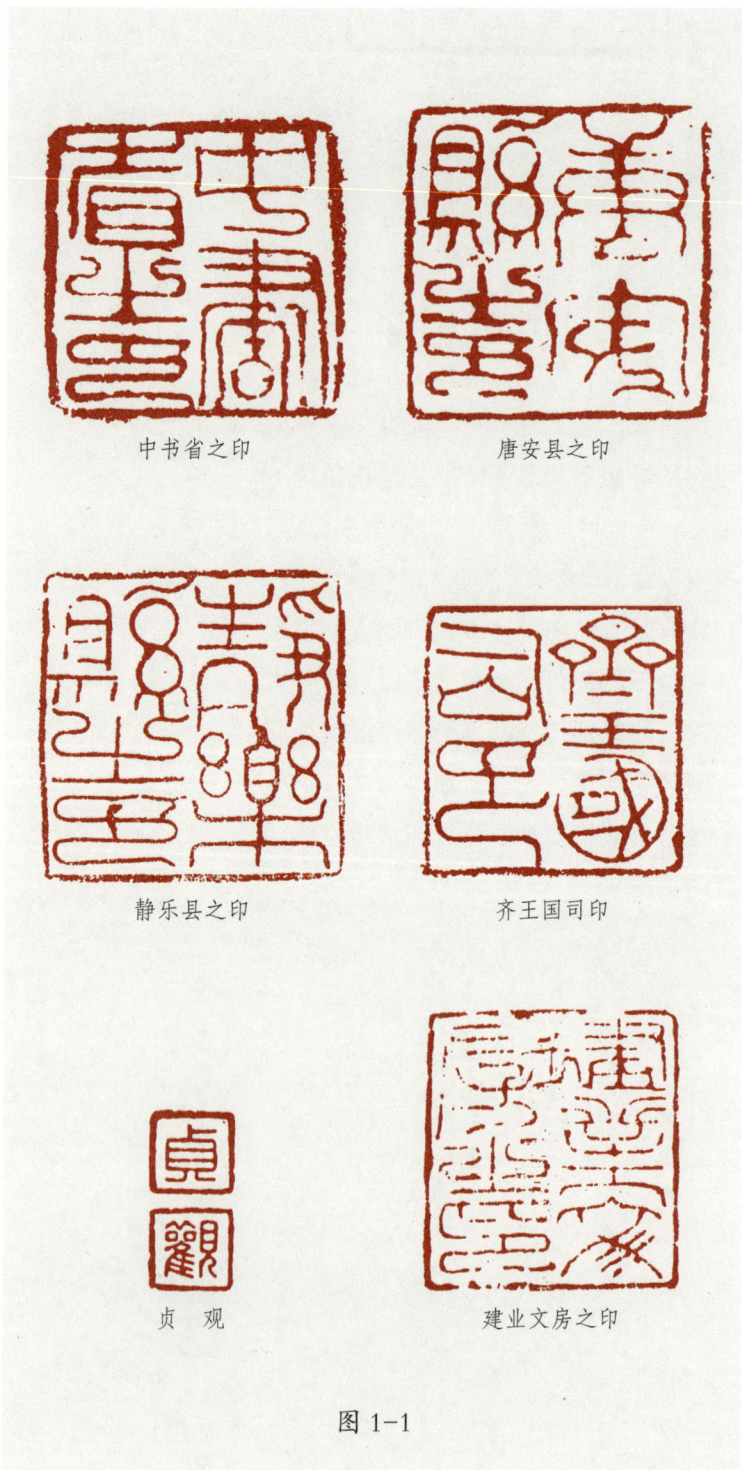

中书省之印

唐安县之印

静乐县之印

齐王国司印

贞观

建业文房之印

图 1-1

唐代的印章仍处于一个衰落时期，原因有二：一是书法艺术的发展，楷、行、草等字体已经非常成熟而盛行，文字的书写习惯已经远离秦汉时期的篆隶字体，人们对篆书较生疏，对篆书的审美能力较低，制印工匠和理印官员将这样的习气带入制印领域；二是纸张已成为重要的书写用品，印章也不再用于封泥，而是将印章蘸上印色后钤于纸上。为了使印章钤于纸上更加醒目，加大了印面，印文纤弱细瘦，屈曲盘绕，缺乏生意。明代甘旸《印章集说》载："唐之印章因六朝作朱文，日流于讹谬，多屈曲盘旋，皆悖六义，毫无古法，印章至此，邪谬甚矣。"元代印学家吾丘衍云："后人不识古印，妄意盘曲，且以为法，大可笑也。"可见这一时期印章气象十分衰落。

值此一提的是，有的官印印文不是翻铸而成，而是以小铜条按字形弯绕镶嵌而成，遇有枝蔓笔画，则用短条焊接上去。沙孟海《印学史》称此种为"蟠条印"。由于用铜条蟠绕的文字不易排得很匀称，因此有可能出现松散而不够完美的情况。下面将唐代印章边栏演变、归类如下：

一、朱文粗边式边栏

如图 1，"中书省之印""唐安县之印""静乐县之印""齐王国司印""贞

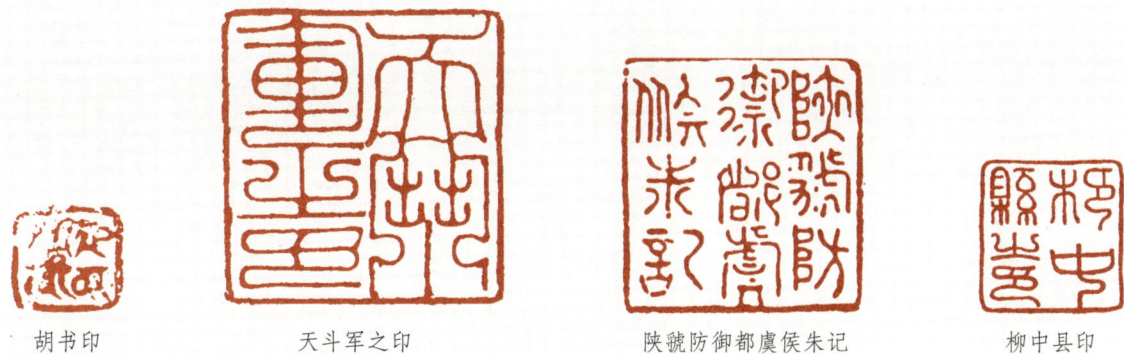

胡书印	天斗军之印	陕虢防御都虞侯朱记	柳中县印

图 1-2

观""建业文房之印"以及唐太平公主驸马武延秀所用之"胡书印"等印章，边栏线条一般皆粗于印文线条，称为朱文粗边式边栏。其中"贞观"印作上下分列式刻制，系二字连珠印，非常新颖别致。1960 年 4 月在黑龙江省宁安县渤海上京龙泉府遗址出土的"天斗军之印"。为青铜质，鼻纽。5.3 厘米见方。此印在黑龙江省博物馆、在诸多画册印谱上其印文皆释为"天门军之印"，笔者考证研究，确定印文"斗"乃"门"字之误，所撰论文刊于《书法报》2020 年 13 期。典型的唐印特色，其边栏稍粗于印文线条，边、文协调，相映成趣，值得欣赏。

二、朱文细边边栏

如图 2，"大毛村记""相州之印""蒲州之印""奉使之印""千牛府印""洞山墨君""契丹节度使印"等印章，边栏线条皆细于或等同印文线条，称为朱文细边边栏。边栏所构成的印角，有的呈方折之形，有的呈圆角之形。丰富多彩，很有看点。其中"千牛府印"，边栏异常刚劲挺拔，印章边栏线条与印文线条如出一辙，刀笔隽永，边栏屈伸委

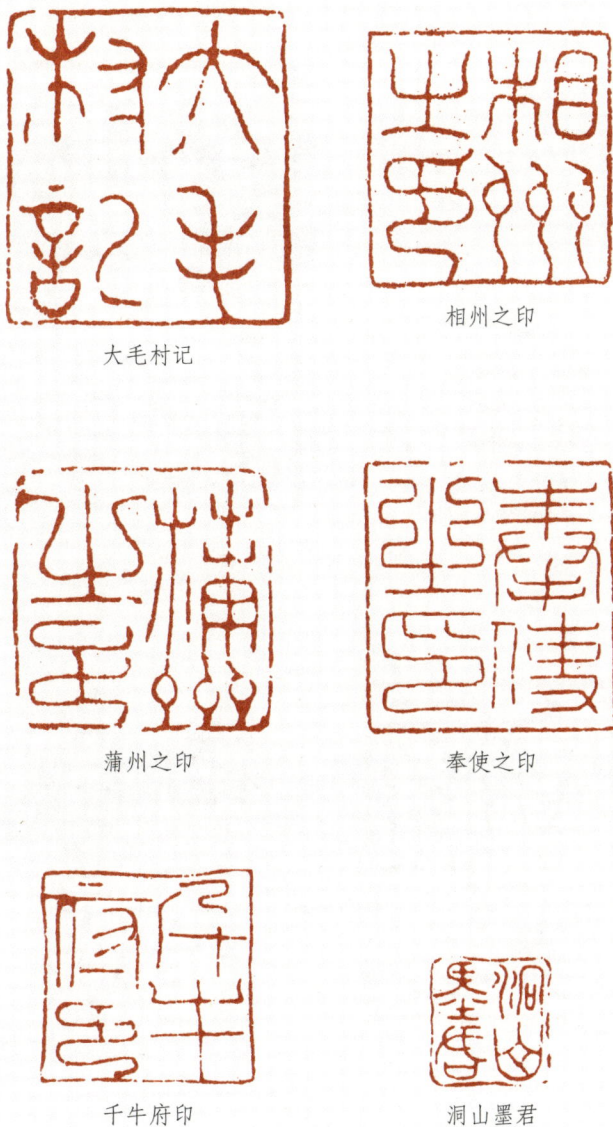

大毛村记	相州之印
蒲州之印	奉使之印
千牛府印	洞山墨君

图 2-1

契丹节度使印　　　　　　涪娑县之印　　　　　　金山县印

图 2-2

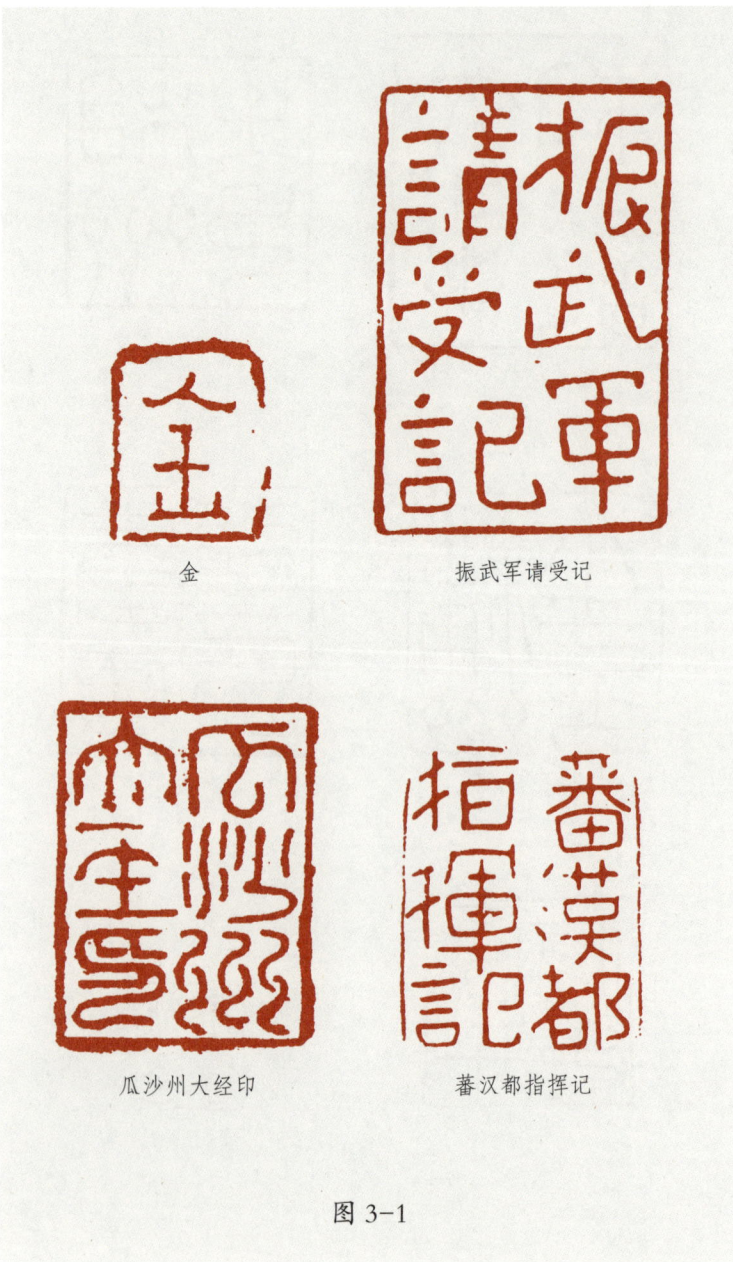

金　　　　　　振武军请受记

瓜沙州大经印　　　　　　蕃汉都指挥记

图 3-1

婉，圆转流畅，妙趣横生，且异常活泼可爱，再仔细察之，会发现印文、边栏都呈对角对称之状，令人耳目一新。

三、朱长方形边栏

朱文方形印章成为上下式长方形型，其边栏也随之变为朱文长方形式边栏。如图 3"金"字印，印文虽然只有一个字，但它的边栏显然是朱文长方形边栏；再如"振武军请受记""瓜沙州大经印""蕃汉都指挥记""浑下都指挥记""州南渡税场记"等印章边栏，皆呈长方形形式。而"蕃汉都指挥记"印，左右式朱文细边边栏，而上下不设边栏，楷书入印，堪为绝品。

四、朱文残破式边栏

如图 4"尚书兵部之印""平琴州之印""蒲类州之印""东安县印""银州之印""夏州都督府之印"等印章边栏，由于年代久远，风化腐蚀，边栏断断续续，残缺不全，甚至伤及印文，称为朱文残破式边栏。

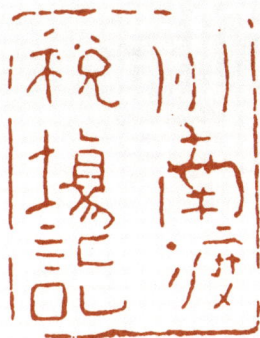

浑下都指挥记

州南渡税场记

义军左弟四
指挥使记

图 3-2

尚书兵部之印

平琴州之印

蒲类州之印

东安县印

银州之印

夏州都督府之印

图 4

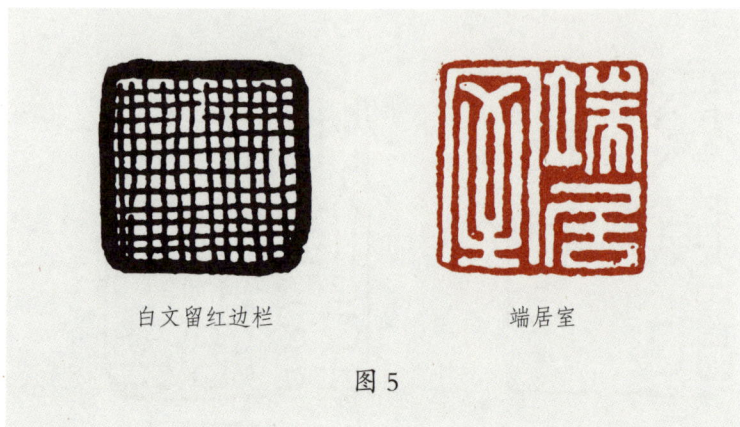

白文留红边栏　　　　端居室

图 5

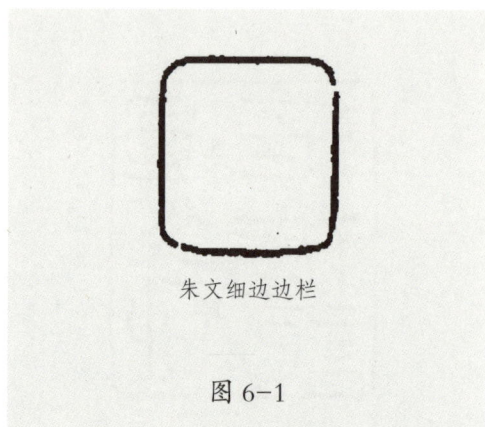

朱文细边边栏

图 6-1

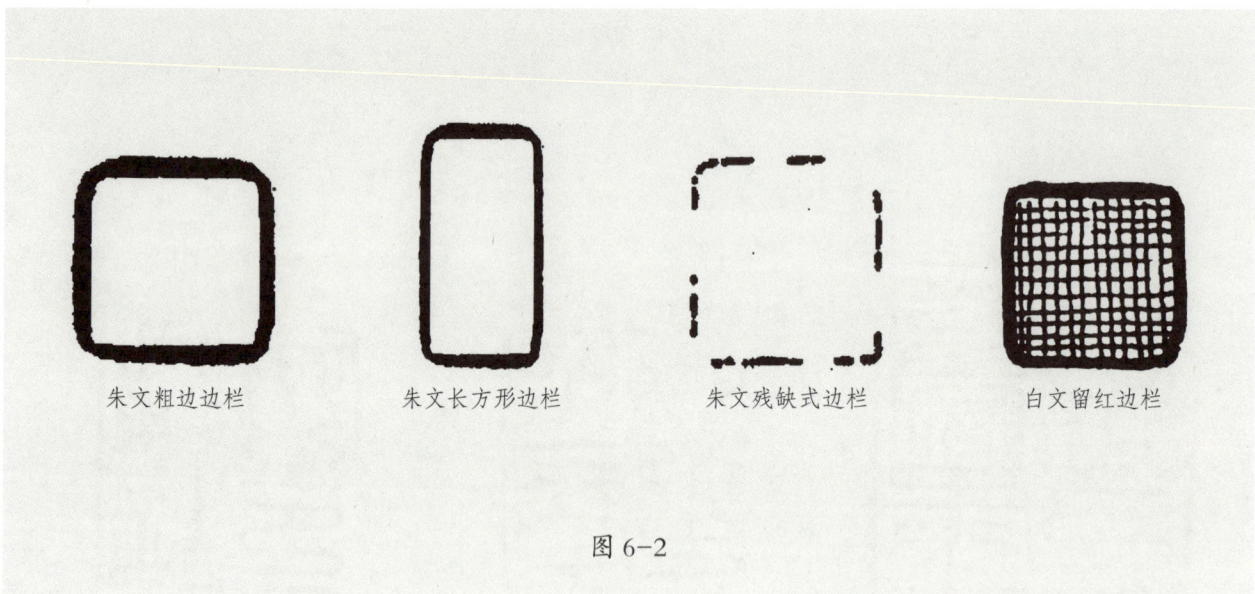

朱文粗边边栏　　　朱文长方形边栏　　　朱文残缺式边栏　　　白文留红边栏

图 6-2

五、白文留红边栏

图 5 的"端居室"印，传为唐丞相李泌的斋室印，白玉刻制，系白文留红式边栏，承汉缪篆入印，不失庄重雄厚气象。

六、小结

唐官印、私印传世极少，所见印章一般朱文居多，且形体面积较大，一般都为 5 厘米左右见方。印文字书体为小篆，结构与行笔均较为自由、朴拙，别有风格。转折角度非常分明，其栏边粗细与印文基本等同，因此显得谐调统一。其中有的印文结体略嫌松散，也不够协调，用笔也有未尽美之处。

自唐以后，在文人士大夫之间兴起了斋馆别号印。相传唐宰相李泌有"端居室"斋馆印，此后斋馆别号蔚然成风，并开始用于书画作品上，诗、书、画、印成为文人"四艺"。最早记述印章艺术是唐窦臮著《述书赋》中的《印记》；唐张彦远著《历代名画记》卷三中的《叙古今公私印记》；由于唐宋元时期的篆刻理论的发展，推动了篆刻艺术的发展，对后代印章艺术的发展具有深远意义。综合上述，唐代印章边栏总结见图 6。

第14节 五代十国时期（907年——960年）

五代十国时期的印章大都是朱文边栏，亦有少量白文"口"字形边栏。

一、朱文长方形粗边边栏

图1"秦成阶文等第三指挥诸军都虞侯印"，青铜制式，印面6.4厘米×5.7厘米；"右策宁州留后朱记"，青铜鼻纽，印面8.3厘米×3.2厘米，此印藏于故宫博物院；"元从都押衙记"，青铜鼻纽，印面5.5厘米×4.6厘米。这些印章边栏，粗壮遒劲，一般都粗于印文线条，且都呈长方形，即为朱文长方形粗边边栏。其中"右策宁州留后朱记"印，隶书入印，十分别致。唐以降印泥制作渐精，印章钤于纸帛，殷红醒目，朱者，红也，故有人以此称朱记，以此泛指用红印泥钤纸帛的格式。此释在唐宋时或许界限很分明，等到元明以后，几乎所有印章都用朱红色钤于纸上，原有的封泥习惯已销声匿迹，朱记的名目也失去了它的独特规定。因此，现在再以"朱记"名称泛指篆刻者已经不多见。较常见的朱记含义，是指唐宋以后一种特定的官印格式：它一般应包含以下几个特征：1、少用习惯上的篆书，改用隶书或楷书；2、印文也不再盘曲缠绕，空间布白完全听其自然；3、多采用长形而非原有的正方形。4、主要行使官印的功能，少见于私印和

秦成阶文等第三指挥诸军都虞侯印

右策宁州留后朱记

元从都押衙记

图1

高祖神武圣文孝德
明惠皇帝谥宝

图2

朱文长方形
粗边边栏

白文留红边栏

图3

鉴赏印；5、印文最末一般都标明"朱记"二字。"右策宁州留后朱记"即是朱记印中典型的范例。印文左右伸展，以隶书雁尾之势加强线条的变化，已显示出与汉印完全不同的魅力与情趣。有意把某些线条拉长，造成左右空间的错落不匀，印文成一竖行，聚中而两侧留空的手法为之，使印章边栏愈发清晰悦目。这是在古玺印传统中很少得见的一种形式。

二、白文"口"字形边栏

图2"高祖神武圣文孝德明惠皇帝谥宝"印，印章为玉质，龙兔含纽，印面11.7厘米×10.7厘米，纽高7.7厘米。印章较大，印文布白紧密，属满实法章法布局，边文之间有一条断断续续，似有非有的白边，上方与右方比较明显一点，故属白文"口"字形边栏。

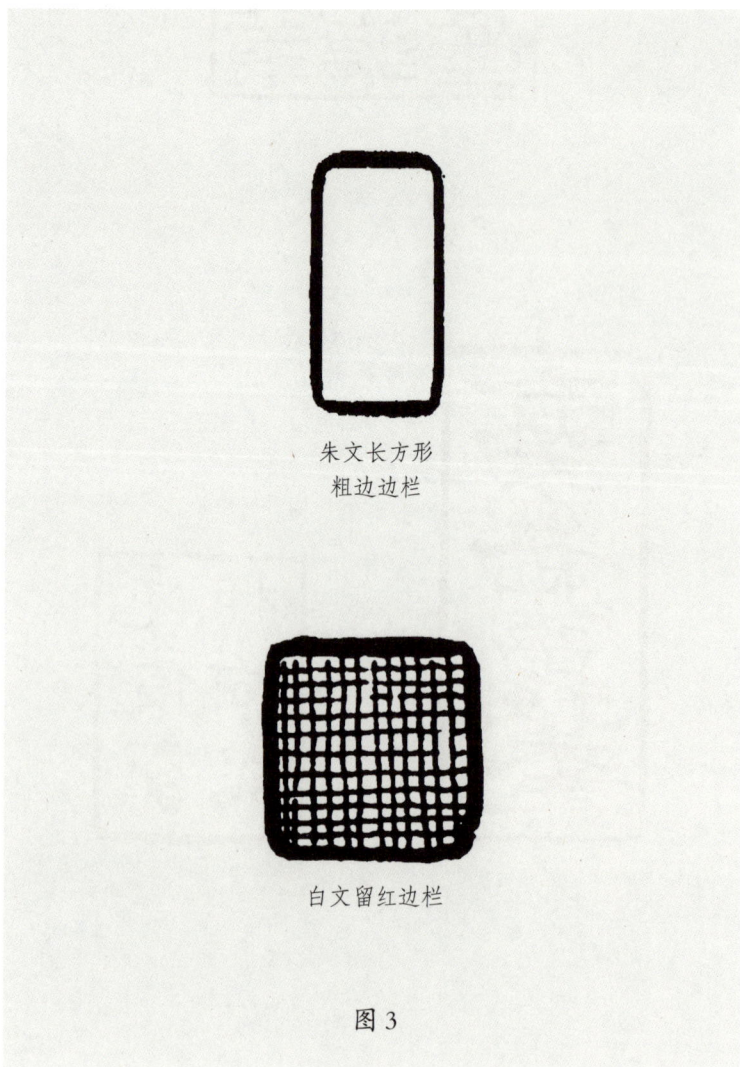

三、小结

五代十国存世印章极少，考古发现也不多，现存的这些印章博大疏阔，除了使用略似盘条篆的文字之外，楷书、行书的"记"或"朱记"等比较流行，帝王或藩王陵墓随葬印开始用"谥宝"制式，并出现了隶字印。印面制式有正方形、块形、条形等等，尺寸大小变化较多。纽式由上一节的碑形纽向块纽发展，也有依然采用传统鼻纽的，顶部渐渐由弧变平。五代十国的私印更是少见，考古出土罕若麟凤。五代十国时期的印章边栏总结见图3。

第15节 北宋、辽代

北宋和辽代的印章数量增多，其中辽代印章居少。北宋时期官印基本为青铜铸造，用阳文，印文盘曲于印面，但此时不再用焊接笔画的方法，而是直接铸出，文字不再见疏阔而呈留空的风貌。面形略近正方，长度稍大于宽度。扁平块状纽，纽上已失去穿孔。印背上凿刊年款、颁发官署等款识内容。印章的专称有"印""之印""记""朱记"等。

北宋时期的私印出现增多，有青铜印，有木印，也有玉石刻印。有姓名印，也有单字印、收藏印、斋馆印、押印等。在北宋传世书画上的一些北宋印章，实际上已进入流派艺术印章的范畴。私印的风格与公印有明显不同，有的出现仿汉印的尝试，显示了流派艺术印与历史实用印分道扬镳的开始。北宋时期私印的纽式有鼻纽、柱纽、狮纽、虎纽、龟纽等等。

辽代印章主要分布在华北、东北等地，辽代官印传世不多，以青铜质地为主，面形、文字仿自北宋官印，但文字比较方折而硬朗。印上的纽式、印背的款识也大致仿自北宋官印。也有少量契丹文字官印。

辽代私印不多见，少量私印为青铜质，阳文，有的用契丹小字，有的似押印面貌。纽置为扁平较薄的鼻纽。

北宋、辽代印章边栏变化不大，朱

新浦县新铸印

驰防指挥使记

神卫左第一军第二指挥第二都朱记

归化左曹第一军使记

东关县新铸印

都亭新驿朱记

图 1-1

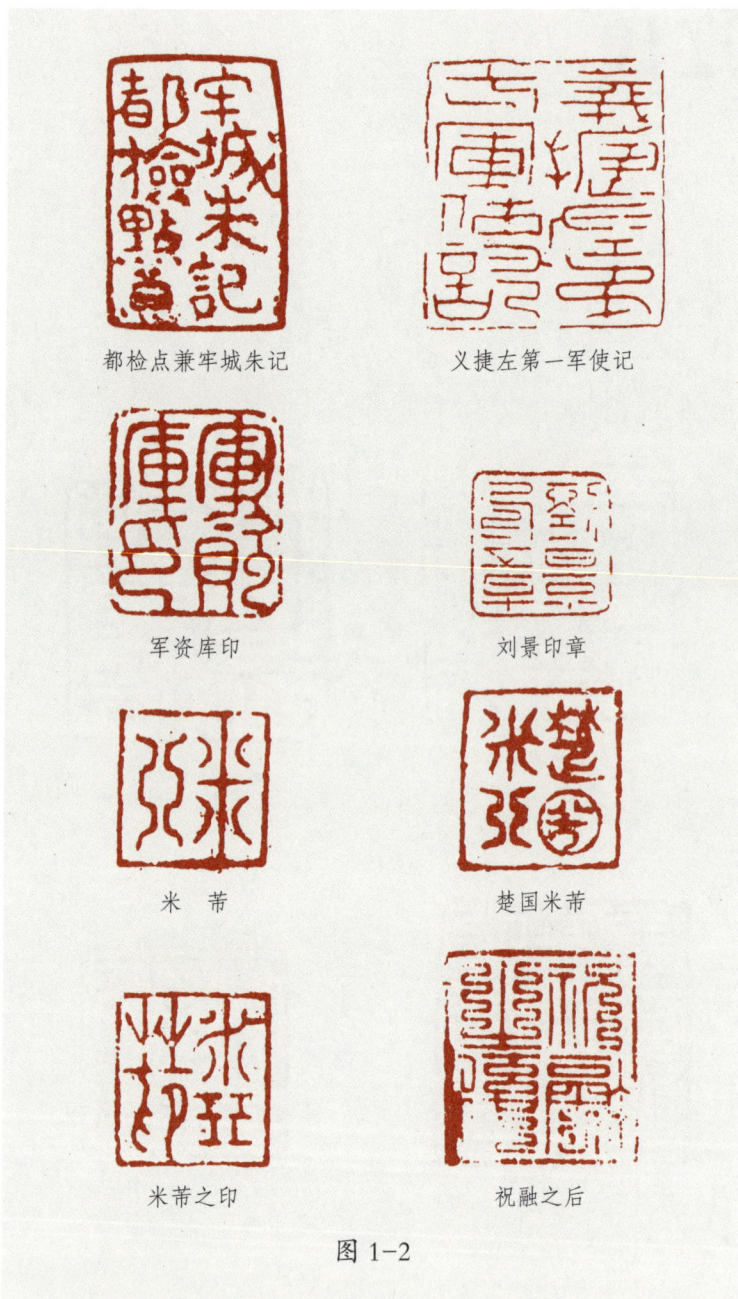

都检点兼牢城朱记

义捷左第一军使记

军资库印

刘景印章

米　芾

楚国米芾

米芾之印

祝融之后

图 1-2

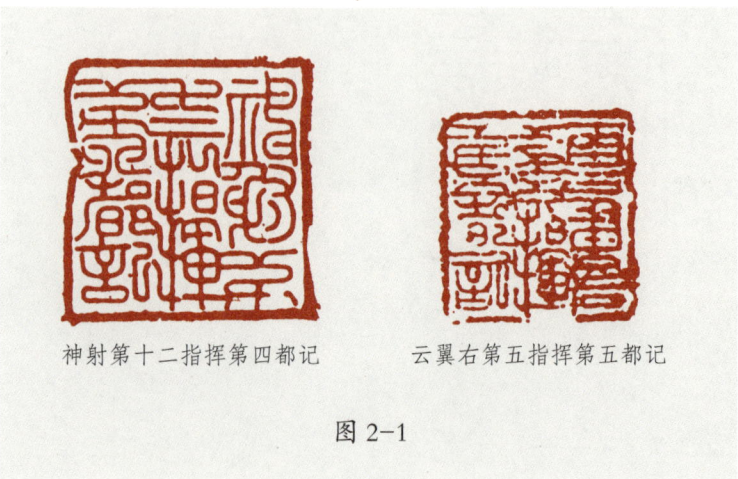

神射第十二指挥第四都记

云翼右第五指挥第五都记

图 2-1

文粗边、朱文细边边栏居多。此外中国北方还有一个跨越北宋至南宋的西夏国，用西夏文构成的官印，其印章边栏很有特色。现归类分述如下。

一、朱文细边边栏

图 1"新浦县新铸印""驰防指挥使记""神卫左第一军第二指挥第二都朱记""归化左曹第一军使记""东关县新铸印"等印章边栏，细于或等同于印文线条，故称为朱文细边边栏。"都亭新驿朱记""都检点兼牢城朱记""义捷左第一军使记""军资库印"等印，属楷书、篆书、隶书式官印细边边栏。"刘景印章"是一方宋私印，边栏瘦细挺拔，古拙遒劲，印角呈圆角。论宋印，不能不谈到米芾。米芾，初名黻，字元章，号海岳外史、襄阳漫士、鹿门居士，"宋四家"之一。传米氏用印多自镌。清倪首善有诗云"米颠铁笔斫蛟鼍"。其印以朱文为主，米氏《书史》中有印论云"印文须细，圈细于文"等说。米芾的数方朱文印"米芾""楚国米芾""米芾之印"等，皆属朱文细边边栏。

二、朱文粗边边栏

边栏线条粗于印文线条皆称为朱文粗边边栏，如图2的"神射第十二指挥第四都记""云翼右第五指挥第五都记""神卫军右英烈第四指挥都虞□□""拱圣下七都虞侯朱记""骁猛第四指挥第五都朱记""神卫左第四军第二指挥第五都记"等印章边栏，即系较为典型的朱文粗边边栏。另有一方独字

神卫军右英烈第四指挥都虞□□

拱圣下七都虞侯朱记

骁猛第四指挥第五都朱记

神卫左第四军第二指挥第五都记

适

雄节第一指挥第三都朱记

澄海第六十九指挥第三都记

图 2-2

永和县印

平定县印

东南路第十三副将之印

通远军遮生堡铜朱记

句当公事之印

蕃落第七副指挥使朱记

图 3-1

六一居士　　　　　蕃落第五十二指挥第五都朱记

武宁第十九指挥第三都朱记

图3-2

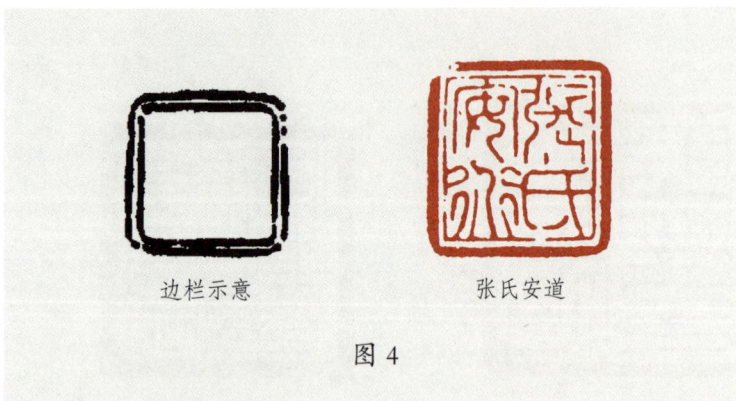

边栏示意　　　　　张氏安道

图4

边栏示意　　　　　引意

图5

私印"适"，边栏略带残缺，但粗壮方折，当属朱文粗边边栏。

三、朱文特粗边边栏

边栏线条粗于印文线条皆称为朱文粗边边栏，但有一类印章粗边边栏，特别粗阔宽厚，而印文线条依然保持细柔挺劲，粗细十分悬殊，这种边栏称之为朱文特粗边边栏。如图3的"永和县印""平定县印""东南路第十三副将之印""通远军遮生堡铜朱记""句当公事之印""蕃落第七副指挥使朱记"等印章边栏。另有粗边栏私印"六一居士"，系北宋欧阳修用印。欧阳修，字永叔，号醉翁、六一居士，汉族，吉州永丰（今江西省吉安市永丰县）人，北宋政治家、文学家，在政治上负有盛名。以翰林学士修《新唐书》。英宗时，官至枢密副使参知政事。谥文忠。与韩愈、柳宗元、王安石、苏洵、苏轼、苏辙、曾巩合称"唐宋八大家"。

四、朱文双"口"形边栏

朱文"张氏安道"印，见图4，为辽代私印，其边栏由两个"口"字形构成，外口较粗阔，里口细劲，此属朱文双"口"形边栏。

五、白文长方形残破式边栏

白文印"引意"，见图5，呈长方形，其边栏原为白文留红形式，由于风化剥蚀，印章四边残破不堪，此边栏属白文长方形残破式边栏。

六、白文“口”字形粗边边栏

见图 6，皆为西夏时期白文“口”字形粗边边栏。均系西夏白文二字官印“首领”印章，印章白文线条很粗阔宽厚，印文四周有一道“口”字形白边，亦相当宽阔粗壮，印章最外边是自然形成的一个朱文“口”字形，一朱一白，与两宋政权控制地区的印章相比，具有强烈的地域特点。非常亮丽，形成了西夏印章特有的特色。

西夏政权就时代跨度而言，从北宋时代直至南宋，其印章主要分布在陕西省、内蒙古自治区、甘肃省、宁夏回族自治区等地区，存世数量不少，而西夏官印的这种风格在北宋时期就早已形成，以后一直没有多大变化。质地大多系青铜，印面近方形，印角大都为圆角，白文铸文较为深峻。印文都为西夏文，西夏文字受汉字影响，结体方正，一般都在十画左右，是记录党项语的一套书写符号。内容大部分为“首领”字样，印背右侧常凿刊年款，纽式有点特殊，为

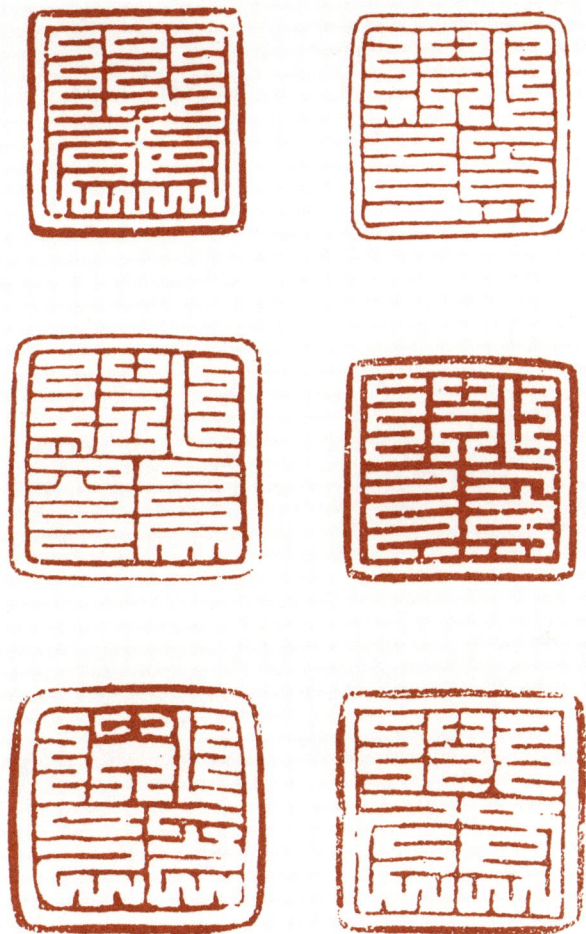

图 6

西夏菊花纹瓦当　　　　兽面纹瓦当　　　　婴戏纹滴水瓦当

图 7

125

近立方体方块纽，上有穿孔。西夏私印极少见，有少数私印已类近元代押印。

七、瓦当式边栏

瓦当不属印章范畴，但其边栏与印章边栏类近，与后来的印章艺术关系密切相连，因而在篆刻艺术中常常作为特例。西夏瓦当很有特色，受汉代瓦当影响，根据自身的民族特色有了很大的区别与改进，图案性特别强。参见图7，"西夏菊花纹瓦当""兽面纹瓦当""婴戏纹滴水瓦当"等，其中间部分全用动物、植物图形，而边栏部分则有朱文圆形边栏与小圆点构成，半瓦系用双曲线构成。这对后来的印章边栏具有不可估量的启导与引领作用。

八、白文留红边栏

图8"赵明诚印章""米芾之印"皆为白文留红边栏。赵明诚，字德甫（一作德父），山东诸城人，南宋初年官员、学者。女词人李清照的丈夫。致力于金石之学，可谓幼而好之，终生不渝。经过多年的亲访广集，在李清照帮助下，赵明诚完成了《金石录》的写作。这是一部继欧阳修《集古录》之后，规模更大、更有价值的研究金石之学的专著。著录所藏金石拓本，上起三代下及隋唐五代，共2000余种。《金石录》有三十卷。前十卷为目录，按时代顺序编排；后二十卷就所见钟鼎彝器铭文款识和碑铭墓志石刻文字，加以辨证考据，对两《唐书》多作订正，是研究古代金石刻必资之书，也是必读之书。1129年，赵明

赵明诚印章

米芾之印

图 8

诚病卒于建康（南京）。"赵明诚印章"，系典型的白文边栏印，很是珍贵难得。

九、朱文拼合式边栏

图9"宣和""政和"等印，系宋代上下拼合而成的"拼合式"印章，其边栏也因之被称为"朱文拼合式边栏"。朱文拼合式边栏即为两个或两个以上的单元的印章拼合在一起，组成一个完整的整体。这种"拼合"包括两个含义：一是印章内容上的拼合，二是印章形式上的拼合。概言之它能化零为整，又能化整为零。各个单元有的是朱文，有的是白文，其边栏亦粗细不同，大小不等，方圆有别，拼合在一起后，相辅相成，协调统一，恰到好处。各个单元的边栏各不相连，留有一定的余地。拼合式边栏先秦古玺就有之，经过历代演变拓展，

更加丰富多彩，它的前景广阔，潜能很大，有待于我们去开拓发展。

十、朱文圆形边栏

图10的双龙小玺，属朱文圆形边栏。在宋内府装裱的古名帖中，常常可以在前后隔水位置上发现这方名印。印文与边栏线条有一种耐久的韵致，圆边虚实相生，在斑蚀断续中展现出第一流的古朴感。双龙呈环抱型，左右对峙、呼应，龙身的盘曲并无丝毫矫揉造作，具有九叠篆的韵味，呈现出正宗的唐宋印章格调。边文线条具有明显的书法魅力、具有紧迫而有厚实感，在环曲中充满力度。作为一种艺术上的尝试，双龙玺的出现为篆刻史、宋代印章史提供了一个难能可贵的范例。

十一、朱文葫芦形边栏

参见图11，印章"大观"，采用了人们熟悉的葫芦形作为印章边栏，端庄典雅，古朴大方，很有品位。

十二、小结

北宋、辽代官印的总体格式与唐代并无太大差异。九叠篆的趣味依然盛行，官印因大而用笔画折叠盘回填补空白的风气，在宋代有了很好的承传。九叠篆本身就是一种文化标记。叠而用九，取九为数之终的含义。形容皇权至高无上之意。作为一种伦理纲常的寓示，它反映出明显的封建社会的文化心态。印章硕大，钤印官防或文告上赫然醒目，显

宣　和　　　　宣　和　　　　政　和

图 9

大　观

图 10　　　　　　图 11

朱文细边边栏　　　朱文粗边边栏　　　瓦当式边栏

白文"口"字形边栏　　朱文特粗边栏　　朱文双"口"形边栏

图 12-1

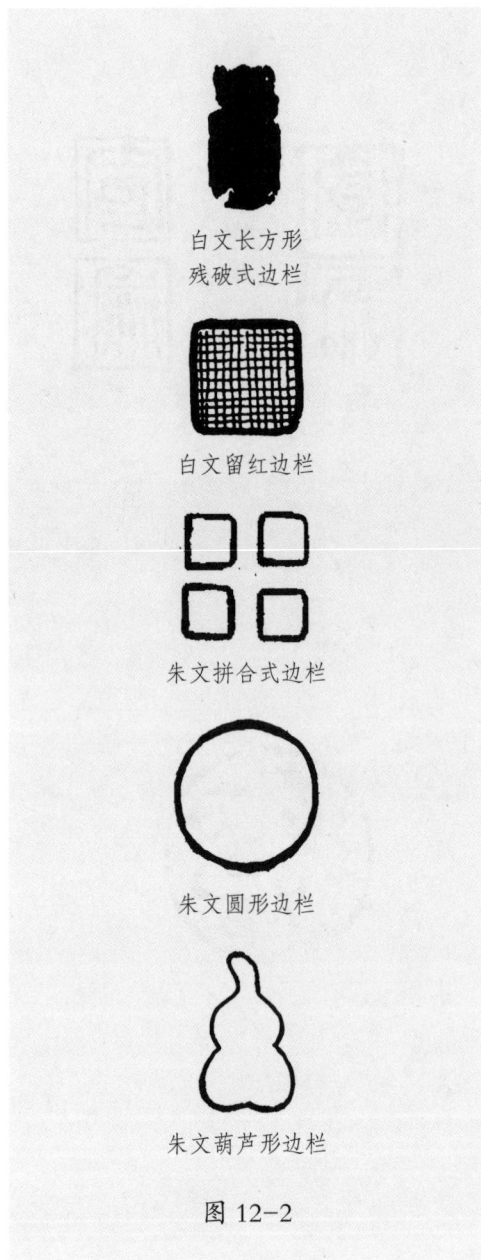

白文长方形
残破式边栏

白文留红边栏

朱文拼合式边栏

朱文圆形边栏

朱文葫芦形边栏

图 12-2

示出森严与威猛的官场气势。而粗边栏、特相边栏更使这种气势变本加厉，成了官印类型走向成熟的标志。

楷书式、篆书式官印细边边栏，普遍流行于中下级官吏阶层。从文字上看，它基本上不如一般官印排叠装饰匀称、满实，结构随意、欹斜，笔画轻松自由，连汉字形态也是伸拳舒腿，连起码的平衡与对称也弃之不顾，呈现的是一种幽默的气氛，一种憨态可掬的容貌。在各种微妙的欹斜与揖让中，边框的细柔与自然，我们看到了出人意料而奇妙无比的效果。还可看出在用篆上不沿旧习，有意将笔画楷书化，透出一种靠近民间的质朴、自然、不加修整的乱头粗服之趣。

宋辽时代的印章边栏相比前代，形式已向丰富多样化发展，艺术层面也与前代有所变化与提高。综合上述，此一时期印章边栏总结见图 12。

第 **16** 节　南宋、金代

南宋印章主要分布在淮河以南诸省份，官印皆为青铜质，文字风格继承北宋，更加孱弱，印面形制与北宋时期相近，一些块状、条形、面形也较流行。纽式仍用块状纽，比北宋时加高。南宋政权丢弃中原地区后，一些旧有官印遗失许多，所以在定都临安之后，在有些官印开首列有年号，表示重新铸造颁用的年份。南宋私印在庐墓中又有多例发现，有铜、玉石、木等质地。刻意仿效秦汉印章的风格，文字有阴有阳，有铸文也有刻文，面貌与官印相差很大。江苏出土铜质"张同之印"的四面边墙，出现了私印篆书边款，南宋私印纽置式样比较多，有桥纽、坛纽、鼻纽、动物纽等。

金代印章存世比较多，从考古出土以及传世品来看，其分布范围主要在华北、东北地区。金代立国较早，但大量官印的颁用在相当于南宋时期，用印为阳文铸出。青铜质，印面文字少量用篆体契丹文，绝大多数用汉字。虽然也用曲折篆文填满了印面，但笔画挺秀，刚劲硬朗，与萎弱的两宋官印文字判然有别。金代军旅用印比较多，有些内容完全一样，然而用字变化多端，相同的内容而文字风格绝不雷同，体现了较高的文字处理水平。印纽与南宋相仿。金代私印质地有多种，有的风格与元代押印相类似。

壹贯背合同

图 1

现将南宋、金代时期的印章边栏归类论述如下。

一、无边栏印章

图 1 "壹贯背合同"一印，是一方十分特殊的南宋大印，印文似用粗黑的美术字体构成，头尾两字形制大而同，中间三字长方形纵向排列，整体形态如同一块妇女针线用的绕线板。四周不设边栏，故称为无边栏印章。

二、朱文细边边栏

图 2 "宣抚处置使司马随军审计司印""殿前司平江府许浦驻扎水军第一

宣抚处置使司马随军审计司印

殿前司平江府许浦驻扎水军第一将印

韩州刺史之印

州南渡税场记

寿光镇记

顿首谨封

图 2

嘉兴府澉浦驻扎殿
前司水军第一将印

宜州管下羁縻都黎县印

建炎宿州州院朱记

夹浑山谋克印

图 3-1

将印""韩州刺史之印""州南渡税场记""寿光镇记""顿首谨封"等印章，其边栏皆为朱文细边式边栏。其中"州南渡税场记""寿光镇记"印，从文字上看，属于楷书体印章，结构随意、欹斜，笔画轻松自由，边栏细柔自然。

三、朱文粗边边栏

图 3"嘉兴府澉浦驻扎殿前司水军第一将印""宜州管下羁縻都黎县印""建炎宿州州院朱记""夹浑山谋克印""天上方丈老人""副统之印""行军万户笔字号之印""熟伽泊猛安印"等印章边栏，属朱文粗边式边栏。这些印章皆为南宋、金代官印，印面较大，

天上方丈老人　　　　　副统之印　　　　　行军万户笙字号之印

建康府驻□□鞍永□军第二正将　　　　　熟伽泊猛安印

图 3-2

边栏亦较为粗壮宽阔。

四、朱文特粗边边栏

朱文特粗边边栏，指边栏比一般的粗边边栏更粗壮宽阔。这种印章的边栏特别清晰悦目，特具视觉优势。如图 4 "越王府文学印""防城副统日字号之印""元帅之印""都提控印""尚书礼部之印""印造钞库之印""都统之印""上京路提控印""拜因阿邻谋克之印"等印章的边栏，即为朱文特粗边边栏。其中金代官印"上京路提控印"印面有 7.5 厘米见方；"元帅之印"印面有 9 厘米见方，配上宽厚粗阔的边栏，可见印章气势博大，官威庄严。"防城副统日字号之印"系金代官印中典型的朱文特粗边边栏印章。此印是金代官印中

越王府文学印　　　　　防城副统日字号之印

元帅之印　　　　　都提控印

图 4-1

尚书礼部之印　　　　印造钞库之印　　　　都统之印

上京路提控印　　　　　　拜因阿邻谋克之印

图 4-2

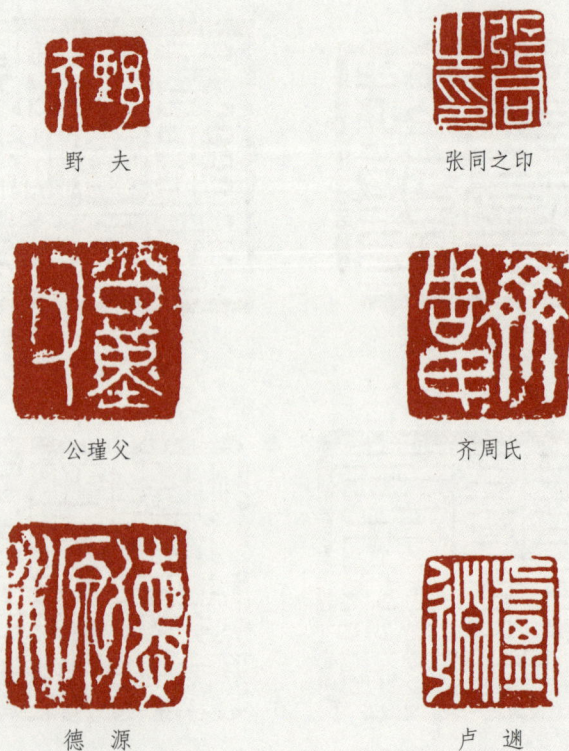

野夫　　　　　　　张同之印

公瑾父　　　　　　齐周氏

德源　　　　　　　卢遹

图 5

的突出者，印文线条的拙朴、环曲、不生搬硬凑，宽边庄严而充满变化，生气而不呆滞，在风化剥蚀之后愈发虚实相生，整个印面排叠均满，灵动自如。特别是印章中间的"日"字，环曲而见粗细变化。各字线条的断续与边框的剥蚀，无不体现出一种历史感和自然的韵味。它的魅力体现出中国印章的艺术精神。

五、白文留红边栏

图 5 "野夫""张同之印""公瑾父""齐周氏""德源"等南宋私印，皆采用了白文留红边栏。其中"野夫""张同之印"乃为江苏出土的铜质印章，"张同之印"在底面，"野夫"刻在顶面，印章四面刻有篆书边款。"德源"印出土于山西金代一道士墓，牛角印，方柱无纽，

系带宗教色彩的私印。"公瑾父""齐周氏"乃为周密印章。周密，字公谨，号草窗，又号霄斋、蘋洲、萧斋，晚年号弁阳老人、四水潜夫、华不注山人，南宋词人、文学家。祖籍济南，先人因随高宗南渡，落籍吴兴（今浙江湖州），后自吴兴迁杭州，周密擅长诗词，作品典雅浓丽、格律严谨，亦有时感之作。能诗，擅书画。对保存宋代杭州京师风情及文艺、社会等史料，贡献很大。他的印章皆采用白文留红边栏。

六、朱文拼合式边栏

图6的"绍兴"印，上下拼合而成，同北宋的"宣和"印，其边栏应属朱文拼合式印章边栏。

七、朱文粗细边混合式边栏

朱文粗细边混合式边栏，指印章边栏有粗边、有细边，四条边栏粗粗细细，或粗细相间，组合成印章的边栏。参见图7，"趯"印的边栏即是。

八、押印边栏

宋代的私印还有用"押"付诸刻印的。所谓"押"是以个人名字写成一种符号式图案，使人不易模仿。"押"印始于五代，兴于汉代，宋代已比较成熟，盛于元代，故俗称为"元押"。这是因为统治中国的蒙古族对汉字生疏，用画押符号入印。我们现在能见到的宋元押印，其上端往往为楷书姓和名，下端为一草书或楷书押符。是我国历代印章中独具

绍兴　　　　绍兴

图6

趯

图7

葫芦形押　　鸟形押　　鸟形押

金字押　　金字押　　金代押印

图8-1

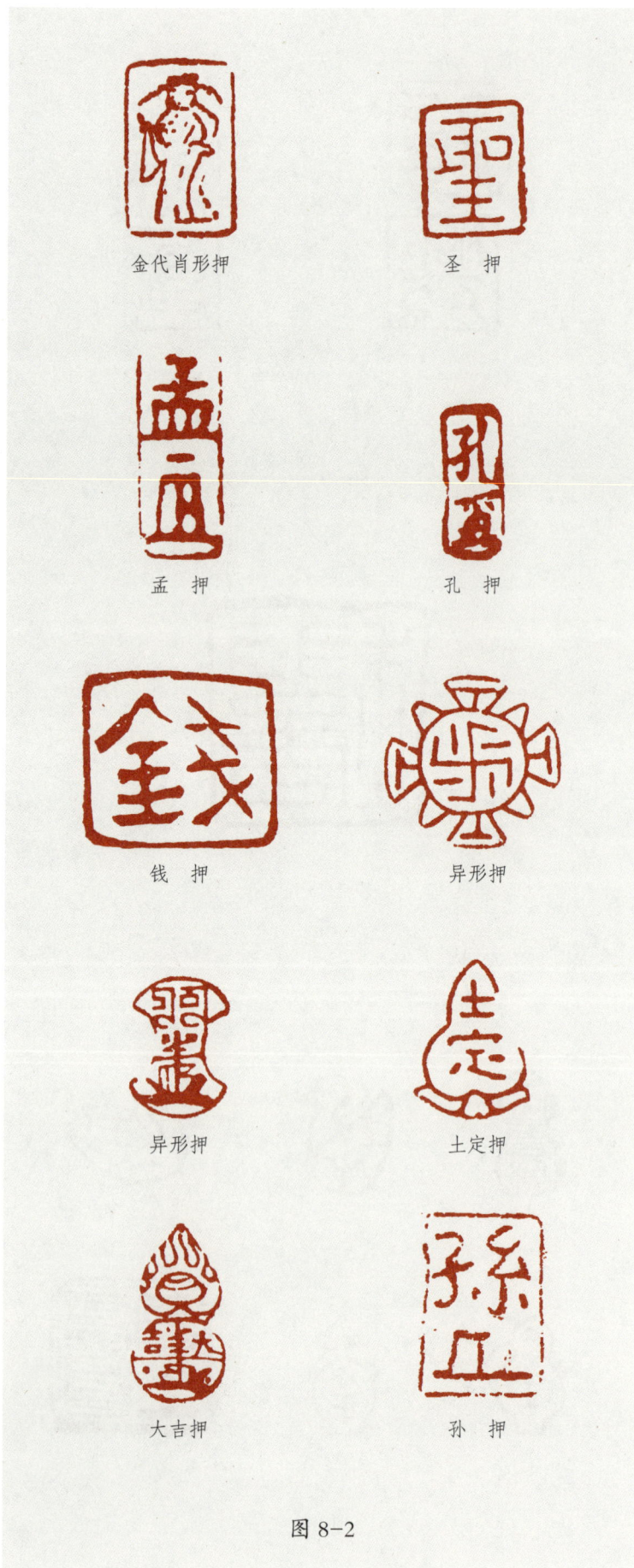

金代肖形押

圣押

孟押

孔押

钱押

异形押

异形押

土定押

大吉押

孙押

图 8-2

的一种形式。"押印"皆为朱文，形状不一，其边栏极其丰富多彩。有各式各样的肖形、器物象形边栏，有四不像的图案，有变化无穷的文字，有粗细、方圆不同的边栏。这种"押印"在印学史上占有一定的地位，特别为文人所喜爱，对印章艺术的发展、对肖形印和异形印的发展、对篆刻流派艺术的发展，打下了良好的基础。参见图8。

九、小结

综合上述，南宋、金代叠篆的官印大多为朱文，朱文清晰，又便于取信认识，朱文印讲求线条丰润圆通，也成为九叠篆官印的一大审美追求，这些官印有专人制作，印面硕大，"建炎宿州州院朱记""宜州管下羁縻都黎县印""嘉兴府澉浦驻扎殿前司水军第一将印"等著名的官印中，对线条都有着严格的规定。然以官印的叠篆格式看，它虽有折叠之意，但却还未达到完全排叠均满下留空隙的地步，到了金代，文字的曲折弯叠才显出成熟格局。故相比之下，宋代官印的线条却更有独立性格。与汉印朱文等等也更有一脉相通的内在关联。细边楷书、隶书形式官印，流传于中下级官吏阶层，其印文结体欹斜、撇捺伸拳舒腿，奔放自由。全然不顾平衡与对称的基本法则。这是对正规刻板的粗边官印的一种改造。皇帝玺印发展到了隋唐宋元时期，将"玺"改称为"宝"。据《旧唐书·职官志二》记载："天后（即武则天）恶玺字，改为宝，其授命，传国符八玺，文并改雕宝字。"因"玺"与"死"同音之故，自此，历代皇帝印章均称宝。

粗边边栏横平竖直、排布均匀，在各种微妙的欹斜与揖让中，我们看到了触处成妙的美感。在用篆上的不沿旧习，不但无排叠之意，而且在应用篆书结构的同时，有意将笔画楷书化，方折圆转，严肃规矩中又不失纵横自由。私印及押印很有趣味，它既无官印的整饬不苟，又不是文人印章常见的风度翩翩，它与边栏的配合无处不透出一种靠近民间的质朴、自然、不加修整的乱头粗服之趣。此一时期的边栏示意图总结见图9.

朱文无边栏印章　　　　朱文细边边栏

朱文粗边边栏　　　　朱文特粗边栏

白文留红边栏　　　　朱文粗细边
　　　　　　　　　　混合式边栏

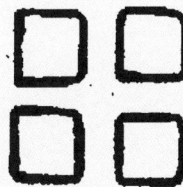

朱文拼合式边栏　　　　押印边栏

图 9

第五章

第*17*节 ｜ 元 代

图 1-1

如果说魏晋至唐宋时代是印章艺术的平静、过渡时期，那么元代可以说是印章艺术开始觉醒和焕发的时代。元官印与前期没有多大变化，以方形为主，边栏较粗阔，青铜居多，有些宗教印用木、玉、象牙、金制成，印文有汉篆、九叠、八思巴文等。元私印以最有成就的赵孟𫖯为代表，他推动了印章艺术发生了质的发展与突变。王冕又发明了用花药石刻印，经过艰苦的探索，元代文人印章终于由实用型向艺术型转化，为明清流派印走向高峰奠定了基础。元押又称花押，盛行于元，系印章艺术的奇葩，其印文有楷、行、草、隶、篆、八思巴文等书体。就元代印章边栏而论，官印的边栏承袭前朝形制，以朱文粗边为主，私印的边栏基本上宗汉，以朱文和白文留红式边栏为主。前面已有介绍，本篇不再赘述。而独具特色的押印边栏，方圆相济，独具风神。本篇以此为题，窥其脉络延续。

一、无边栏押印

这类押印很多，见图1。它的四周没有框栏，有长方形形式，有正方形形式，有圆形形式，通常可称作"花押"。与秦汉印中无边栏的印章相比，差异较大。它有很大的随意性，那些漂亮的押花表示什么谁也说不清，不太讲形式上"方"的概念。押花底部都用粗黑的线条作为底把，给人以坚实牢固，稳如泰山的感觉。

图1-2

二、朱文长方形细边边栏

图2"鹿押""徐押""马押""秦押""胡押""高记""赵押"等印，朱文楷隶意趣，其边栏为长方形朱文细边边栏。还有一些朱文长方形花押印，其边栏线条细劲挺拔，很有特色。

三、朱文长方形粗边边栏

图3长方形"何押""高押""孔押""许押""王押""姜押""杜押"等印，其边栏线条皆粗于印文，故称为朱文长方形粗边边栏。还有一些特别长的粗边印，如"同宝押"，为楷书结体。"广平郡"与"开元路退毁昏钞印"属元代官印，前者为汉缪篆结体，后者则系古籍版刻字体。其边栏都十分粗壮宽阔。

四、朱文长方形双"口"式边栏

图4"龙西郡""李押""卫押"等印章边栏，有两个朱文"口"字组成，故称为朱文长方形双"口"式边栏。

五、朱文圆形边栏

朱文圆形边栏是指边栏的外形呈正圆形式，如图5"杭押""商押"及"鹿押"等肖形押印，其边栏皆为朱文圆形边栏。

鹿押

徐押

马押

秦押

图2-1

胡押　　　　　　　高记　　　　　　　赵押

清河郡

一郎　　　　　　　宋□　　　　　　□□

□□　　　　　　段正

图 2-2

何押　　　　　　　高押

孔押　　　　　　　许押

王押　　　　　　　姜押

　　　　　　　同宝押

杜押

广平郡　　　　　开元路退毁昏钞印

图 3-1

杭押

商押

鹿押（肖形）

图 3-2

龙西郡　　　　李押　　　　卫押

图 4

图 5

141

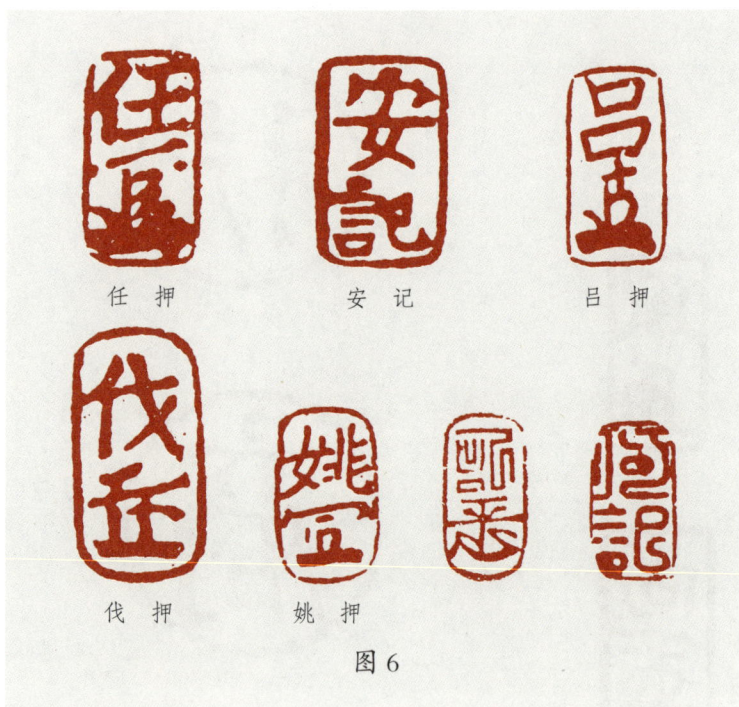

任押　　　安记　　　吕押

伐押　　　姚押

图 6

孟押

图 7

飞押

图 8

图 9

六、朱文椭圆形边栏

朱文长方形边栏四个印角呈圆角，虽不是标准的椭圆形，但与长方形不同，已类近椭圆形，如图6"任押""安记""吕押""伐押""姚押"等印章边栏，均系无印角的朱文椭圆形边栏。

七、朱文梯形边栏

参见图7，边栏制成梯形形式，印文"孟"字，亦随边栏形状布排成上窄下大的梯形格局，很有意趣。

八、朱文八边形边栏

图8中"飞"字押边栏由八条边线组成。不方不圆，圆中有方，方中有圆，印文均匀精到，布白疏密合宜，恰到好处。

九、花纹异形边栏

花纹异形边栏在秦汉玺印中较为多见。在印章四周所饰的花纹图案，有的是线条构成，有的是由几何图形构成，有的是由植物叶片等形状构成。其花纹图案有的是在印章最外部，有的则是在行外边栏与印文之间，但它毕竟是在印文周围，故这里统称为花纹异形边栏。这类边栏变化多端，形态各异，富有装饰趣味。参见图9。

十、象形式边栏

象形式边栏系指边栏利用日常生活

图 10

中常见的植物、动物及其他实用物的形状，制成边栏。如图10所示，有鱼形边栏，有琴形边栏，有编钟形边栏，有葫芦形边栏、有玉兰花形边栏、有兔形边栏、有香炉形边栏、有线板形边栏等等，形式极其丰富多彩。

十一、不规则形边栏

如图11所示，边栏无一定规则，无一定形状，故称不规则形边栏。

图 11 　　　　　　　　图 12

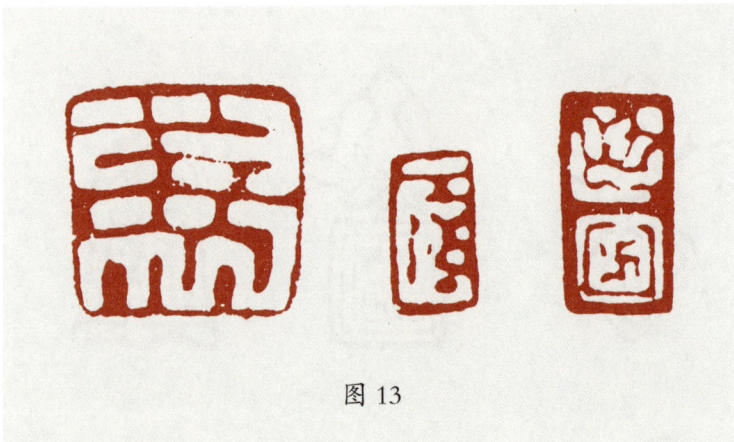

图 13

图 14

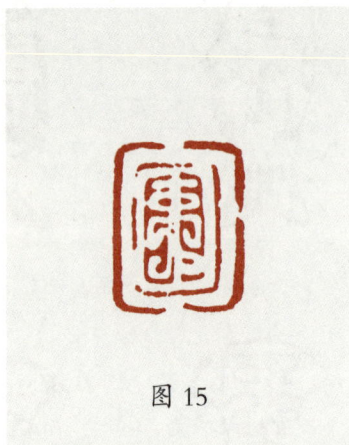

图 15

图 16-1

十二、白文"∪"字形边栏

在押印中，白文印不是太多。如图 12 中所示，即为一方白文白边"∪"形边栏，很少见，亦很特殊。

十三、白文留红边栏

如图 13 所示系白文押印，其边栏为白文留红式。它与前述文字印的留红式边栏相比，差别较大，押印的留红特色是凝练含蓄，方中寓圆，且浑厚朴实，干净利落。给人以一种参禅悟机的神秘感觉。

十四、白文"口"字形边栏

参见图 14，"张"字押印系白文"口"字形边栏。气息深沉，高明苍古，同时亦很雄浑自然，韵味十足。

十五、白文双"口"形边栏

参见图 15，系一方白文押印，印文之外有二道粗宽的白边边栏。实际上此押的边栏有两道朱文、两道白边共同组成了双"口"式边栏。而押印印文四周又有一道留红边栏。形成了这方押印一道又一道亮丽的边栏风景线。

十六、朱文方形押印边栏

参见图 16，都是朱文方形式押印，有的押印系独字形式，有的押印系四字形式，有的押印内置一动物肖形，种类繁复，形式多样。其边栏亦基本为正方形式，有的呈细边形式，有的呈粗边形

图 16-2

式，边随文走，文应边势，边文和谐，交相辉映。

十七、朱文方形双"口"式边栏

如图 17 中的四方押印，外边栏稍粗一些，里面一道边栏较细。两个"口"字套在一起，称为朱文方形双"口"式边栏。此类边栏古玺秦汉印就有之。元代押印显然沿袭借用这种模式。

十八、朱文方形细边边栏

参见图 18 "弹压之印""著远私记""乐安逢尧私记""文行忠信"等印章边栏，皆为朱文方形细边边栏。

图 17

弹压之印

著远私记

图 18-1

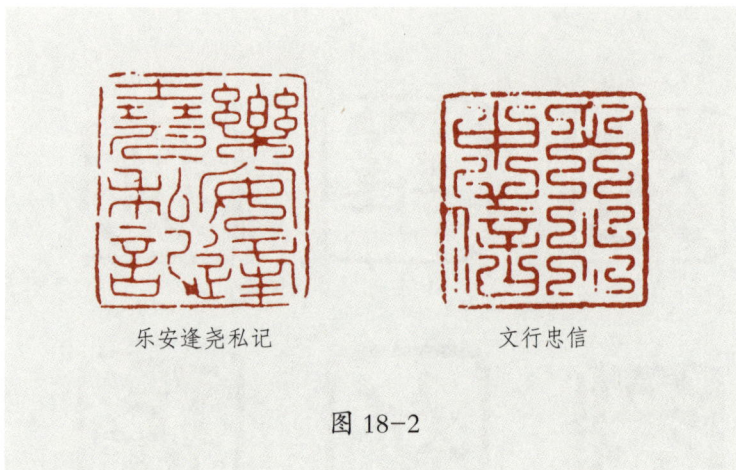

乐安逢尧私记　　　　　文行忠信

图18-2

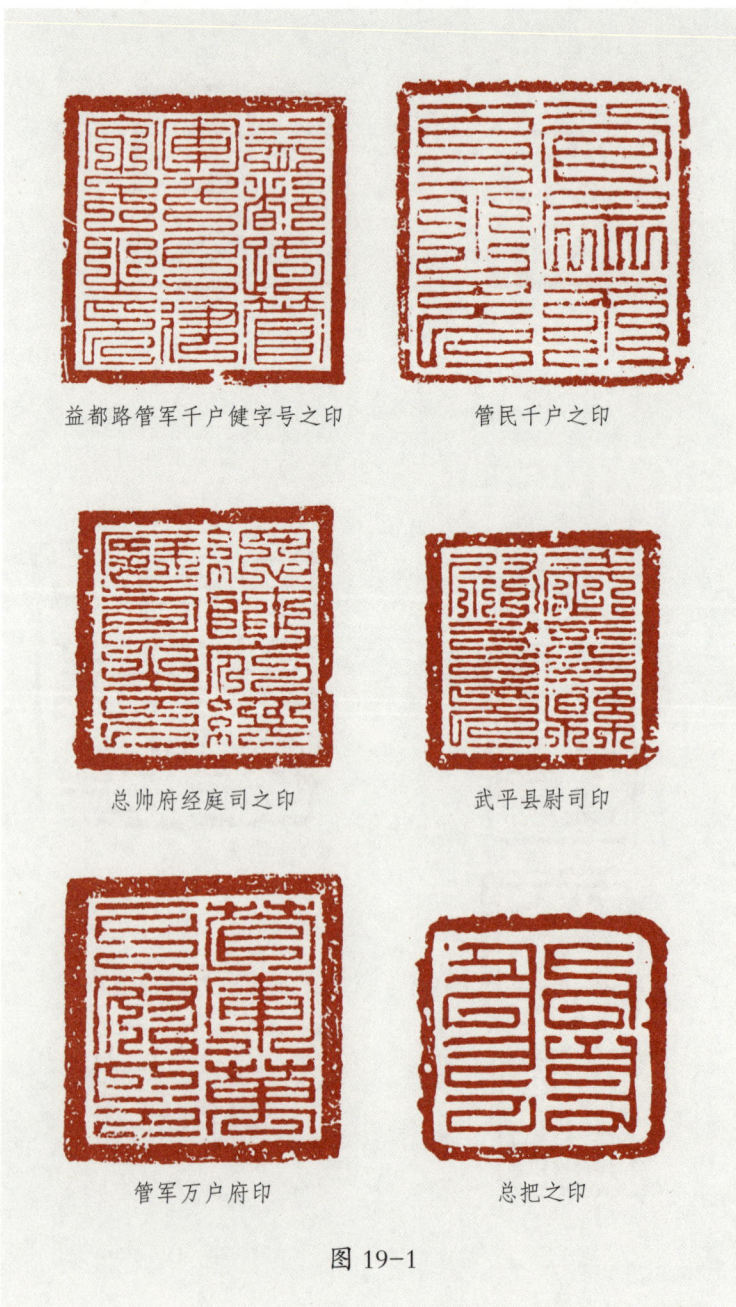

益都路管军千户健字号之印　　　　管民千户之印

总帅府经庭司之印　　　　武平县尉司印

管军万户府印　　　　总把之印

图19-1

十九、朱文官印粗边边栏

参见图19，青铜柱纽汉文九叠篆"益都路管军千户健字号之印""管民千户之印""总帅府经庭司之印""武平县尉司印""管军万户府印"，及青铜柱纽八思巴文"总把之印""漳州路军民都总管印"，玉质双龙盘纽八思巴文"大元帝师统领诸国僧尼中兴释教之印"等官印，其边栏皆属粗边边栏。印章硕大，一般均在6厘米左右见方，最大者"大元帝师统领诸国僧尼中兴释教之印"印边长达9.5厘米，"管军万户府印"印边长8厘米。这些边栏方正划一，端庄谨严，气势博大。

二十、朱文官印特粗边边栏

参见图20青铜柱纽八思巴文"祥州站印""太尉之印""蒙古军百户之印"，金质驼纽八思巴文"白兰王印"，青铜柱纽汉文九叠篆"津宁县印""征戍之印"，青铜柱纽八思巴文"侍卫军副都指挥使印"等印章，边栏特别粗壮宽阔，有的宽度是一般粗边边栏的好几倍，故称之为特粗边边栏。印章硕大无比，其中金质驼纽八思巴文"白兰王印"印边达11.3厘米，通高11厘米。这种边栏非常亮丽醒目，显示出官印威严与权力，同时一定程度地喧宾夺主，减弱影响了印文主体的作用。

二十一、赵孟頫印章边栏

元代作为印章艺术觉醒时代，经过漫长的探索，终于完成了实用印章向文

漳州路军民都总管印　　　　大元帝师统领诸国僧尼中兴释教之印　　　　勾当富公事武字号之印

图 19-2

祥州站印　　　　太尉之印　　　　蒙古军百户之印

白兰王印　　　　津宁县印　　　　征戍之印

侍卫军副都指挥使印　　　　元国书印　　　　左阿速卫千户所印

图 20

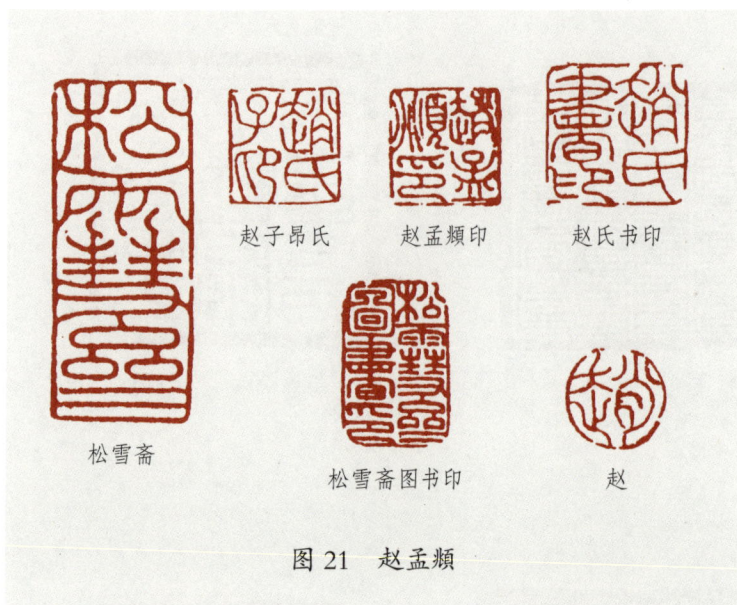

松雪斋　赵子昂氏　赵孟頫印　赵氏书印

松雪斋图书印　赵

图21　赵孟頫

布衣道士　吾衍私印　吾衍私印

图22　吾衍

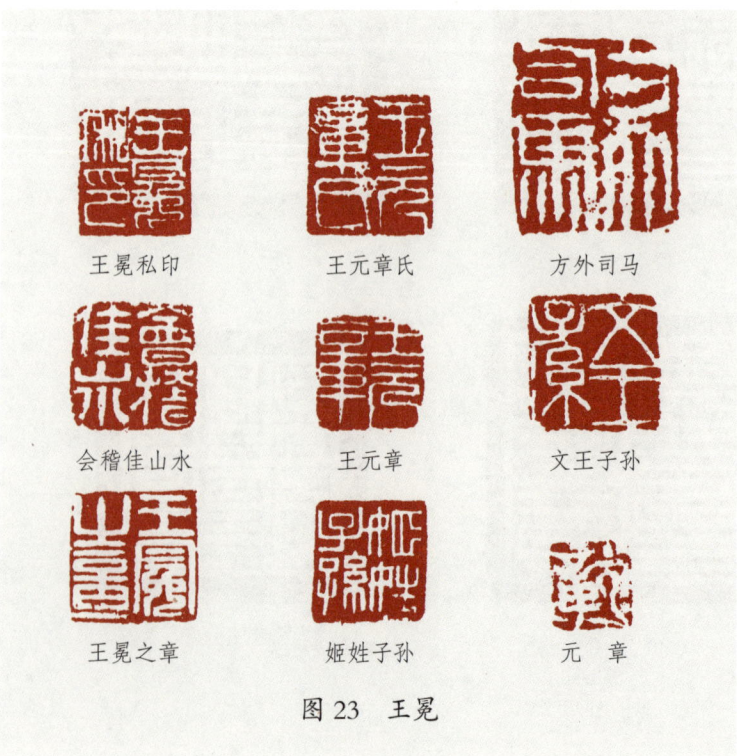

王冕私印　王元章氏　方外司马

会稽佳山水　王元章　文王子孙

王冕之章　姬姓子孙　元章

图23　王冕

人艺术印章转化，为明代文人流派篆刻艺术走向高峰铺平了道路。杰出的代表人物有赵孟頫、吾衍、王冕、吴叡等篆刻家。他们的印章基本上是元朱文印与汉白文印两大格局。均主张汉印的篆法与章法，追求汉印的审美观。故印章的边栏亦呈朱文细边与白文留红两大类为主。与汉代印章的风韵一脉相承。

先看赵孟頫的印章边栏。赵孟頫（1254年—1322年），字子昂，汉族，号松雪道人，又号水晶宫道人、鸥波，中年曾署孟俯。浙江吴兴（今浙江省湖州市）人。南宋末至元初著名书法家、画家、诗人，宋太祖赵匡胤十一世孙、秦王赵德芳嫡派子孙。参见图21，"松雪斋""赵子昂氏""赵孟頫印""赵氏书印""松雪斋图书印"等印章系赵孟頫的代表作，无论是朱文细边边栏，还是朱文圆边边栏，皆呈刚劲挺拔之貌，书卷气息十分强烈。

二十二、吾衍印章边栏

吾衍（1272年—1311年），一作吾丘衍，清代避孔丘讳，作吾邱衍，字子行，号贞白，又号竹房、竹素，别署真白居士、布衣道士，世称贞白先生。浙江开化县华埠镇孔埠人。元代金石学家，印学奠基人。秉性豪放，左目失明，右脚瘸跛，嗜古学，通经史百家言，工篆隶，谙音律，书法以隶和小篆见长。治印不为成法所固，印文用玉箸篆，圆润秀劲，著有《周秦石刻释音》《闲居录》《竹素山房诗集》《学古编》等。《学古编》成书于大德庚子年（1300年），卷一为《三十五举》，乃是我国最早研究印学理论的著述。次载《合用文籍品目》，尾系附录。《三十五举》为此书主体，阐述篆隶演变及篆刻知识，甚多创获，被后世印人奉为经典。

参见图22，"布衣道士""吾衍私印"等系吾衍所治印章，其印章边栏和汉私印白文留红边栏一样，端庄典雅，一派文人君子之风。

二十三、王冕印章边栏

王冕（1310年—1359年），字元章，号煮石山农，亦号食牛翁、梅花屋主、会稽外史等，浙江省绍兴市诸暨枫桥人，元朝著名画家、诗人、篆刻家。他出身贫寒，幼年替人放牛，靠自学成才。王冕早在元代末年已开始用易于受刀的叶蜡石科的石质印材治印了。据考这种"花药石"即为靠近诸暨的萧山所出，走刀感觉类似"青田石"，亦叫作"萧山石"。这种石质印材的可塑性极好，而且通过王冕以汉印的神采刻出，足见王冕以石仿汉印作的艺术感染力。

参见图23，系王冕传世的绘画作品上见到他自刻的印章，有"王冕私印""王元章氏""方外司马""会稽佳山水""王元章""文王子孙""王冕之章""姬姓子孙"等印。从印面用刀及线条的质感来分析，显然已有石质印材的效果。其中尤以"王冕之章""方外司马""会稽佳山水"表现得最佳，可见王冕娴熟的刀法和挥运之时痛切淋漓的镌刻感觉。而这些印章的边栏皆系白文留红式边栏。以浑朴雄强见长，"王冕私印""王元章氏"则瘦劲方正为主，边栏与之呼应协调，亦呈平方端庄工致道

内史中尉
（张坤）

吴孟思章
（吴敬）

茂林修竹之所
（王逢）

云门山房
（张绅）

濮阳世裔
（吴敬）

王逢之印
（王逢）

图24　张坤、吴敬、王逢

丽之状。"会稽佳山水"圆润古朴，"文王子孙"宽博大气，"王元章"印则吸取汉将军印特点，印文上紧下松，系印下留红法边栏。

二十四、张坤、吴敬、王逢

参见图24，"内史中尉"系元张坤所作印章，"吴孟思章"系吴敬（即吴叡）所作印章，"茂林修竹之所"系王逢所作印章，其边栏均为白文留红式边栏。

二十五、小结

总而言之，元代官印承袭前朝，走向程式与萎缩，文人印从地平线上冒出，如日东升，而押印章则活跃于朝野，并

朱文无边栏印章　　　　朱文细边边栏　　　　朱文粗边边栏　　　　朱文特粗边栏

朱文双"口"形边栏　　　朱文圆形边栏　　　朱文椭圆形边栏　　　朱文梯形边栏

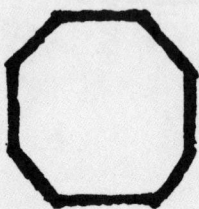

朱文八边形边栏　　　　异形边栏　　　　白文"凵"形边栏　　　朱文象形式边栏

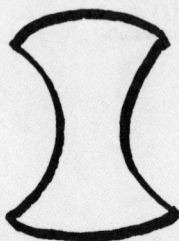

朱文不规则形边栏　　　白文留红边栏　　　白文"口"字形边栏　　　白文双"口"形边栏

无边栏押印　　　　朱文方形押印边栏

图 25

盛于元代。也许元朝时期以蒙古色目人为官，大都不认识汉字，故采用一个没有多大意义的符号来制印。从这段辉煌的历史来寻迹，可以看到元花押带有明显的时代特征。从边栏的角度来分析，承袭多于创新。组成边栏的形式比较单一，线条比较直率稚拙，缺乏变化。它的艺术价值显得单薄了一些，故在日后的文人印领域里，逐渐失去了发展与开拓的市场。

元代印章边栏总结见图25。

明代印章总体风格崇尚复古，对汉印极为推崇，社会上考古之风渐行渐盛，出土文物日益增多，印章亦流通日多，把印拓汇集成谱的风气兴起。许多印人也以汉印为师。明代的官印单一，以实用为旨，不仅面积较大，还出现了长方形官印。其边栏多数是粗阔的朱文边栏，印文上袭元代屈曲之习气。官印到此时期，呆板造作，习气太重，已没有多少艺术性可言，与此相反，明代文人印继元代文人印开创之后，大兴流派篆刻艺术，使篆刻有了突出的进步与飞跃。文彭、何震是流派印章艺术史上具有"开派"意义的先行者。之后，无数宗派似雨后春笋，创造了蔚为壮观的篆刻艺术盛况。印章边栏在文人流派印里虽然缺乏新式样的创造，但在配合印文风格方面下了功夫。文人印的边栏比其他印章的边栏更贴近印文，呼应印文，与印文共同铸辉煌。下面我们就人论印，就印论边，讨论从鉴赏官印边栏开始，直至文人流派印章边栏的艺术特性结束。

一、朱文特粗边栏

参见图1，"朵颜卫指挥使司之印""三万卫前千户所百户印""灵山卫中千户所百户印""工政府屯田清吏司契""南郑县印""吏部文选清吏司

朵颜卫指挥使司之印

三万卫前千户所百户印

灵山卫中千户所百户印

工政府屯田清吏司契

南郑县印

吏部文选清吏司之印

灌顶国师阐化王印

荡寇将军印

图 1-1

之印""灌顶国师阐化王印""荡寇将军印""平东将军之印""金岗安抚司印""禾屯吉卫指挥使司印"等官印边栏，特别粗壮宽阔，故称为朱文特粗边栏。其中"禾屯吉卫指挥使司印"系青铜柱纽，印面达9厘米见方，通高11.3厘米。"荡寇将军印"为伏虎纽，银质印，印面10.5厘米见方，而印文用柳叶篆刻成。"平东将军之印"，系南明铜质印，虎纽，印面8.2厘米见方，印文亦用柳叶篆刻成，此印系清兵入关后，与南明联合抗清的张献忠部下孙可望的官印，其边栏非常粗阔挺拔，棱角分明，很有威严感。

二、朱文长方形特粗边栏

图2"监督阳朔修恭军务监军道关防""通政司右参议之记""夔州防御使符"等边栏，粗壮刚直，挺拔高大，呈长方形，属朱文长方形特粗边栏。其中"监督阳朔修恭军务监军道关防"印，系青铜质，杙纽。"通政司右参议之记""夔州防御使符"二印，系李自成所颁，背刻款"永昌元年，礼政府造"字样，皆为青铜质柱纽。

三、朱文无边栏押印

押印到明代已渐衰退，但有一方押印却名垂印苑，成为押印中的经典，那就是明崇祯皇帝的押印，参见图3。此印藏于中国国家博物馆，为青玉石质，长方形，龙纽，横9、长11、高6厘米。关于印上的文字，众说纷纭，疑为"朱由检"三字，设计精湛，圆润刚健，呼应顺

平东将军之印　　金岗安抚司印

禾屯吉卫指挥使司印　　敕封绛州灵祐侯之印

图1-2

监督阳朔修恭军务监军道关防　　通政司右参议之记

夔州防御使符

图2

朱由检押

图3

畅，一气呵成。显示出皇家印章的尊贵华丽，极致典雅。此押印属无边栏形式。

四、朱文方圆式饰纹边栏

参见图4明代官印"万户府印"，很特别且很罕见，外面部分由两道朱文圆形边栏构成，外粗内细，采用瓦当制式，里面有一朱文方形格栏，方圆隔水之间又饰以青铜器上的回龙纹，叠篆"万户府印"四字布白在正中。这种边栏匀称大方、端庄谨严。

五、白文留红边栏

参见图5白文印章"西王之宝"，系张献忠用印，比较端庄匀称，其边栏为典型的白文留红边栏。

西王之宝

图5

万户府印

图4

兰台信符

图6

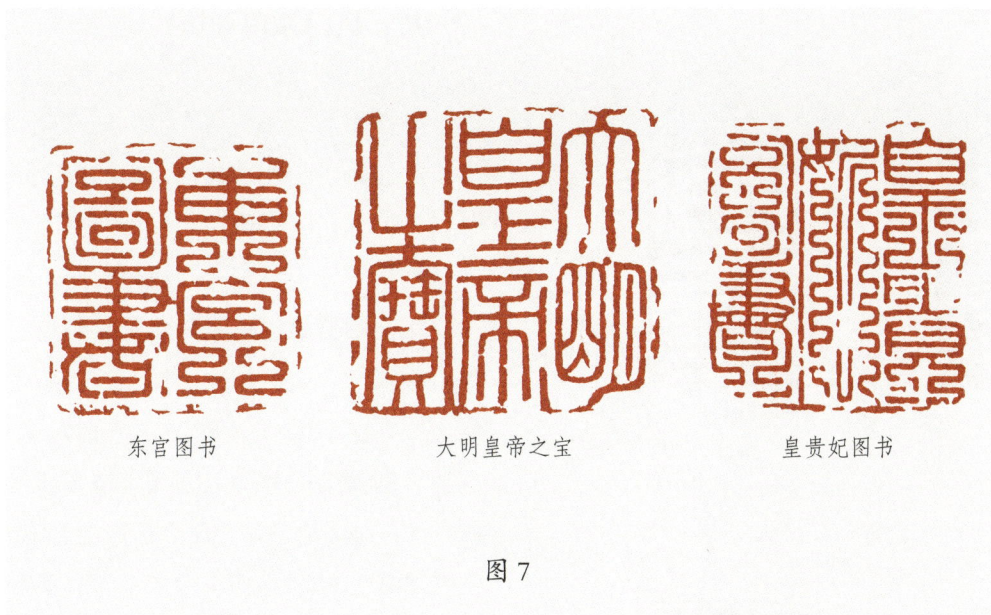

东宫图书　　　大明皇帝之宝　　　皇贵妃图书

图 7

完　密

图 8

六、白文残破式边栏

参见图 6 白文印章"兰台信符"，印边、印文均呈残破状。年代久远的印，沧桑磨砌、自然风化，印面有或多或少的残破。"兰台信符"印四周的留红边栏几乎缺损殆尽。这些印章与边栏，破如游霞，残如断虹，联如雁度，出于无法，臻于极法。神隽味永，不失为佳品。

七、朱文残破式边栏

参见图 7 朱文印章"东宫图书""大明皇帝之宝""皇贵妃图书"等边栏，断断续续，时有时无，属朱文残破式边栏。

八、白文"日"字格边栏

参见图 8 印章"完密"，此印为白文半通印，属白文"日"字格边栏。汉代缪篆结体，古朴大气，苍茫浑厚，因风化剥蚀，致使印边呈残破状，但"日"字格边栏依然清晰可辨。

七十二峰深处

琴罢倚松玩鹤

文彭之印

文寿承氏

十里荷香

文氏寿丞

臣是酒中仙

江风山月

五湖烟水

图 9-1　文彭

155

茂林修竹

画隐

天外宾

爱酒不愧天

寿承氏

为善最乐

我师造化

东村别业

图 9-2　文彭

九、吴门派印章边栏

（一）文彭

文彭（1498 年—1573 年），字寿承，号三桥，苏州人。他是明代著名书画家文徵明的长子。文彭号三桥，因而篆刻吴门派亦称三桥派。吴门派是篆刻史上第一个流派。文彭治印力矫元人屈曲乖缪之失，力追秦汉，篆法以小篆为主，结体方圆兼备，并融入宋元朱文印而出新意。开皖派之先声，又导浙派之前路。文彭的双刀行草边款也为后世起到了示范作用。文彭传世作品少，亦没有印谱传世，但影响深远，孳乳不息，承其风格代表者有：归昌世、李流芳、陈万言、顾苓、顾听和璩之璞等。

1、无边栏印章

如图 9"七十二峰深处"印，系朱文牙章，抗日战争时出土，无边栏、四周缺蚀。无边栏印章一般都比较方正完美，利用印文笔画有意识地组成一个"无形边栏"。但此印却不然，一任残破，缺横少点，参差不齐。仔细观察而又才意毕现，印外有"框"。此类印作文彭治有不少，如"琴罢倚松玩鹤"等印。

2、朱文细边边栏

如图 9"文彭之印""文寿承氏""十里荷香"等印，皆为朱文细边边栏。"十里荷香"印，印边细于印文，与秦汉印相比有两点不同：一是上下逼边而左右留空不逼边。二是印边的断连残缺与印文线条配合默契，疏而有致，足见匠心。

3、白文逼边边栏

如图 9"东村别业""文氏寿承""臣是酒中仙""江风山月""五湖烟水""茂林修竹""画隐""天外宾""爱酒不愧

天"等印，皆为白文逼边边栏。

4、白文残破式边栏

如图9"寿丞氏""为善最乐""我师造化"等印，皆为白文残破式边栏。"为善最乐"印，平正方直的白文格局，字画之间的粘连成了此印一大特色，其边栏已残缺，显示了他复古而不为古役的胆识。

（二）归昌世

归昌世（1573年—1644年），明末篆刻家。主要活动于明万历元年至清顺治元年间。字文休，号假庵。江苏昆山人，移居常熟。系明代大儒归有光之孙。承其家传，十岁能诗，后工古文，篆刻师法文彭，得浑穆平正、方圆朴茂之美。

1、白文留红边栏

如图10的"作花租野寺""幽事供高卧""拿云心事人不知""草贤""安能坐学书生愁""有慵将伴老"等印章边栏，即为典型的白文留红边栏。归氏刻这种边栏的印章数量较多，也是他治印的主要形式。

2、白文逼边式边栏

如图10的"壮心徒许国""依隐玩世""大欢喜""自问心如何""不为俗情所得"等印章边栏，即为典型的白文逼边式边栏。

3、朱文细边边栏

如图10的"君子有常体""偏听生奸独任成乱"等印章边栏，皆属朱文细边边栏。

（三）李流芳

李流芳（1575年—1629年），明代篆刻家。主要活动于明万历三年（1575年）至崇祯二年（1629年）间。字茂宰、长蘅，号檀园，别署香海、泡庵、慎娱居士、

作花租野寺

幽事供高卧

拿云心事人不知

草贤

安能坐学书生愁

有慵将伴老

壮心徒许国

依隐玩世

大欢喜

自问心如何

不为俗情所得

君子有常体

偏听生奸独任成乱

白昼笔头诗泣神

报主尔何迟

按剑心飞扬

平陵居士

图10 归昌世

李流芳印

心如世上青莲色

饱馁不才身

落拓未逢天子呼

忧心醉江上

思君令人老

乾坤落落布袍宽

贱夫美一睡

石髓换粳香

山泽之臞

三十六帝之外臣

每蒙天一笑

长蘅

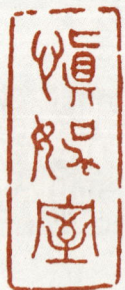

慎娱室

却步走昔贤

谒玄黄兮纳贽

懒癖

图 11　李流芳

檀园老人等。安徽歙县籍，寓居江苏嘉定（今属上海）。明万历三十四年(1606 年)举人，篆刻宗法文彭，是"吴门派"的代表人物之一。昆山名士王志坚对李流芳的治印评曰："不择石、不利刀、不配字画，信手勒成，天机独妙。"由此可知，李流芳的篆刻系写意风格，故而工整圆润的印作我们很难看到，大部分都是乱头粗服，纵横冲撞。

1、白文留红边栏

如图 11 的"李流芳印""心如世上青莲色""饱馁不才身""落拓未逢天子呼""忧心醉江上""思君令人老""乾坤落落布袍宽"等印章边栏，即为典型的白文留红边栏。

2、白文残破式边栏

如图 11 的"贱夫美一睡""石髓换粳香""山泽之臞""三十六帝之外臣""每蒙天一笑"等印章边栏，印文逼边，且或多或少的有所破缺，故称之为白文残破式边栏。

3、朱文细边边栏

参见图 11，印章"长蘅"，其印文线条粗于边栏线条或两者基本等同，即可称为朱文细边边栏。

4、朱文长方形边栏

如图 11 的朱文"慎娱室"印，即为朱文长方形边栏。

（四）陈万言

陈万言，字居一，浙江嘉兴人，工书法，篆刻师法文彭、何震，明末著名篆刻家。

1、白文逼边边栏

参见图 12"空名适自娱""延绿斋"等印章，印文满实布排印面，与印边几乎不留空隙，这样的边栏称为白文逼边边栏。

2、白文残破式边栏

如图12的"披云卧石"印章，印文四角撑满，留红边栏部分显得断断续续，时有时无，属白文残破式边栏。

3、白文长方形左右竖红边栏

图12印章"墨兵"，印文纵向居中，左右两边则有两条粗壮宽阔的竖红边栏。此类印章、此类边栏乃为仿何震篆刻模式，这种模式章法不够完美，篆刻家朱简曾评为"缪印"，因而长期来对此模式的印章颇有微词。笔者以为篆刻应百花齐放，百家争鸣，作为篆刻印章模式，不能千篇一律，聊存一格以供借鉴学习也无妨。

（五）顾苓

顾苓，明代篆刻家。字云美、员美，号浊斋居士。主要活动于明崇祯至清顺治年间，江苏苏州人。善诗文、书法，篆刻早摹汉魏，师法文彭。

1、白文逼边边栏

如图13中印章"枫落吴江冷"，笔意朴厚，线条刚健，行刀转折处非方非圆。自然多趣，用白文逼边法刻制，印文拉开距离紧靠边栏，使印中竖向留下一条宽阔的红地。全印疏密有致，耐人寻味。此外"抱琴卧花""冰雪为心""顾苓之印"等印章边栏，亦为白文逼边边栏

2、朱文细边边栏

图13"传是楼"印系仿宋元朱文印，劲丽圆转，自然流畅。"员美"与"眇眇兮予怀"印刀笔奔放，左右呼应，得汉魏遗意。"顾苓之印"点画方圆结合，其边栏皆为朱文细边边栏。

3、朱文长方形边栏

图13印章"听秋雨之轩"，其边栏

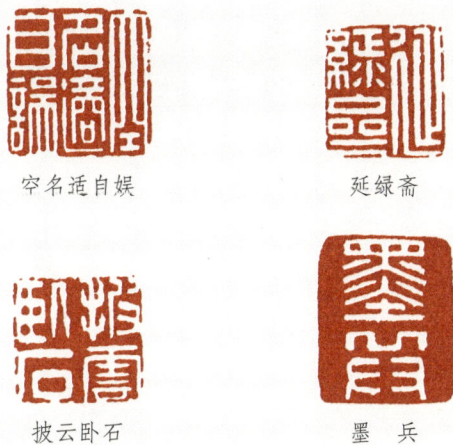

空名适自娱　　　　　延绿斋

披云卧石　　　　　墨兵

图12　陈万言

枫落吴江冷　　抱琴卧花　　冰雪为心

顾苓之印　　　　　传是楼

员美　　　眇眇兮予怀　　　顾苓之印

听秋雨之轩　　　　闲门向山路深柳读书堂
　　　　　　　　　幽映每白日青辉照衣裳

图13　顾苓

系朱文长方形边栏。

4、朱文无边栏印章

图 13 "闲门向山路深柳读书堂幽映每白日青辉照衣裳"系顾苓精制佳作，刻得秀劲古拙，典雅耐看。多字印易有千篇一律之病。但此印每字有长有短、有方有圆，有阔有窄，各个不同，随机应变，姿态百出。竖向用气裹紧，上下成列。横向用意放松，左右呼应，故竖行之间留有一条空白，犹如一幅书法斗方，不火不温，高雅逸致，气象万千。印文俯仰顾盼自然天真。用笔写来，又似用刀刻成，既有书卷气又有十足的金石味，印文四周未设边栏。

（六）顾听

顾听，明代篆刻家。字不因，后改元方、元芳。江苏苏州人。家境贫寒，生活困苦，以治印为生计。印章宗法秦汉，继承平实方正、端庄工稳一路印风，颇有功力。另取法文彭典雅秀润、遒劲刚健的品格。故顾听之印及边栏，气势雄强，精气饱满，变化多端。作品常圆中有方，方中有圆，方圆强烈对比，又互相映衬取妍，印文点画平正充实。可惜存世印极少。

1、朱文细边边栏

如图 14，"卜远私印"系紫砂印。结体端庄，线条刚健。从印面形式看，大多数笔画横平竖直，以方折为主。"印"与"卜"留有更多的空间，大疏大密。刀法疾涩相济，起伏顿挫，金石味十足。应特别关注的是朱文边栏的密切配合，四条边栏各不相同，与印文遥相呼应，又团结一致，断连残缺中最见匠心，既充满峻丽拙趣，又富有节奏感。

2、白文残破式边栏

参见图 14 "振英"印章，印文逼边，并呈残破状，故称为白文残破式边栏。

（七）璩之璞

璩之璞，主要活动于明万历年间。字无玙，号君瑕、仲玉、荆卿等。原籍江西，长期侨居江苏松江（今属上海市）。璩氏工于书法篆刻。曾摹汉印及吴门文氏印章甚多。深受文彭印风熏染，印章及边栏追求清健凝练的金石韵味。璩氏不仅勤奋进取，博古好学，且虚怀若谷，与人为善，人品高洁，有口皆碑。

1、朱文细边边栏

见图 15 "舄毋道士""璩仲玉氏"等印，其边栏即为朱文细边边栏。

2、白文留红边栏

如图 15 的"无名之璞"一印，章法端稳，运刀纯熟，点画壮伟，十分生气遒劲。其边栏即为白文留红边栏。

3、朱文长方形边栏

如图 15 的"白云居"一印，其边栏为朱文长方形边栏。

十、皖派印章边栏

皖派或称雪渔派、何震派，开创者为明代何震。何震与文彭是齐名的明代中期篆刻家，两人友谊深笃，并称"文何"。何震在篆刻上亦主张宗法秦汉，力矫元习，以六书为准。他初学文彭，后追秦汉古玺，强调自然天趣，刀法生猛险劲，还开创了用单刀刻边款之法。属皖派的著名篆刻家有：梁袠、吴忠、程原、程朴、金光先、吴迥、胡正言、赵宧光、邵潜、江皓臣等。

（一）何震

何震（约 1530 年 — 约 1604 年），明

代篆刻家。字主臣、长卿，号雪渔、雪渔山人。江西婺源人，长期活动在南京，直至客死在南京。他和文彭交谊深笃。何震初学文彭，后广游博交，汲取秦汉印章之长，入古出新，终成一代宗师。何震力矫元人习气，刻出天真韵格。刀法上痛快生辣，猛利显露，达到无所拘谨的神游境地，开一派新气象。受其沾溉的印人，声誉较高的有梁千秋、程朴、胡正言、金光先、吴迥、赵宦光、江皓臣、邵潜等人。著有《续学古编》《印选》等传世。

1、白文留红边栏

参见图16"登之小雅""吴之鲸印""笔研精良人生一乐""延赏楼印""芝闼"等印边栏，皆为白文留红边栏。

2、白文逼边边栏

参见图16"天子借高名""俞安期印""查允抡印""云中白鹤""程守之印"等印边栏，皆为白文逼边边栏。其中"云中白鹤"一印，极负盛名，系何震后期优秀作品，以冲刀为主，爽利挺劲，"鹤"字尚留着双刀完成的痕迹。线条方折，屈伸自然，章法满布满实，白字红地平分秋色，气势饱满磅礴。而印章逼边边栏左右呼应，上下协调，很有品位。

3、白文残破式边栏

参见图16"灌园叟""笑谭间气吐霓虹""青松白云处""听鹂深处""沽酒听渔歌"等边栏，四周缺失，印文笔画外露，故称为白文残破式边栏。其中"听鹂深处""笑谭间气吐霓虹"等印章，斑斑驳驳的边栏、印文，古朴多姿，苍茫浑厚，都是何震的代表作。

卜远私印　　　　　　　振英

图14　顾听

乌毋道士　　　　　　璩仲玉氏

无名之璞　　　　　　白云居

图15　璩之璞

登之小雅　　吴之鲸印　　笔研精良人生一乐

延赏楼印　　　芝闼　　　天子借高名

图16-1　何震

俞安期印	查允抡印	云中白鹤
程守之印	灌园叟	笑谭间气吐霓虹
青松白云处	听鹂深处	沽酒听渔歌
兰雪堂	采芝馆	无功氏
汪东阳		素赏斋

图16-2 何震

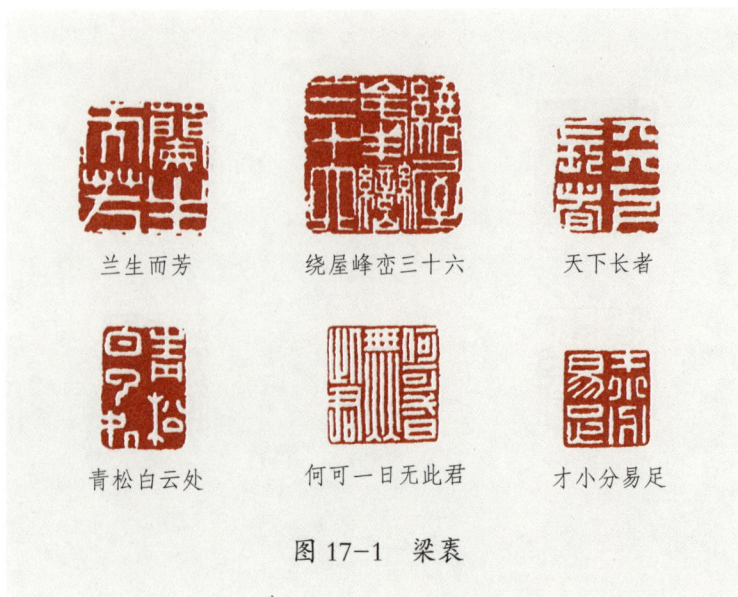

| 兰生而芳 | 绕屋峰峦三十六 | 天下长者 |
| 青松白云处 | 何可一日无此君 | 才小分易足 |

图17-1 梁袠

4、朱文细边边栏

参见图16"兰雪堂""采芝馆""无功氏"等印边栏，属朱文细边边栏。

5、白文"口"字形边栏

如图16白文"汪东阳"印章的边栏，印文外饰有一"口"字形，它是一个横卧的长方形，与一般竖式的长方形"口"字式边栏有很大的不同，但我们还是称之为白文"口"字形边栏。

6、白文长方形左右竖红边栏

如图16白文长方形印"素赏斋"的印章的边栏，左右有纵向粗壮宽阔的两道竖红，故称为白文长方形左右竖红边栏。

（二）梁袠

梁袠（？—1636年），字千秋，明代篆刻家。生在明万历年间，江苏扬州人，居住在南京。《印人传》云："继何主臣起，故为印一以何氏为宗。"可知梁袠篆刻师法何震。常将何震诗文佳句入印，摹刻何震印作，印艺技巧十分高明，形神兼备，气息相通，几可乱真。但千秋治印又不守师法，面目求异，章法取巧，结体自立，独成一路。千秋得名后，留心声妓。有请镌章，则潦草应付，或请其弟子捉刀。故品格受损，微词渐多。梁之弟大年亦擅刻印，并擅古器物款识的辨识。梁之侍姬韩约素，通晓音律，又擅治印，得梁氏指授，女性篆刻史料一直以韩为开端。梁氏著有《梁千秋印隽》四卷。"无功氏""青松白云处""俞安期印""兰雪堂"等印，系梁氏摹何震作品。

1、白文残破式边栏

图17中"兰生而芳""绕屋峰峦三十六""天下长者""青松白云处"等印边栏，属白文残破式边栏。

2、白文逼边边栏

图17中"何可一日无此君""才小分易足""国士之风""盘白石兮坐素月"等印边栏，皆为白文逼边边栏。

3、朱文细边边栏

图17中"子公""小山楼""公卿师保之家""兰雪堂"等印章边栏，属朱文细边边栏。

4、朱文长方形边栏

图17中"折芳馨兮遗所思""东山草堂珍玩"等印章边栏，属朱文长方形边栏。

5、朱文葫芦形边栏

图17中"白雪"印章的边栏，形似葫芦，且印文"白"字巧妙地随形布文，非常新颖别致。此边栏系朱文葫芦形边栏。

6、白文长方形"口"字形边栏

图17中"止观"印章的边栏，系白文长方形"口"字形边栏。

7、白文"口"字形边栏

图17种白文方形印"何长卿"，四周饰有一道白边，构成了白文"口"字形边栏。

（三）吴忠

吴忠，字孟贞，明代篆刻家。安徽歙县籍，长期客寓南京。为著名篆刻家何震的入室弟子与传人。吴忠叹服主臣印风，师事主臣三十余年，兢兢业业，墨守老师的传统与法规。当何震晚年落拓潦倒，贫寒交加之时，吴忠仍然侍师左右，忠贞不渝，视师如父。后何震客死南京承光寺，吴忠为之含殓守灵，可见吴忠一片耿耿尊师之心，其品德无意间正好体现在他名字的"忠"之中，人间难得如此真情。吴忠之印，虽不及何主臣苍劲古朴，刀法亦欠师之老辣感。

国士之风　　　盘白石兮坐素月　　　子公

小山楼　　　公卿师保之家　　　兰雪堂

折芳馨兮遗所思　　　东山草堂珍玩　　　白雪

止观　　　何长卿

图17-2　梁裹

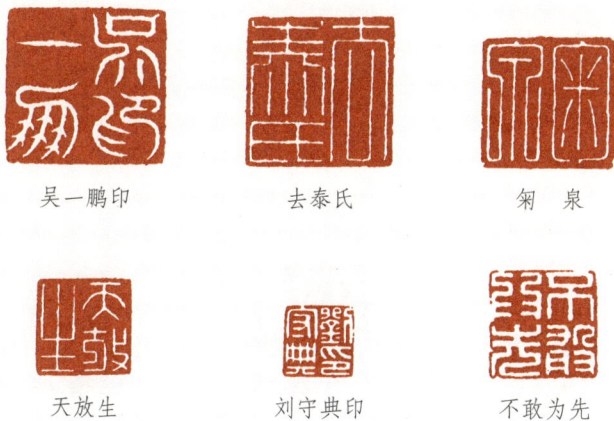

吴一鹏印　　　去泰氏　　　匊泉

天放生　　　刘守典印　　　不敢为先

图18-1　吴忠

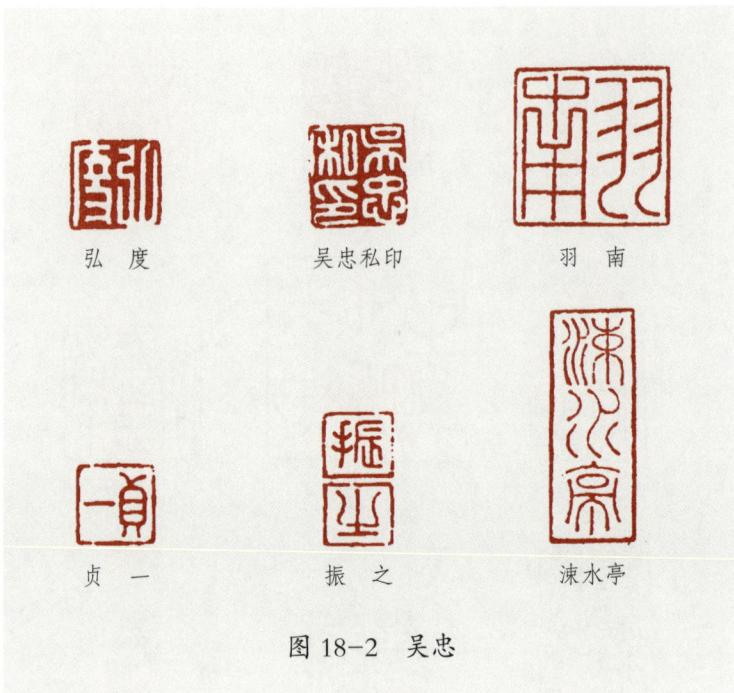

弘度　　　　吴忠私印　　　　羽南

贞一　　　　振之　　　　涑水亭

图 18-2　吴忠

俞安期印　　　查允抡印　　　吴之鲸印

臧懋循印　　　灵河渔长　　　吴彬之印

图 19　程朴

笔禅墨韵　　　周亮工印　　　墨庄老农

图 20-1　胡正言

但章法布局平稳雄健，线条婉约浑朴，印面端庄清丽，不乏生动多趣的印章艺术精神。朱简《印经》将其归入"雪渔派"。明万历四十三年（1615 年），辑著成《鸿栖馆印选》二册传世。其印章边栏也体现了多样化。

1、白文留红边栏

图 18 中"吴一鹏印""去泰氏""匊泉""天放生"等印章边栏，系典型的白文留红边栏。

2、白文逼边边栏

图 18 中"刘守典印""不敢为先""弘度""吴忠私印"等印章边栏，属白文逼边边栏。

3、朱文细边边栏

图 18 中"羽南""贞一"等印章边栏，系朱文细边边栏。

4、朱文拼合式边栏

图 18 中"振之"一印，上下组合，属朱文拼合式边栏。

5、朱文长方形式边栏

图 18 中"涑水亭"印边栏，采用长方形式，应属朱文长方形式边栏。

（四）程朴

程朴字元素，安徽歙县人，居住吴兴，程朴为程原之子，父子二人对何震篆刻极为膺服，曾摹刻何震诸多印章。如图 19"俞安期印""查允抡印""吴之鲸印""臧懋循印"等印，皆可谓神形兼备，其印章边栏的风格也一如何震，主要有白文留红边栏、朱文细边边栏等，这里不再赘述。

（五）胡正言

胡正言（1584 年—1674 年），字曰从，号十竹主人、默庵老人。明末清初篆刻家。祖籍安徽休宁，而久居金陵。

明时曾官武英殿中书舍人。以制笔篆印为业。在制墨、木刻彩色套印、版画等方面有重大贡献。天启七年（1627年）辑成《十竹斋画谱》，开创彩色版画之先河，他的各种工艺美术品、美术复制品均以独特的绝技为之，声震国际艺坛。胡正言篆刻师承何震平实一路，兼取汉法，参以己意。虽稳健、豪放不及何震，但他的篆刻朴茂端凝、气魄浩荡、笔意恢宏、天趣自然，无过匀、过工、做作之弊，有鲜明的个人风格，他的印章边栏异常丰富多彩，各具特色。

1、白文留红边栏

图20中"笔禅墨韵""周亮工印""墨庄老农""绳武"等印章边栏系白文留红边栏。

2、白文逼边边栏

图20中"依隐玩世""叔度氏""水远山远人远""暅庵"等印章边栏系白文逼边边栏。

3、白文残破式边栏

图20中"业在砚田""朴庵"等印章边栏系白文残破式边栏。

4、朱白相间式边栏

图20中"千华律师""慨独在予"等印章，印文有朱文有白文，边栏也随之有了朱白相间的变化，故称为朱白相间式边栏。

5、白文"口"字形边栏

图20中白文"水远山远人远""穉恭""仲父"等印章边栏，四周饰以"口"字形，故应为白文"口"字形边栏。其中白文"水远山远人远"一印，胡氏用其他形式刻过相同内容的印章多方，可见一印多刻，寻术不同的艺术效果。

绳 武	依隐玩世	叔度氏
水远山远人远	暅 庵	业在砚田
朴 庵	千华律师	慨独在予
水远山远人远	穉 恭	仲 父
闲 仙	玄赏堂印	栖神静乐
谁与玩此芳草	家在镜山深处	周栎园图书记
还遂草堂	浮烟楼	

图20-2 胡正言

潘庆

武德长印

吴让私印

潘武之印

长乐未央

杨恽私印

图 21　金光先

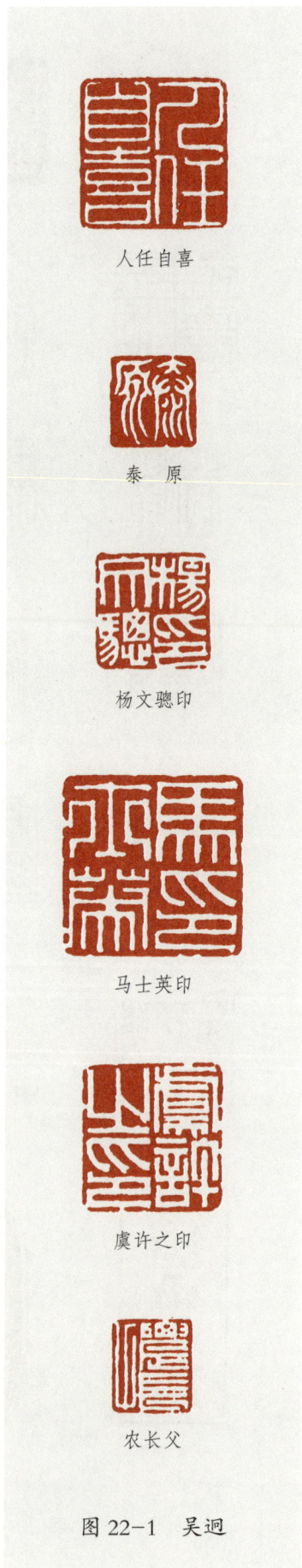

人任自喜

泰原

杨文聪印

马士英印

虞许之印

农长父

图 22-1　吴迥

6、灵形式边栏

图20"闲仙"印，印章四周饰以四灵作为边栏，我们把这类印章边栏统称为灵形式边栏。

7、朱文细边边栏

图20中"玄赏堂印""栖神静乐""谁与玩此芳草""家在镜山深处"等印章边栏，系朱文细边边栏。

8、朱文长方形边栏

图20中"周栎园图书记""还遂草堂"等印章边栏，系朱文长方形边栏。

9、椭圆形白文"0"字形边栏

图20中的"浮烟楼"白文印，印周饰有"0"字形边栏，故称为椭圆形白文"0"字形边栏。

（六）金光先

金光先，字一甫，安徽休宁人。他对刀法，字法，章法均有论述，尝谓："刻印必先明笔法，而后论刀法，令人妄为增损，不知汉印法，平正方直，繁则损，减则增，此为笔法。笔法既得，后以刀法运之，斩轮削镱，知巧视其人，不可以口传也。"篆刻初得自何震，后专攻汉印，神韵佳胜。著有《金一甫印选》。李维贞、赵宧光等为之序。他的印章边栏主要是白文留红边栏及白文逼边边栏。

1、白文留红边栏

图21中"潘庆""武德长印""吴让私印"等印章边栏，系白文留红边栏。

2、朱白相间式边栏

图21中"潘武之印"的"之"字为朱文，"潘、武、印"三字乃为白文，朱白相间，其边栏也称之为朱白相间式边栏。

3、白文逼边边栏

图21中"长乐未央""杨恽私印"

166

等印章边栏，系白文逼边边栏。

（七）吴迴

吴迴，字亦步，安徽人，是和明代流派印名家何震同时代的印学名人。吴迴的风格与何震相似，深得其法，为董其昌所推重。

1、白文留红边栏

图22中的"人任自喜""泰原""杨文骢印""马士英印""虞许之印""农长父"等印章边栏，系白文留红边栏。

2、朱文细边边栏

图22中"汪汝凤印""本宁氏""闇生""鲁望""雨公"等印章边栏，系朱文细边边栏。

3、白文多"口"形边栏

图22中的"同心而离居"印章边栏属白文多"口"形边栏。在白文"口"字形边栏内，加二竖一横或加二竖二横、三竖三横，甚于更多，把印面切割成许多"口"字形，印文则置于这诸多的"口"字格栏之内，这样的格栏称为"白文多口形边栏"。它与一竖一横的田字格边栏、一竖或多竖的栅栏式边栏、二竖二横的井字格边栏，在形式上有根本的区别。它的主要特点是：白文多口形边栏，最外围有一个大的"口"字形边栏；二、白文多口形边栏至少有六个或六个以上的口字格栏。

（八）赵宦光

赵宦光（1559年—1625年），字凡夫，又字水臣。号广平、寒山长、寒山梁鸿墓下、凡夫等。江苏太仓人，寓居吴县。明代篆刻家。精通六书，工诗文，对书法篆刻造诣颇深，能用行草笔势作小篆。他的篆刻取法秦汉，又宗何震，手摹汉印二千多方，其妻是陆师道

汪汝凤印　　　　本宁氏　　　　闇生

鲁望　　　　雨公　　　　同心而离居

图22-2　吴迴

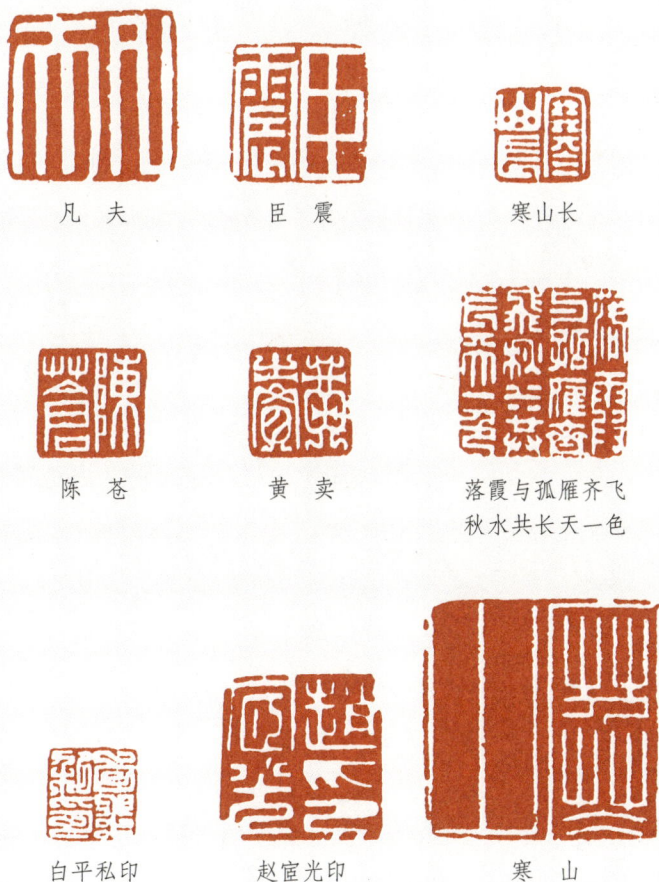

凡夫　　　　臣震　　　　寒山长

陈苍　　　　黄卖　　　　落霞与孤雁齐飞秋水共长天一色

白平私印　　　　赵宦光印　　　　寒山

图23-1　赵宦光

陈从   鲂山   安武君   长安   小宛堂

图 23-2　赵宧光

之女陆卿子，亦工诗善文，深谙艺事，夫唱妻随，名显于时。赵宧光著有《寒山帚谈》《六书长笺》《刻符经》《寒山集》《牒草》《九圜史图》《却草篆》《说文长笺》等书。其印章边栏亦如其印章，苍茫古朴，丰富多样。

1、白文留红边栏

图 23 中"凡夫""臣震""寒山长""陈苍""黄卖"等印章边栏，即为白文留红边栏。

2、白文逼边边栏

图 23 中"落霞与孤雁齐飞，秋水共长天一色""白平私印""赵宧光印""寒山"等印章边栏，即为白文逼边边栏。其中"寒山"印，系自镌自用之印。大抵自用印总是格外慎重，特别精心。故此印作线条细劲，印面排布随字取势，不加错杂，形成自然虚实反差，左右两长竖笔作借边处理，摹汉印借得一股寒山静穆之气，显示了印章的充实豪放，结体平稳工致，端庄整饬。代表了赵宧光篆刻的审美倾向。

3、白文"口"字形边栏

图 23 中"陈从""鲂山"等印章边栏，为白文"口"字形边栏。

4、朱文粗边边栏

图 23 中"安武君""长安"等印章边栏，系朱文粗边边栏。

5、朱文长方形边栏

图 23 中"小宛堂"之印，朱文粗边，印文居中，两侧大块空白留虚，当属朱文长方形边栏。

（九）邵潜

邵潜（1581年—1655年），字潜夫，号五岳外臣。江苏南通人，侨寓如皋，明末篆刻家。邵潜家居贫寒，一生曾有过几次婚姻，但其妻非死即离弃，很不稳定。性格却十分耿介傲僻，亦不谐俗，一生以布衣潦倒民间。他自幼聪慧好学，博览群书，工诗词，尤喜文选，精晓篆籀文字。书法擅长八分书，追求潇洒凝重、气息朴雅。嗜好金石篆刻。他的篆刻宗法何震一路，方正平稳，峻丽遒劲，用刀冲切并宜，圆转自如。他为唐寅、董其昌、赵宧光、何震、文徵明、王宠等书画大家治了很多印，这些印章大多精气饱满，神情轩朗，停匀精到，很有品位。天启元年（1621年），辑自刻印章成印谱《皇明印史》四册。童昌龄、许容皆出其门下，后世推许容为如皋派鼻祖。朱简《印经》将其归入何震"雪渔派"。其印章边栏形式不同，丰富多样。

1、白文留红边栏

图24"王宠私印""李维桢印""董其昌印""唐寅印""黄潜之印""钱谦益印"等印章边栏，皆为白文留红边栏。

2、白文逼边边栏

图24中"景濂氏""临淮侯印""谢榛之印""余寅字君房字僧梅""赵左私印""陈淳"等印章边栏，系白文逼边边栏。

3、朱文细边边栏

图24中"玄宰""彭年""詹同印""沈周之印"等印章边栏，系朱文细边边栏。

4、灵形边栏

图24中"李梦阳"一印，左右分别饰有青龙、白虎两灵作为印章边栏，统称为灵形边栏。

5、白文多"口"形边栏

如图24的"太原乔宇之印"一印，用一横二竖把印面分割成六个口字形格栏，属白文多口形边栏。

（十）江皓臣

江皓臣，字濯之，号汉臣，安徽歙县人，生卒年不详。曾入闽游，客死于温陵黄东厓阁学家中。江皓臣臂力过人，善刻晶玉，以汉印为主体风格，行刀自然朴质，无凝滞之病，其学生陶碧追随左右，不离不弃，深得其法。其边栏端庄严正，温润典雅。

1、白文留红边栏

图25中"近思氏""茂昉之印"等印章边栏，为典型的白文留红边栏。

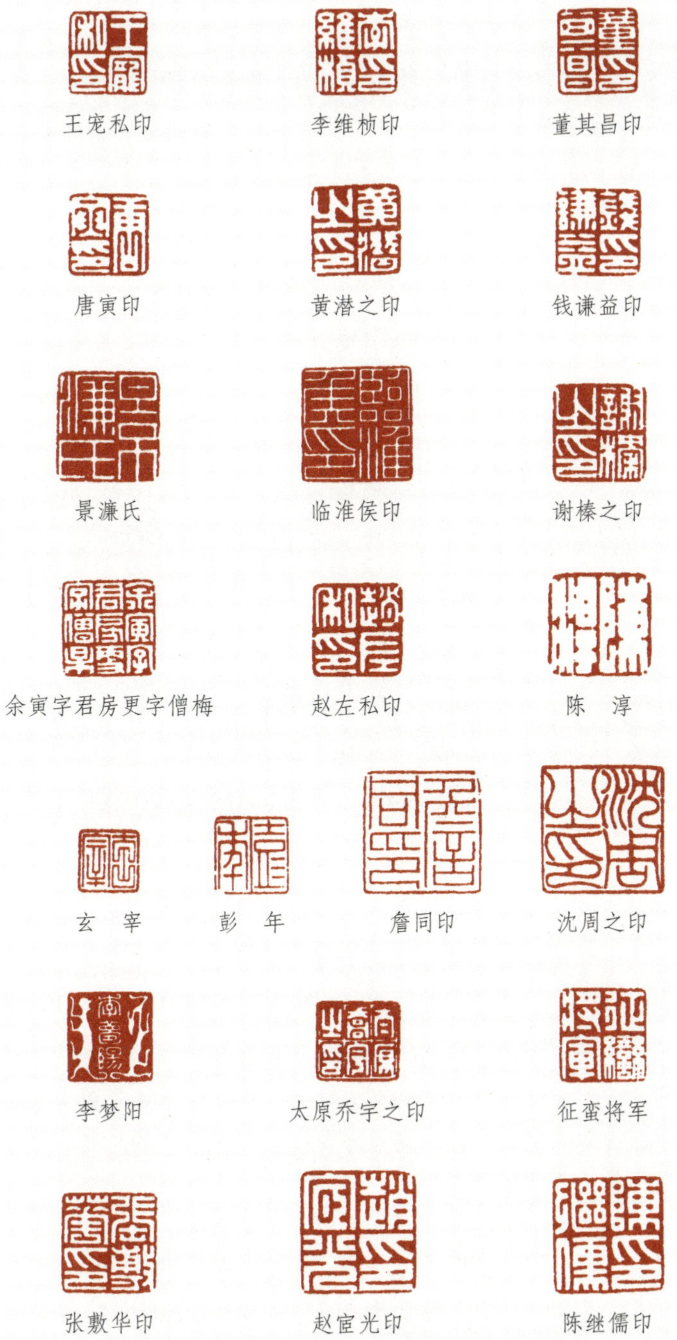

王宠私印　　李维桢印　　董其昌印

唐寅印　　黄潜之印　　钱谦益印

景濂氏　　临淮侯印　　谢榛之印

余寅字君房更字僧梅　　赵左私印　　陈淳

玄宰　彭年　詹同印　沈周之印

李梦阳　　太原乔宇之印　　征蛮将军

张敷华印　　赵宧光印　　陈继儒印

图24　邵潜

近思氏　　茂昉之印　　吕惟延印　　朱子葆

图25　江皓臣

169

2、朱文细边边栏

图25中"吕惟延印""朱子葆"等印章边栏，为朱文细边边栏。

十一、歙派印章边栏

歙派亦称徽派，以程邃为领袖人物。程邃系明末安徽歙县人，为了与前述何震之皖派相区别，邓散木将其称为歙派。程邃篆刻初以文彭、何震为宗，后上溯周秦，善以大篆入印，刀法古朴凝重，尤见笔意。印文转折处圆中寓方，方中有圆，不露圭角，时出新意。歙派印风将明清篆刻的美学观引向了茂劲浑朴一路，其艺术风格对后世的篆刻艺术影响较大。著名歙派宗法者有黄吕、汪肇龙，而巴慰祖、胡唐、汪肇龙与程邃又同称"歙四子"。他们的印章边栏端庄古朴、浑厚拙辣，形式多样，很有特色。

（一）程邃

程邃（1605年—1691年），安徽歙县人，字穆倩、朽民，号垢区、垢道人、清溪、野全道主、江东布衣等。明末清初篆刻家。侨居南京十余年，1644年明亡后，自重节气，不肯应诏，又移居扬州40多年。他毕生的艺术活动均在江苏。是明末清初江苏篆刻艺苑杰出的代表人物。他平生疾恶如仇，所交皆为节气之士，且十分好学、博学。诗文、书画造诣颇深，重金石考据与古物收藏，驰誉于时，著有《会心集》。他的篆刻初以文彭、何震诸家为宗，取法秦汉，以大篆入印。后又独具苦心，力改旧习，自创一派。白文印取醇厚朴茂一路的汉印风格。印文方中见圆，不露圭角。章法疏密自然，气韵生动。朱文印从周秦小玺入手，变周秦小玺为拓展豪放。追求凝重肃穆的风格与意境。由于他的印风与以前诸家有明显区别，加以他的籍贯是歙县，邓散木把他称为"歙派"，亦有称他为"徽派"或"皖派"。程邃确实在文、何的的基础上将篆刻艺术又向前发展了一步，打破了清初印坛风平浪静的沉寂局面，为后来扬州的篆刻繁荣、名家辈出打下了坚实的基础。后人尊为徽派开山。边栏常采用古玺中朱文粗边形式。

1、白文留红边栏

见图26"幔亭王士骐珍藏书画""闲云野鹤""程邃之印""王士骐字驰西号慢亭图书""练溪渔郎"等印章边栏，系白文留红边栏。

2、白文残破式边栏

图26中"一身诗酒债千里水云情""郑簠之印""徐旭龄印""桐阴别馆"等印章边栏，系典型的白文残破式边栏。

3、朱文粗边边栏

图26中"玉立氏""少壮三好音律书酒""穆倩""床上书连屋阶前树拂云""谷口农""蕉林梁氏书画之印""千岩秋气高"等印章边栏，皆为朱文粗边边栏。

4、朱文圆形边栏

图26中"竹篱茅舍"与"寻孔颜乐处"印，采用了古钱币朱文圆形式边栏。粗壮厚实，很有动势与新意。这样的边栏称之为朱文圆形边栏。

5、白文"口"字形边栏

图26中"梁清标印""蟫藻阁"等印章边栏，印文四周均带一个"口"字形，则系白文"口"字形边栏。

幔亭王士骊珍藏书画

闲云野鹤

程邃之印

王士骊字贻西
号幔亭图书

练溪渔郎

一身诗酒债千里水云情

郑簠之印

徐旭龄印

桐阴别馆

玉立氏

少壮三好音律书酒

穆　倩

床上书连屋
阶前树拂云

谷口农

蕉林梁氏书画之印

千岩秋气高

竹篱茅舍

寻孔颜乐处

梁清标印

蟫藻阁

守　拙

东海瑯琊人氏

爱日堂

图 26　程邃

6、白文长方形形边栏

图26中"守拙"一印的边栏，属白文长方形边栏。

7、朱文双"口"形边栏

图26中"东海瑯琊人氏"的边栏为朱文双口形式，印中还带一竖线，纵"栅栏"形式。这样的边栏称之为朱文双口形边栏。

8、朱文长方形形边栏

图26中印章"爱日堂"，为朱文长方形形边栏。

（二）黄吕

黄吕（1672年—1757年），字次黄，号凤六山人，明末清初安徽歙县潭渡人。其父黄琯，名生，号起溟、白山、次翁、莲花外史、虎耳山人、一木堂。以文章驰誉大江南北，博学能文，亦事书画篆刻。黄吕幼承家学，工诗善书，书法宗晋唐，尤擅八分书，学郑谷口逼肖，晚年益趋化境。篆刻少时便以遒劲秀丽脱颖而出，晚年篆刻颇见秦汉遗风。所绘山水、花卉、鸟兽、虫鱼，纵笔而为，精笔无比，且愈见愈苍。每幅画成，均题诗，并钤以自制印章。他存世的印章不多，但其边栏却相当工致谨严，端庄挺劲，且形式多样。

1、白文逼边边栏

图27中"无心到处禅"为白文逼边边栏。

2、朱文细边边栏

图27"醉香道人"为朱文细边边栏。

3、朱文"田"字格边栏

图27中"天君泰然"一印，"口"字格内有一"十"字，构成了一个朱文"田"字格边栏。

（三）汪肇龙

汪肇龙（1722年—1780年）原名肇潢，字松麓，一字稚川，安徽歙县人，乾隆壬午（1762年）副榜。少年丧父，兄亦早逝，嫂寡弟弱，以篆刻为生。后游学于江永之门，江永是与戴震齐名的经学大师，汪肇龙从其专力治经学，于《尔雅》、《说文》、水经、地志、音韵等，能博通综贯，尤精于尊彝钟鼎铭文古籀的考辨，被时人推为绝学。著有《石鼓文考》。

汪肇龙，与程邃、巴慰祖、胡唐并称"歙四子"。在四子之中，汪肇龙出生晚于程邃一百多年。这期间，印学的进步，由于师法秦汉的复古主义风行，到汪肇龙生活的这个时期，大体上已经脱尽了明代印人的习气。汪肇龙也是当时仿汉印能得其神的印人之一，以他和稍后于他的巴慰祖、胡唐等人的作品与程邃相较，会有一种明显的时代差异感，汪肇龙的印作传世绝少。而其印章边栏也在汉印范式之内。

1、白文留红边栏

图28所示汪肇龙的"尚书郎印"，章法厚实安详，刀法拙涩凝重，笔势方折而意态圆融，全印满白而留红精当，确是不可多得的汉印佳作。其印章边栏则为典型的白文留红边栏。

（四）巴慰祖

巴慰祖（1744年—1793年），安徽歙县藉，久居扬州。清代篆刻家，字隽堂、晋唐。号予藉、子安、莲舫等。巴慰祖之兄巴源绶，年轻时即移居扬州，以经商起家。巴慰祖也随兄到扬州定居。他的主要艺术活动及艺术成就均在扬州。巴氏兴趣广泛，多才多艺。通诗文，善书画，还能仿制青铜器，会琢砚造墨，

无心到处禅　　　　醉香道人　　　　天君泰然

图 27　黄吕

尚书郎印

图 28　汪肇龙

胡庚唐咏　　　　　内书典薄　　　　　王声之印
陶碧泉寿客

巴慰祖私印　　　　东鲁布衣　　　　　献　玉

山阴董洵章　　　　董洵私印　　　　　乃不知有汉无论魏晋

假司马印　　　　　董洵之钵　　　　　董小池

之麟顿首　　　　　己卯优贡辛巳学廉　　字又韩一乐竹
　　　　　　　　　　　　　　　　　　　屏又曰一瓢道人

臣生七十四甲子　　莲　舫　　　　　　盾　夫

图 29-1　巴慰祖

精鉴赏，喜收藏。艺事则以篆刻为最。师法程邃、汪关诸家。所作印章面貌多样化，秦汉气息浓厚。章法严谨，用刀精微纯熟。以细腻、轻巧的冲刀刻细朱文印，十分娟丽隽雅。以逼边、破变、粘笔之法刻白文印，以情趣、韵味取胜。他是清代三百年中名满天下的印学巨子，巴氏兄弟在扬州码头上，是极为富有的盐商，家有画舫数条，其中"莲舫"即是以巴慰祖的号命名的。他无意于功名，热衷印艺。巴慰祖的篆刻很有个性，自然对后世的影响非常深远，与同在扬州的胡唐、王声、董洵诗文往还，交流印艺。他直接惠泽开启了后来的赵之谦。巴慰祖的印章边栏形式极为丰富多彩。

1、白文留红边栏

图 29"胡庚唐咏陶碧泉寿客""内书典薄""王声之印""巴慰祖私印"等印章边栏，为白文留红边栏。

2、白文逼边边栏

图 29"东鲁布衣""献玉""山阴董洵章""董洵私印"等印章边栏，为白文逼边边栏。

3、白文残破式边栏

图 29"乃不知有汉无论魏晋""假司马印"等印章边栏，为白文残破式边栏。

图29-2 巴慰祖

图30 胡唐

4、白文"口"字形边栏

图29"董洵之钵""董小池""之麟顿首"等印章边栏，印文四周皆有一"口"字形白边，故称之为白文"口"字形边栏。

5、朱文粗边边栏

图29"己卯优贡辛巳学廉""字又韩一乐竹屏又曰一瓢道人""臣生七十四甲子""莲舫""盾夫"等印章边栏，为朱文粗边边栏。

6、朱文细边边栏

图29中印章"下里巴人"，是一方传世名印，非常隽雅秀丽，其边栏为朱文细边边栏。

7、朱文"田"字格边栏

图29印章"生于己巳"的边栏，系朱文"田"字格边栏。"田"字格边栏把印章一分为四，每字占一格位置，此印边栏虽呈残破之状，但"田"字格形式依然清晰明显。

8、朱文残破式边栏

图29"胡唐印信"，带有汉印韵味，古朴浑拙，边栏呈残破之状。

9、朱白相间式边栏

图29"中林兰蕙""栎阳张氏"，印文有白文有朱文，其边栏亦相应随之呈朱白相间式边栏。

10、白文长方形边栏

图29"摩厉以须"的边栏，系白文长方形边栏。

11、葫芦形边栏

图29"巴氏"印章边栏，属象形式葫芦形边栏。

12、拼合式边栏

图29"子安"印章的边栏，上下组合，属拼合式边栏。

13、灵形式边栏

图29"巴予藉",印文左右饰有"龙虎"肖形,故称之为灵形式边栏。

（五）胡唐

胡唐（1759年—1826年），又名长庚，字子西，号西南，别署城东老人、木雁居土。安徽歙县人。篆刻与程邃、汪肇龙、巴慰祖合称"歙四子"，是四子中最晚出的一位。胡唐为巴慰祖外甥，书法、篆刻均服膺巴慰祖，得巴氏亲授而与之齐名，世称"巴胡"。此外，胡唐还兼工诗词，喜蓄砚，自作砚铭镌之。著有印谱、砚谱等。他的印章与边栏，古朴规范，章法平正，刀法质辣，纯乎秦汉正宗，则是胡唐印作的基本面目。

1、朱文粗边边栏

图30中"城东十四郎""张公子"等印章边栏，线条粗于印文，故称之为朱文粗边边栏。亦是胡唐模仿秦汉印风格的代表作。

2、朱文细边边栏

图30中"藕花小舸""辟翁""白发书生"等印章边栏，皆为朱文细边边栏。其中"藕花小舸"系元朱文小印，为胡唐三十八岁时所作，取秦小篆入印，刻得精巧轻灵，典丽婉约，"花""舸"二字下两笔弧形相对，形成一个规整的"括号"，也未作避让，与边栏互相协调，相映成趣。

3、白文"口"字形边栏

图30中"胡唐"一印是胡唐自刻姓名用印，印文外设"口"字形作边栏。系模仿秦汉印风格的代表作，端严浑穆，风格高古典正。虽平正有余而奇肆稍欠，其韵致还不能与古人比肩。但由于他在四十五岁左右，因病目而缀刀，影响了他的艺术实践。

4、灵形式边栏

图30"树谷"，亦是胡唐模仿秦汉印风格的代表作。印文四周饰有四灵，故称之为灵形式边栏。

十二、泗水派印章边栏

明代有"鼎足而三"之称的苏宣（另两位是文彭、何震），在篆刻艺术上别树一帜，开创了泗水派。苏宣得文彭传授，曾摹汉印千余方，有功力深厚、气势雄强、布局严正之特点。与何震相比有明显的区别，苏宣更接近于汉印，泗水派的印风平和大方，圆熟遒丽，工稳朴实。属该派的著名印人有程远、何通等。

（一）苏宣

苏宣（1553年—1626年后），字尔宣，一字啸民、朗公，号泗水。明代篆刻家。其父苏汇，善古文字。苏宣幼受庭训，早读经史百家，性异常耿直豪爽，喜弄棍击剑。然好景不长，不幸幼孤。早年好打抱不平，又仗义杀人，遭官府追捕。遂混居屠沽，数年事平后，被苏州著名金石篆刻家文彭收留。由此走上了篆刻艺术之路。苏宣是安徽歙县人，但他一生主要的生活与事业都在江淮、吴门、娄东地区，曾在苏州文彭家中设馆，故将其印名列入苏州吴门类。苏宣在文彭家直接受文彭指导传授，印艺大进。与何震亦成为师友之间。既而漫游江苏松江，纵览私藏秦汉玺印，残碑断碣无所不窥，并尝摹刻古印数千纽，功力渐深。他的篆刻吸取了文彭、何震之长，直追秦汉魏晋，并于中积极发展个

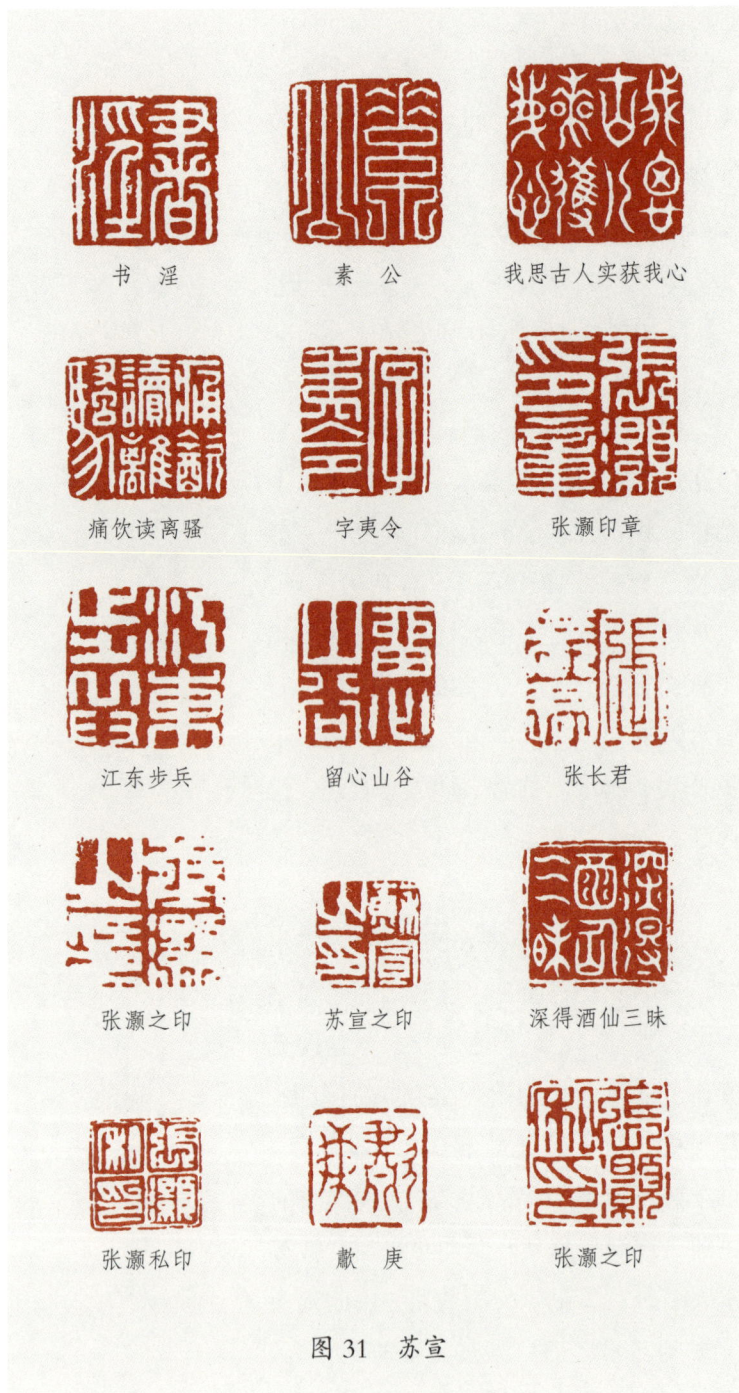

书淫	素公	我思古人实获我心
痛饮读离骚	字夷令	张灏印章
江东步兵	留心山谷	张长君
张灏之印	苏宣之印	深得酒仙三昧
张灏私印	歙庚	张灏之印

图 31 苏宣

云天抗真意	痛饮读离骚	灌瓜人

图 32-1 程远

性，形成了浑朴、雄健的风格。他的印章既不属于文彭一路，也不属于何震一路，后人称其为"泗水派"。可谓独树一帜，驰誉当时，与文彭、何震成就了明人评誉的"鼎足而三"之美称。

1、白文留红边栏

图 31 "书淫""素公""我思古人实获我心""痛饮读离骚"等印章边栏，系白文留红边栏。

2、白文逼边边栏

图 31 "字夷令""张灏印章""江东步兵""留心山谷"等印章边栏，即为白文逼边边栏。

3、白文残破式边栏

图 31 "张长君""张灏之印""苏宣之印"等印章边栏，乃为白文残破式边栏。白文印"苏宣之印"，深得汉印神韵，刀法尤为古拙朴厚，从猛利的锋芒，变成平和稳重的线条与结体，与何震的面貌拉开了距离，此印具有较高的艺术水准。

4、白文"口"字形边栏

图 31 "深得酒仙三昧"印章边栏，系白文"口"字形边栏，印文信手而得，灵活多姿。白文边栏之外的朱文线条细细柔柔、断断续续，很典雅庄重。

5、白文"田"字格边栏

图 31 "张灏私印"的白文边栏"口"字形内有一"十"字格，乃为白文"田"字格边栏。

6、朱文粗边边栏

图 31 "歙庚"一印，大篆朱文，浑穆潇洒，边栏粗于印文，印文团聚在印中，远离边栏，使边栏更加醒目突出，此为朱文粗边边栏。

7、朱文细边边栏

图31印章"张灏之印"的边栏，细于印文线条，故称为朱文细边边栏。

（二）程远

程远，明代篆刻家。字彦明，江苏无锡人。精研书法，尤为擅长篆书。他的篆刻博纳秦汉及明代诸家，以传统为本，法度谨严，并摹刻许多秦汉古印。归世昌评价他"神法并合，巧力俱到"。早在1602年就辑成《古今印则》四册，其中有论印文章《印旨》一篇，他还吸取文彭、何震、苏宣雄浑、朴拙、爽快一路印风，不拘时尚，以生涩、苍莽为主。追求刀意、笔意，追求既端庄又豪放、既有神韵又有气势的艺术精神。

1、白文留红边栏

图32中印章"哀朕时之不当""有情痴""长啸台"等边栏，皆为白文留红边栏。

2、白文逼边边栏

图32中印章"湖山长""江上客""不羁天地阔""寒翠山房"等边栏，皆为白文逼边边栏。

3、白文残破式边栏

图32中印章"铁研斋""天子征不起""懒拙生""承清馆""张灏之印"等边栏，呈断残破缺之状，故称之为白文残破式边栏。其中"天子征不起"印，五字分两列，在用刀和边栏处理上都敢于有所突破，大刀阔斧，用大写意的手法刻就此印。如果程远不过于拘于法度，在严谨的传统基础之上自我创造，开门立户，刻出属于自己的风格与面貌，那么他在印坛的地位将会更加光彩夺目。

4、朱文细边边栏

图32中"凤凰台客""香雪"等印章边栏，属朱文细边边栏。

哀朕时之不当　　有情痴　　长啸台

湖山长　　江上客　　不羁天地阔

寒翠山房　　铁研斋　　天子征不起

懒拙生　　承清馆　　张灏之印

凤凰台客　　香雪

大树园　　西泠渔隐

图 32-2　程远

177

5、朱文长方形边栏

图32中"大树园"印章边栏系朱文长方形边栏。

6、白文"口"字形边栏

图32中"西泠渔隐"印章边栏，系白文"口"字形边栏。

（三）何通

何通，明代篆刻家。字不违，亦作不韦。江苏太仓人。篆刻宗法汉印，并吸取苏宣印风。在秦汉印章的传统基础上，对印章的分朱布白与章法结构加以变化，创出新路。何通印作技艺精湛，刀法娴熟。朱简将其列为"泗水派"。1620年，何通著成《印史》六卷。苏宣、朱简、王开度、陈元素、沈丞等为之作序。何通本无家学，他是江苏太仓大家书香王锡爵府上的一名仆人。一仆竟以铁笔而鸣世，且还以印传世，在古代封建社会里，这样的仆人、才子、印学家三合为一的形象，不可多得亦不可思议，他所付出的心血定然是超乎寻常的。《印史》完成后，名流纷纷为这个昔日的"仆人"作序，连苏宣、朱简等一代宗匠都不吝赐序以颂功德，可见何通印艺之高妙。其印章边栏亦形式繁多，新意别出，丰富多彩。

1、白文留红边栏

图33"蒙恬""柳公权印""李斯之印""李白""高琼""白起之印""杜甫""韩婴"等印章边栏，皆为白文留红边栏。

2、白文逼边边栏

图33"张释之""不看人面免低眉""陈万年"等印章边栏，为白文逼边边栏。

3、白文残破式边栏

图33"陈胜之印""范雎之印"等印章边栏，为白文残破式边栏。其"范雎之印"印章，右上"范"字破边，字画外露；左下"印"字底画破边，字画外露，形成对称残缺状。而其他部分白文留红边栏基本等同完好。全印似乎有左高右低的感觉。由于边栏留红与破边参差组成，印文字画粗细不一，粘连有度，布白变化多端，营造了一种印文、边栏相辅相成的动感。

4、白文"田"字格边栏

图33"王章之印""范祖禹印"等印章边栏，系白文"田"字格边栏。

5、白文栅栏式边栏

图33"王君公"印章边栏为白文栅栏式边栏。在白文印或白文"口"字形边栏中加一条竖栏，有的印章竖了二条、三条甚至更多，像日常生活中所能见到的栅栏一样，故称为栅栏式边栏，或叫白文竖栏边栏。竖栏的线条在印章中有粗、有细、有直、有曲、有的甚至是一根斜线。而且被切割的印面有大小之分。栅栏式边栏将印文作一次全面的调整分配，把文字分置在各个格栏内，使印章更加条理化、节律化，以纵取势、气息贯通，爽朗悦目，很有特色。

6、白文"口"字形边栏

图33"施雠"印章边栏系白文"口"字形边栏。

7、朱文细边边栏

图33"词人多胆气""李子云""苏建""桓少君""终军"等印章边栏，系朱文细边边栏。

8、朱文粗边边栏

图33"吕不韦印"印章边栏为朱文粗边边栏。

9、朱白相间式边栏

图33"蔡泽之印""卜式之印""杨王孙印"等印章边栏，系朱白相间式边栏。其中"蔡泽之印"印，右边白文与左边朱文大疏大密，虚实对比十分强烈，营造了虚实悬殊险局。但仍然显得左右协调，恰到好处。尤其是"之"与"印"之间一条短横线，将左右边栏连接起来，融为一体。右边白文深得秦汉遗韵，意态端庄。周边留红映衬，更显得印文字口清朗，光彩照人。左边朱文平稳方正，敛展自如，笔调刚柔相济，上下贯串而不悖，堪称佳作。

十三、莆田派印章边栏

莆田是得天独厚的寿山石地区，印材资源丰富，因而其篆刻在明末清初时期就蓬勃发展，逐渐形成了自成一家印风氛围。莆田派以魏植、吴晋为代表，另有宋珏等人宗法。莆田派印章大多参以小篆，或大、小篆并用，取对称、平稳的风格，章法布局呈分散之状，大多不够紧凑内敛。明末周亮工的《印人传》称："以八分入印者，始于比玉，世称莆田派。"莆田派印风在当时的一些地区具有一定的影响。因宗法者大多系福建莆田人，因而得名。莆田派形成于明末，跨越两个朝代，故在明代流派印人的范畴内论述。

（一）魏植

魏植（1552年—约1633年），字楚山，一字伯建，福建莆田人。工书法，精于篆刻，初学文彭、何震，将古玺、汉代碑额书体融入印中，其作品显得工整秀美，遒劲挺拔，刀法稳健，富于变化。

蒙恬	柳公权印	李斯之印
李白	高琼	白起之印
杜甫	韩婴	张释之
不看人面免低眉	陈万年	陈胜之印
范雎之印	王章之印	范祖禹印
王君公	施雠	词人多胆气
李子云	苏建	桓少君
终军	吕不韦印	蔡泽之印
卜式之印	杨王孙印	白居易

图33 何通

179

三十六峰长周旋　　　　滴露研硃点周易

悔　庵　　　　　　　烟霞泉石平章

图 34　魏植

愧　能　　度白雪以方洁　　愿君寿
　　　　　干青云而直上

图 35-1　吴晋

后人称其篆刻为"甫田派"。见图 34，魏植印章边栏主要有：

1、白文逼边边栏："三十六峰长周旋"印。

2、朱文细边边栏："滴露研硃点周易""悔庵"等印。

3、朱文长方形边栏："烟霞泉石平章"印。

"悔庵"一印，在构图和刀法上都与文、何有明显区别，此印有古玺的遗风，侧重匀称、稳健、对应、疏朗的布白特色。书体上大小篆并用，结体紧凑内敛，隐隐感觉到有八分意趣。再如"滴露研硃点周易"印，以小篆为主体，并取对称、平稳、圆转的风格，从线条、结体的质感与形象，可以清晰地看到其刀功深厚，刀点正确，不留任何痕迹，金石味书卷气俱足，同时亦或多或少地映射出隶意。

（二）吴晋

吴晋，明代篆刻家。字平子，福建莆田人，久居南京，曾客周亮工门下二十余年。能画墨兰，能治印。初学莆田魏植印风，后在周亮工处看到无数藏印及名家篆刻，一变过去篆刻之法，尽脱莆田风貌，印风呈现出疏朗工整、端庄遒丽的特点。尤重虚实对比，布字不紧不慢，印周大块留红。结体方圆相济，印文字画的线条光洁清晰，自然流畅。见图 35，吴晋印章边栏主要有：

1、白文"口"字形边栏："愧能"印。

2、朱文细边边栏："度白雪以方洁干青云而直上"印。

3、朱文粗边边栏："愿君寿"印。

4、朱文椭圆形边栏："金室嘉会""石宸"等印。

5、朱文长方形边栏："敦陶""陶庵"等印。

其朱文印"度白雪以方洁干青云而直上"，结体明显带有八分书意味，属篆隶结合的手法，不求缪曲盘绕，不铺排满填，大胆留出空白，可谓为亦篆亦隶、相对于缪篆而言的隶化视觉效果。再如"金室嘉会""愧能""敦陶""石宬""陶庵""愿君寿"等印，大胆留白，特别注重空白感：空左右、空四边、空上下，空字与字之间，空行与行之间。特别是长形印的布白，占住中线空出两边，这种奇怪的空白处理，汉印篆刻家很少为之。这是一种特殊的视角，也是一种特殊的审美形式。似洋溢着装饰，排比整饬，饶有工艺气息。不可否认，这正是莆田派印风与边栏的特色。

（三）宋珏

宋珏（1576 年—1632 年），明代篆刻家。一名宋毂，字比玉，号荔枝仙，甫阳老人。莆田城厢双池巷（今城厢区英龙街）人。侨寓金陵（今江苏南京）。他初为县庠生，后进南京国子监读书，自此寄寓南京、苏州和杭州等地三十余年。宋珏秉性豁达，喜交游，为人正直，心胸开朗，人品高洁，与篆刻名手李流芳过从甚密，堪称莫逆之交。又与钱谦益、黄道周友善。不仅善书且精于绘画，57 岁卒于南京，赖师友资助，归葬莆田。著有《浪道人集》、《古香斋宝藏蔡帖》、文稿《荔枝谱》八篇、《黄汉宫传》、《陈白云诗集序》，浙江道御史李嗣京辑其诗集十卷，故宋珏在文坛、艺苑声名卓著。见图 36，宋珏印章边栏主要有：

1、白文留红边栏："比玉父""宋毂

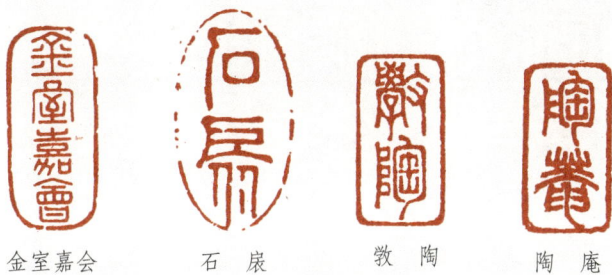

金室嘉会　　　　石宬　　　　敦陶　　　　陶庵

图 35-2　吴晋

比玉父

宋毂之印

宋珏之印

字比玉

墨山斋　　　　比玉　　　　宋比玉

图 36　宋珏

之印""宋珏之印"等印章。

2、朱文细边边栏："字比玉""墨山斋"等印章。

3、朱文粗边边栏："比玉"印。

4、朱白相间式边栏："宋比玉印"印。

赵宧光印

王氏逊之

沈氏雨若

张氏五调

娄坚之印

文起

徐光启印

孙氏子桑

吴伟业印

归昌世印

消摇游

朱玄祯印

子孙非我有委蜕而已矣

钱谦益印

董其昌印

王时敏印

长州娄氏

张山父氏

春水船

七十二峰阁

徐汧私印

图 37-1 汪关

十四、娄东派印章边栏

娄东派以汪关为代表。汪关系安徽歙县人，久居江苏娄东而得名。汪关治印不染时俗，力追汉印，作品十分平正工稳，印文结体恬静遒丽，风格明快。以冲刀为主，干净利落，印款常以双刀而为之。属娄东派的印人有林皋、沈世和、汪泓等。娄东派形成于明末，跨越两个朝代，故在明代流派印人的范畴内论述。

（一）汪关

汪关，明代篆刻家。原名东阳，字尹子、杲未。安徽歙县藉，后久居江苏娄东（今江苏太仓县），喜收集古印，家藏金、玉、铜、玛瑙之印不下二百方。明万历甲寅年（1614 年），他在市贾偶得一方出土不久的"汪关"铜印。精美无比，佩之于身，视若珍宝，遂将自己改名为"关"，更字"尹子"，并以"宝印斋"名其室。他的儿子"汪泓"，子承父业，同痴印艺，故有"大痴""小痴"的雅号。汪关虽是三桥弟子，但他不染秀雅温润时习，力追汉人。白文印作，工致平正，格调明快，寓古意于新意之中。朱文印作，刻得圆转爽朗，遒丽挺劲，纤巧而华滋。汪关善用冲刀，刀角较小，线条光洁安详，不留一点犹豫迟疑痕迹，而点画交界处，往往留有很含蓄的"焊疤"，可谓汪氏之首创。他的印章边款，喜用双刀为之，行、楷、隶等各种书体，无不娟秀动人。当时的诸多书画名家用印，均出自他手。林皋、巴慰祖等一代篆刻家都得其精髓，传其衣钵。著有《宝印斋印式》二卷，李流芳为之作序，对印学发展影响颇大，直至现代，仍然受到印人的喜爱。

见图37，汪关印章边栏主要有：

1、白文留红边栏："赵宧光印""王氏逊之""沈氏雨若""张氏五调""娄坚之印""文起""徐光启印"等印章。

2、白文"口"字形边栏："孙氏子桑"印。

3、白文逼边边栏："吴伟业印""归昌世印""消摇游""朱玄祯印"等印章。

4、朱文细边边栏："子孙非我有委蜕而已矣""钱谦益印""董其昌印""王时敏印""长州娄氏""张山父氏""春水船""七十二峰阁""徐汧私印""松圆道人"等印章。

5、朱文粗边边栏："明之""旧雨斋""天如"等印章。

6、拼合式边栏："塞翁""善道"等印章。

7、朱文"田"字格边栏："小字阿福"印。

其"徐汧私印"一印，方圆兼顾，稳健工整。其边栏四角呈圆状，挺劲饱满，笔断意连，断处与印文紧密吻合，连外补齐印文缺口。印文字画与边栏之间故意留红粘连，别具一格。"松圆道人"一印，朱文边栏，以弧为线，四角为圆角，与印文遥相呼应，各得其妙。这种边栏光洁无缺，伸展平直，丝毫没有死板之状，可见汪氏刀法功力深厚。当你的视线从印文游移到边栏，不得不叹服边栏的直与印文的圆组成了一曲动人心弦的乐章。

（二）林皋

林皋（1657年—约1711年），清代篆刻家。字鹤田，又字鹤颠、学恬。号鹤道人。祖籍福建莆田，久居江苏常熟，其斋室为"宝砚斋"。斋内窗明几净，书

图37-2　汪关

（印章说明：松圆道人　明　之　旧雨斋　天　如　塞　翁　善　道　小字阿福）

画盈屋，并集有古铜印千余方，终日临摹玩赏。有人将其列为娄东派印人，也有将其列为扬州派印人。他十六岁时治印，已为时人所推重。他的篆刻艺术受汪关父子及沈世和影响较大。能得其精髓，温润秀挺，疏密有致，具有恬静醇美的书卷气息。他的印章章法布局繁简相参，平正稳实，匀称细致。风格呈端庄秀美、清新明快。结体采用小篆、汉篆，精严沉稳，寓古意于己意之中，借鉴汉印，形神兼备，端庄典雅。刀法稳健，自然适意。他曾为诸多书画名家治印。著有《宝砚斋印谱》二册。林皋印章边栏形式繁多，特别丰富多彩，见图38，主要有：

1、白文留红边栏："王鸿绪印""性僻耽佳句""儒衣僧帽道人鞋"等印章。

2、白文"口"字形边栏："诸缘忘尽未忘诗"印。

3、白文长方形边栏："风流儒雅亦吾师""不持斋常参佛"等印章。

4、白文长方形"口"字格边栏："明

王鸿绪印

性僻耽佳句

儒衣僧帽道人鞋

诸缘忘尽未忘诗

风流儒雅亦吾师

不持斋常参佛

明月书声

闲峰入座清

虞山林皋章

寄居仲雍山下

叙天伦之乐事

子游里人

衣白山人

子孙其世宝之

晴窗一日几回看

把卷即看山

岂长贫贱

林皋之印

梦兰

独　醒

杏花春雨江南

萝村

陆处无屋

林鹤田

林　森

闲云来竹房

不识不知

碧云馆

御书堂

图38　林皋

案有黄庭尊有酒

月书声"印。

5、白文残破式边栏："闲峰入座清""虞山林皋章"等印章。

6、朱文细边边栏："寄居仲雍山下""叙天伦之乐事""子游里人""衣白山人""子孙其世宝之"等印章。

7、朱文长方形边栏："晴窗一日几回看""把卷即看山""岂长贫贱"等印章。

8、朱白相间式边栏："林皋之印""梦兰"等印章。

9、朱文葫芦形边栏："独醒"印。

10、朱文粗边边栏："杏花春雨江南""萝村""陆处无屋"等印章。

11、朱文拼合式边栏："林鹤田"印。

12、朱文圆形栏："林森""闲云来竹房""不识不知""碧云馆"等印章。

13、朱文灵形式边栏："御书堂"印。

14、朱文无边栏："案有黄庭尊有酒"印。

（三）沈世和

沈世和，清代篆刻家，又名稣，字石民，江苏常熟人，久居苏州。工书善画，篆刻师法文彭，力追秦汉，其印作平方端正，布局不温不火，线条方折挺劲，粗细相间，好施冲刀，轻重缓急疾涩有度，一刀一划处理十分谨慎。他与汪士慎、徐乾学、王鸿绪等交往密切。沈氏使刀如使笔，挥洒自如，在书画印三者之间寻找共同的艺术契机。虽然他的篆刻未臻"独据坛坫，俯视一切"，但他以刀为笔的探索精神值得发扬光大。此外，他还著有《八咏山房印谱》《虚白斋印谱》传世。见图39，沈世和印章边栏主要有：

1、白文逼边边栏："石阑斜点笔桐

石阑斜点笔桐叶坐题诗

家在菱湖橘社之间

图39　沈世和

日长惟鸟雀春远独柴荆

囊无一文钱坐有万里客

大臣能任事则主势不孤

持论太高天动色

处世若大梦胡为劳其生

玉鞭平与卖书人

昂藏且放时人笑

兴仁之印

徐季重氏

朱谭之印

图40-1　汪泓

185

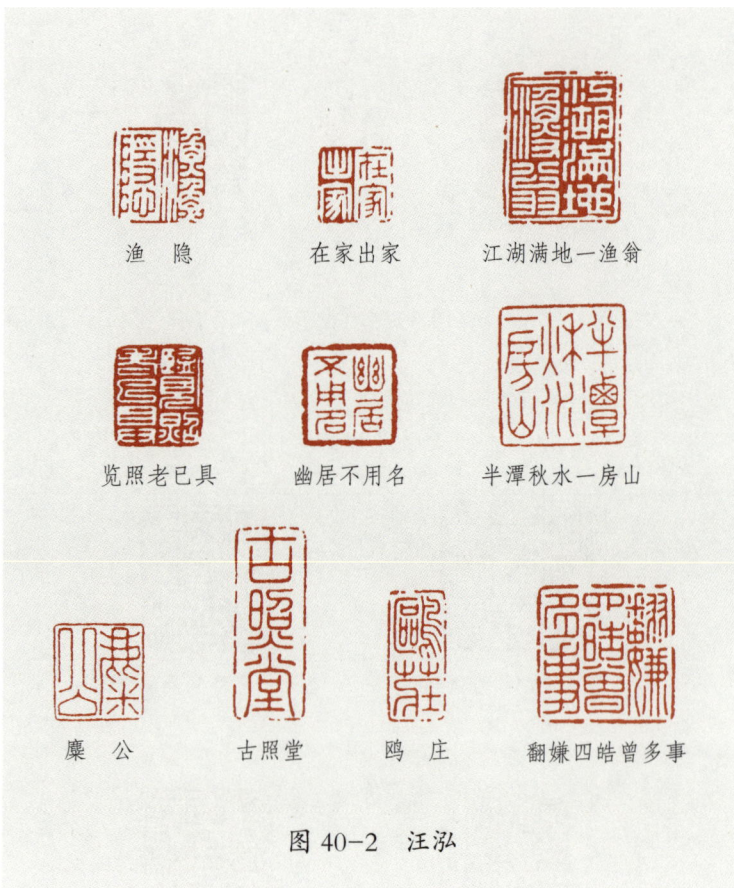

渔隐　　在家出家　　江湖满地一渔翁

览照老已具　　幽居不用名　　半潭秋水一房山

麋公　　古照堂　　鸥庄　　翻嫌四皓曾多事

图 40-2　汪泓

范允临印　　陈继儒印　　汤显祖印

孙克弘印　　开之　　朱简之印

杨文骢印　　臧懋循印　　汪道昆印

图 41-1　朱简

叶坐题诗"印。

2、白文长方形边栏:"家在菱湖橘社之间"印。

（四）汪泓

汪泓,明代篆刻家。主要活动于明末清初。江苏娄东汪关之子,字宏度,又作弘度。性格豪放,风流不羁。自命得钱不为人奏刀,必散之粉黛,钱财花尽后,方同意治印。复得钱财,又随之手尽。可知其旷达之至。子继父业,痴迷篆刻,好用冻石治印。后得梁千秋指授,自出机杼,印作常出新意,风格典雅娟秀,别具一格。见图40,汪泓印章边栏主要有:

1、白文留红边栏:"日长惟鸟雀春远独紫荆""囊无一文钱坐有万里客""大臣能任事则主势不孤""持论太高天动色""处世若大梦胡为劳其生""玉鞭平与卖书人""昂藏且放时人笑""兴仁之印""徐季重氏""朱谭之印"等印章。

2、朱白相间式边栏:"渔隐""在家出家"。

3、白文长方形"口"字式边栏:"江湖满地一渔翁""览照老己具"等印章。

4、朱文粗边边栏:"幽居不用名"印。

5、朱文细边边栏:"半潭秋水一房山""麋公"等印章。

6、朱文长方形边栏:"古照堂""鸥庄"等印章。

其"徐季重氏"一印,印文点画圆转柔畅,十分自如可意,线条端庄质朴,匀称而细劲。章法虚实得宜,弧形回转,相顾呼应。"朱谭之印",古拙刚劲、方折为主。刀笔俱佳,无迹可寻,线条果断有力,行刀冲而有留,方正沉着,略参圆意,具有其父汪关之遗风。此外,汪泓还喜刻多字印，如"囊无一文钱坐有万里客""日长惟鸟雀春远独紫荆"等印章，均在十字左右。大多分三行布排，纵有行，横则无列，这样有利于文字长短参差错落。多字印刻得方正圆转，端庄平稳，气息凝重。线条之间虽有粘接并连，印文与边栏呈逼边、破边状，但总体风貌干净利落，清而有神，已不同于汪关之印风，这正是泥家法而不囿于家法，能自出新意之可贵之处。

十五、明代其他篆刻名家的印章边栏

（一）朱简

朱简活跃在明代万历年间，字修能，号畸臣，后改名闻，安徽休宁人。善诗，精研古代篆体，对战国玺印研究尤深，喜用短刀碎切治印，力求露痕，以粗拙浑厚为旨。表现出书法美，与李流芳、赵宦光、陈继儒等互有唱和。

见图41，朱简印章边栏主要有：

1、白文留红边栏："范允临印""陈继儒印""汤显祖印""孙克弘印""开之""朱简之印"等印章。

2、白文逼边边栏："杨文骢印""臧懋循印""汪道昆印"等印章。

3、朱白相间式边栏："王穉登印"。

4、朱文粗边边栏："呆叔""邾简"等印章。

5、朱文细边边栏："冯梦祯印""半日村""质父""元春""米万钟印""龙友""邹迪光印"等印章。

6、朱文长方形边栏："海阔能容物莲心不受污"。

其中"王穉登印"，方正简质，朱

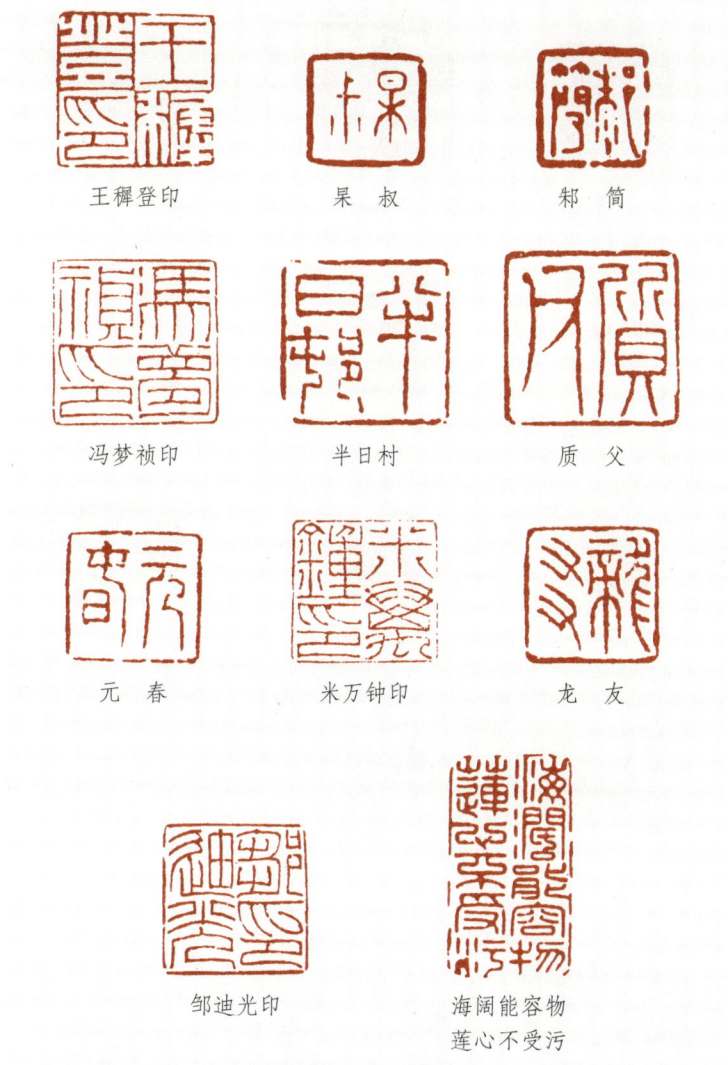

王穉登印　　　　呆叔　　　　邾简

冯梦祯印　　　　半日村　　　　质父

元春　　　　米万钟印　　　　龙友

邹迪光印　　　海阔能容物莲心不受污

图41-2　朱简

白相间。白文留红边不落前人窠臼，紧逼其边，但又不破其边。朱文疏散宽淡，边栏端庄大方。两种印文和两种边栏组成了和谐的乐章，从淡雅秀丽的方寸之中，识读到艺术家深厚的功力。"海阔能容物莲心不受污"，长方形朱文边栏，多有断残破缺，上下几乎是不设边栏。印文与边栏的线条比较一致，古拙凝练，气韵生动。仿汉白文留红边栏："朱简之印"印章的边栏，以端庄自然、精神饱满、豪气奔放为主体风格。印文切刀露

许令典印　太羹玄酒　史志功印

曾鲸之印　朱之儒印　梁士升印

古墨林　吴忠　程学智印

吴极之印　朱完之印　程国宝印

光禄之章　波臣　马从纪印　中瑛

金元初印　澄淮堂印　聊浮游以逍遥

龙骧之印　吴鸣皋印　金文华印

图 42　甘旸

痕、生涩劲辣、虚实映照，使边栏更显得方正浑融，无迹可寻。

（二）甘旸

甘旸，明代篆刻家。字旭甫，号寅东。江苏南京人，隐居在鸡笼山。书法造诣颇深，尤为精工篆书，而篆刻则宗法秦汉。当时的木刻本《印薮》严重失真，他以铜、玉为印材，摹刻成《集古印谱》，共计五卷。另著有《甘氏集古》《甘氏印正》《印章集说》等。并首创篆刻艺术标准："印之佳者有三品：神、妙、能。"其中"神品"为最高标准，在他的论著中写道："轻重有法中之法，曲伸得神外之神，笔未到而意到，形未存而神存，印之神品也。"这种审美情趣与意境，足见其印学造诣深厚。同时他还将治印方法归为四法，即篆法、笔法、章法、刀法。特别强调了书法在印章中的重要作用。对篆刻理论做出了卓越的贡献。

见图 42，甘旸印章的边栏主要有：

1、白文留红边栏："许令典印""太羹玄酒""史志功印""曾鲸之印""朱之儒印""梁士升印""古墨林"等印章。

2、白文"口"字形竖栏边栏："吴忠"印。

3、白文逼边边栏："程国宝印""吴极之印""朱完之印""程学智印"等印章。

4、朱文细边边栏："光禄之章""波臣""马从纪印""中瑛""金元初印""澄淮堂印""聊浮游以逍遥""龙骧之印""吴鸣皋印""金文华印"等印章。

其"梁士升印"一印，印文方折体粗，转处圆润，一气贯穿而不悖。系白文留红式边栏。四边基本相等，而左边

"士"上大块留红，与"升"下大块留红呈对称之势。苍莽浑厚，神韵四射，别开生面。由此可见，甘旸印章的边栏，已经"做"到了里外相映，相得益彰。"曾鲸之印"，白文留红式边栏，起到了与左右呼应的作用。甘旸嗜好秦汉印，最善铜玉印章，故他印章的边栏以工稳方正、端庄朴实为主。

（三）丁元公

丁元公活动于明末，富有民族气节，在明亡后，则出家为僧，释名净伊。字厚躬、愿庵。浙江嘉兴人。工书善画精印，写意山水与书法，皆有较高的成就。篆刻得力于秦汉印章，富于变化。运刀静穆秀逸，所署行书边款如其书法，典雅秀丽，精妙无比。惜存世作品极少。

见图43，丁元公印章的边栏主要有：

1、朱文粗边边栏："随庵"印，朱文粗边，它与众不同的是印文左右逼边，上下则远离边栏，尤显空灵。边栏风格出自古玺，却有断有连，富于变化，明快有势，对后人影响较大。

2、白文留红式边栏："三余堂"印，白文留红式边栏。此印借鉴汉玉凿印，静穆方实，力感刚劲，由于印面疏朗，大片留红，使边栏亦失去了明晰的线条界限，与印面浑然一体。状若屈铁，妙在自然，可谓别具一格。

（四）周亮工

周亮工（1612年—1672年），明末篆刻家。字元亮，号栎园，另有陶庵、减斋、督公、缄斋、适园、栎老、栎下生、栎下先生等别号。河南开封籍，后移居南京。崇祯十三年（1640年）中进士，官御史、户部侍郎，李自成克北京，周亮工奔福王于南京。清顺治二年（1645年），在南京迎降清军，得任江南盐法道。累擢福建左布政使，迁户部右侍郎。后奉调扬州兵备道。顺治十五年（1658年）被控贪黩罪，逮京论死，十八年（1661年）得释。康熙元年（1662年）复为清廷起用，官山东青州。康熙八年（1669年）复以贪黩罪被逮，下狱南京论死罪。旋遇赦得释。周亮工平生曾率兵作战，又两次被劾论死罪而遇赦，大难不死，人生坎坷，堪为感叹。周有斋室名曰"赖古堂"。著书颇丰，有《印人传》《赖古堂文物》《书影》《字触》《尺牍新钞》《赖古堂藏印》《读画录》《赖古堂家印谱》等。其中所著《印人传》是历史上的创举，不仅奠定了他在印学史上的特殊地位，更为后人研究明末清初文化、艺术、篆刻提供了永不过时的第一手珍贵资料。《赖古堂印谱》系周亮工在康熙六年（1667年）命其三个儿子集印而成。与明张灏的《学山堂印谱》、清汪启淑的《飞鸿堂印谱》被后世合称为"三堂印谱"。周亮工善诗文，书法善分隶，闲作山水，并爱好篆刻。他既是收藏家，更是篆刻家、印学家。兴到便提刀镌刻。他的《读画录》被清朝视为"语涉违禁"，曾投狱问罪，其他著作

随 庵　　　　三余堂

图43 丁元公

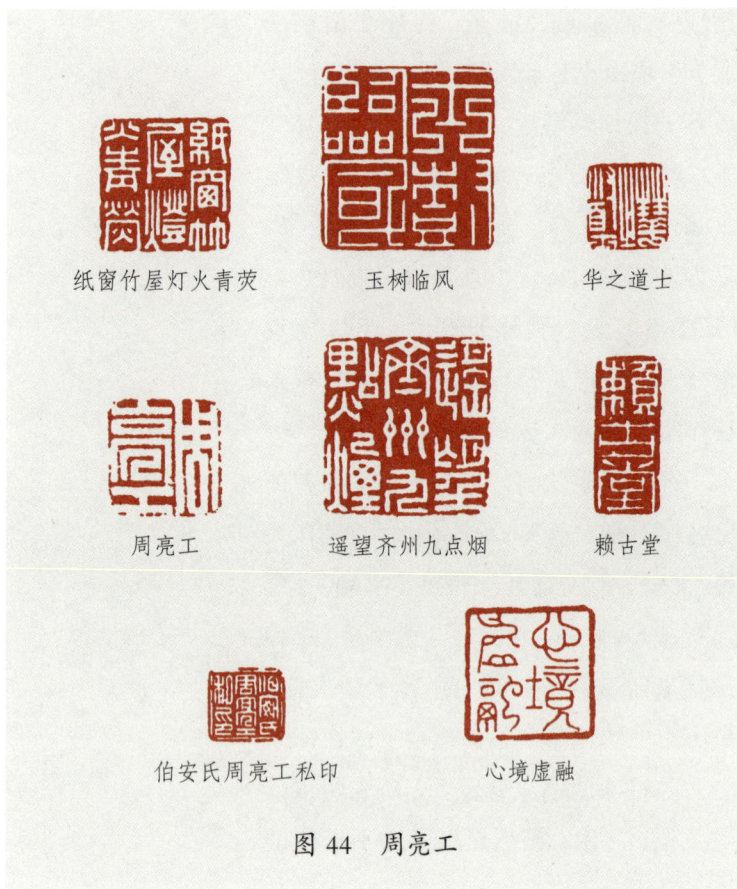

纸窗竹屋灯火青荧	玉树临风	华之道士
周亮工	遥望齐州九点烟	赖古堂
伯安氏周亮工私印	心境虚融	

图 44 周亮工

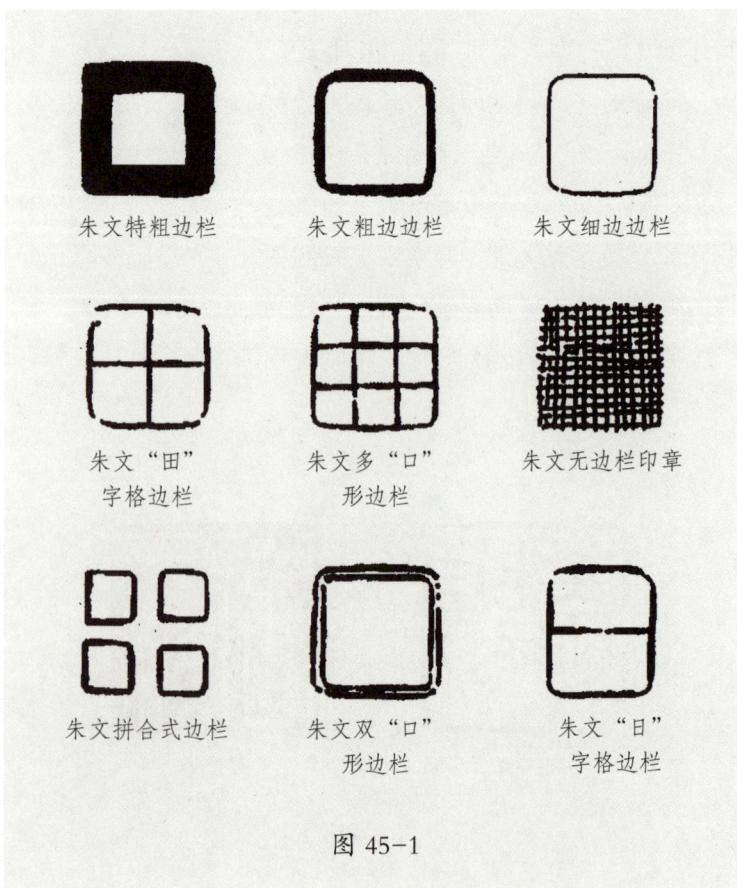

朱文特粗边栏	朱文粗边边栏	朱文细边边栏
朱文"田"字格边栏	朱文多"口"形边栏	朱文无边栏印章
朱文拼合式边栏	朱文双"口"形边栏	朱文"日"字格边栏

图 45-1

如《印人传》《同书》《闽小记》及他在狱中所著《书影》均被当朝查禁。后他虽从狱中遇赦获释，但不久即病卒，享年仅 61 岁。可谓天不佑人，一代学子才人，风云一生，最后竟不得善终，"纸窗竹屋灯火青荧"此印此语，基调如此凄淡苦惨，似是他人生的真实写照。

见图 44，周亮工印章边栏主要有：

1、白文留红边栏："纸窗竹屋灯火青荧""玉树临风"等印章。

2、白文逼边边栏："华之道士""周亮工""遥望齐州九点烟"等印章。

3、白文长方形边栏："赖古堂"印。

4、白文"口"字形边栏："伯安氏周亮工私印"印。

5、朱文粗边边栏："心境虚融"印。

十四、小结

明代朱元璋力克群雄，统一了中国，他总结了历史的经验，防止大臣独揽大权，罢中书省，分权于六部，各部尚书均直接向皇帝负责，强化了中央集权，上层各制度在继续沿用前朝旧制的基础上，进行规范和发展。各玺印的分工更细更明确，以便能正确无误地传递和执行皇帝的旨意。同时加强了官印的管理，颁布规定了百官印信的用材、形体、大小、文字等方面的制度。这样规范化的结果抑制了印章艺术的发展，使印章艺术性越来越差。在刻款上除了背款外，新增了侧款，加刻了官印的编号。明官印延续了唐宋官印的风范，以平正、匀称、盘曲、宛转的叠文篆体格局满塞印面，呆板划一，缺少变化和生气。为显示至高无上的权力，印面不断地加大，为了不使重量成倍加重，印体极短，印背中央加一手柄。明私印袭宋元旧制，但由于流派文人印崛起和发展，这些私印也就黯然失色，不再被重视。而流派文人印在继秦汉以后，矗立起又一座篆刻艺术高峰，标志着印章从实用阶段转变成以欣赏艺术为主要目的的阶段。篆刻成为一门融合书法、绘画、诗文、文字及其他艺术的综合艺术。

秦汉前后的官私印都有无名工匠制作的，流派文人印则不然，他们的印章大都系自己亲手制作。随着书画艺术的发展，在书画作品上钤印，形成了一种文人抒发情感与心迹的必备手段，使印章艺术与书画艺术有机地融合于一起，文人印不断深化，不断发展，使整个篆刻艺术发生了质的飞跃与变化。

值此一提的是，印章问世以来，一直以金属及硬质材料为印章载体，随着社会生产力的发展，各种新材料、新工艺不断涌现，印章材质也发生了重大变革，由于"叶蜡石"的开发与利用，逐渐成为刻印的印石，迎来了"石章时代"，推动了文人印飞速发展。使印章的表现形式在继承传统的基础上得到最大限度的创新，印章风格变得丰富多彩，形成了文人印的流派。综合上述，明代的印章边栏总结见图45、图46。

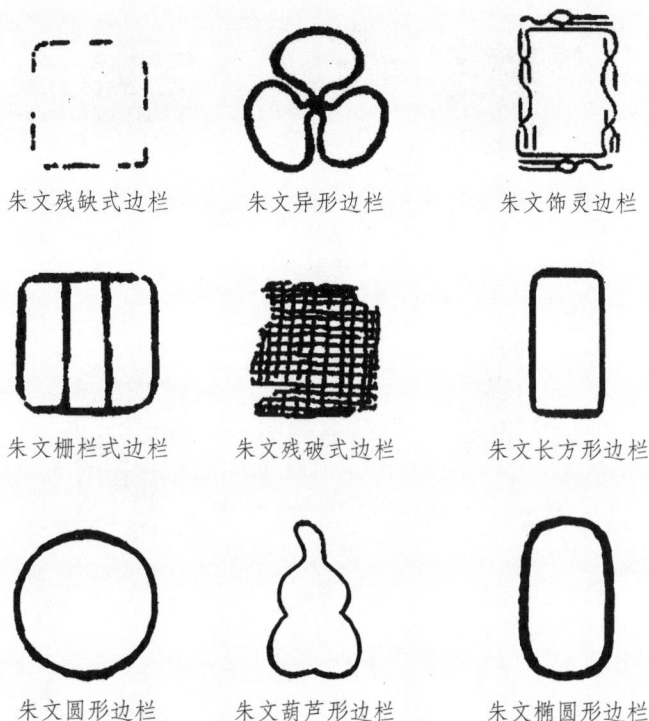

朱文残缺式边栏	朱文异形边栏	朱文饰灵边栏
朱文栅栏式边栏	朱文残破式边栏	朱文长方形边栏
朱文圆形边栏	朱文葫芦形边栏	朱文椭圆形边栏

图 45-2

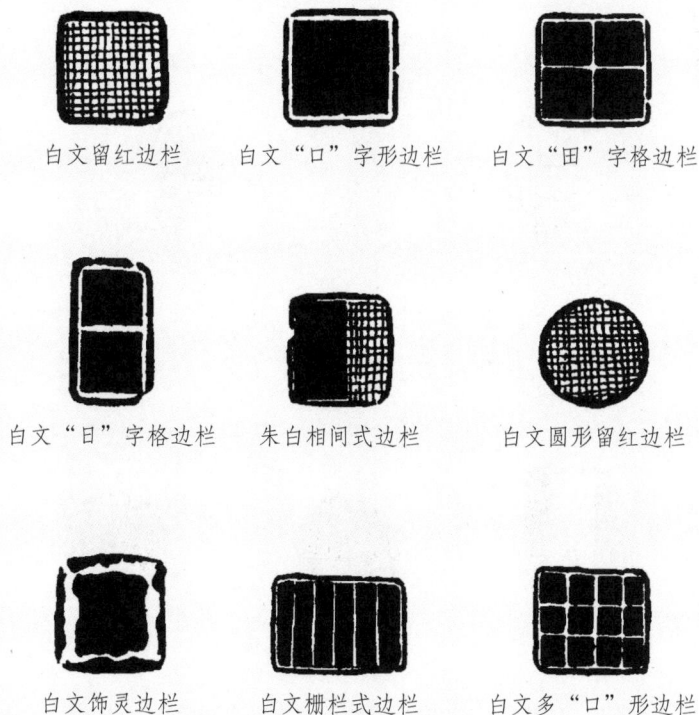

白文留红边栏	白文"口"字形边栏	白文"田"字格边栏
白文"日"字格边栏	朱白相间式边栏	白文圆形留红边栏
白文饰灵边栏	白文栅栏式边栏	白文多"口"形边栏

图 46-1

白文残破式边栏

白文界格式边栏

长方形
"口"字式边栏

白文逼边式边栏

白文特宽
留红边栏

白文长方形
残破式边栏

白文椭圆形留
红边栏

白文椭圆形"0"形边栏

白文长方形左右
竖红边栏

白文圆形边栏

白文"0"形边栏

图 46-2

第六章

文华殿宝　　　　　　　皇太子宝

大清嗣天子宝　　　　　咸丰御览之宝

下雷州印　　　　　敕封班臣额尔德尼之印

太上老君　　　　　　十全老人之宝

图 1-1

清代的官印依然承袭前代模式，重实用，无艺术性可言。只是在形式与边栏方面作了很大的改进与变化。这一时期，清代的文人印在借鉴明代、开拓汉印的基础之上，又向前迈进了一步。其范围有所扩大，又产生了诸多流派，产生了诸多篆刻艺术大家。尤以徽派、浙派最为显赫。徽派又称北宗、徽宗、皖宗，一般把活动于扬州、南京一带的安徽籍印人程邃、巴慰祖、邓石如等印人均归于徽宗。浙派又称浙宗、南宗，以丁敬为鼻祖，之后有蒋仁、黄易、奚冈、陈豫钟、陈鸿寿、赵之琛、钱松等，先后各领风骚于浙江。边栏的发展在这些流派大师们眼里，并不以娴熟的技法、印面的精到而宣告终结。相反，他们在各自的创作中，精思弹虑，戛戛独造，突破前人藩篱，呈现个性与新貌。下面我们分别品鉴此时期的印章边栏艺术。

一、官印特粗边栏（图 1）

二、官印粗边边栏（图 2）

三、长方形和饰灵边栏

在清代官印中，有一些长方形制式的印章，有粗边边栏、有细边边栏、有双"口日"字式边栏、有椭圆形边栏、有方

皇后之宝

光绪之宝

慎守荆州等处将军印

太医院印

垂训之宝

大清受命之宝

广运之宝

巡狩天下之宝

图 1-2

雍正宸翰

镶黄旗护军统领印

康熙宸翰

皇帝亲亲之宝

宗人府左司印

内务府广储司印

广储司印

靖南王章

图 2-1

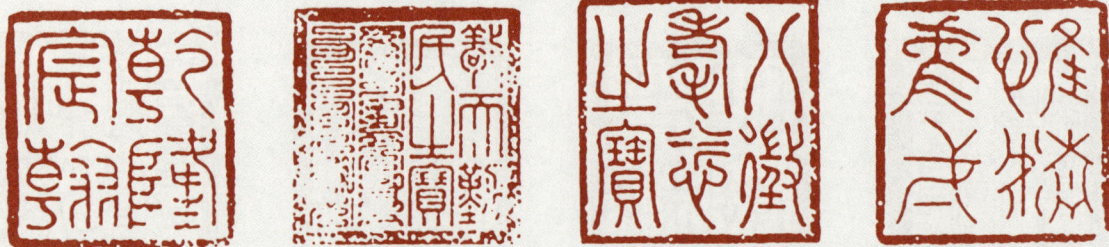

乾隆宸翰　　　　敬天勤民之宝　　　　八徵耄念之宝　　　　惟精惟一

图 2-2

太平玉玺

厢蓝旗拉法
旧站法尔哈达

太平天国浙江海宁
州前军右师左旅帅

总办轮船招商公局关防

贵州邮界邮务长印

咸安宫学记

吉林巴彦鄂佛
萝边门防御钤记

永和县阴阳学记

图 3-1

圆复合式边栏。太平天国官印采用了饰灵、饰纹宽边边栏，而农民起义军用印采用粗细边双口式边栏，新颖别致，很有特色。见图 3 所示印章。其中，"太平玉玺"为青白玉质，原大有 20.4 厘米见方，印内有朱文细边边栏，印外系朱文粗边边栏，粗细边之间刻有花纹，上方系双凤朝阳纹，左右饰以龙纹，下方则以海水为纹，印文用宋体正书。"厢蓝旗拉法旧站法尔哈达"一印，印文为楷书，外边栏系朱文粗边，内边栏系朱文细边"日"字格边栏。"太平天国浙江海宁州前军右师左旅帅"一印，系木制长方形印，它的边栏亦是外粗内细，粗细之间饰有花纹。毫无疑问，边栏的发展，无论是官印还是私印，都在变与发展，清代是一个辉煌而充满特色的高潮时期。

四、书画闲印边栏

清代书画闲印边栏较为丰富，形式多样，与文人流派印章类近，见图 4。主要有以下一些种类：

（一）拼合式边栏："嘉庆""光绪""咸丰"等。

（二）圆形双"◎"饰灵饰卦式边栏：

大澳斯马加国钦差
便宜行事大臣关防

旨 准

农民起义军用印

图 3-2

嘉 庆

光 绪

光 绪

咸 丰

体元主人

同治之宝

道光御用

咸丰宸翰

乾隆御赏之宝

万几余暇

封

慈禧皇太后御笔之宝

康 熙

花 押

致 化

图 4-1

| 大清乾隆年制 | 花押 | 克敬居 | 见天心 | 鉴古 |

图 4-2

"体元主人"印。此为康熙皇帝用印。

（三）白文留红边栏："同治之宝""道光御用""咸丰宸翰"等。

（四）朱文细边边栏："乾隆御赏之宝""万几余暇"等。

（五）白文"口"字形边栏："慈禧皇太后御笔之宝""封"等。

（六）朱文圆形细边边栏："康熙""花押"等。

（七）朱文粗细式双"◎"形边栏："致化"印。

（八）朱文无边栏印章："大清乾隆年制"印，此为青花瓷器上用印。

（九）无边栏印："花押"。

（十）白文长方形"口"字格边栏："克敬居"。

（十一）白文椭圆形边栏："见天心"。

（十二）朱文椭圆形边栏："鉴古"。

五、浙派印章边栏

篆刻自"文何"以后一百多年，到了清代中期，进入了守旧时代，作品染上了矫揉造作、浮滑纤巧的习气。丁敬平地突起，力矫时弊，打开了印史上变革鼎新的新局面。丁敬治印，章法直取汉印，印文篆中参隶，用刀一反何震冲刀的猛利，用切刀刻治，并辅之以碎刀，强调了印章的刀笔效果，使顿挫涩势更加鲜明夺目，线条的质感更加古拗削折与刚劲拙朴。这种风格成了浙派治印的典范与闪光点。他与蒋仁、黄易、奚冈又称西泠前四家。后来继承发展浙派印风的还有陈豫钟、陈鸿寿、赵之琛、钱松等，被世人称为西泠八家的后四家。他们的印章边栏可谓形式多样，异彩纷呈，各具特色。

（一）丁敬

丁敬（1695年—1765年），字敬身，号砚林、钝丁、梅农、龙泓山人、孤云石叟、胜怠老人、独游杖者等。浙江杭州人，浙派开山鼻祖，"西泠八家"之首。印主切刀，力矫媚俗，追求朴老钝拙，清刚遒劲。边栏常用刀背敲击，造成自然残缺貌。他的白文留红边栏宗汉，朱文粗边边栏宗法古玺，细边细文则宗明印。丁敬篆刻十分注重边栏的表现形式，追求印章边栏的不同效果，他是明清印人中边栏变化最大、式样最多的印人之一。如图5，他的印章边栏主要有：

1、白文留红边栏："容大""子仔传""龙泓馆印""曹芝印信""愿保兹善千载为常""王枢印信""接山堂""相人氏"等。

容 大　　　　子仔传　　　　龙泓馆印　　　　曹芝印信

愿保兹善千载为常　　王枢印信　　　　接山堂　　　　相人氏

杭世骏印　　　　明中之印　　　　诗浑漫与　　　　白云峰主

两湖三竺万壑千岩　　启淑私印　　　　筱饮斋印　　　　苇 田

龙泓外史丁敬身印记　　赵 贤　　　　张榕之印　　　　徐观海印

丁敬身印　　　　性 存　　　　砚林亦石　　　　包氏梅垞吟屋藏书记

芝 泉　　　　筱 饮　　　　持 国　　　　四忠三节一义之厅门

图 5-1　丁敬

2、白文逼边边栏:"杭世骏印""明中之印""诗浑漫与""白云峰主""两湖三竺万壑千岩""启淑私印""筱饮斋印""莘田"等。

3、白文残破式边栏:"龙泓外史丁敬身印记""赵贤""张榕之印""徐观海印"等。

4、朱文细边边:"丁敬身印""性存""砚林亦石""包氏梅垞吟屋藏书记"等。

5、朱文细边残破式边栏:"芝泉""筱饮""持国""四忠三节一义之厅门"等。

6、朱文圆形边栏:"了痴""陈""诗正""丁"等。

7、朱文椭圆形边栏:"丛睦"。

8、白文椭圆形边栏:"一味清净心地法门"。

9、白文椭圆形"O"形边栏:"不繁园"。

10、葫芦形边栏:"同书""图书"等。

11、椭圆形上下分割式边栏:"徐堂"。

12、朱文长方形边栏:"石畲老农印""汪彭寿静甫印""陈氏书画""王氏宝日轩书画记""豆花村里草虫啼""上下钓鱼山人""小山居""茹古斋印""绮石斋""古杭"等。

13、白文长方形边栏:"杭州郡""略观大意""玉池山房""居业""宗镜堂"等。

14、白文"十"字格边栏:"菭花老屋"。

15、白文"口"字形边栏:"无事僧"。

16、朱文无边栏印:"无所往盦"。

17、白文印中竖红边栏:"应沨私印""钱琦之印"等印章,其印文靠左右两侧,中间拉开一定的距离,留下一条上下、纵向的竖红,故称为白文印中竖红边栏。

18、朱白相间式边栏:"丁傅印""德溥之印""臣宪印""周亦耕"等。

19、朱文粗边边栏:"静甫""东甫手钞""东圃""荔帷""山舟""宝所""兰林读画""鼓林"等。

20、拼合式边栏:"赵瑞""太素桐君""曹尚绹印炳父""明中""梅垞"等。

丁敬印章边栏的式样还有很多,其朱文粗边边栏如"静甫""山舟"等印章,边栏粗于印文线条,古玺风貌,但比古玺圆转道丽。朱文细边边栏如"丁敬身印""包氏梅垞吟屋藏书记"等印章,有一个共同特点,即边栏与印文的线条都十分刚劲挺拔,斩钉截铁,切刀所致的方折气息强烈,两者十分和谐。"筱饮""持国""四忠三节一义之厅门"等印章,亦系朱文细边边栏,与上述细边不同的是,呈圆转流美之貌,边栏断断续续,带残破而已,由此可知,丁敬对于边栏与印文的协调问题相当重视,并独具匠心。"明中""梅垞""荔帷"等印章,均系拼合式边栏,有白文对白文拼合,有朱文对朱文拼合,有朱文对白文拼合,确实丁敬印章的边栏形式很多,他很善于利用印章边栏的各种形式为内容服务。强调了端庄典雅与刀笔之趣。

(二)蒋仁

蒋仁(1743年—1795年),初名泰,字阶平。后得汉印"蒋仁之印",遂改名仁,更号山堂。另有吉罗居士、女床山民等别署。杭州人,印章取法丁敬,追

了痴

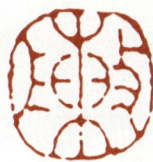

陈

诗 正

丁

丛 睦

一味清净心地法门

不繁园

同 书

图 书

徐 堂

石畬老农印

汪彭寿静甫印

陈氏书画

王氏宝日轩书画记

豆花村里草虫啼

上下钓鱼山人

小山居

茹古斋印

绮石斋

古 杭

杭州郡

略观大意

玉池山房

居 业

图 5-2 丁敬

宗镜堂

落花老屋

无事僧

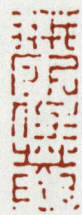

无所往盦

应沣私印

钱琦之印

丁傅印

德溥之印

臣宪印

周亦耕

静甫

东甫手钞

东圃

荔帷

山舟

宝所

兰林读画

菽林

赵瑞

太素桐君

曹尚絅印、炳父

明中

梅垞

图5-3　丁敬

202

求苍浑。边栏除了丁敬一路外，崇尚拙趣的逼边式、残缺式等边栏。如图6所示，蒋仁印章边栏主要有：

1、白文留红边栏："蒋仁印""逢元之印""云林堂""胡作渠印章""浸云""三十六峰民胡作渠印""陆能之印""廉"等。

2、白文细边边栏："陈恺之印""无地不乐"等。

3、白文细边边栏："姚筠之印""云何仁者""磨兜坚室""世尊授仁者记""真水无香""物外日月本不忘""小蓬莱""翁承高印""康节后人""姚垣之印"等。

4、朱文细边残缺式边栏："蒋山堂印""吉罗盦""山堂""祥""扬州顾廉""昌化胡栗""乐安书屋""沈觥印"等。

5、朱文粗边边栏："吉罗居士""蒋仁之印""吉祥止止""浸云"等。

6、白文长方形边栏："净土""住近南湖上将家"等。

7、白文栅栏式边栏："三摩"印，白文印，"口"字形边栏中加刻一条竖栏，将印文一分为一二。有的印章竖了二条、三条甚至更多，像日常生活中所能见到的栅栏一样，故称为栅栏式边栏，或叫白文竖栏边栏。

8、朱文"T"字格边栏："蒋山堂"印，中间由竖与横构成了"T"字格边栏。

9、白文井字格边栏："邵志纯字曰怀粹印信"印，中间由"井"字格构成印章边栏。

10、朱文长方形边栏："吉罗菴""三十六峰堂""项墉之印""宝晋"等。

蒋仁在边栏与印文的艺术品位与形

蒋仁印　　　　逢元之印

云林堂　　　　胡作渠印章

浸云　　　　三十六峰民胡作渠印

陆能之印　　　　廉

陈恺之印　　　　无地不乐

姚筠之印　　　　云何仁者

磨兜坚室　　　　世尊授仁者记

图6-1　蒋仁

　　小蓬莱印记　

真水无香　　　物外日月本不忘　　　小蓬莱　　　翁承高印

康节后人　　　姚垣之印　　　蒋山堂印　　　吉罗盦

山堂　　　祥　　　扬州顾廉　　　昌化胡栗

乐安书屋　　　沈舲印　　　吉罗居士　　　蒋仁之印

吉祥止止　　　浸云　　　净土　　　住近南湖上将家

三摩　　　蒋山堂　　　邵志纯字曰怀粹印信　　　吉罗盦

三十六峰堂　　　项墉之印　　　宝晋

图 6-2　蒋仁

式上，探索精神很强，且很有胆识。如"三摩"印，布白大虚大实，白文竖拦边栏一般应采用细边，但他却一反常规，白文边栏粗阔无比。"蒋山堂"印，采用"T"格边栏，自然质朴，高亢凝重，气象万千。"真水无香"是一方经典传世名印，方圆兼备，疏密有致，线条拙辣朴实，书卷气息、金石气息特别浓厚，令人百看不厌。

（三）黄易

黄易（1744年—1802年），字大易，大业，号小松，又号秋盦，别署秋景庵主，散花滩人，莲宗弟子等。浙江杭州人。西泠八家之一，工诗文，善书画，擅长碑版鉴别考证。著有《小蓬莱阁金石文字》，篆刻师从丁敬，兼及宋元。白文留红边栏印章、朱文细边边栏印章刻治的数量特别多，皆工稳生动，并以切刀治印，显示出苍茫古朴、挺拔遒劲的艺术效果。他有"小心落墨，大胆奏刀"一说。故他的印章边栏多有创新，样式别致，多姿多彩，生动而恰到好处。与印章相互协调，相互作用，对后继者亦深有影响。如图7所示，黄易印章边栏主要有：

1、白文留红边栏："太原九十六世后裔喆""一笑百虑忘""陆氏孟庄""心迹双清""赵氏金石""魏嘉谷印""姚立德字次功号小坡之图书""嘉谷私印"等。

2、白文逼边边栏："乙酉解元""榕皋""蒋因培印""琴书诗画巢"等。

3、白文残破式边栏："萧然对此君""鹤渚生""苏米斋""在湄书屋"等。

4、朱文细边边栏："大司马总宪河东河道总督章""师竹斋""画秋亭长""乙酉解元""陈氏晤言室珍藏

太原九十六世后裔喆　　一笑百虑忘

陆氏孟庄　　　　　　心迹双清

赵氏金石　　　　　　魏嘉谷印

姚立德字次功号小坡之图书　　嘉谷私印

乙酉解元　　　　　　榕皋

蒋因培印　　　　　　琴书诗画巢

萧然对此君　　　　　鹤渚生

图 7-1　黄易

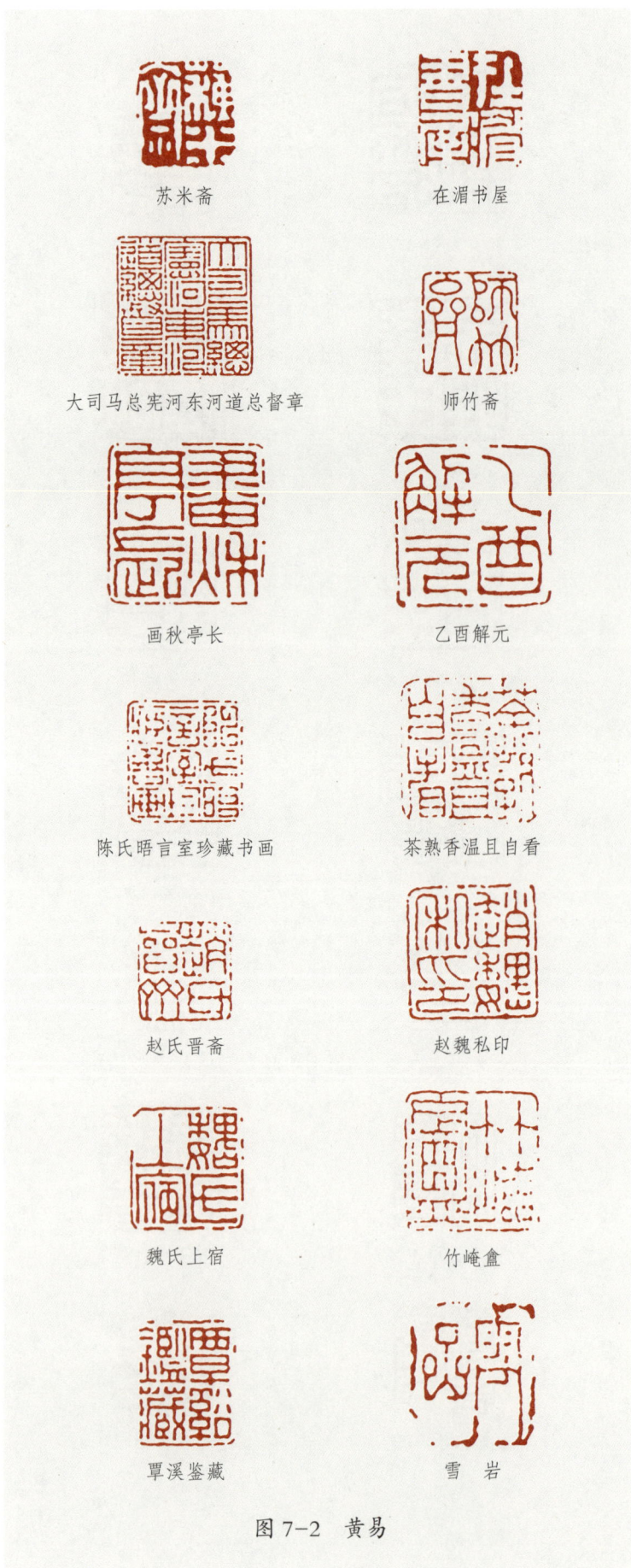

苏米斋

在湄书屋

大司马总宪河东河道总督章

师竹斋

画秋亭长

乙酉解元

陈氏晤言室珍藏书画

茶熟香温且自看

赵氏晋斋

赵魏私印

魏氏上宿

竹盦盦

覃溪鉴藏

雪 岩

图7-2 黄易

书画""茶熟香温且自看""赵氏晋斋""赵魏私印"等。

5、朱文残破式边栏:"魏氏上宿""竹盦盦""覃溪鉴藏""雪岩"等。

6、朱文粗边边栏:"冬岩书画""河南山东河道总督之章""小坡""芝山""用成"等。

7、朱文长方形边栏"晚香居士""翠玲珑""梧桐乡人""西堂藏书画印""自度航"等。

8、白文"口"字式边栏:"金石癖""尚寿""葆淳""立德""沈启震印"等。

9、朱白相间式边栏:"陈氏八分""奚冈之印"等。

10、朱文无边栏印:"香榭山房"。

11、朱文圆形边栏:"奚"。

12、白文长方形边栏:"啸云楼""金石癖"等。

13、白文长方形"口"字格边栏:"绥阶""俯斋"等。

14、朱文栅栏式边栏:如"纯章"印,在方形的朱文印中间加上竖画,从中间把印章左右一分为二。有的加上了两个、三个甚至三个以上的竖画,犹如栅栏一样,故称这种边栏为栅栏式边栏,或叫竖栏式边栏。而印文文字则分别布排在竖栏的纵向空格内。栅栏式边栏在古印中为数不多,但在明清时期较为多见。这种边栏像画上了竖线的信笺,刻印就像在信笺上书写一样,很有趣味。

15、朱文椭圆形粗边边栏:如"养素草堂"印,印文线条细于边栏线条,故称为朱文椭圆形粗边边栏。

16、钱币式边栏:如"平阳"印,似古代布币形,故称为钱币式边栏。古时

冬岩书画

河南山东河道
总督之章

小坡

芝山

用成

晚香居士

翠玲珑

梧桐乡人

西堂藏书画印

自度航

金石癖

尚寿

葆淳

立德

沈启震印

陈氏八分

奚冈之印

香榭山房

奚

啸云楼

金石癖

绥阶

俯斋

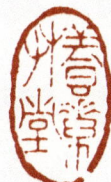

纯章

养素草堂

平阳

图7-3 黄易

白栗山樵　　　　奚冈之印　　　　蒙泉外史　　　　仲梁子

清勤孝友　　　　匏卧室　　　　　梁同书印　　　　蓝田外史

蒙泉外史　　　　鹤渚散人　　　　奚鋆　　　　　　凤巢后人

崧庵侍者　　　　赵魏私印　　　　自得逍遥意　　　梁同书印

蒙老　　　　　　央庵　　　　　　接山　　　　　　频罗庵主

薄塘书印　　　　碧沼渔人　　　　龙尾山房　　　　烟萝子

姚氏八分　　　　晋斋书画　　　　铁香邱学敏印　　奚冈言事

图 8-1　奚冈

最早以贝为货币，始于夏。后商品交换空前活跃，促进了货币制的发展，周秦的圆钱、三晋的布币，燕齐的刀币，楚国的蚁鼻钱（俗称鬼脸钱）等为最早。这里所说的钱币，指古铜铸币，王莽称钱为"泉"，此后两字通用。钱币的形式多种多样，篆刻艺术家从中得到了启发，借题发挥，利用这一特殊形式，刻成了无数钱币式印章。有白文、有朱文，白文少数，多数系朱文印，其边栏有粗有细，有正圆有长圆、有扁圆有椭圆，还有各种刀币和空首布边栏等。

（四）奚冈

奚冈（1746年—1803年），初名钢，初字纯章，后字铁生，号萝庵，别号奚道人，蒙道人，鹤渚生，蒙泉外史，散木居士，萝龛外史，冬花庵主。浙江杭州人，擅长书法，善绘山水、花卉。与方薰等大家驰誉乾隆年间，世称"方奚"。篆刻推崇丁敬，拙中求放，方中求圆，印章与边栏端庄典雅，切刀富有韵味，古色古香，极具品味。如图8所示，奚冈印章边栏主要有：

1、白文留红边栏："白栗山樵""奚冈之印""蒙泉外史""仲梁子""清勤孝友""匏卧室""梁同书印""蓝田外史"等。

2、白文逼边式边栏："蒙泉外史""鹤渚散人""奚銮""凤巢后人"等。

3、白文残破式边栏："崧庵侍者""赵魏私印""自得逍遥意""梁同书印"等。

4、朱文细边边栏："蒙老""夬庵""接山""频罗庵主""蒲塘书印""碧沼渔人""龙尾山房""烟萝子"等。

5、朱文残破式边栏："姚氏八分"

处素　山舟　用成

昔凡　不翁　师竹斋

汤古巢书画记　寿松堂书画记　逆旅小子

髯　罗　山舟

晤言用自写　鹤山后人　两般秋雨庵

图 8-2　奚冈

"晋斋书画""铁香邱学敏印""奚冈言事"等。

6、朱文粗边边栏:"处素""山舟""用成""昔凡""不翁"等。

7、朱文长方形边栏:"师竹斋""汤古巢书画记""寿松堂书画记""逆旅小子"等。

8、朱文圆形边栏:"髯""罗"等。

9、白文口字形边栏:"山舟"。

10、白文长方形边栏:"晤言用自写"。

11、朱白相间式边栏:"鹤山后人"。

12、朱文椭圆形边栏:"两般秋雨庵"。

奚冈性豪爽,喜饮酒,常常醉后叫啸,同饮者若此时离开,就会大声怒骂,故称他为酒狂。他从小聪慧过人,九岁就能作八分书。他的篆刻在丁敬的基础上加以发展,对于印章边栏,更是别有匠心,故他的边栏形式繁多,新颖别致,值得后人借鉴。

(五)陈豫钟

陈豫钟(1762年—1806年)字浚仪,号秋堂,浙江杭世人,西泠八家之一。喜收藏书画、古砚。善画兰竹,尤癖好金石文字,精于墨拓,收藏拓本达数百种。他的书法得益于李阳冰,遒劲挺拔,很有骨力。篆刻宗法丁敬,并沉浸于汉印,印章秀雅工致,有自己的风格。其印章边栏温润苍劲,端庄古朴,挺拔遒丽,不事做作修饰。如图9所示,陈豫钟印章边栏主要有:

1、白文留红边栏:"陈豫钟字浚仪""陈豫钟印""文章有神交有道""仇震字静夫书画之印"等。

2、白文逼边式边栏:"陈氏浚仪""陈豫钟印""家承赐书""嫩寒春晓"等。

3、白文残破式边栏:"素情自处""赵辑宁印""水边篱落""臣履坝印"等。

4、白文长方形"口"字格边栏:如"书带草堂"印,长方形形式,四周有一道白边,组成了一个口字,故称为白文长方形口字格边栏。

5、白文长方形留红边栏:如"肝肠若雪"印,长方形形式,但四周无白边,只是以留红作为边栏,故称为白文长方形留红边栏。

6、白文"口"字形边栏:"我生无田食破砚""玉泉山人"等。

7、朱文细边边栏:"求是斋""瀫水审定""穀贻堂印""素门所藏金石"等。

8、朱文残破式边栏:"雪房居士所藏""西梅""典承""赵氏晋斋"等。

9、朱文无边栏印:"说岩翰墨""莲庄书画"等印章边栏。其中"莲庄书画"印,周边隐约有些似朱文口字形边栏痕迹,但几乎丧失殆尽,视作朱文无边栏印更为适合。

10、朱文椭圆形边栏:"彭城"。

11、朱白相间式边栏:"绍杓之印"。

12、朱文粗边边栏:"树程之印""树程"等。

13、朱文长方形边栏:"老九""丙后之作""无尘书室"等。

陈豫钟印章与边栏很有看点,其"臣履坝印"四个字大小不一,其中"履"字最大,却把顶上的一横潜入到"臣"字之下,平衡了视线。线条结构呼应,在众多的横线条中,突出了几个直画,使留出空处,增加了鲜明感;刀法厚重,使全印的气韵蔚成,清丽典雅。"我生无田食破砚"一印,在章法上有平

陈豫钟字浚仪

陈豫钟印

文章有神交有道

仇震字静夫书画之印

陈氏浚仪

陈豫钟印

家承赐书

嫩寒春晓

素情自处

赵辑宁印

水边篱落

臣履坝印

书带草堂

肝肠若雪

我生无田食破砚

玉泉山人

求是斋

瀫水审定

榖贻堂印

素门所藏金石

雪房居士所藏

西梅

典承

赵氏晋斋

图 9-1 陈豫钟

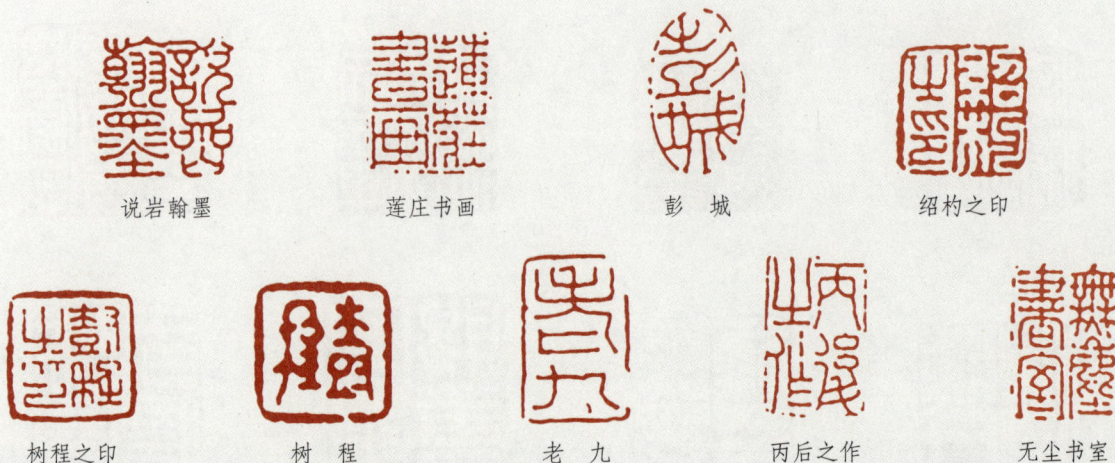

说岩翰墨	莲庄书画	彭 城	绍构之印

树程之印	树 程	老 九	丙后之作	无尘书室

图 9-2　陈豫钟

江 郎	自然好学	孙恩沛印

松字秋琴	石萝庵主	梅庵鉴定

陈曼生	陈鸿寿印	学以刘氏七略为宗

双红豆斋	苕华馆印	陈希濂印

图 10-1　陈鸿寿

实中求巧之妙，从右到左看过去，逐渐增大：字大的利用斜笔，留出虚处，并以结构的参差，作了和谐的调整。"西梅"一印，在章法上也颇有巧思，整个印面四周，以长曲线条伸展，中心部分，利用两字的主要结构连成一气，形成中密外疏，以曲线拥抱中心。外围的曲线条有互相顾盼的姿态，较为生动。至于印边，恐是年久破损之故。作为印章边栏，不是追求原来的实际效果，而是根据现实的视觉效果来论述。

（六）陈鸿寿

陈鸿寿（1768年—1822年），字子恭，号曼生，又号曼寿，别署种榆道人，浙江钱塘人。他的篆刻宗法秦汉，旁涉丁敬、黄易等著名印人。在西泠八家中，最能力图创新，他的印章富于变化，技法圆熟，用刀纵恣，英迈爽利，使刀如笔，为他人所不及。而他的印章边栏则以传统的秦汉印章边栏为主体风格，无论朱白，突出了端庄大方、平方正直的特色。

如图 10，"江郎""自然好学""孙恩沛印""松字秋琴""石萝庵主""梅庵鉴定""陈曼生""陈鸿寿印""学以刘氏七略为宗""双红豆斋""苕华馆印""陈希濂印"系一组白文留红边栏，无比工致典雅，法度谨严。由于切刀刻治，印文留红边栏质涩老到，浑厚凝重。

图 10 中"忆秋室""十年种木长风烟""万卷藏书宜子弟""吴冕印信""七芗书画""延年益寿"等印，系白文残缺式留红边栏。印中点画开合有度，纵横有序，但印周逼边残缺，字口不齐，一派苍莽古朴气息。"顾洛之印"系朱白相间式边栏，承袭汉印风神，充分体现了陈鸿寿治印格调高古浑朴的基本立场。再如"小檀栾室"一印，朱文"田"字格边栏，刻得非常轻松自如，边栏与印文始终保持一种和谐统一，互相关照的气象。"孙古云鉴藏书画之印""绕屋梅花三十树""江郎山馆""问梅消息""种桃山馆""范崇阶印""琴书诗画巢""宗伯学士"系一组朱文细边边栏的印章，这类印章风格比较整齐一致，边栏以方形为主，方中寓圆，印文与边栏都留有一定的距离，这使得朱文边栏显得古傲清净，书卷气十足。"小檀栾室""皆大欢喜""雪莲道人""鸿寿""门有通德家承赐书"系一组白文长方形边栏的印章，有四字双布白，有两字纵向布白，均采用长方形形式，尽显古朴多姿之特色。"小蓬莱山人""奚冈启事"两印，属朱文长方形破边栏。"西泠钓徒"印则为朱文粗边边栏。"云壑"一印为白文口字形边栏。"富贵长寿"印，为白文"田"字格边栏，满实布白，印中的界格线条十分粗壮厚实。

（七）赵之琛

赵之琛（1781 年 —1852 年），字次闲，号献父，静观、宣月山人。浙江杭州人，西泠后四家之一，师从陈豫钟，他的印章浙派风貌，印章的边栏广取博纳，朱文粗边承袭古玺形式，而白文"口"字形边柱与朱文细边边栏尤为精彩到位。

如图 11 所示，"驰神运思""读书观大意""江东步兵""湖村花隐""吴兴金石""祖籍钱塘""钱湖花隐""深心托毫素"等印章，系一组典型的白文留红边栏。"回面旧游何在柳烟花雾迷春""张廷济印""汉瓦当砚斋""补罗迦室"等印章边栏，属白文残破式边栏。"曾在萧山陆氏香圃处""泰顺潘鼎彝长书画记""雷溪旧庐""补罗迦室""双井园官"等印章边栏为朱文细边边栏。"侠骨禅心"与"二十年成一梦此身虽在堪惊"两印，系朱文细边残破式边栏，断断续续，斑斑驳驳，印文线条的切痕，与残破的边栏，组合成无声的节奏让人尽情领略古典印章美。"神仙眷属"一印，朱文十字式边栏，印周带一点朱文边，故也可称朱文"田"字格边栏，但印中"十"字最引人注目、最亮丽，占主导地位。线条质朴严峻，就像转动的风车，动感特强，加之印文方劲古拙，与"十"字若即若离，顾盼有加，异常风流别致。

再看"情种钟情""献父""于时道古""洗桐吟馆""蔷薇一砚雨催诗""高隐南屏小石门"等印章，系白文"口"字形边栏，刻得苍莽古朴，浑厚刚健，很有气势，白文边外的留红朱文，呈残缺斑驳之状，愈显印章之意趣深远美妙。"赵四""方云"印，系朱文钱币式边栏，印中有一方口泉眼，全印外圆内万，上

忆秋室　　　　　十年种木长风烟　　万卷藏书宜子弟　　吴冕印信

七芗书画　　　　延年益寿　　　　顾洛之印　　　　小檀栾室

孙古云鉴藏书画之印　绕屋梅花三十树　江郎山馆　　　问梅消息

种桃山馆　　　　范崇阶印　　　　琴书诗画巢　　　宗伯学士

小檀栾室　　　　皆大欢喜　　　　雪莲道人　　　鸿　寿　　　门有通德家承赐书

小蓬莱山人　　　奚冈启事　　　　西泠钓徒　　　云　錾　　　富贵长寿

图 10-2　陈鸿寿

驰神运思

读书观大意

江东步兵

湖村花隐

吴兴金石

祖籍钱塘

钱湖花隐

深心托毫素

回面旧游何在
柳烟花雾迷春

张廷济印

汉瓦当砚斋

补罗迦室

曾在萧山陆氏香圃处

泰顺潘鼎彝长书画记

雷溪旧庐

补罗迦室

双井园官

侠骨禅心

二十余年成一梦此身虽在堪惊

神仙眷属

情种钟情

献 父

于时道古

洗桐吟馆

图 11-1 赵之琛

215

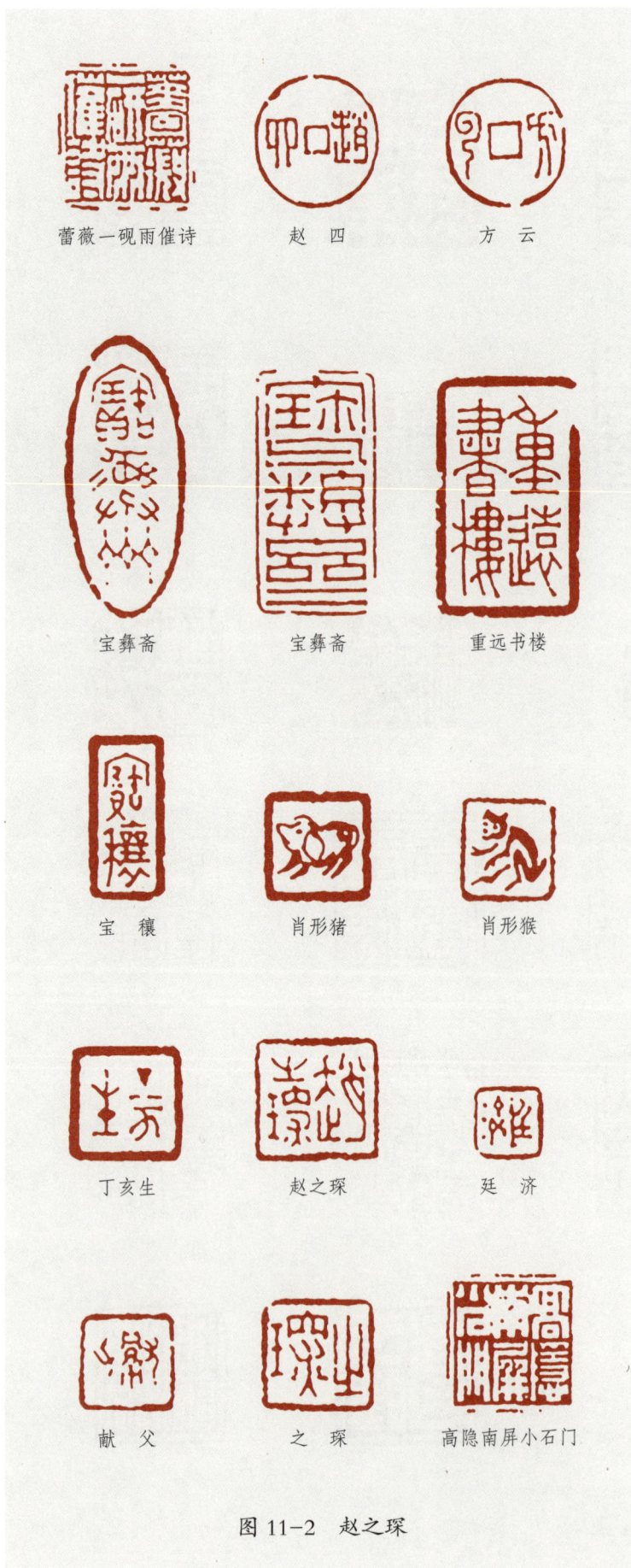

蔷薇一砚雨催诗　　　赵四　　　方云

宝彝斋　　　宝彝斋　　　重远书楼

宝穰　　　肖形猪　　　肖形猴

丁亥生　　　赵之琛　　　廷济

献父　　　之琛　　　高隐南屏小石门

图 11-2　赵之琛

下留空，虚实相生。"宝彝斋"为朱文椭圆形边栏，另一"宝彝斋"则为朱文长方形边栏。"重远书楼""宝穰"两印系朱文长方形粗边边栏。

图 11 中"肖形猪""肖形猴""丁亥生""赵之琛""廷济""献父""之琛"等一组印章，系朱文粗边边栏，端庄凝重，呈现古玺神韵。

（八）钱松

钱松（1818 年—1860 年），字叔盖，号铁庐、秦大夫、未道人等，杭州人。印宗汉，取法浙派，"西泠八家"之一，用刀兼施冲切，作品浑厚苍劲。而印章的边栏形式博采众长，种类繁多，且都很有特色。有白文留红、白文逼边、朱文逼边等。如图 12 所示，"集虚斋""赵惠父氏""一病身心归寂莫半生遇合感因缘""渭长"等印章为白文留红边栏。"陈戴泽印""大岭长""曾经沧海""胡鼻山人胡震之章"等印章边栏，皆为白文逼边边栏。"叔盖金石""沈树镛印"等印章边栏，则为白文残破式边栏。"任熊印""烈文私印"朱文粗细混合式边栏。"虎帐红灯鸳帐酒"系白文长方形留红边栏。"集虚斋""老夫平生好奇古""特健药""曾登独秀峰顶题名"等印章边栏，皆为朱文细边边栏。"字子曰恐""石头盦"等印章边栏印朱文粗细混合式边栏。"鼻山藏"印系朱文长方形边栏。"未虚室藏""韵初"等印章为朱文残破式边栏。"小农""胡不恐"等印系白文口字形边栏。"胡鼻山人宋绍圣后十二丁丑生"。13 字在 12 个格栏内，这种边栏称"多口"形边栏。仔细观察，不难发现印文字画与边栏线条皆以方为主，两者基调一致，融为一体。"富春胡震

集虚斋

赵惠父氏

一病身心归寂莫
半生遇合感因缘

渭 长

陈戴泽印

大岭长

曾经沧海

胡鼻山人胡震之章

叔盖金石

沈树镛印

任熊印

烈文私印

虎帐红灯鸳帐酒

集虚斋

老夫平生好奇古

特健药

曾登独秀峰顶题名

字子日恐

石头盒

鼻山藏

未虚室藏

韵 初

小 农

胡不恐

胡鼻山人宋绍圣
后十二丁丑生

富春胡震白恐甫印信

图 12 钱松

白恐甫印信"，为白文"多口"形边栏。9个文字在9个格栏内，边栏以方为主，印文以圆为主，方圆相济，相映成趣。

六、如皋派印章边栏

以许容为代表。许容江苏如皋人，博通六书，印宗汉法，刻私印取法高古，很有韵味。刻多字印往往诸体相杂，布局松散疏朗，章法难以贯气，印章时见不协调现象，过于追求形式与技法，陷入匠气。这类风格的印章后人将其归入如皋派印风。印人有童昌龄、乔林、黄学坯等。如皋派印风的某些美术化、装饰化倾向常被指责与批评。另一方面，如皋派印人在审美意趣上敢于走探索之路，虽难免有粗疏之作，但也并不是一无可取，在倡导诗词、名句入印方面功不可没，同时也不乏朴实自然的大器之作。

（一）许容

许容（1635年—1696年后），明末清初篆刻家。字实夫，号墨公，又号遇道人。江苏如皋人。清康熙二十二年（1683年），官福州府检校。后仕途不得意，遂浪迹江湖，以书画金石为娱。早年为邵潜弟子。篆刻宗汉印，善刻竹根印、黄杨木印。其印章的章法布局以疏朗为主，后人称之为"如皋派"。他多次赴北京等地拜师访友，与著名收藏家胡介祉过从甚密，并借寓胡家，并为其刻印数百方，后辑集成《谷园印谱》。并将传统的用刀方法归纳总结为"用刀十三法"。他的印风与董昌龄的印风十分相近，喜刻多字印。汉魏风韵，字画线条粗细相参，用刀行留、疾涩、深浅尽在法度之中。虚实布白十分巧妙生动。但

也有一些印章过于空疏，个别文字篆法欠妥，形质不够美观，呈露出一种不良"习气"。他曾言作印前必先安排"将印文配合，章法毫发无憾"，还指出"经营位置，疏密不称为害"，然而他自己却犯了忌。如图13中"本来长住真心""肚皮原不合时宜""不知天地间何者美好""想桃源路通人世""一槟鸠外雨""平生不识人意碍""胡升猷印""闹红深处小秦筝"等印章边栏，皆为白文留红边栏。"红藕香残玉簟秋""若邪溪上人家"等印章系白逼边边栏。"二十四桥歌舞地""大欢喜"等印章为白文印中竖红边栏。"月落江横数峰天远""贞岩""城阙外画桥烟树""清风在柳"等印章边栏为朱文细边边栏。"道义无今古""淡黄柳上月痕初"二印系朱文粗边边栏。"诚何以堪"一印系朱白相间式边栏。"心如醉"印非常特别，白文醉字作为印底，四周留红，朱文心如二字重叠在醉字上面，故此谓文字重叠式留红边栏。朱文椭圆形边栏有"谷园""小长芦钓鱼师"等印。白文圆形边栏有"好著我难猜"印。朱文长方形边栏有"乾坤泰"印。白文长方形边栏有"长群鱼鸟毕景松阿""安莫安于忍辱"等印。白文口字边栏有"笑扑流萤惹破画罗轻扇"印。"修成淑德施及子孙"印章边栏，为白文多口形边栏，印文突出了竖线纵向效果，十分新颖别致。

（二）童昌龄

童昌龄（约1650年—?），清代篆刻家。主要活动于康熙年间。字鹿游。浙江义乌籍。后加入扬州籍，不久移居江苏如皋。擅长书画、篆刻，善用紫檀木治印，线条短粗壮实，具有金石气韵。

本来长住真心

肚皮原不合时宜

不知天地间何者美好

想桃源路通人世

一撺鸠外雨

平生不识人意碍

胡升猷印

闹红深处小秦筝

红藕香残玉簟秋

若邪溪上人家

二十四桥歌舞地

大欢喜

月落江横数峰天远

贞　岩

城阙外画桥烟树

清风在柳

道义无今古

淡黄柳上月痕初

诚何以堪

心如醉

谷　园

小长芦钓鱼师

好著我难猜

乾坤泰

长群鱼鸟毕景松阿

安莫安于忍唇

笑扑流萤惹破画罗轻扇

修成淑德施及子孙

图 13　许容

杏花深处人家

所欲不求大得欢常有余

柴门老树村

图 14　童昌龄

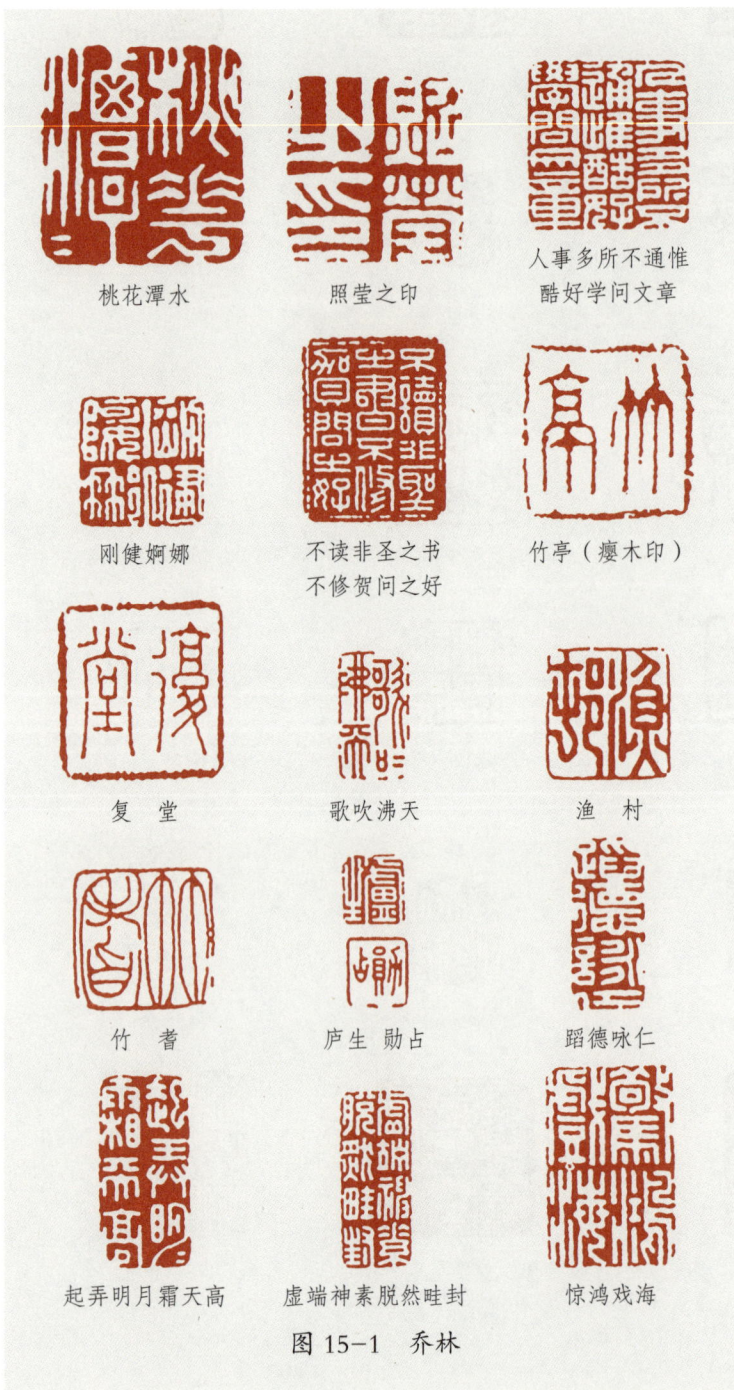

桃花潭水

照莹之印

人事多所不通惟酷好学问文章

刚健婀娜

不读非圣之书不修贺问之好

竹亭（瘿木印）

复堂

歌吹沸天

渔村

竹者

庐生勋占

蹈德咏仁

起弄明月霜天高

虚端神素脱然畦封

惊鸿戏海

图 15-1　乔林

他的篆刻师承程邃、邵潜等人。其所刻印章参差离合、轻重疏密，印风受程邃、许容影响。康熙年间，刻成《史印》一册。并有梁清标、米汉雯、高士奇、韩菼、朱彝尊等人作序。《史印》与何通著的《印史》截然不同。《印史》是以印证史，《史印》是专取历代史官自司马迁、班固以下等人的姓名，汇刻成谱，是单独的史家之印谱。童昌龄的印是如皋派的面貌，在南通一带他的多字印流传甚广。就他的多字印而言，圆势过多，疏密失当，线条质量欠精到，艺术品位一般。而他的一部《史印》，却影响深远驰誉当时。《史印》成谱后，他携游京师，遍请名人为之题跋，精力耗散在这一方面，没有顺着这个思路，深入到史学中去作进一步的探索，实为可惜。如图14所示，童昌龄的紫檀木印"杏花深处人家"印文采用散布法，边栏大幅度留红，属白文留红边栏。"所欲不求大得欢常有余""柴门老树村"等印章边栏，则为朱文粗边边栏。

（三）乔林

乔林，清代篆刻家。字翰园，号西墅，晚号墨庄。江苏如皋人。清代如皋派篆刻家。居如皋城北丁家所，家中园林树木，石亭榭筑，相当幽雅，模仿五柳居之格局，于此间他饱读经史子集，研习六书篆籀，精工古文，数十年如一日，从不间断。乔林善于刻制竹根、水晶、玉、瓷、铜等印章。其竹根印尤为精致优雅，令人生爱。在诗文、书画、篆刻诸方面颇有造诣。他的篆刻师承许容，书体工整，笔意老辣。线条方圆相济，精妙到位。乔林著述颇丰，有《篆隶汇编》《金石萃言》《墨庄印谱》等传世。

有意无意　　　就正有道　　　伴花人　　　多来多古意　　　室迩心遐

图 15-2　乔林

如图 15 所示，白文逼边边栏有"桃花潭水""照莹之印""人事多所不通惟酷好学问文章""刚健婀娜"等印章。白文长方形"口"字式边栏有"不读非圣之书不修贺问之好"印。朱文粗边边栏有"竹亭""复堂"等印章。朱文长方形细边边栏有"歌吹沸天"印。朱文细边边栏有"渔村""竹耆"等印章。

图 15 中有一方横向长方形印章，在印章艺苑里极为少见，属白文长方形逼边边栏。"庐生勋占"印章的边栏为拼合式边栏。白文长方形边栏有"蹈德咏仁""起弄明月霜天高""虚渊神素脱然畦封""惊鸿戏海"等印章。此外乔林用竹根刻制了一些白文不规则形留红边栏，如"有意无意""就正有道""伴花人""从来多古意"等印章。

（四）黄学圯

黄学圯（1762 年 —1830 年后），清代篆刻家。字孺子，号楚桥，江苏如皋人。在诗词、书法、篆刻诸方面功力较深，修养颇高。他在弱冠之年就刻制巨印，其印章取法秦汉，涉猎文彭、何震、汪关、程邃、许容等印人的风格，颇有个性特色。他喜欢广结天下名士，曾深得梁章钜、石蕴玉等大家的推崇。他一生致力于南通和如皋地区的印学研究，尤

汤述曾印　　　李恩福之印章　　　子孙永宝

莲溪词翰　　　松菊犹存　　　夕阳江一楼

蔡道明　　　陈璂私印　　　司马迁印

水边篱下　　　五山画史　　　江左风流

但愿一识韩荆州　　　数点梅花天地心　　　画船载得春归去

图 16-1　黄学圯

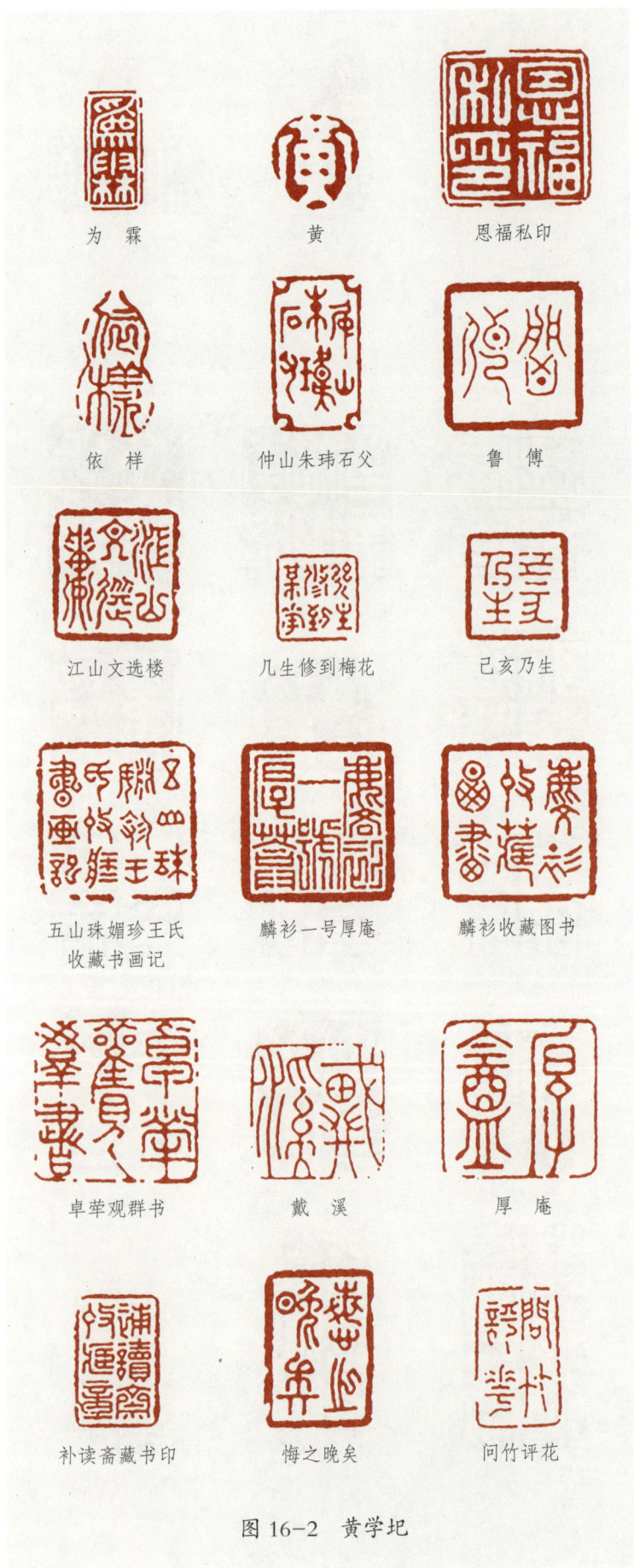

为霖

黄

恩福私印

依样

仲山朱玮石父

鲁傅

江山文选楼

几生修到梅花

己亥乃生

五山珠媚珍王氏
收藏书画记

麟衫一号厚庵

麟衫收藏图书

卓荦观群书

戴溪

厚庵

补读斋藏书印

悔之晚矣

问竹评花

图 16-2 黄学坯

其是对如皋派篆刻艺术作了认真的总结与探索。嘉庆二年（1797年）刻成《历朝史印》五册十卷，道光六年（1826年）辑自刻印成《楚桥印稿》四册，道光十年（1830年）撰《东皋印人传》一册二卷。黄学坯治学十分认真，从嘉庆二年辑成《历朝史印》十卷后，不断地作增删、修订与改正。历时20年后，又重新编订《历朝史印》，这确实是一件很了不起的事。二十年如一日，不仅需要学养还需要毅力。《东皋印人传》将历来的如皋派印人作了一个大概的清理，不仅可补地域性的方志之不足，而且给如皋印人在印学史上一个明确的地位。黄学坯的论著既有创作又有理论，内容极为丰富。身为如皋人，他对如皋派一时的辉煌与兴盛，极为荣幸与鼓舞。在如皋派将衰落之时，他反而有一种责任感。仍然独步在如皋派前辈许容、童昌龄之后，刻出属于如皋派典型之印作。他的篆刻得失参半，而在理论上的贡献使之成为如皋派后期的重要功臣。如图16所示，黄学坯的印章边栏主要有：

1、白文留红边栏："汤述曾印""李恩福之印章""子孙永宝""莲溪词翰"。

2、白文逼边边栏："松菊犹存""夕阳江一楼"。

3、白文残破式边栏："蔡道明""陈瑾私印""司马迁印"。

4、白文长方形边栏："水边篱下""五山画史""江左风流""但愿一识韩荆州""数点梅花天地心""画船载得春归去"。

5、白文长方形口字形边栏："为霖"。

6、白文圆形边栏："黄"。

7、白文口字形边栏："恩福私印"。

8、朱文葫芦形边栏："依样"。

9、朱文长方形亚字形边栏："仲山朱玮石父"。

10、朱文粗边边栏："鲁傅""江山文选楼""几生修到梅花""己亥乃生""五山珠媚珍王氏收藏书画记""麟衫一号厚庵""麟衫收藏图书"。

11、朱文细边边栏："卓荦观群书""戴溪""厚庵"。

12、朱文长方形边栏："补读斋藏书印""悔之晚矣""问竹评花"。

黄学圯印章边栏形式多样，印边协调自然，很有韵味。其"子孙永宝""悔之晚矣"等印章，显示了花哨与习气。而"水边篱下"印，呈对角虚实，线条刚柔相济，稍见沉稳，读之令人生有快意。"仲山朱玮石父"印，其边栏借用"亚"字形，较为别致，印文取用金文形式，使人产生新奇与好感。

七、云间派印章边栏

云间派以王睿章为代表，主要活动在康熙年间。王睿章是江苏松江（今上海）人，家贫，以刻印为生。他的印章章法平稳，刀法茂劲，以柔取妍，印风圆熟遒丽，布局独立疏朗。受如皋派影响，有些作品过于花哨，篆法不够严谨，为印人所微。著名的宗法者有王玉如、鞠履厚等人。

（一）王睿章

王睿章（1666年—1763年），清代篆刻家。字贞六，一字曾麓，号雪芩，又号芩翁。江苏奉贤人（今属上海），世居航头镇。家境贫寒，工诗文，以篆刻鬻印为生，不事收集，故存印传世不

淡然幽寄

墨香词藻

愿如此生涯老我

洒园林一番芒种雨

兔颖扫乌丝

一番花事又今年

醉里乾坤小

瑟静琴谐

高怀自赏

煨芋清香草榻前

人在藕花居

趁此良辰客可招

远山叠叠水悠悠

偶看芳草忽相思

修竹乡雪蕉鉴赏

寒儒风致

凤凰窠

开口能生满座春

图17-1 王睿章

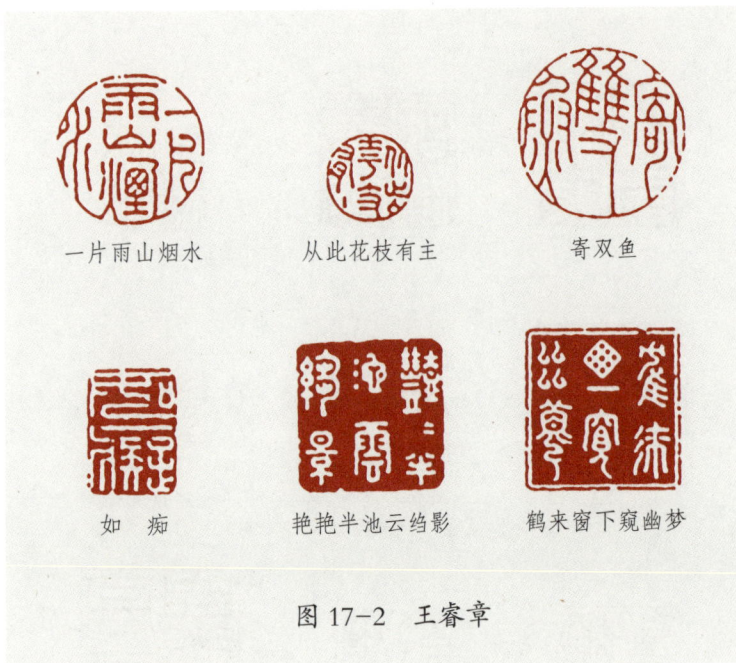

一片雨山烟水　　从此花枝有主　　寄双鱼

如痴　　艳艳半池云绉影　　鹤来窗下窥幽梦

图 17-2　王睿章

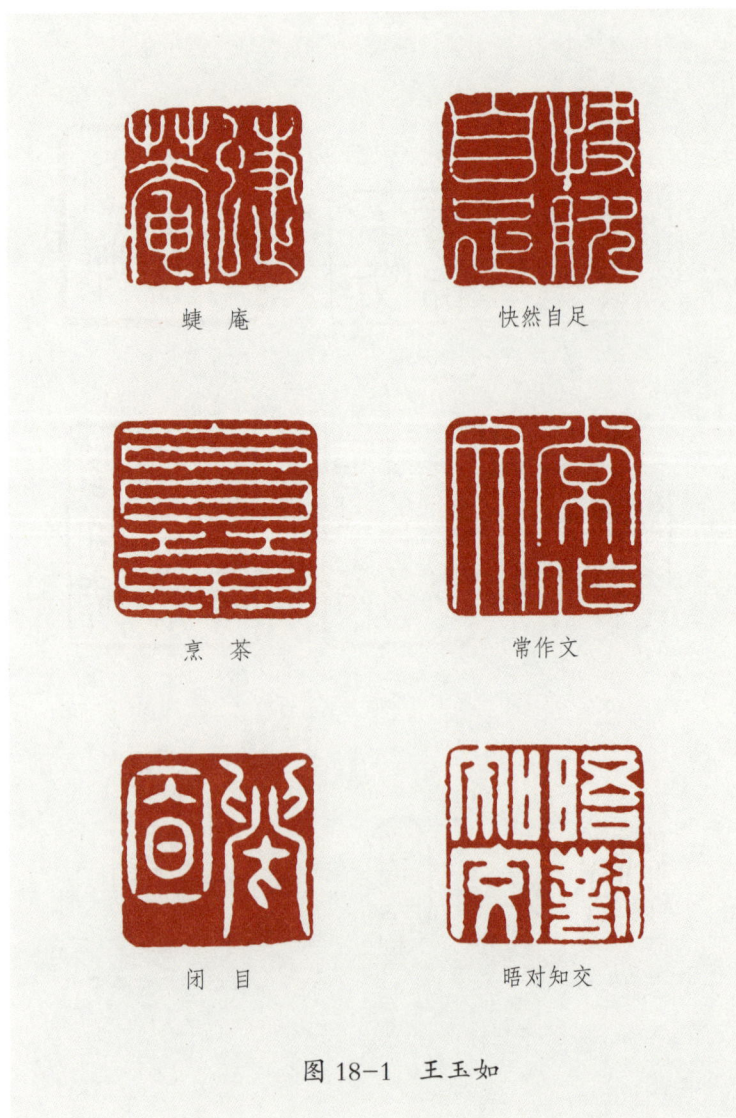

蜻庵　　快然自足

烹茶　　常作文

闭目　　晤对知交

图 18-1　王玉如

多。《明清印人传》云，王睿章篆刻"章法雅妥，刀法朴茂纯浑，虽不能及何雪渔、苏啸民，然骨气磅礴，自具天趣"。作品世称"云间派"。乾隆四年（1739年），为王祖睿刻《醉爱居印赏》二册，时年已近八十岁，其目力、腕力不减年少，名驰当时。另著有《西厢百咏印谱》《印言》《花影集印谱》等。他的有一些印章刻得呆板匠气，篆文结体随意，作多字印时尤呈花哨习气，似如皋派童昌龄、许容等印人之通病。究其原因，王睿章生活困苦，为生计所迫，卖艺鬻印只能迎合顾客，随俗而为，投其某些市民心里所好，故而产生了"商品印"习气之嫌，商品印三字上方所以打上引号，意谓还不能对此一概而论，有时候往往看上去是"习气"的东西，却正是他特有的特色。如图 17 所示，"淡然幽寄""墨香词藻""愿如此生涯老我""艳艳半池云绉影"等印章系白文留红边栏。"洒园林一番芒种雨""兔颖扫乌丝""一番花事又今年""醉里乾坤小""瑟静琴谐""高怀自赏""煨芋清香草榻前""人在藕花居"等印章边栏为朱文细边边栏。"趁此良辰客可招""远山叠叠水悠悠""偶看芳草忽相思""修竹乡雪蕉鉴赏"等印章系朱文粗边边栏。"寒儒风致"印为朱文细边长方形边栏。"凤凰窠""开口能生满座春"等印章为朱文椭圆形边栏。"一片雨山烟水""从此花枝有主""寄双鱼"等印章为白文圆形边栏。"如痴"印属白文长方形留红边栏。

（二）王玉如

见图 18，"蜻庵""快然自足""烹茶""常作文""闭目""晤对知交""蹲

蹲乎会稽投竿东海

弗牵事长思

茶到三杯也醉人

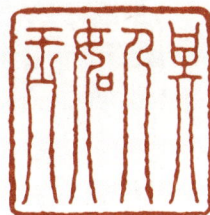

其人如玉

读书之乐乐何如
绿满窗前草不除

举步常看虫螘
禁火莫烧山林

宜笑

览华竹山川妙境

何陋之有

蜻庵

扫地焚香

散步

朗朗如日月之入怀

少出街

折花入瓶

雨香馆

云可赠人

博诗

啸咏

小桥流水人家

魏堂氏

山光照槛水远廊
舞雩归咏春风香

击磬

学书

图 18-2　王玉如

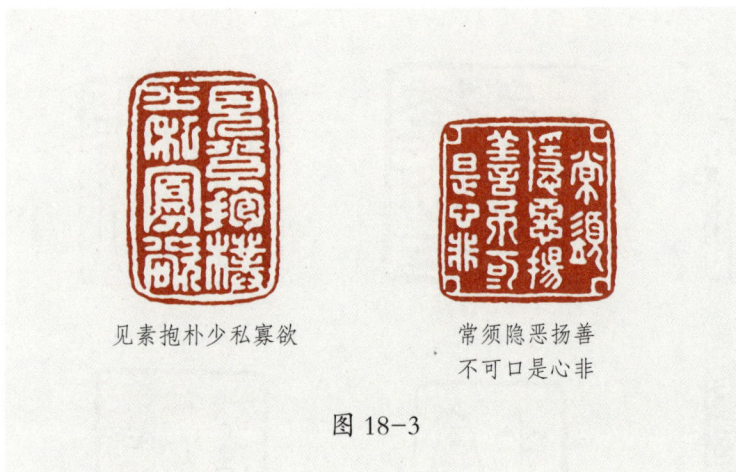

见素抱朴少私寡欲　　　　常须隐恶扬善
不可口是心非

图 18-3

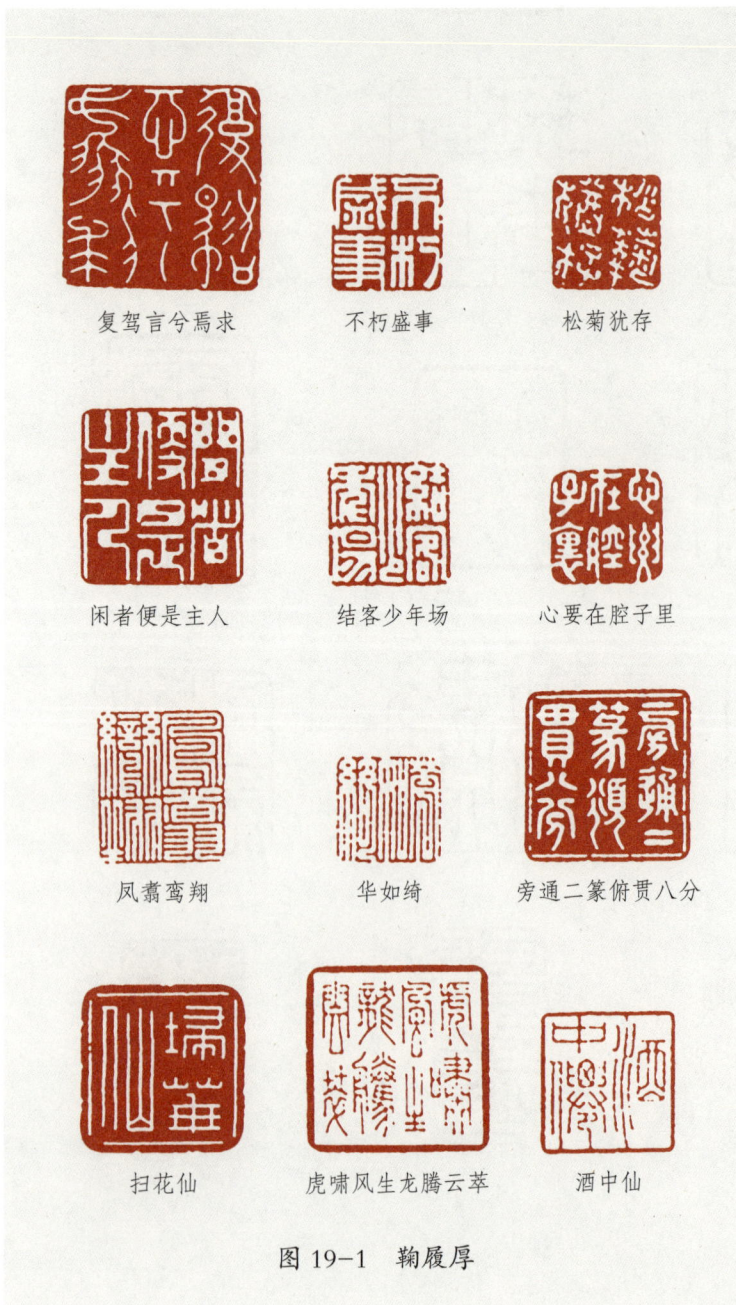

复驾言兮焉求　　　不朽盛事　　　松菊犹存

闲者便是主人　　　结客少年场　　　心要在腔子里

凤翥鸾翔　　　华如绮　　　旁通二篆俯贯八分

扫花仙　　　虎啸风生龙腾云萃　　　酒中仙

图 19-1　鞠履厚

乎会稽投竿东海""弗牵事长思"等印章边栏，系白文留红边栏。"茶到三杯也醉人""其人如玉""读书之乐乐何如绿满窗前草不除""举步常看虫螳禁火莫烧山林""宜笑""览华竹山川妙境""何陋之有""蜻庵"等印章边栏，系朱文粗边边栏。"扫地焚香""散步""朗朗如日月之入怀""少出街"等印章边栏，系朱文细边边栏。"折花入瓶""雨香馆""云可赠人""博诗"等印章边栏，系朱文长方形粗边边栏。"啸咏"印为朱文八边形边栏。"小桥流水人家""魏堂氏"等印章边栏为朱白相间式边栏。"山光照槛水绕廊舞雩归咏春风香"为朱文圆形边栏。"击磬""学书"等印章边栏，为白文长方形留红边栏。"见素抱朴少私寡欲"印系白文长方形"口"字形边栏。"常须隐恶扬善不可口是心非"印为白文"口"字形边栏。

（三）鞠履厚

鞠履厚（1734年一？），清代篆刻家。卒年不详。字坤皋，号樵霞、一草主人等，江苏奉贤（今属上海）人。与表兄王玉如均为云间派篆刻高手。他与王玉如交往甚密，在篆刻艺术上互相探索，共同合作。坤皋有很高的临摹功夫。据传鞠氏早岁日课千言，过于勤奋刻苦，以致得疾，中年羸弱有加，不能角逐名场，乃退居乡里。处事为人谦和和端谨，持身朴质无华，重信守诺。深得乡里称颂，于篆刻艺术亦不间断，奏刀之余广采博集，疏理元至清的印论，汇辑成《印文考略》，堪称印学研究史上佳作。但鞠氏有一些印章作品品位不高，过于花哨，不足为法，另著有《坤皋铁笔》二卷行世。如图19所示，鞠履厚印章边

栏主要有:

1、白文留红边栏:"复驾言兮焉求""不朽盛事""松菊犹存""闲者便是主人""结客少年场""心要在腔子里"等印章边栏,属白文留红边栏。"不朽盛事"一印,相当古朴工稳,布白留红有自然之趣。"松菊犹存""闲者便是主人"等印章缺乏形式美感与法度,缺乏传统篆刻艺术的品位与标准,不算成功之作。

2、白文逼边边栏:"凤翥鸾翔""华如绮"等印章,满白布局,纵横自如。

3、白文"口"字形边栏:"旁通二篆俯贯八分""扫花仙"。

4、朱文粗边边栏:"虎啸风生龙腾云萃""酒中仙""我心写兮""无愧寸心难"。

5、朱文椭圆形边栏:"游于艺"印为朱文椭圆形边栏。印章精巧绝丽,典雅秀丽,章法上虚实相生,线条的纵横走向上下穿插、左右顾盼都各有姿态,使转温润圆道,印文与边栏和谐得体。

6、朱文方圆式边栏:"天清地宁"印,外面是圆形边栏,里面是方形边栏,印文布白在方形边栏内很别致,故属朱文方圆式边栏。此印缺乏形式美感与法度,线条缺乏传统篆刻艺术的品位与力度。

7、朱文细边边栏:"渔弋山水""岂为功名始读书""酒熟花开二月时""吟到梅花处"。

8、朱文长方形粗边边栏:"晴窗一日几回看""长啸激清风""千岩竞秀万壑争流"等印章边栏。为朱文长方形粗边边栏。"晴窗一日几回看"是仿林皋的一方朱文印,神韵俱佳,逼肖几可乱真。

我心写兮　　无愧寸心难　　游于艺

天清地宁　　鱼弋山水　　岂为功名始读书

酒熟花开二月时　　吟到梅花处　　晴窗一日几回看

长啸激清风　　千岩竞秀万壑争流

图 19-2　鞠履厚

臣受性愚陋人事多所不通　　十六金符斋　　鲲游别馆

祇雅楼印　　别时容易见时难　　曾作歇浦寓公

图 20-1　黄士陵

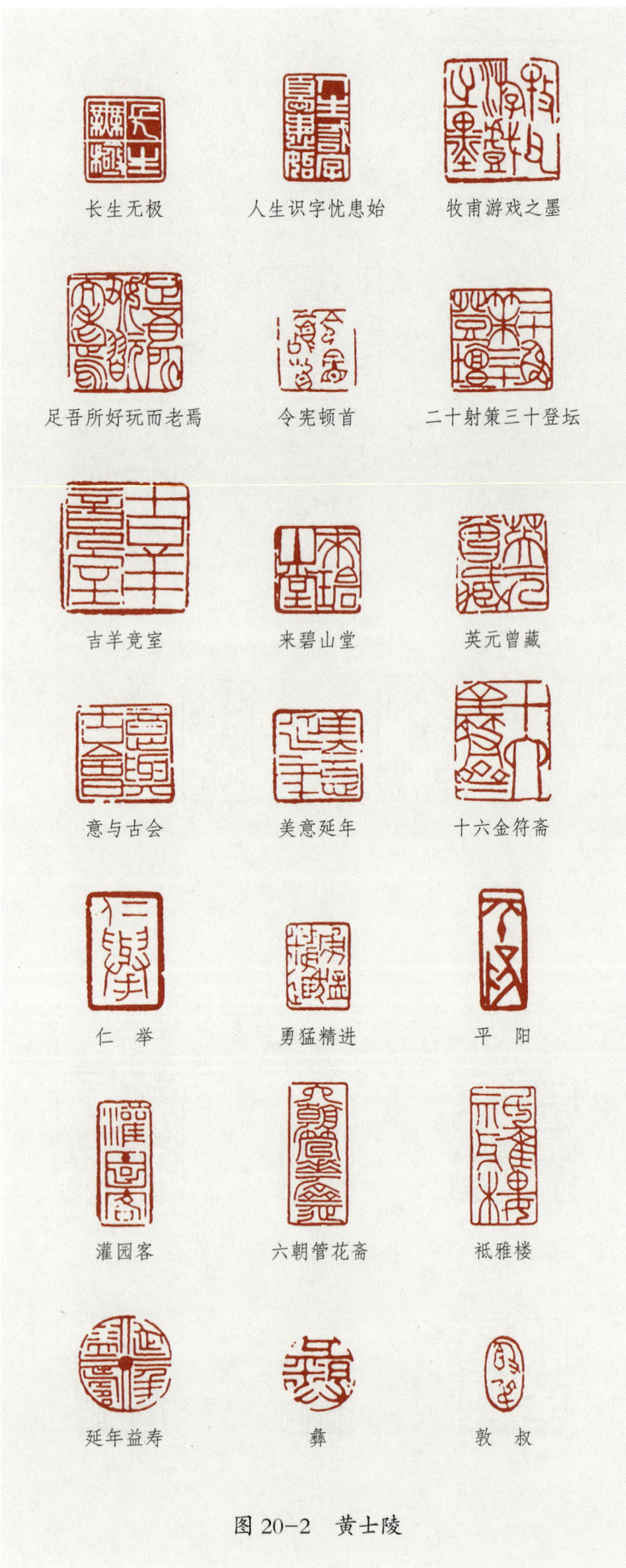

长生无极 　 人生识字忧患始 　 牧甫游戏之墨

足吾所好玩而老焉 　 令宪顿首 　 二十射策三十登坛

吉羊竟室 　 来碧山堂 　 英元曾藏

意与古会 　 美意延年 　 十六金符斋

仁举 　 勇猛精进 　 平阳

灌园客 　 六朝管花斋 　 祗雅楼

延年益寿 　 彝 　 敦叔

图 20-2　黄士陵

八、黟山派印章边栏

黟山派创始人系黄士陵，因其籍地为安徽黟县而得名。他的篆刻成就很突出，印章宗法汉印，所刻朱文印采用权量、诏版、泉币文字入印，挺拔犀利。白文印受赵之谦影响，方正朴实，刚劲雄健。他主张篆刻不敲边、不去角、不加修饰，故他的作品精神丰满，光洁利落，爽朗豪放，能在皖、浙派之间独辟蹊径，卓然成家，开创了吉金之美的篆刻艺术新格局。

（一）黄士陵

黄士陵（1849年—1908年），字牧甫，一作穆甫，号倦叟，安徽黟县人。为晚清有很高成就的书、画、篆刻家。写魏楷、大篆，笔力犀利，犹如刀削。作工笔花卉或古代铜器，往往施以重彩，区分阴阳向背。书画都有自己风格。其篆刻成就更为突出。治印初学吴熙载，而后取法汉印，间用金文入印，章法疏密处理，匠心独运，能在极险中得平衡，而在平实中追取超逸，刀法刚健，堪称前无古人。印章边栏他主张篆刻不敲边，不去角，不加修饰，因而作品平正朴实，愈显精神。署款用北魏书体，爽朗豪放，亦见功力。他在浙皖两派外另辟蹊径，对篆刻艺术的发展做出了重大贡献。曾从吴大澂游，居广州的时间较久，对岭南篆刻的发展起了一定的作用。如图 20 所示，"臣受性愚陋人事多所不通""十六金符斋""鲲游别馆""祗雅楼印""别时容易见时难""曾作歙浦寓公"等印章边栏，属白文留红边栏。"长生无极"印章边栏为白文"田"字格边栏。"人生识字忧患始"印章边栏为白文方形留红边栏。"牧甫游戏之墨""足吾所好玩而老焉""令宪顿首""二十射策三十登坛"等印章边栏，属朱文细边边栏。"吉羊竞室""来碧山堂""英元曾藏""意与古会""美意延年""十六金符斋"等印章边栏，均为朱文粗细混合式边栏。"仁举""勇猛精进""平阳""灌园客""六朝管花斋"等印章边栏为朱文长方形粗边边栏。"祇雅楼"印为朱文细边边栏。"延年益寿"印属瓦当式边栏。"彝"印为朱文圆形边栏。"敦叔"印为朱文椭圆形边栏。

（二）李尹桑

李尹桑（1882 年 —1945 年），清末民国篆刻家。原名茗柯，号玺斋、壶甫，别署溟柯、桑、壶父、秦斋，室号有灵馆、宣灵残瓦之室、长生安乐之室、双清阁等。江苏吴县人。后随父寓居广州，尹桑之父与同在广东的黄士陵过从甚密，茗柯遂师从牧甫学艺。乃至牧甫北归，尹桑仍治印不辍。近代印坛以专精古玺而驰誉者，当属尹桑为翘楚，他的朱文小玺奇峭峻拔，常借古泉文字入印，所作大印达五厘米见方，此外，李尹桑还擅长篆书、隶书书法，花卉、树鸟亦存精神。著有《大同石佛龛印存》《异钩堂玺印集存》《戊寅玺印稿》《李玺斋印存》《李尹桑印存》，与易孺合辑《秦斋魏斋玺印合稿》等。李尹桑印章边栏种类较多，形式不同，较为丰富多彩，如图 21所示主要有：

1、白文留红边栏："桑玺""步昌私印"。

2、白文"口"字形边栏："赤堇赵氏之玺""孙文之玺""冯衍锷""槐荫堂藏""啸公手笔""易熹又名简""少

桑玺　　　　步昌私印　　　赤堇赵氏之玺

孙文之玺　　　冯衍锷　　　槐荫堂藏

啸公手笔　　易熹又名简　　少安纪

黄节　　　　　玺斋　　　　余绍宋

癸亥　　　　高仑之玺　　　逸仙

沤波小榭　　　晦闻　　　　乙亥

翠墨淋漓　　　均室　　　叔孺　　随斋
茧纸香

图 21-1　李尹桑

宾弘	先黄石斋一日后唐伯虎四日生	古泉山斋
张纪	琴趣轩	张少连

图 21-2　李尹桑

沈凤私印	纸窗竹屋灯火青荧	散发高吟
白发三千丈	仁者寿	凡民临古
鸥边亭长	结客少年场	偃息于仁义之途 恬淡于浩然之域
长留天地间	潇洒枕书眠	止谈风月

图 22-1　沈凤

安纪"。

3、白文竖栏边栏："黄节""玺斋""余绍宋""癸亥"。

4、白文田字格边栏："高仑之玺"。

5、朱文粗边边栏："逸仙""沤波小榭""晦闻"。

6、朱文长方形粗边边栏："乙亥"。

7、朱文长方形细边边栏："翠墨淋漓茧纸香"。

8、朱文古玺式粗边边栏："均室""叔孺""隋斋""宾弘"等印章，约一厘米见方，小巧可爱。他的篆刻印风纯正，格调高雅，清晰悦目，秀美无比，且愈小愈见其神妙。其章法布白、方圆离合、挪让疏密，悉照先秦古法，而又能巧为变化。不以敲击斑驳为事，线条光洁温柔，能见牧甫风韵。

9、朱文栅栏式边栏："先黄石斋一日后唐伯虎四日生"。

10、朱文钱币式边栏："古泉山斋"。

11、朱文椭圆形饰灵式边栏："琴趣轩"。

12、白文饰灵式边栏："张少连""张纪"。

九、四凤派印章边栏

沈凤创立的篆刻流派为四凤派。沈凤的篆刻涉及时间长达 60 年之久，印路宽广，面貌多样，功力深厚。另有高凤翰、高凤冈（高翔）、潘西凤等人，取其名字中共用的凤字而命名。当然篆刻艺术上的四凤派已超越了这四位印人的意义了，而是指雍、乾年间活跃在扬州地区一批风格相近的印人，包括石涛、八怪等篆刻家。他们的艺术主张主要是印章应宗法秦汉，师古不泥古，反对柔弱造作之作，章法布局、黑白对比疏朗自然，用刀不拘程式，倡导向多元、多极的方面发展，四凤派另有著名印人石涛、郑燮、金农、汪士慎、罗聘、李鱓等。

（一）沈凤

沈凤（1685年—1755年），清代篆刻家。字凡民、凡溟、樊溟，号补萝、谦斋、帆冥、凡翁、桐君、补萝外史、罨画居士等。江苏江阴人。少年时即喜爱吉金篆籀古文，无奈穷乡僻巷没有秦汉金石遗文可供借鉴学习。后云游四方，搜访古今名迹，在扬州收藏家程从龙家，遍观商周彝器，秦汉玺印，及晋唐书画真迹。细加临摹，仿制秦汉古印千余方，1715年辑成《谦斋印谱》行世。他曾寓居扬州20多年，与郑燮、金农、高凤冈、李方膺、袁子才等书画大家过从甚密，为名彦硕儒刻印无数，深受众多书画家喜爱，饮誉当时。沈凤曾受业于王澍，深得器重。54岁时入仕，先后在盱眙、旌德、宣城等地任县令。乾隆二十年卒于故里，终年71岁。沈凤不仅与高凤翰齐名，而且还创立"四凤派"，并成为四凤派的首领。曾自言："篆刻第一，画次之，字又次之。"他的篆刻功力深厚，耽心潜研六十余年，印路宽广，内涵丰富。图22中他的白文留红边栏鸟虫篆印"沈凤私印"，是当时不多见的新体式，同代印人亦很少问津。他却信手拈来，毫不费力，堪称底蕴丰厚，眼界开阔。"纸窗竹屋灯火青荧"一印，系沈凤早年临摹周亮工（1612年—1672年）的印作，此印沈凤刻有四方：一赠其师王澍；一赠王澍师彭南昌；一赠好友裘鲁青；一沈氏自留，此外，"散发高吟""白发

竹里秋声酒一壶

露湿宵萤欲暗

当不作率尔人

沈凤之印

幽独赖鸣琴

白鹿山人

凤 印

竹丈人

石 寿

谦 斋

气象万千

白须老人

清虚恬静

丙寅人

长寿富贵

古 欢

图 22-2　沈凤

三千丈""仁者寿""凡民临古"等印章皆为白文留红边栏。"鸥边亭长""结客少年场"等白文逼边边栏印章，深得秦汉遗韵，分朱布白疏密有序，气贯方寸，洋溢着动中寓静的意境。结体古拙精美，用刀生涩、顿挫、老辣，脱尽纤弱娟媚之气。空白、留红之处，能见虚实相生自然之趣。印文线条粗处特粗，但不过分；细处特细，但不过柔。刚而不僵，寓刚于柔。柔而不怯，寓柔于刚，内含筋骨，俱得佳境，此外"偃息于仁义之途恬淡于浩然之域""长留天地间""潇洒枕书眠""止谈风月""竹里秋声酒一壶""露湿宵萤欲暗""当不作率尔人""沈凤之印"等印章皆为白文逼边边栏。"幽独赖鸣琴""白鹿山人""凤印"等印章系朱文细边边栏。"竹丈人"印为朱文"亚"字形边栏。"石寿""谦斋""气象万千"等印为朱文粗边边栏。"白须老人"为白文"口"字形边栏。"清虚恬静"为朱文田字格边栏。"丙寅人"印为白文椭圆"○"字格边栏。"长寿富贵"印四周饰有四灵，故称为灵形边栏。"古欢"印属白文长方形留红边栏。

（二）高凤翰

高凤翰（1683年—1748年），清代篆刻家。字仲威、西园，号南邨、南阜、云阜、南阜居士、南阜山人、石道人、老阜、檗琴翁、息园叟、尚左生、南阜老人、云阜老人、丁巳残人、天禄外史等。山东胶城南三里河村人。寓居扬州，系"扬州八怪"之一。书法造诣很深，工汉隶、行草。雄浑古朴、圆劲飞动。受砚成癖，藏砚多至千余方，自刻砚铭165方。篆刻究心缪篆，八、九岁时便弄石，至五十多岁名满当时。曾出任安徽歙县、

绩溪县知县，均有政声。雍正十一年（1733年）出任江苏仪征县县丞、泰州巡盐分司等。官场险恶，数度被人诬告，革职并被投入监狱，牢狱之苦，身心交病。使他的右手残废。决然摆脱宦海束缚，始在扬州卖画为生。并以左手代替右手从事篆刻艺术创作。毅力惊人，作品苍古朴茂，魄力宏大，格调高雅，为世所推崇。与他印章艺术的粗犷荒率相契合。他印章的边栏最富特色的是大破大残式的白文留红边栏。如图23所示，高凤翰"家在齐鲁之间"一印，印面十分粗糙，线条不求规范、不求匀称，它的边栏则呈大破大残，放任不羁。此印流落古玩市肆，为人发现时已剥蚀崩坏，所好未损印文。天人合一，共致苍劲古拙形貌。"横扫""雪鸿亭长""左手髯高""丁巳残人""左军痹司马""别昧"等印，亦属残破式边栏。"檗琴"一印，系朱无边栏印章。"左画"印，系朱文葫芦形象形式边栏。"生有印癖""凤翰私印"，印中留有横向红地，系白文横红边栏。"檗下琴"，"下"字左右都有纵向的留空，系朱文竖白式边栏。"黄海司云吏"一印，"司云"左右都有纵向的留红，系白文竖红式边栏。"家在紫金浮玉之间""高氏西亭亭长"等印为白文"口"字形边栏。"西园"印属朱文粗边边栏。"无法之法""挥毫落纸如云烟"印，一为横向长方形，另一为纵向长方形，故皆为朱文长方形细边边栏。"偶然仕宦"印为白文留红边栏。高凤翰的边栏在荒率粗犷、斑驳破残的形式下，尤为注重自然意趣，能品味到一种内在的韵律与节奏。他的右手残废后，以左手治印，更朴茂而多妙趣，刀法古拙，

家在齐鲁之间

横　扫

雪鸿亭长

左手髯高

丁巳残人

左军痹司马

别　昧

檗琴

左　画

生有印癖

凤翰私印

檗下琴

黄海司云吏

家在紫金浮玉之间

高氏西亭亭长

西　园

无法之法

挥毫落纸如云烟

偶然仕宦

无画才而有画意

图 23　高凤翰

猛利磅礴之势溢于印表，人们对他篆刻艺术上孜孜不倦的追求精神，感佩之至。

（三）高翔

高翔（1688年—1754年），清代篆刻家。字凤冈、凤岗，号犀堂，亦作西唐、西堂、西塘、阿凤、西唐山人、山林外臣等。江苏扬州甘泉人。其父高玉桂系康、乾年间著名的诗人，少受庭训，使之书、画、诗、印俱能，为"扬州八怪"之一。高翔家居扬州大东门外，而石涛亦住在扬州大东门外小秦淮天心墩，相距不过百米。这使得高翔与石涛书画往来十分便利，久之则成了忘年交。石涛很器重高翔的聪慧与才能，两者建立了深厚的友谊与感情。高翔二十岁时，石涛去世，每逢清明，均为石涛扫墓，传为艺坛美德。高翔性格较为孤僻，闭门简出，种花养鸟，不问尘事。与丁敬、郑燮、汪士慎、朱冕、蔡嘉、金农、沈凤、李蝉等友善。篆刻取法石涛、程邃、晚年右臂病残，毅力过人，坚持用左手治印。他治印的风格十分丰富多姿，无论朱白，均重笔意、重笔势，且重意趣。印章浑朴端庄，拙中寓巧，章法谨严。他生平不轻易为人奏刀，但为金农刻了一批印章，亦有一些增人之作传世。著有《西塘诗钞》。如图24所示，"弯弓挂扶桑长剑倚天外"一印，切刀刻之，浙派面貌，边栏十分奇妙，印上、印左只呈少量的一点细边，断断续续，似有非有。如"空山无人水流花开"一印，汉印格调，刀笔刚健拙朴，文字布白疏密有致，大小参差，极为呼应，正中一个"水"字，作斜向处理，险绝无比，充满动势，且暗合水流之貌，具有自然形象意义，可谓画龙点睛，妙不可言。"西唐山人"

印，印文作三行并列式布置，首尾每字各占一行，而中行"唐"与"山"叠似一字，"人"字十分狭小，与"西"呼应协调。印文上下留空，可见高氏因字制宜，驾驭篆法、章法、刀法的技巧很纯熟。"半亩园林数尺堂""意思萧散""福寿臻人""弯弓挂扶桑长剑倚天外"等印作，亦颇具风采，表现得非常平远淡泊。耐人寻味。"宽柔和惠则众相爱""蔬香果绿之轩"两印亦然，边栏采用了残缺式，使印文更醒目突出。"茹芝饵黄"印系无边栏印章。印文圆曲呼应，团聚、向心力尤强，全印外形仍趋向平稳方正。

图24中"高翔""士慎""西唐山人""程镰"等印，系一组朱文粗边栏印，此类边栏得到了许多明清印人的承袭与沿用，源自古玺及秦汉，高翔的这类边栏刻得很精到空灵，大气磅礴，边栏的转折衔接十分含蓄自然。"福寿臻人""七峰居士"等印，白文留红边栏异常方正挺劲。停匀精致，像印中的印文一样，格调和谐一致。"意思萧散""空山无人水流花开""酒半醒时月上西窗"等印为白文留红边栏，以圆润柔丽见长，"为人也真"印，取法汉印，白文边栏呈残缺式。留红与残缺用对角对称的方法设计，有虚有实，有疏有密，独具面目。"启事"一印，为二灵式边栏，与众不同的是，二灵之形饰满了印文的四周，打破了传统的左右二灵式边栏格局。"怡颜堂图书"一印，系赠人之作，白文"口"字形边栏，一派古拙清雅之貌，秦汉遗意，斑驳残缺自然，颇具意趣。"山林外臣"为白文"田"字格边栏。"半亩园数尺堂"为朱文长方形粗边边栏。"长啸呼风"印为白文长方形留红边栏。

弯弓挂扶桑长剑倚天外

空山无人水流花开

西唐山人

半亩园林数尺堂

意思萧散

福寿臻人

宽柔和惠则众相爱

蔬香果绿之轩

茹芝饵黄

高 翔

士 慎

程 镰

七峰居士

酒半醒时月上西窗

为人也真

启 事

怡颜堂图书

山林外臣

长啸呼风

先忧事者后乐事

图 24　高翔

（四）潘西凤

潘西凤（1736年—1795年），清代篆刻家。字桐冈，号老桐，别号天姥山樵，浙江新昌人。久居江苏扬州，系王良常弟子，与郑燮、李鱓、杨谦等名宿过从甚密。篆刻艺术上宗秦汉，师近文彭、苏宣一路。系"四凤派"代表"四凤"之一。后回浙江黄冈岭祭祖，偶得奇竹，裁以为琴，调以成声，曾为士林佳话。而且还以竹入印，曾作《竹简十七帖》，可知其刻竹技艺精湛。如图25所示，潘西凤"画禅"一印，即为潘氏传世竹印，白文长方形留红边栏，平实的线条，方折遒丽，笔意斑驳，刀法亦无懈可击，堪为精品。在竹上刻边款更为困难，但她还是步法不乱，一似印石之款，十分苍莽古朴，呈大家气度。此外，"风流肯落他人后""福不可极留有余"等印，亦属白文长方形留红边栏。"幸遇三杯酒美况逢一朵花新""白发多时故人少""渐惊他秋老梧桐""色即是空空即是色""汪启淑印"等印章，皆属白文留红边栏。再如白文留红边栏"寄兴于烟霞之外"一印，体现了汉印的相当水准，呈端庄静穆之气。印的外形方正，四角呈圆，这与方圆相济的印文同步协调。字画之间顾盼呼应之状情趣盎然。"二十八宿罗心胸"印为朱文长方形细边边栏。

十、石涛

石涛（1630年—1707年），明末清初篆刻家。姓朱，名若极。后更名原济、无济、超济。小字阿长，字石涛，号苦瓜和尚、瞎尊者、清湘老人、大涤子、粤山人、一枝叟、零丁老人等。系明九世靖江王朱亨嘉之子。幼年出家，曾拜松江名僧旅菴、本月为师，法号道济，传授佛学。晚年定居扬州，卒于扬州，葬平山堂后蜀冈。石涛于诗、书、画、印都有很高的成就，为世人公认的大画家，而他的印名被画名所掩。他的印章宗法汉印。后与程邃为友，篆刻受其影响，全面承袭了程的印学内涵。并很快走出这个圈圈，表现出强烈的个性而独具自己的面貌。如图26所示，石涛的"零丁老人"印，属朱文粗边边栏，语出文天祥《过零丁洋》诗，喻不忘国耻、怀念故国之意，古玺形式，自然多姿。此外，"清湘济"印亦属朱文粗边边栏。朱文长方形粗边边栏"瞎尊者"印，指盲人失明，凡失明皆希以"复明"，可见石涛心怀复明之志。印文线条细劲拙涩，结体工致多趣，呈对角呼应。"冰雪悟前身""清湘石涛""苦瓜和尚济画法""前有龙眠济""四百峰中若笠翁图书"等印章，属白文长方形留红边栏，不仅结体篆法变化多端，而且刀法功力深厚，冲切兼施，印文线条质朴老到，令人玩味不尽。"膏盲子济""藏之名山""眼中之人吾老矣""阿长"等印章为白文留红边栏。"大涤子"印为朱文细边残破式边栏。"半个汉"为白文长方形留红残破式边栏。

十一、郑燮

郑燮（1693年—1765年），清代篆刻家。字板桥、克柔、风子、樗散人、红雪山樵、板桥居士、板桥老人、板桥道人。排行第一，自称郑大、郑大郎。江苏兴化人，"扬州八怪"之一。早年家

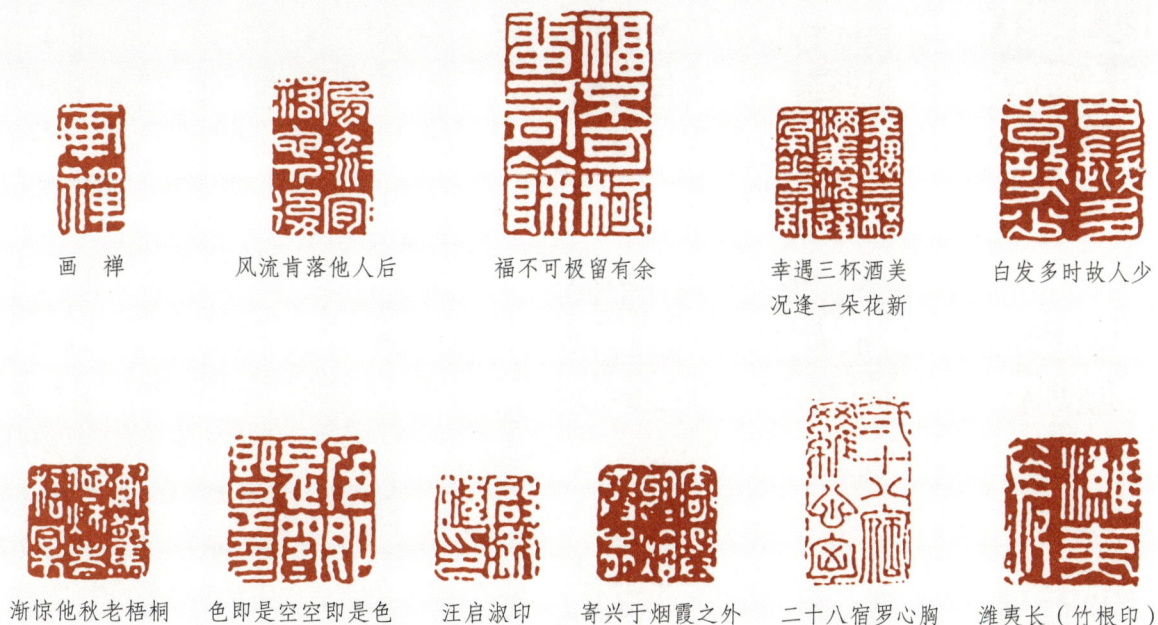

| 画 禅 | 风流肯落他人后 | 福不可极留有余 | 幸遇三杯酒美
况逢一朵花新 | 白发多时故人少 |

| 渐惊他秋老梧桐 | 色即是空空即是色 | 汪启淑印 | 寄兴于烟霞之外 | 二十八宿罗心胸 | 潍夷长（竹根印） |

图 25　潘西凤

| 零丁老人 | 清湘济 | 瞎尊者 | 冰雪悟前身 | 清湘石涛 |

| 苦瓜和尚济画法 | 前有龙眠济 | 四百峰中若笠翁图书 | 膏盲子济 | 藏之名山 |

| 眼中之人吾老矣 | 阿 长 | 大涤子 | 半个汉 | 赞之十世孙阿长 |

图 26　石涛

237

红雪山樵　　　　郑燮之印　　　　老画师

板桥　　　　燮何力之有焉　　　　乾隆东封书画史

以天得古　　　　郑板桥　　　　借书传画

麻丫头针线　　　　老而作画　　　　古　狂

兴化人　　　　郑为东道主　　　　凤

谷　口　　　　书画悦心情

图 27　郑燮

贫，幼小即聪颖，读书饶有别解。郑燮是康熙秀才、雍正举人、乾隆元年（1736年）进士，乾隆六年（1741年）任山东范县知县，十一年（1746年）自范县调署潍县知县。乾隆十八年（1753年）因助农民诉讼及办理赈济得罪地方豪绅而罢官。之后在扬州卖画，系清代著名书画家，善诗、词、曲及书札散文，以诗、书、画"三绝"著称于世。书法以篆隶参入行楷，纵横交错，瘦骨嶙峋，刚健奇峭，如乱石铺路，创"板桥书体"，自称"六分半"书。篆刻宗法汉印，平实大方，章法疏密得宜，开合有度，知白守黑。印文线条有的粗壮浑厚、有的细劲隽秀。落刀果断，收刀有意，或冲或切，皆到好处。板桥篆刻又取法程邃、石涛、高凤翰等，风格多变，尤重于浑厚豪放、气势博大一路印风。板桥当过12年七品县令，在任期间他不谋富贵，同情贫民之心极为强烈，所得字画收入，多半用来周济穷人百姓。有《郑板桥先生印册》《郑板桥全集》等传世。如图27所示，郑板桥"红雪山樵""郑燮之印""老画师""板桥"等印章为白文留红边栏，均用切刀所刻，强化腕力，发于刀杆，作顿挫行进，体现出一种雄浑拙厚的节律感。白文逼边边栏"燮何力之有焉"一印，苍莽淋漓，犹似一声感叹，动人心扉。此外，"乾隆东封书画史""以天得古""郑板桥"等印章亦为白文逼边边栏。"借书传画""麻丫头针线""老而作画""古狂""兴化人""郑为东道主"等印章皆为白文长方形留红边栏。"凤"印为朱文椭圆形边栏。"谷口"印为朱文长方形细边边栏。"书画悦心情"印为白文不规则形边栏。

十二、金农

金农（1687 年—1763 年），清代篆刻家。字寿门、司农、吉金、东心、古泉、金牛、老丁，号百研翁、耻春翁、寿道士、冬心先生、昔邪居士、曲江外史、稽留山民、龙梭仙客、金二十六郎、心出家盦粥饭僧等。浙江杭州籍。早年停经扬州，与汪士慎、高翔、郑燮等人交谊笃深，康熙四十六年（1707 年）到苏州，寄寓何焯家读书学习。乾隆元年（1736 年）荐举"博学鸿词"未就，便出游名山大川，考察风土人情，足迹半海内。乾隆十五年（1750 年）定居扬州，直至逝世。他为著名的"扬州八怪"之一，他精通书法，工隶、楷，将《国山碑》和《天发神谶碑》融入隶、楷之中，独标风范，自创一格，号称"漆书"。他的篆刻十分精到老辣。从其常用印看，金农的印风应与高翔、丁敬一路吻合接近。所辑印章均系金农常用之印，是否亲镌则有待方家考证。著有《冬心先生集》《三体诗》《画竹记》等。如图 28 所示，金农"百二研田富翁""金司农印""金吉金印"等印章皆为白文留红边栏。"寿门"印章为白文"口"字形边栏。"临池"印章为白文长方形"口"字形边栏。"金农印信""金氏八分"等印章为朱白相间式边栏。"古泉"印章为钱币式边栏。"努力加餐饭""冬心先生"等印章为朱文细边边栏。"百研翁""己卯以来之作"系朱文粗边边栏。"金氏寿门书画"印为朱文长方形细边边栏。

百二研田富翁　　金司农印　　金吉金印

寿门　　临池　　金农印信

金氏八分　　古泉　　努力加餐饭

冬心先生　　百研翁　　己卯以来之作　　金氏寿门书画

图 28　金农

尚留一目著花梢　　左盲生　　巢林

一生心事为花忙　　汪士慎　　甘泉山居樵

图 29-1　汪士慎

十三、汪士慎

汪士慎（1686年—1759年），清代篆刻家。单名慎，字近人，号巢林、阿慎，又号七峰、甘泉山人、甘泉寄樵、晚春老人、左盲生、溪东外史等。安徽歙县藉，久居扬州。与金农、华嵒等人过从友善。为"扬州八怪"之一。乾隆四年（1739年）时，曾旅居浙杭，不久即还扬州。汪士慎常常深居简出，关门焚香，独坐品茶，号称"汪茶仙"。有常吟诗作画，彻夜不眠，不知疲倦，生活及其清苦，影响了他的身心健康。左目失明，仍凭一抹晴窗微光，右眼朦胧，画梅花、写八分。汪士慎有诗句云"隐几宜晴画，挥毫仗小明"，并刻有印作"左盲生""尚留一目著花梢""心平意正""一生心事为花忙"等。他不求名利，心清淡泊，布衣终生。乾隆十八年（1753年）他67岁时，双目俱瞽，仍摸索写狂草。其毅力、其精神足堪可嘉。金农曾赞曰："盲于目，不盲于心。"著有《巢林诗集》行世。他的篆刻章法谨严，清丽多姿，寓变化于端庄平实之中。像他的书画一样，在他的篆刻作品中绝不故作惊人之笔。如图29所示，汪士慎的"尚留一目著花梢""左盲生""巢林""一生心事为花忙""汪士慎"等印章皆为白文留红边栏。"甘泉山居樵"印为白文长方形留红边栏。"马曰璐印"为朱白相间式边栏。"汪慎"印为白文圆形边栏。"晚春老人""与林处士同邑""近人书画"等印章皆为朱文粗边边栏。"三思而后行""卧雨山房""心平意正""七峰草堂"等印章皆为朱文细边边栏。其"七峰草堂"印，线条挺健，印文彼此呼应，诸多带曲弧线排比并列，意在寄托一种协调、含蓄、柔丽的风韵。无论是刀还是笔，都达到了第一流炉火纯青的地步。"富溪汪氏""金氏寿门"等印章皆为朱文无边印。

十四、罗聘

罗聘（1733年—1799年），清代篆刻家。字遯夫、两峰，别署花之寺僧、金牛山人、蓼洲渔父、竹叟衣云和尚、两峰子、喜道人等。祖籍安徽歙县，其先辈定居扬州，遂为扬州人。他是"扬州八怪"之一，25岁时，正式成为金农的弟子，其篆刻艺术重传统，力追秦汉。其印作端庄大方，正气浩然，章法工致平正，从印文的字里行间、从结体的疏密离合之中，充满着苍浑与古朴的气息，印文的整体性特别强，俯仰呼应，顾盼生情，每个字都相辅相成，结体的自然合理无与伦比。字画的线条把握得非常有分寸，无论是白文还是朱文，屈伸圆转，纵横斜直，都井然有序。用刀冲切并施，干净利落，印风雄强，静中有动，毫无霸气。尤为难能可贵的是在方寸之上，能融入个人胸臆与情趣，使印章富于个性与变化。罗常年以卖画为生，过着清贫的生活，平素与邓石如过从甚密，彼此常以画印相赠，传为艺苑美谈。1799年罗氏去世后，"八怪"时代即告结束。葬甘泉县西乡小胡家厂。有《香叶草堂诗存》传世。如图30所示，罗聘印章白文留红边栏有："遯夫""无所住盦""罗聘私印""名余曰聘"等印。朱文细边边栏有："人日生人""梅花道场""冰雪之交""衣云和尚""白衣门

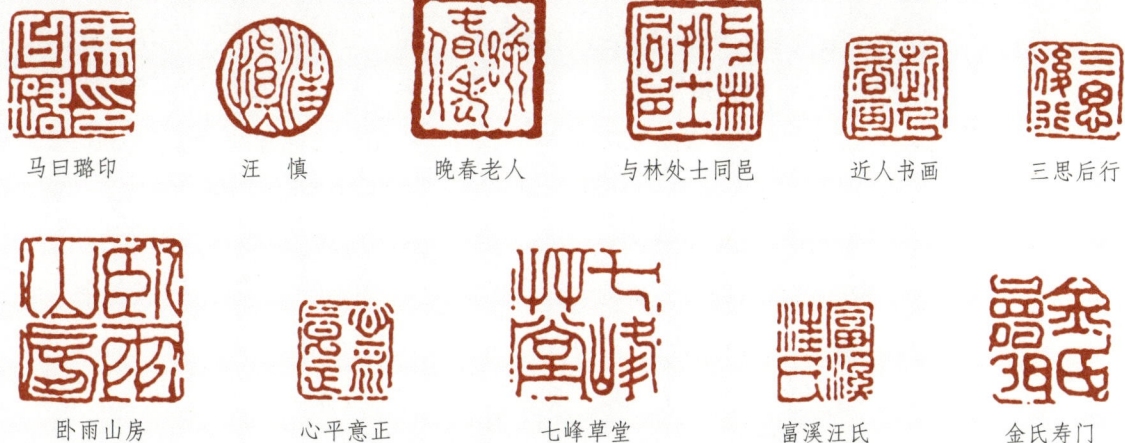

马日璐印　　　汪慎　　　晚春老人　　与林处士同邑　　近人书画　　三思后行

卧雨山房　　　心平意正　　　七峰草堂　　　富溪汪氏　　　金氏寿门

图 29-2　汪士慎

遯夫　　　无所住盦　　罗聘私印　　名余日聘　　人日生人　　梅花道场

冰雪之交　　衣云和尚　　白衣门下　　扬州罗聘　　两峰审定　　人日生人

两峰　　得风作笑　　我是如来最小之弟　　香草诗林　　一切众生弟子衣云

臣聘　　　闺中诗画　　　山林外臣　　　　罗　　　　两峰画印

图 30　罗聘

下""扬州罗聘""两峰审定"等印。白文田字格边栏有:"人日生人""两峰"等印。朱文长方形粗边边栏有:"得风作笑""我是如来最小之弟"等印。朱文长方形细边边栏有:"香草诗林"印。朱白相间式边栏有;"一切众生弟子衣云""臣聘"等印,前者"衣云"两字以朱文形式布白于印中,非常别致。朱文粗边边栏有:"闺中诗画""山林外臣"等印。朱文圆形边栏有:"罗"印。朱文无边栏印有:"两峰画印"印,纵横凌厉,挺拔方劲,很有气势。

十五、李鱓印章边栏

李鱓(1686年—1762年),清代篆刻家,鱓一作觯,字宗扬,号复堂、懊道人,木头老子、里善、中洋、中洋氏、墨磨人、衣白山人、滕薛大夫、苦李等。江苏兴化人。为"扬州八怪"之一。康熙五十年(1711年)举人,曾供奉内廷,博学能诗文,五十二年(1713年)以献诗得用,后任山东滕县知县,因得罪上司而被罢黜。这样的经历与遭遇,形成了他对书画篆刻特定的基调与审美意趣,主要表现在印章作品中用刀古奥生拙,大破大残,似断非断,冷镌脱俗的风格。李鱓晚年筑浮沤馆于城南,啸咏以终。如图31所示,李鱓印章白文留红边栏有:"秦淮卧雪""辞官卖画""与花传神""复堂"等印。其"辞官卖画"印,足见其心志与胸次之一斑。"秦淮卧雪",工稳方正,对角虚实,用一块浅土黄色昌化鸡血石刻制,印侧有边款云"仿雪渔悔道人",知此印为仿何震风格。白文逼边边栏有:"墨磨人""卖

画不为官""李鱓""里善"等印。白文长方形留红边栏有:"滕薛大夫""浮沤馆""大开笑口"等印。朱文椭圆形细边边栏有:"爱根业海""鱓"等印。朱文粗边边栏有:"李供奉书画记"印。朱文细边边栏有:"衣白山人""复堂""中洋"等印。朱文无边栏印有:"鱓印"印。不规则形边栏有:"李氏图书""衣白山人""兴化人""宗杨""木头老子""懊道人"等印。

十六、邓派印章边栏

著名篆刻流派之一。清乾隆年间,邓石如独树一帜,取汉人碑额生动圆劲之笔,并引小篆入印,印从书出,使印风为之一变,他的篆刻风格被称之为邓派。虽然赵孟頫、文彭、何震等人的印章亦用方变圆,但没有邓石如那么大胆突出。他主张治印要刚柔相济,"婀娜多姿",风神流畅,要有笔情墨趣,并首先提出了"疏处可以走马,密处不使透风"的见解,以个性化的篆书加入印中,书印一体,使文人流派印风进入了一个新的纪元。著名邓派印人有吴让之、赵之谦、徐三庚、吴咨、赵穆等。

(一)邓石如

邓石如(1743年—1805年),清代篆刻家。原名琰,字石如。因避仁宗颙琰讳,遂更字顽伯,号完白山人、古浣子,又有完白、游笈遒人、凤水渔长、龙山樵长等别署。安徽怀宁白麟坡人。1780年邓石如37岁,经梁巘介绍到南京,曾寄寓南京梅缪家,纵观梅家所收藏的碑拓、钟鼎、瓦当及金石善本,朝夕摹临,寒暑不辍,客梅缪八年,获益乃

秦淮卧雪

辞官卖画

与花传神

复 堂

墨磨人

卖画不为官

李 鱓

里 善

滕薛大夫

浮沤馆

大开笑口

爱根业海

鱓

李供奉书画记

衣白山人

复 堂

中 洋

鱓 印

李氏图书

衣白山人

兴化人

宗 杨

木头老子

懊道人

图 31 李鱓

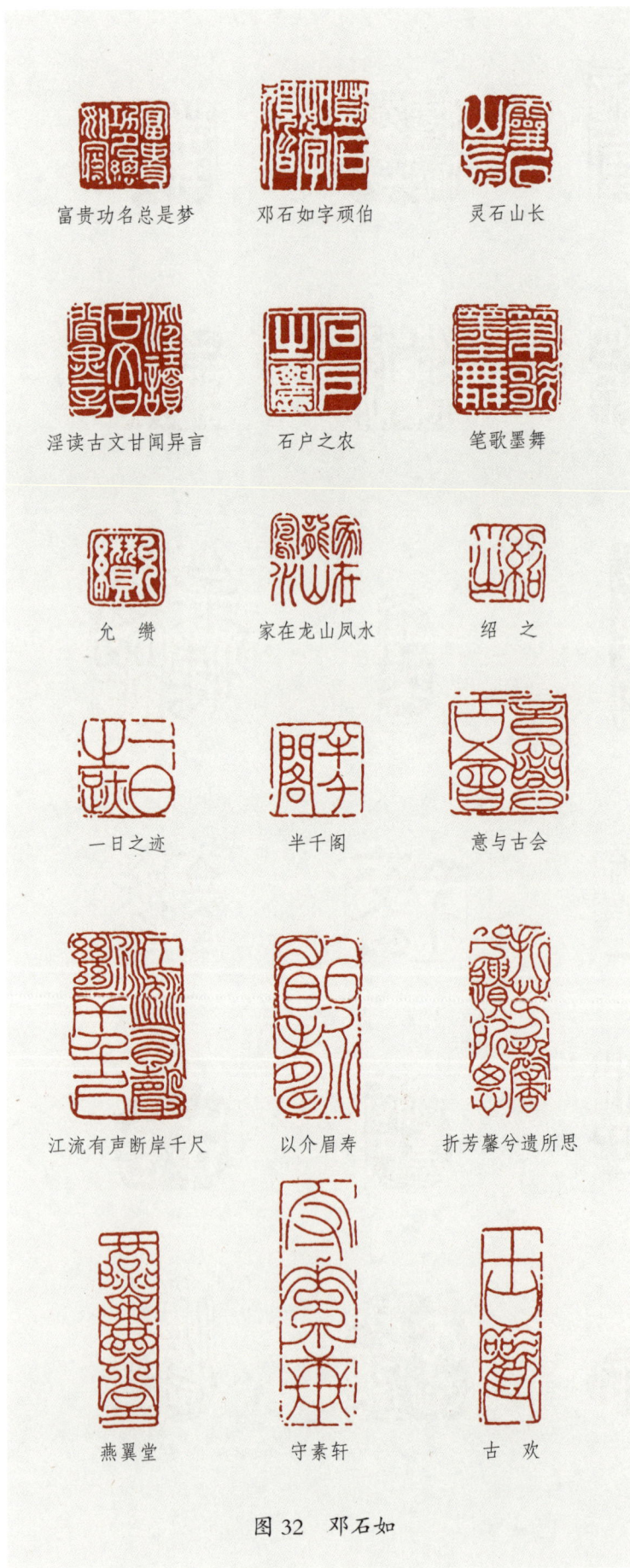

富贵功名总是梦　　邓石如字顽伯　　灵石山长

淫读古文甘闻异言　　石户之农　　笔歌墨舞

允缵　　家在龙山凤水　　绍之

一日之迹　　半千阁　　意与古会

江流有声断岸千尺　　以介眉寿　　折芳馨兮遗所思

燕翼堂　　守素轩　　古欢

图32　邓石如

深。此后在扬州地藏庵邂逅经学大师程瑶田，受其泽惠教授，书艺、印艺遂一变而大进。后人总结他的成功为八个字"书从印入，印从书出"。邓石如将碑额篆书、石鼓文等多种书体的笔意，融入篆刻艺术，获得了意想不到的效果，形成了圆转、流动、刚健婀娜的艺术风格。人们将他与包世臣、吴让之等称为"邓派"。如图32所示，邓石如印章白文留红边栏有："富贵功名总是梦""邓石如字顽伯""灵石山长""淫读古文甘闻异言"等印。白文"田"字格边栏有："石户之农"印。白文"口"字格边栏有："笔歌墨舞""允缵"等印。朱文无边栏印有："家在龙山凤水"印。朱文细边边栏有；"绍之""一日之迹""半千阁""意与古会"等印。

"江流有声断岸千尺"一印，是邓40岁时具有强烈个性、具有个人风貌的代表作。此印为朱文长方形细边边栏，章法结体紧凑，疏密对比强烈，"江"字的"水"旁左移，使"工"字大块留空，与"岸千尺"对角呼应，"流"字有多组竖向的平行弧线组成，"有"字有多组横向平行弧线组成，"断"字有8个小圆组成，其他几个印文所用的线条亦是屈曲自然的弧线组成，给人以江流水波的意象，以及水流漩涡的感觉。文字富有笔意，其章法、字法、刀法诸方面，均可见到邓氏深厚的功底与涵养。此外，"以介眉寿""折芳馨兮遗所思""燕翼堂""守素轩""古欢"等印，亦属朱文细边边栏。

（二）吴让之

吴让之（1799年—1870年），清代篆刻家。原名廷飏，字熙载，后以熙载为名，字让之，亦作攘之。别署让翁、晚学居士、方竹丈人、言庵、言甫等。江苏扬州人，祖籍江苏江宁，自父起移居江苏仪征。吴让之乃包世臣的入室弟子。书法四体皆能，善作写意花卉，系晚清著名书法家、篆刻家。15 岁就悉心摹刻汉代铸印、玉印，吸取汉代印章的精华，为今后的篆刻艺术打下了牢实的基础。尔后，取法百家，旁及"四凤八怪"，遵从邓石如"印从书出"的准则，自出机杼。后人将邓石如和吴让之等人并称为"邓派"。赵之谦、吴昌硕、徐三庚、黄牧甫、赵穆等都受其法乳惠泽，传其余绪。其印章边栏有端庄文静、粗拙大方的白文留红边栏；有凝练流动、气势酣畅的朱文边栏；有充满趣味的花纹异形边栏。如图 33 所示，吴让之"陈宝晋印""包诚字兴言又字子克""释莲溪画印""凌镛读过""梅边吹笛客""王思俨癸亥以后所得书"等印章，系端庄工整一路的白文留红边栏。"两罍轩""卞宝弟印""宛邻弟子""安雅""盖平姚十一"等印章，亦属白文留红边栏，但留红的轻重、多少、宽窄有所不同，故印章的重心与布白的虚实亦随之变化。说明了边栏在调节印面的平衡、调节布白的虚实起着不可估量的作用。

吴让之的"康父""颂臣""惧盈斋""兴言""熙载"等印章，朱文粗边边栏，方正刚直，浑厚凝重，不破不残，无做作之痕。"兴言""包氏伯子""画梅乞米""青宫太保""实事求是""观海者难为水""难进易退学者""事非经过不知难"等印章，系朱文细边边栏，这类边栏特别细柔，有的有所残破，耐人寻味。"子克""砚山"等印章，系白

陈宝晋印	包诚字兴言又字子克	释莲溪画印
凌镛读过	梅边吹笛客	王思俨癸亥以后所得书
两罍轩	卞宝弟印	宛邻弟子
安 雅	盖平姚十一	康 父
颂 臣	惧盈斋	兴 言
熙 载	兴 言	包氏伯子
画梅乞米	青宫太保	实事求是
观海者难为水	难进易退学者	事非经过不知难

图 33-1 吴让之

子克　　硯山　　中陶父　　六十岁以后书

攘之手摹　　渤海姚氏书画　　足吾所好　　岑仲陶甫
汉魏六朝　　　　　　　　　　玩而老焉　　秘笈之印

颖生六法　　　　包兴言书画记　　　仪征吴熙载
　　　　　　　　　　　　　　　　　收藏金石文字
物常聚于所好　　　小帆小印

图 33-2　吴让之

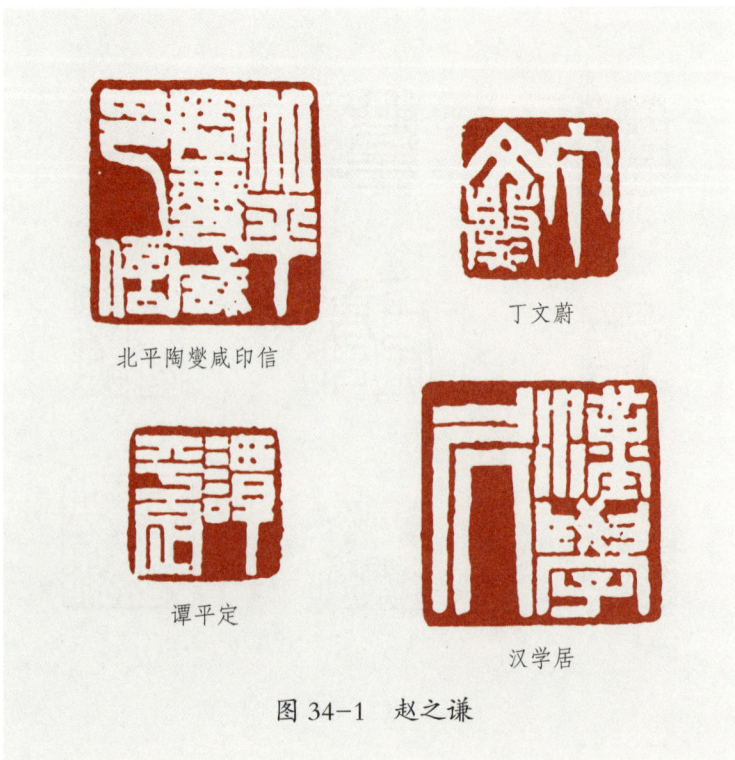

北平陶燮咸印信

丁文蔚

谭平定

汉学居

图 34-1　赵之谦

文"口"字形边栏，亦干净利落，雄健苍劲，颇见吴氏个性。"中陶父"印，系"亚"字形边栏，上方刻成圆角，印文亦以圆为主，两者浑然呼应，下方两角以方为主，整个边栏造型优美，生动可爱。"六十岁以后书"印，左右与上留红，印下逼边几乎不留红，全印呈上宽下窄的梯形状。让翁边栏千变万化，得心应手，破藩篱，出机杼，功力之深可见一斑。"攘之手摹汉魏六朝""渤海姚氏书画"印属白文长方形留红边栏。"足吾所好玩而老焉""仪征吴熙载收藏金石文字""岑仲陶甫秘笈之印"等印章系朱文长方形细边边栏。

（三）赵之谦

赵之谦（1829年—1884年），字益甫、扰叔、冷君，号铁三、憨寮、悲庵、无闷等。浙江绍兴人。工诗文，著名书画、篆刻家。他是印坛奇才，又是全才。他的篆刻领域犹是一个"博物馆"，什么样的内容，什么样的形式，什么样的美感都有。"印外求印"是他成功的秘诀。那深厚的印内技巧，渊博的印外功夫，使他的篆刻艺术新意别出，独树一帜。赵之谦的印章边栏自然亦很丰富多彩，秦汉古玺印章的各种边栏形式都刻制过，然而除承袭其风韵外，更多的是注入个人旨趣，刻出属于他自己面貌的边栏来。

如图34所示，赵之谦的"北平陶燮咸印信""丁文蔚""谭平定""汉学居"等白文印，系白文留红边栏，然而大块的留红与边栏连成一体。形成了留红边栏的不规则形貌。印文的"白"与边栏的"黑"反差十分强烈。"以分为隶""何传洙印""赵孺卿""沈氏金

以分为隶　　　何传洙印　　　赵孺卿　　　沈氏金石

孙憙私印　　　胡澍之印　　　戴望之印　　　如 愿

赵之谦　　郑斋金石　　走亦不任厕技于彼列　　俯仰未能弭寻念非但一　　会稽赵之谦字㧑叔印

图 34-2　赵之谦

石""孙憙私印""胡澍之印"等印章，亦系白文留红边栏，但留红特别粗宽，印文特别端正，这正是与一般留红边栏的不同之处。"戴望之印""如愿""赵之谦""郑斋金石""走亦不任厕技于彼列"等印章，其留红边栏有粗有细，属粗细相间式白文留红边栏。

图 35 中是一组细朱文细边边栏，常见的细朱文细边边栏都是横平竖直，很少断连残破，即使有残缺，也是很少量与偶尔的，然而赵之谦的朱文细边边栏不仅残缺，而且残缺得很严重。如"鉴古堂"一印，印的左、下几乎是无边，印的右、上也仅断断续续、星星点点的一点儿边栏。"如今是云散雪消花

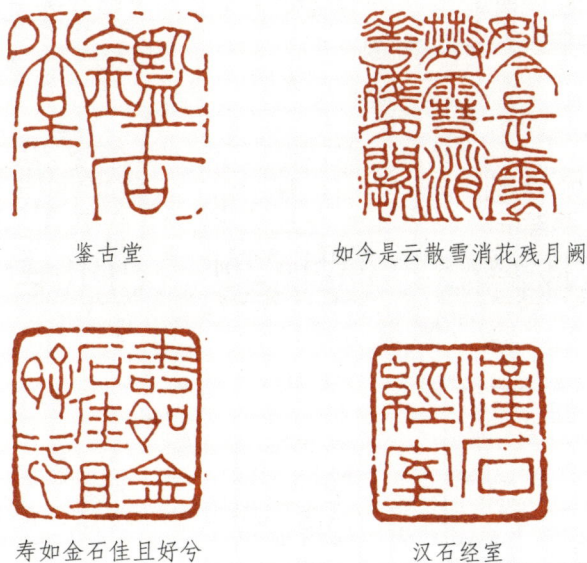

鉴古堂　　　　　如今是云散雪消花残月阙

寿如金石佳且好兮　　　汉石经室

图 35-1　赵之谦

如梦方觉　　　　东林复社后人　　　　心伯氏

石阙生口中　　　　郑　斋　　　　如　愿

六　丁　　　　为五斗米折腰　　　　金石录十卷人家

潘祖荫藏书记　　　　赵撝卿　　　　宋井斋

赵撝卿　　　　赵之谦印　　　　苟全性命

节子辛酉以后所得书　　　　郑斋所藏　　　　滂喜斋

松　庭　　　　曾归锡曾

图35-2　赵之谦

残月阙"一印，边栏比"鉴古堂"印更少，敢于破残，敢于使用边栏，赵之谦真可谓有胆可识。再看赵之谦印章别具一格的朱文粗边边栏，"寿如金石佳且好兮""汉石经室""如梦方觉""东林复社后人""心伯氏""石阙生口中""郑斋""如愿""六丁"等印章，属朱文粗边边栏，四角都设计成圆角，这些圆角基本对称相同，犹如电视机的屏幕，显得光润憨直，让万千气象在这块屏面上亮相。

图36中"宝董室"一印，边框仿官印风格，粗边细文。"树镛审定"一印，白文口字形边栏，所不同的是"口"字形之内印文之下留了一块红地作边栏。"遂生"一印的特色是白文"口"字竖栏边栏，左右逼边，上下则留红。"男儿生不成名身已老"一印，系白文多"口"形边栏，将印文设计得潇洒飘逸，字字有留红，但又字字逼边，"绩溪胡澍川沙沈树镛仁和魏锡曾会稽赵之谦同时审定印"，系多字白文印，属白文栅栏式边栏。白文"口"字形中有五条竖栏，金文笔意，刀笔交融，韵味十足，犹如一幅书法作品，优美无比。"赐兰堂"一印，朱文边栏内左右饰以灵形，系朱文灵形混合式边栏，它的特色是边栏与印文协调一致，以纵取势，一派皇家气魄。由此可以看到赵之谦印章的边栏款式繁多，内容丰富，不囿古法，善于创新，成一家面貌。

（四）徐三庚

徐三庚（1826年—1890年），字辛谷，号井罍、袖海、金罍道士、荐木道士等。浙江上虞人。游寓于杭州、上海、天津、北京、广州、香港等地。他的篆刻

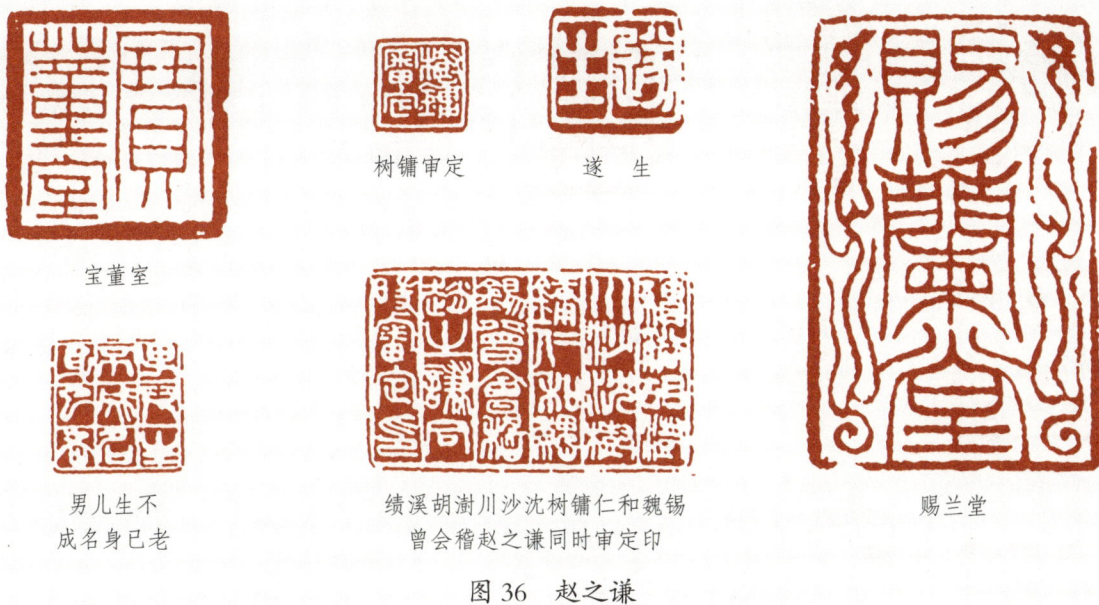

宝董室

树镛审定　　　遂　生

男儿生不
成名身已老

绩溪胡澍川沙沈树镛仁和魏锡
曾会稽赵之谦同时审定印

赐兰堂

图 36　赵之谦

上溯秦汉，并取法赵之谦、邓石如。刀法出自浙派，他的篆刻作品有飘动、风流、洒脱的特点，被称为"吴带当风"或"徐派"篆刻。他刻过无数印章，而边栏的特色则以传统一路为主。

如图 37 所示，"梦萱草堂"系朱文竖栏边栏，边栏的线条与印文线条粗细一致，刚劲正直，无弯曲与扭动。这正是一般印人慎用且最难掌握的线条，但他能使刀如笔，与印文一气呵成，秀丽动人。"上于父""士桢日利""滋畬""雪塍""绰园"等印章，系朱文粗细边混合式边栏，这些边栏均采用上下粗边、左右细边的形式。"原名际昌一字醒吾""青爱庐""鼎鉴斋""延陵季子之后"等印章，系朱文细边边栏，每个印章的边栏都有不同程度的残缺，这样更能突出印文的飘逸遒丽之美。"孟达之印"系朱文长方形细边边栏。"慕堂""虞山顾氏鉴藏金石文字印"等印章，系朱文粗边边栏。明清流派印人对

梦萱草堂　　　上于父　　　士桢日利

滋畬　　　　　雪塍　　　　　绰园

原名际昌一字醒吾　　青爱庐　　　鼎鉴斋

图 37-1　徐三庚

249

延陵季子之后　　　　孟达之印　　　　慕堂

虞山顾氏鉴藏
金石文字印　　　　袖海书画　　　　黄山寿印

光煜长乐　　　　桃花书屋　　　　蒲华印信

宗麟私印　　　　泉唐陈彭寿印信　　　　徐三庚印

褚成博印　　　　成达章印

图 37-2　徐三庚

难说于君画与君　　　烟霞性之所适　　　人在蓬莱第一峰

图 38-1　吴咨

朱文粗边边栏情有独钟，这类印章数量较多，且各有特色。徐三庚的粗边边栏厚重，粗壮，遒劲挺直，四角以圆为主，印文不逼边，远离边栏。尤显从容宽松、意境深远。"袖海书画""黄山寿印""光煜长乐""桃花书屋"等印章，系白文留红边栏。由于徐氏印文的飘逸、圆转，布白虚实反差强烈，致使这些白文留红边栏粗细、大小不一，呈不规则形式。此外，"蒲华印信""宗麟私印""泉唐陈彭寿印信""徐三庚印""褚成博印""成达章印"等印章边栏，亦为白文留红边栏。

（五）吴咨

吴咨（1813年—1858年），清代篆刻家。字圣俞，号适园、哂予。江苏武进人。少时即早慧聪颖过人，博通六书，书法擅长篆、隶。年方十四即立毛毡上作篆书，劲老有法。绘画之花卉、花鸟等，得益云溪外史神韵。系阳湖派古文学家李兆洛之门生。吴咨生活凄苦贫寒，后太平军起参戎幕，以功得官，原是盐运史知事，却未得实授，一直无所依傍。滞留津门日久，只得到济南再寻门路。"遂改官山左，部檄甫至，投谒到官甫二日而病，八日而卒。"吴咨逝世时年仅46岁，身后无子女。连丧事都是友人汪昉维持。他的篆刻宗法邓石如，系邓派的印学名家。曾寄居江苏江阴陈式金家，陈式金善山水、精鉴赏、富收藏。吴咨为其治印颇多。当其日趋精境，尝撰《续三十五举》，以补吾丘衍之未备，但最终稿散湮灭，不知落于何处。其寿不永，其著论亦夭折未能传世。诚为可叹。然而，他留下的印章作品，则成为他一生的闪光之处，最为人注目。他仿制的古玺印，能参以金文入印，并引为多字印，形成一种独特的格局，既非古玺之形貌，又非浙派、邓派之风格，这在清代篆刻界中极为少见。他处在名家迭出的年代，其本人虽未成为一代宗师，但不囿古人的开拓精神，是值得发扬光大的。著有《适园印存》二卷、《适园印印》四卷等传世。

如图 38 所示，吴咨印章的白文留红边栏有"难说于君画与君""烟霞性之所适""人在蓬莱第一峰""夜坐能使画理自深"等印。白文逼边边栏有"故或不言而饮人以和"印。印下留红边栏有"适园"印。白文长方形留红边栏有"蓉江"印。白文"口"字形边栏有"生气远出"印。"白云怡意清泉洒心""片云未识我心闲""观尚斋""清气应归笔底来""徐氏亮甫""则古昔斋"等印系朱文细边边栏。"白云深处是吾庐""子贞氏""平安室主人""人间何处有此境"等印系朱文粗边边栏。"清气应归笔底来"印系朱文不规则形边栏。"密尔自娱"印系朱文长方形细边边栏。"希陶抗祖之斋"印系朱文长方形细边残破式边栏。"不系舟"印系朱文椭圆形粗边边栏。

（六）赵穆

赵穆（1845 年—1894 年），清代篆刻家。字仲穆，原名垣，字穆父、牧父，号穆庵、印侯、铁君、牧园，别署牧龛居士、兰陵居士、昔非居士、琴鹤生、龙池山人、龙池散仙、百炼老铁、龙池外史、南陵兰外史、南兰居士、守辱道人、白云溪渔人等，晚号老铁，江苏常州人。早年寓居扬州，与扬州书画、印坛之俊彦交往甚密。后云游苏州、杭州、宜兴各地，搜集金石碑版。他是一个多才多艺

夜坐能使书理自深	故或不言而饮人以和	适 园
蓉 江	生气远出	白云怡意清泉洒心
片云未识我心闲	观尚斋	清气应归笔底来
徐氏亮甫	则古昔斋	白云深处是吾庐
子贞氏	平安室主人	人间何处有此境

清气应归笔底来　密尔自娱　希陶抗祖之斋　不系舟

图 38-2　吴咨

251

的多面手，不仅工诗善画，还会刻竹、制紫砂壶等。书法擅长篆隶，得汉法而雄浑古朴。善画菊花、佛像。篆刻宗法古玺及秦汉，并撷取明清流派印人风格。曾受业于吴让之门下，时达十年，其悟性极高，入师门，深得让翁要旨。40岁后专攻汉瓦陶文、金文。使印章更加刚健拙朴，憨厚可爱。他的刀法尤见娴熟精当，技艺过硬，堪谓高手，他的印章边栏形式繁多，别具一格，丰富多彩。如图39所示，赵穆印章边栏主要有以下类型：

1、白文留红边栏："珠联璧合印谱""会稽""李光弼""马援"。

2、白文逼边边栏："赵穆之印章""臣孙廷翰章"。

3、白文残破式边栏："墨守许郑""心迹双清"。

4、白文横向长方形"口"字形边栏："娥皇女英""张丽嫔"。

5、白文"口"字形边栏："韩游环"。

6、白文竖栏边栏："瑯琊"。

7、白文"十"字格边栏："飞鸾轻凤"。

8、白文"日"字格边栏："乐毅"。

9、白文长方形"口"字格边栏："浔阳"。

10、白文长方形红边栏："陈留"。

11、白文"井"字格边栏："暨阳季厚寿印信长寿"。

12、朱文方圆式钱币形边栏："泉唐姚氏近垲长寿字曰少英又字爽斋"。

13、朱文多"口"形边栏："圣清光绪二十年太岁在甲午毗陵赵穆学夏商周秦汉魏金石文字于西泠寓庐"。

14、朱文细边边栏："健修堂边氏鉴藏书画印"。

15、朱文长方形双"口"形边栏："虢国夫人"。

16、朱文粗边边栏："陈后"。

17、朱文亚字形边栏："冰香儿"。

18、瓦当式边栏："南霁云"。

赵穆印章边栏可分为五大类：第一类，"陈后""冰香儿""南霁云"等，呈古玺格调边栏；第二类，"乐毅""臣孙廷翰章""韩游环"等，呈秦汉风神边栏；第三类，"珠联璧合印谱""马援"等，时代气息浓厚，呈明清流派印文人气韵边栏；第四类，"圣清光绪二十年太岁在甲午毗陵赵穆父字仲穆学夏商周秦汉魏金石文字于西泠寓庐"，属大篆多字印边栏，这类印作为数不少，均设界格，苍莽淋漓，自然精到；第五类，"虢国夫人""张丽嫔""飞鸾轻凤""娥皇女英"等，用楷隶刻治，温文尔雅又飘逸多姿，边文合一，相映成趣，很有创意。

十七、清代其他篆刻名家的印章边栏

（一）董洵

董洵（1740年—1812年），字企泉，号小池、念巢。浙江绍兴人，"歙四家"之一。官四川南充主簿，落职后，遍游蜀中名胜，诗益闳放，画亦雄奇。后落拓京师，以铁笔自给。与当时人余集、黄钺、赵秉冲、罗聘等友善，客扬州时，为罗聘刻印独多。印宗秦汉，以切刀治印，章法富有变化，边栏以白文留红形式与朱文细边形式居多。晚年多取法丁敬，但不为之所囿。主张不拘古印之法，认为"古印固当师法，至宋、元、明印

珠联璧合印谱

会　稽

李光弼

马　援

赵穆之印章

臣孙廷翰章

墨守许郑

心迹双清

娥皇女英

张丽嫔

韩游环

瑯琊

飞鸾轻凤

乐　毅

浔　阳

陈　留

暨阳季厚寿印信长寿

泉唐姚氏近墢长寿字
日少英又字爽斋

圣清光绪二十年太岁在甲午
毗陵赵穆学夏商周秦汉魏金
石文字于西泠寓庐

健修堂边氏鉴藏书画印

虢国夫人

陈　后

冰香儿

南霁云

图 39　赵穆

有定斋	小琅嬛	和神当春	虚恬室

罗遯夫印	中年陶写	香南雪北之庐

图40 董洵

吴待秋	伯滔	山静似太古 日长如小年

尔夔印信长寿	石门胡钁长生安乐	吴滔

抱铜庐	一琴一鹤家风	玉芝堂

图41-1 胡钁

亦宜兼通"。著有《小池诗钞》《董氏印式》《多野斋印说》《石寿轩印谱》等。

如图40所示，董洵"有定斋""小琅嬛"两印，系白文留红边栏。"和神当春"印，"和"字之"口"部有意上移逼边，"春"字的"日"字部有意下移逼边，"虚恬室""罗遯夫印"均属朱文逼边式边栏。"中年陶写"印系朱文细边边栏。"香南雪北之庐"系白文逼边边栏。

（二）胡钁

胡钁（1840年—1910年），字菊邻、掬邻，号老鞠、不枯、晚翠亭长等。浙江崇德人。篆刻宗法汉玉印，白文方折细劲，朱文方圆两兼、庄严浑朴。他的印章边栏白文留红喜用粗边或粗细混合式，朱文边栏喜用残破、平直的线条。胡钁赋予了它更多的刀笔之味，以挺拔的玉印线条作为自己的主体格调，并以挺拔直率、温润含蓄的胆识与手法切入方寸空间，致使边文线条有机地穿插、避让，营造空间的虚实、错落之美，这种个性的思考具有相当的层次，他用自己的学识涵养，用自己的艺术魅力沟通了读者。

图41中，胡钁"吴待钦"一印属白文长方形留红边栏。"伯滔""山静似太古日长如小年""尔爕印信长寿""石门胡钁长生安乐""吴滔""抱鋗庐"等印章，系白文留红式边栏。它的特点是留红之边特别粗阔，这类边栏大气沉厚，但缺乏意趣及节律变化。"一琴一鹤家风""玉芝堂""石门吴征待秋甫""秋霁楼"等印章，亦为白文留红式边栏，但留红的多少及粗细有了变化，粗粗细细，相间而成，故系粗细混合式留红边栏。"高氏怀轩""半读半耕世业"两印，一为朱文"田"字格边栏。一为朱文多"口"形边栏。边栏线条拙涩，质朴自然，印文不逼边，气息贯通，很耐看。"从今非薄古""晚翠亭长""伯滔"等印章，属朱文细边残缺式边栏。"来鹭草堂"属朱文长方形细边边栏。上述几款边栏汲自秦汉及前人，但胡钁赋予了它更多的刀笔之味，以挺拔的玉印线条作为自己的主体格调，并以挺拔直率、温润含蓄的胆识与手法切入方寸空间，致使边文线条有机地穿插、避让，营造空间的虚实、错落之美，这种个性的思考具有相当的层次，他用自己的学识涵养，用自己的艺术魅力沟通了读者。

（三）张在辛

张在辛（1651年—1738年），字卯君、号柏庭。山东青州人。他的篆刻章法谨严，刀法遒劲。白文印章的边栏以平方工整、浑厚端庄为主，不事修饰与敲击，保持光洁完整的格调。朱文印边栏追求细劲、挺拔、残缺式的古朴之貌。

秋霁楼

石门吴征待秋父

高氏怀轩

半读半耕世业

从今非薄古

晚翠亭长

伯滔

来鹭草堂

硬黄一卷写兰亭

图41-2　胡钁

西亭仲子之章

张贞之印章

不为无益之事何以说有涯之生

隐厚道者

高南村书画印

笔研精良人生一乐

昺原

张在辛印

图42　张在辛

张仔信印

万印楼

秦前文字之语

齐东陶父

海滨病史

曹鸿勋印

文章司马

矗翁

半生林下田间

千化范室

仲铭

图43　王石经

他的印文与边栏，刀法章法与篆法融会贯通，一气呵成，体现了他在篆刻艺术上的成熟与一丝不苟的严谨精神。如图42所示，张在辛的"西亭仲子之章""张贞之印章"二印，系白文留红边栏。留红匀称，无残缺现象，边文都十分刚健挺拔。"不为无益之事何以说有涯之生"一印，朱文椭圆形细边边栏。此椭圆不是正椭圆，不过是长方形的四角变成圆角而已。在这一转变中最易犯板滞、僵死的毛病，但张氏把握得较有层次，刀法娴熟，使这一转变完美无缺。印文上下逼边，而左右留空。竖行之间也有走马之隙，空灵多姿。"隐厚道者""高南村书画印"，亦系朱文细边边栏，印文逼边，全印以方为主，边栏多有残破。"笔研精良人生一乐"系长方形朱文细边边栏。格调清雅妍丽，方中寓圆，印文上下逼边，左右留空，以纵取势。以上几方朱文印，同为朱文细边边栏，但各有特色。"昺原"印系白文"口"字形边栏，一派古玺风貌，印文团聚在中间，呈周虚中实式构图。"张在辛印"系白文"田"字格边栏，一如印文点画，粗实厚重，平稳朴拙。"田"字格在印中大义凛然，气象万千，顶天立地，起到了规范不可逾越的主导作用。

（四）王石经

王石经（1833 年 —1918 年），字君都、号西泉，别署甄古斋主，山东潍县人。善作隶书，文字学功底深厚，为陈介祺、吴云、王懿荣、潘祖荫等名公巨卿刻印甚多。他是仿汉铸印、仿战国古玺的能手，并得《吴天发神谶碑》文字入印。对于印章的边栏，取径多元，形式多样，无论朱文边栏还是白文留红边栏，胎息秦汉，以规矩为准绳，宁静平稳，特具清逸之气。

如图 43 所示，王石经印章"张仔信印""万印楼""秦前文字之语""齐东陶父""海滨病史""曹鸿勋印"系一组白文留红边栏，有方有圆，有粗有细，"海滨病史"的边栏呈逼边之状，"曹鸿勋印"的边栏呈残破之状，各有特色。"文章司马""罍翁"两印系白文"口"字形边栏。"半生林下田间"印系朱文细边边栏。"千化范室"系双"口"双朱文"田"字格边栏。"仲铭"印属朱文残破式细边边栏。这些边栏的总体格调是光润挺劲，爽直利落，自然平正，痛快淋漓，字画与边栏线口清晰，端静庄穆，典雅洒脱，极有品位与层次。讲究挺劲秀美。印内求印，法度在内。如"张仔信印""罍翁""千化范室"等印章的边

栏，极其工致妍丽，刀意笔意几乎找不到一点松懈之处，真令人叹为观止。

十八、小结

清代流派印人和其他篆刻名家的印章除上述外，还有很多。在印章领域里，这是一个百花齐放、百家争鸣的蓬勃发展的时代。我们说印章艺术无疑是从古代的实用官印开始的，到了清代，文人印流派艺术蓬勃发展，成就巨大，与实用官印作了最后的彻底分裂。随着印章这历史性的分裂，中国古代实用印章的发展可以说到了最后时期。清代的官印有黄铜、青铜，等级高一点儿的有金、银、玉，此外还有象牙、石质、木质刻制的。印文有汉、满、蒙文及数种文字并刻于一印。字体有楷书、篆书。篆书印有大篆、小篆、玉箸篆、八叠及九叠篆、垂针篆、柳叶篆等等。印章特别巨大，而印章的边栏特别粗、特别宽，以正方形为主。这些官印受到权力、地位的限制与约束，无论如何变化，始终离不开形式单一、边线呆板的范畴。流派文人印则不同，他们天地广阔，无忧无虑、无拘无束，按心迹和志趣而为。让形式适应对美的追求，符合时代的需要，集思广益，不断探索，不断创新，挖掘历代传统文化中的精华，从而使篆刻艺术的面貌日月更新，形成了具有深远历史意义和极高艺术价值的文人印，开创了篆刻艺术的新纪元。

民国时期

（1912 年——1949 年）

中国国民党中央执行委员会印　　　中华民国国民政府印

教育部印　　　山东省印

国民政府行政院印　　　社会部印

图 1-1

中华民国，是辛亥革命以后建立的亚洲第一个民主共和国，简称民国。

民国时期，由于大量的文物从地下出土，开阔了艺术的境界与视野，新文化、新思潮的传播与推动，西方的美学观念不断传入与影响，使民国时期的篆刻艺术处于活跃蓬勃发展阶段。印人可分成三种情况，其一，称得上是时代骄子，他们能把握住传统，又能把握住明清流派印人的发展脉络，直抒胸臆，苦心孤诣，注入个人旨趣，形成了前无古人的篆刻风格。其二，印宗秦汉，忠于传统，追求复古返朴。其三，深受流派印人熏染，师法继承明清印的风格。因循守旧，得其形而不得其神。真正能力挽狂澜，脱颖而出，成一家面貌，在印坛树一面旗帜的篆刻家为数亦不少。如吴昌硕、齐白石、邓散木、易大厂、简经纶等一批富有个性的印人，他们上溯周秦汉魏，旁及明清，博取广纳，化为己有。边栏与印章的发展总是同步的，他们对边栏的关注与重视较之明清印人更过之。下面我们仍然从濒临没落的官印开始，以文人印为主线，将这一时期富有特色的印章边栏加以品赏论述。

一、朱文特粗边栏

如图 1 所示，"中国国民党中央执行

陕西省政府印　　　　　上海特别市政府印　　　　　沈阳县印

北平特别市市政府印　　　湖南高等法院检察官印　　　交通部印

司法部印　　　　　　　北平故宫博物院印

图 1-2

委会印""中华民国国民政府印""教育
部印""山东省印"等印章，系一组政
府象征权力的公用官印，边栏特别粗厚
宽阔，形式划一，强调实用，已离开了
艺术层面。

二、朱文长方形特粗边边栏

如图 2 中"国立北平大学关防""国
民参政会秘书处关防""福建省银行关

国立北平大学关防　　国民参政会秘书处关防　　福建省银行关防

图 2-1

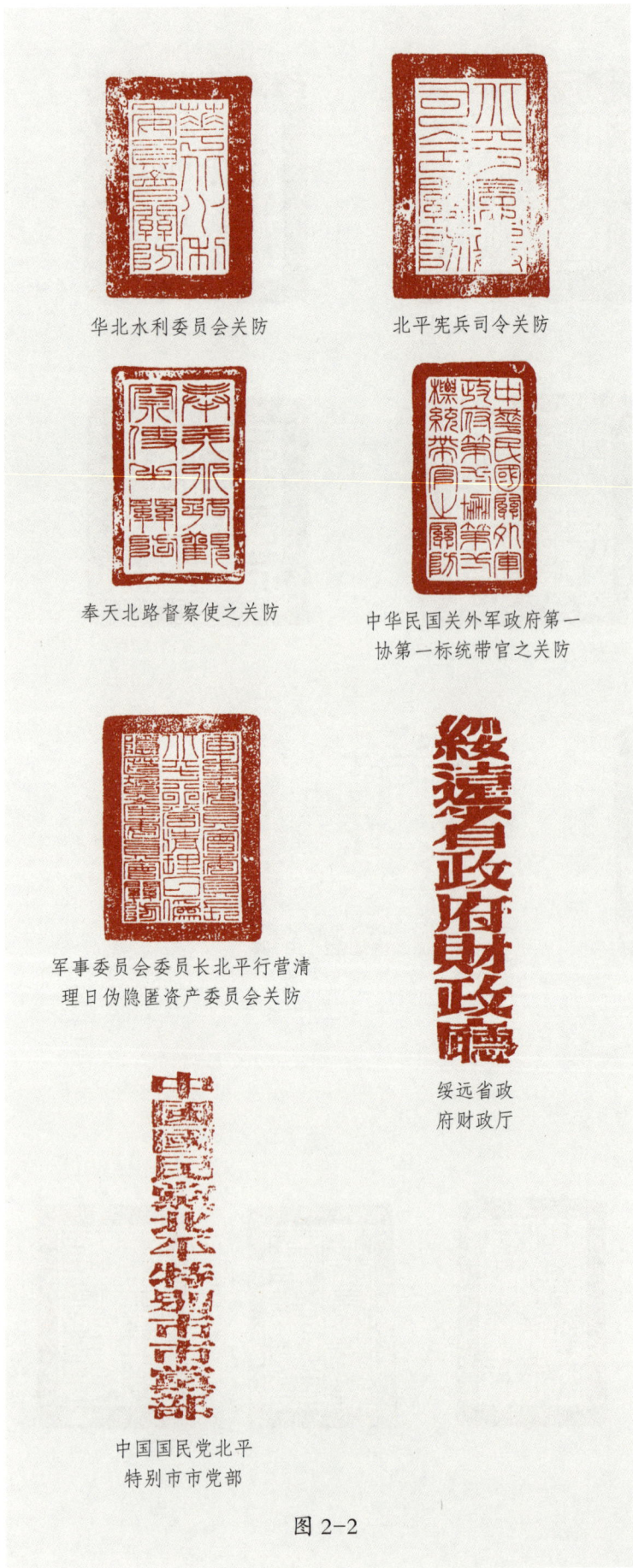

华北水利委员会关防

北平宪兵司令关防

奉天北路督察使之关防

中华民国关外军政府第一协第一标统带官之关防

军事委员会委员长北平行营清理日伪隐匿资产委员会关防

绥远省政府财政厅

中国国民党北平特别市市党部

图 2-2

防""华北水利委员会关防""北平宪兵司令关防"等印章，系一组朱文长方形特粗边边栏官印。

三、朱文无边栏官印

如图 2 中，"绥远省政府财政厅""中国国民党北平特别市市党部"等印章，系朱文无边栏官印，印文且采用宋体刻制。

四、朱文圆形粗细边混合式饰纹边栏

图 3 中"中华苏维埃共和国中央执行委员会人民委员会革命军事员会""中华苏维埃共和国中央执行委会"等印章，系民国时期苏维埃共和国政府用印，外圆边栏粗，内圆边栏细，内外之间为印文，印中饰有五角星、谷穗、地球等徽标图纹。公章中这样的边栏很精致华丽。此印章为木质，前者直径 10.5 厘米，后者直径 9.5 厘米，中国工农红军长征经过宁夏到达陕北，林伯渠一直背着这两枚大印，因此中华苏维埃共和国也被称为"马背上的共和国"。

五、朱文圆形粗边饰纹边栏

如图 3 所示，"陕甘宁省豫海县回民自治政府"印，朱文粗边，印中饰有图纹，属朱文圆形粗边饰纹边栏。此印为木质印章，直径 10.5 厘米，是陕甘宁省豫海县回民自治政府成立时使用的大印，印文上半部分为汉字，下半部分为阿拉伯文，这是回汉民族团结的真实反映。

中华苏维埃共和国中央执行委员会
人民委员会革命军事委员会

中华苏维埃共和国中央执行委会

陕甘宁省豫海县回民自治政府

图 3

六、吴派印章边栏

吴派系著名篆刻流派之一，以吴昌硕为代表。吴昌硕初入浙派，又学邓派印风，后上溯秦汉玺印、古封泥及六朝瓦甓文字，并在石鼓文上下足了功夫。囊括万殊，融会贯通，完全摆脱了浙、皖诸派的藩篱而自创面貌。他的印章高浑苍厚，气象雄伟，章法上善于把印边和印文视为一体，大刀阔斧，用纯刀和猛刀为之。尽管他的作品变化多端，形式不一，但总体风格都统一在憨厚雄健的意韵之中，把从"文何"开始的四百多年文人篆刻艺术推向一个新的高度与层面。这对后人和国内外的影响都很大，印人竞相摹习。著名的吴派印人还有陈师曾、徐新周、赵云壑、李苦李、寿石工、楼邨、吴涵、钱瘦铁等。

（一）吴昌硕印章边栏

吴昌硕（1844年—1927年），原名俊、俊卿，号缶庐、苦铁、老缶、老仓、大聋、缶道人等，字香朴、仓石、仓硕、苍石等。浙江安吉人。是清末民国集诗、书、画、印四绝于一身的杰出艺术家。《近代印人传》等一些印谱、印论，将吴

破荷亭

野 西

人生只合驻湖州

恕 堂

鲜鲜霜中菊

鹤 舞

画 癖

立羽道人

染于苍

能婴儿

甘 溪

缶 庐

图 4-1 吴昌硕

园丁生于梅洞长于竹洞　　沈伯云所得金石书画　　姚江邵氏珍藏

仓石道人珍秘　　河间庞氏芝阁鉴藏　　画奴

雄甲辰　　人书俱老　　鹤寿

虚素　　道无双

图 4-2　吴昌硕

千里之路不可扶以绳　　芜青亭长饭青芜室主人　　徐氏子静秘笈　　无须老人　　一声长啸海天秋

樊家谷　　杨士骢书画章　　缶翁　　缶道人　　泰山残石楼

图 5-1　吴昌硕

昌硕列为民国、近现代印人范畴,《明清篆刻流派印谱》等一些印谱、印论,将吴昌硕列为清代印人范畴,因考虑到吴派大部分篆刻家及门生后人,均活动在民国时期,遂将吴派边栏列入"民国时期"一节来论述。他的篆刻艺术极富笔情刀趣,尤重汉封泥残破风貌。印章之金石气息灼灼逼人。其印章的边栏一一服从于印文需要。对于边栏的刻治,总是考虑再三,大胆落刀,最后又小心收拾。常用刀尖、刀把、刀背敲击,切削边栏,营造浑朴古拙感。吴昌硕具有特色的主要印章边栏有如下几种:

1、封泥式边栏。图 4 中"破荷亭"一印,印文无比粗壮,方中寓圆,平里出斜,"亭"字之中一个三角形,既工稳又有意趣。其边栏采用封泥式,断连残缺服从印文字画。印下配以粗边,全印巍然屹立,稳如泰山,气势博大。"野西""人生只合驻湖州""恕堂""鲜鲜霜中菊""鹤舞"等诸多印章,用同样的方法刻成,均系封泥式边栏,布白讲究虚实,印文点画有的逼边,当作边栏

一中国 印章 边栏史

用，有的远离边栏，与边栏的关系是若即若离，若亲若疏，使得边栏亦有虚实之分，充满意趣与内涵。

2、朱文多"口"形边栏。图4中"园丁生于梅洞长于竹洞"一印，十个字分置在九个"口"字形格栏内，其中"生于"两字共占一格。格栏的线条有粗有细，粗细相间，有断有连，断连有致。"园"字上横还作借边处理，"洞""长"等字顶破格栏，打破平衡。"沈伯云所得金石书画"，九个字平均分布在九个"口"字格栏内。格栏线条除断连残破外，粗细则基本一致，而印文内缩不逼边，形成了明丽、空灵、活泼的风格。"姚江邵氏珍藏""仓石道人珍秘""河间庞氏芝阁鉴藏"等印，系长方形朱文多"口"形边栏，它的边栏以纵取势，以方折取妍，很洒脱遒劲。

3、白文"井"字形边栏。图5"千里之路不可扶以绳""芜青亭长饭青芜室主人"等印章。印中加了两横两竖组成一个"井"字形格栏。把印面切割成九块红地，九个印文分别置在九块红地上。"井"字线条抢势落刀，快疾推进，势如破竹，方峻严厉，刀味浓浓。而印文线条刻得顿挫、曲涩，状若惊蛇，呈圆转、柔润，笔意浓浓。白文"井"字线条没有一处出头触边，印文四周留红，显得十分含蓄而又峻丽。"徐氏子静秘笈"一印，"井"字少了一横，但亦属"井"字类型边栏，印文以方为主，更猛利挺拔。

4、白文印下留红式边栏。图5中白文印"无须老人"，刀笔融合，印文字画从容舒展，刚健婀娜。印文直逼上边，直逼左、右边，而印下大块留红。"一声

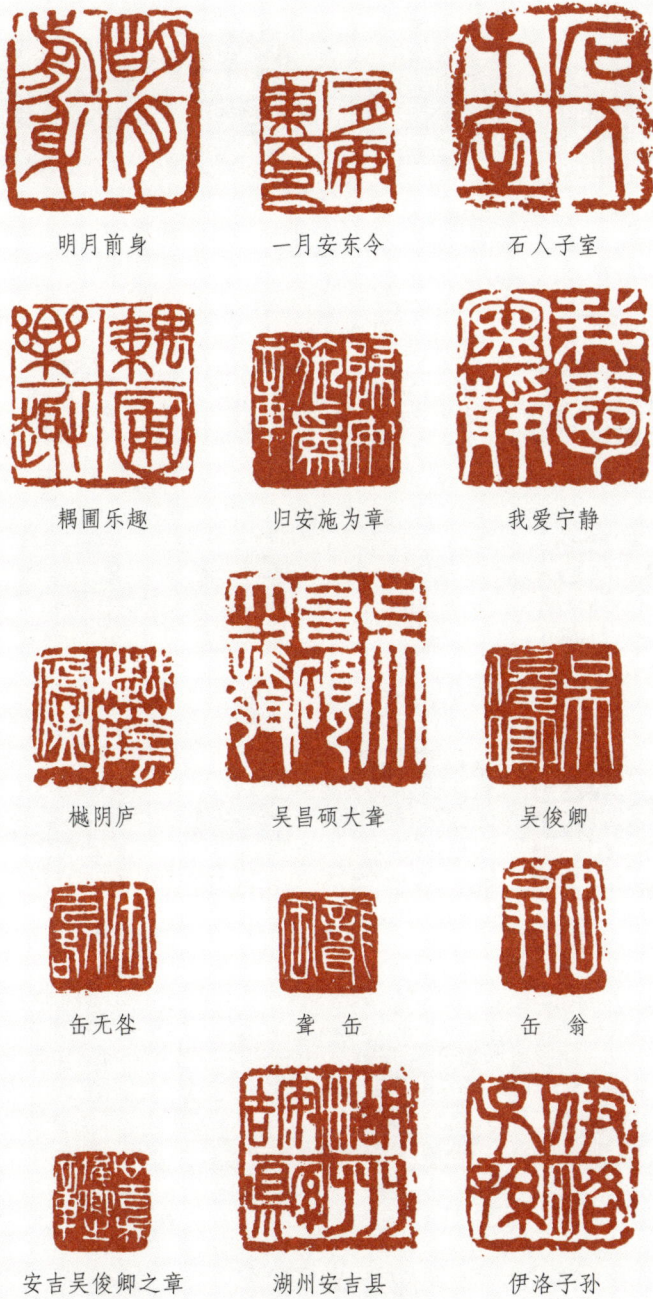

明月前身　　一月安东令　　石人子室

耦圃乐趣　　归安施为章　　我爱宁静

橄阴庐　　吴昌硕大聋　　吴俊卿

缶无咎　　聋缶　　缶翁

安吉吴俊卿之章　　湖州安吉县　　伊洛子孙

图 5-2　吴昌硕

字元鞞号下群　　园 丁　　吴 氏

图 6-1　吴昌硕

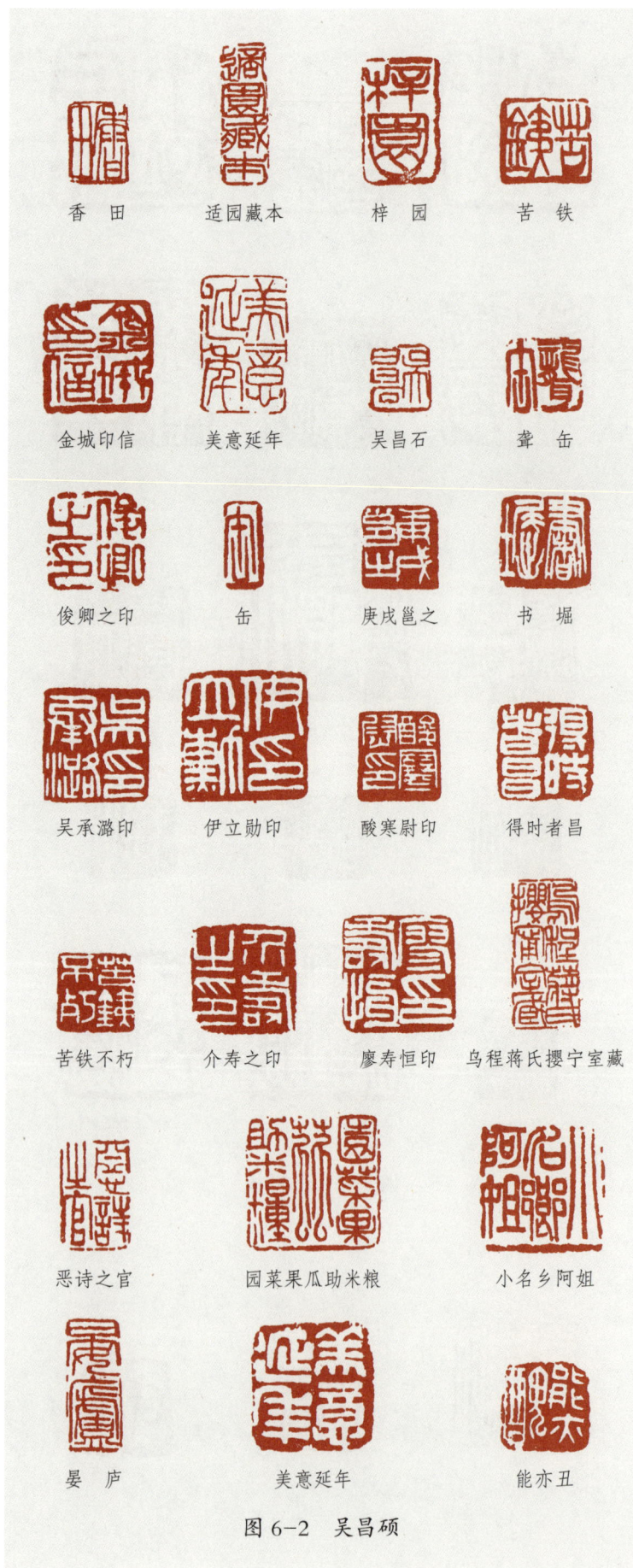

香田	适园藏本	梓园	苦铁
金城印信	美意延年	吴昌石	聋缶
俊卿之印	缶	庚戌邑之	书堀
吴承潞印	伊立勋印	酸寒尉印	得时者昌
苦铁不朽	介寿之印	廖寿恒印	乌程蒋氏攖宁室藏
恶诗之官	园菜果瓜助米粮		小名乡阿姐
晏庐	美意延年		能亦丑

图6-2 吴昌硕

长啸海天秋""樊家谷""杨士骢书画章""缶翁""缶道人"等诸多印章,均系印下留红式边栏,实处读印,虚处可遐想,值得借鉴学习。

5、朱文"田"字格边栏。图5中"泰山残石楼"系朱文"田"字格边栏。"泰山"两字上下式组合在一格之内,对边栏作了精心安排:"山"字下横边栏破缺,"石"字左边栏亦破缺,遵循了"长画之外边栏可破可残"的准则。"楼、石、泰"三字作了借边、逼边处理,边栏线条粗细相参,带封泥意趣。"湖州安吉县"印,朱文"田"字格边栏,"安吉"两字左右式组合在一格之内,其边栏较之上印浑厚凝重。"明月前身""一月安东令""石人子室"等印,边栏均充满封泥神韵,尤见古朴苍莽意趣。此外,"耦圃乐趣""石人子室""明月前身"等印章,皆属朱文"田"字格边栏。

6、朱文借边式边栏。图6中"字元皞号卞群"印,"字"字右画借作边栏用。"园丁"印,"园"字右画借作边栏,上下画与边栏粘连重合在一起,其左画又起到了"竖栏"作用。"吴氏"印,"吴"右画作借边,"香田"一印,"香"之右画、"田"之左画均作借边。"适园藏本""梓园""苦铁""金城印信""美意延年""吴昌石""聋缶""俊卿之印""缶"等诸多印章,采用同样的方法,使朱文借边边栏丰富多彩,典朴精致,非常耐看。

7、白文留红粗细边混合式边栏。图6的"庚戌邑之",印下留红十分粗壮,印右留红亦很宽阔,印上留红较细,印左则逼边。整个印文紧靠左上方,可谓别具一格。"书堀"印,与上印有异曲同工之妙，只是在两字之间竖向留了一条红地，起到了"竖栏"作用。"吴承潞印""伊立勋印""酸寒尉印""得时者昌""苦铁不朽""介寿之印""廖寿恒印"等诸多印章，均系白文留红粗细边混合式边栏。留红的不等式，给印章增添了动感，黑与白的强烈反差使印章清奇悦目，虚与实的映照使印章更具魅力。缶老的边栏确实达到了这种境界与效果。

8、朱文粗细边混合式边栏。朱文印的朱文边栏，有粗边、有细边混合组成。或一粗三细式，或二粗二细式，或三粗一细式等多种形式。如图7"无须吴"系二粗二细式朱文边栏，"听有音之音者聋"印系一粗三细式朱文边栏，"仓石"一印则是三粗一细或朱文边栏。此外，"竹宾书画""木鸡""缶记""石门沈云""高聋公""七十老翁""重游泮水"等印章，皆属朱文粗细边混合式边栏。

9、白文逼边式边栏。白文印的印文点画直逼边栏，甚至呈破边、借边之状。如图7中"曾经贵池南山村刘氏聚学轩所藏""一月安东令""安吉吴俊章""苦铁""聋于官""吴昌石自号石人子又号石敢当"等一组白文印即是。其中有的边栏是四面逼边，有的是左右逼边，有的是上下逼边，形式多样，变化多端，都十分古朴雄浑。"曾经贵池南山村刘氏聚学轩所藏"一印，上下逼边、破边，左右留红，但左边的"藏"字突然破边，留下了三个红点，像画龙点睛一样，留下了一个引人注目的印"眼"，为了平衡与对称起见，印右最后一个"池"字亦破边，整个边栏有了这个小小的动作，不仅打破了平板单一感，而且克服了逼边式边栏的一般模式，增添了动感和艺

无须吴　　听有音之音者聋　　仓石

竹宾书画　　木鸡　　缶记

石门沈云　　高聋公　　七十老翁

重游泮水　　曾经贵池南山村刘氏聚学轩所藏　　一月安东令

安吉吴俊章　　苦铁　　聋于官

吴昌石自号石人子又号石敢当　　老夫无味已多时　　同治童生咸丰秀才

湖州安吉县门与白云齐　　石人子室　　峻斋

图7-1　吴昌硕

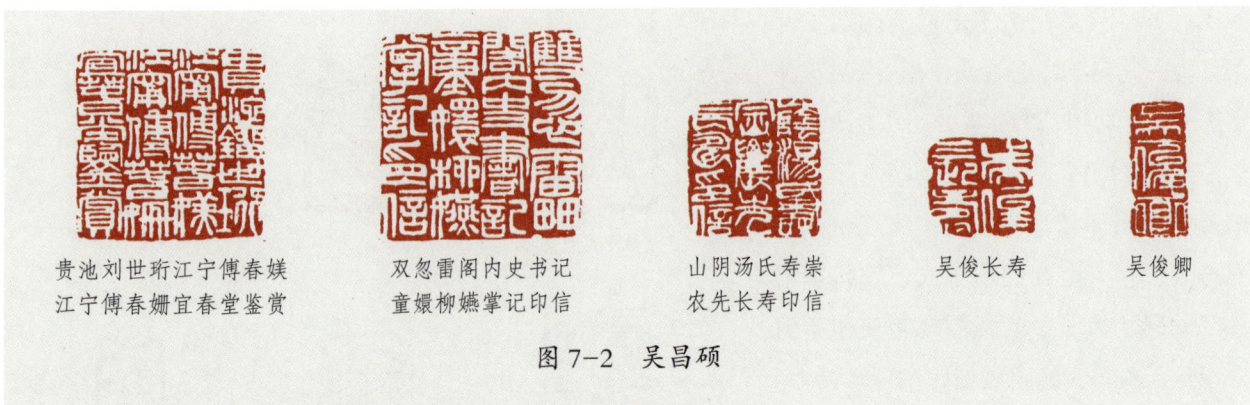

贵池刘世珩江宁傅春媄江宁傅春姗宜春堂鉴赏　　双忽雷阁内史书记童嬛柳嬿掌记印信　　山阴汤氏寿崇农先长寿印信　　吴俊长寿　　吴俊卿

图 7-2　吴昌硕

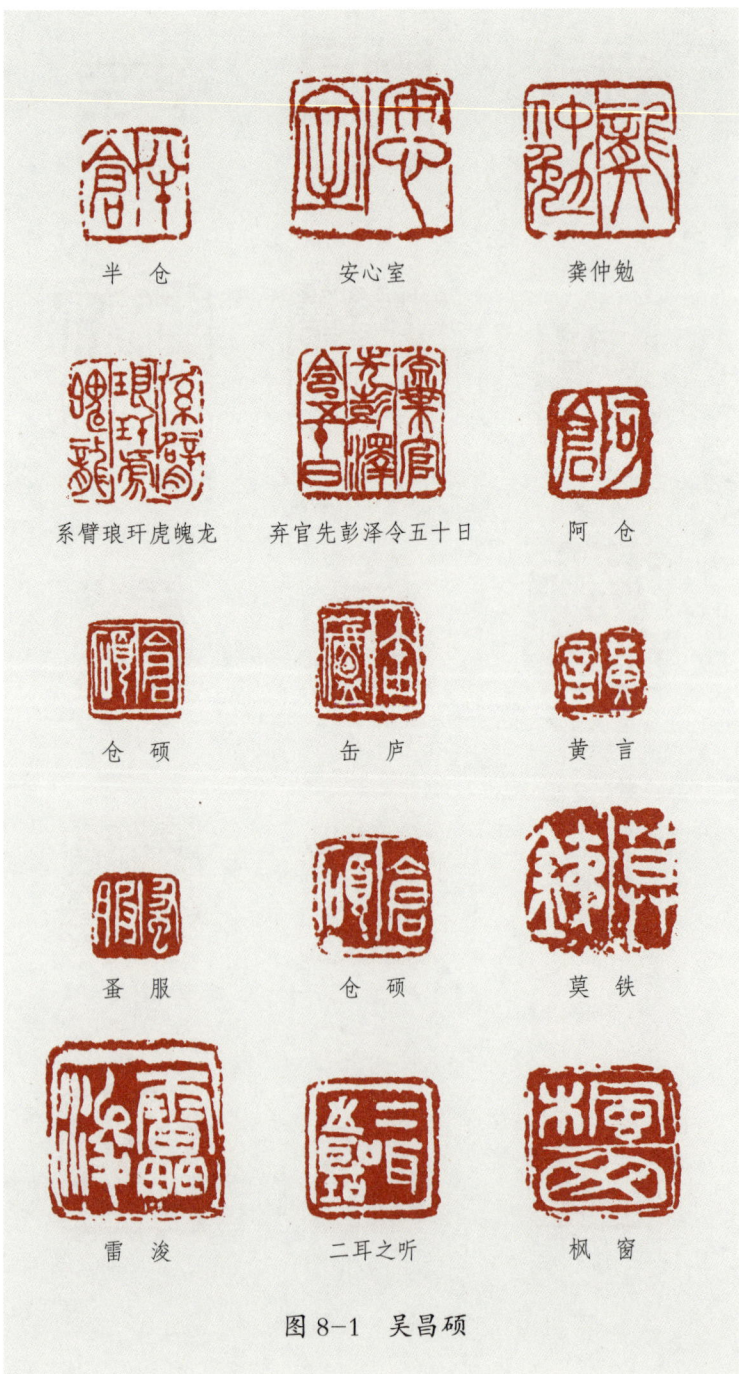

半仓　　安心室　　龚仲勉

系臂琅玕虎魄龙　　弃官先彭泽令五十日　　阿仓

仓硕　　缶庐　　黄言

蚤服　　仓硕　　莫铁

雷浚　　二耳之听　　枫窗

图 8-1　吴昌硕

术意趣，使全印有了新意。在此我们再次明显地看到了边栏的重要作用。

10、朱文竖栏边栏。在朱文印中，加一条或两条甚至两条以上的竖线作为印文界格，称为朱文竖栏边栏。如图 8 "半仓" "安心室" "龚仲勉" 等印章，在印中有一条竖栏，"系臂琅玕虎魄龙" "弃官先彭泽令五十日" 等印章，有两条竖栏。而 "阿仓" 一印，将 "阿" 字的一竖画作竖栏用，一举两得，可谓匠心别具，十分新颖别致。朱文边栏加竖栏后，强调了印章的纵势，印面上出现了格式化的条块，有利于印文的定格与布局，平静安稳的气息更为突出。

11、白文 "口" 字形竖栏边栏。图 8 中 "仓硕" "缶庐" "黄言" 等印章，即系白文 "口" 字式竖栏边栏。"余杭褚德彝吴兴张增熙安吉吴昌硕同时审定印"，在白文 "口" 字形中有四条竖栏，犹如一幅书法作品，刀笔意趣，令人叹为观止。

12、白文竖栏边栏。图 8 中 "蚤服" "仓硕" "莫铁" 等印章，不带白文 "口" 字形，印周系白文留红，而在印中只带一条纵向的竖线，称为白文竖栏边栏，这条竖栏可粗可细，可长可短，在缶老的印中，尤显随意自然，充满古朴拙厚气息。

13、白文"口"字形边栏。图8中"雷浚""二耳之听""宝田私印"等印章，系白文"口"字形边栏，与古玺、秦汉印相比，缶老的"口"字形边栏突出了圆劲、浑厚、自然的意趣，尤其是在边与边的交接与伸展处，十分注意粗细变化，方圆变化，与破缺断残的变化，始终与印文的格调保持一致，也说明缶老对于边栏的技巧掌握，已是炉火纯青。

14、白文"日"字格边栏。图8中"枫窗""郦堂""宝田"等印章，系白文"日"字格边栏，十分古拙老到，边栏线条，任自然而不刻意。

15、朱文拼合式边栏。图8中"缶老""大聋"等印章，系朱文细边边栏，属上下拼合形式。

16、朱文粗边边栏。图8中"寿伯""松隐庵"等印章，系朱文粗边边栏，来自古玺格调。

缶老印章的边栏，形式多样，古玺秦汉印章的各种边栏几乎都刻过。纵观缶老的印章边栏，让人感觉到他善于创新，不落窠臼，用钝刀刻出了古茂跌宕、挺拔雄强、苍劲郁勃的"吴氏边栏"特点。

（二）陈师曾

陈师曾（1876年—1923年），民国时期篆刻家。名衡恪，号朽者、朽道人、道子、槐堂，字师曾，以字行。室名有唐石簃、染仓室、安阳石室等。祖籍江西义宁。因涉嫌参与戊戌变法，举家迁居南京。其父陈三立著《散原文集》中有述衡恪之言："衡恪七至十岁，能作擘窠书，间作丹青。缀小文断句，余父辄以夸示宾客，忘其为溺爱也。"可知陈幼承家学，从小聪慧。26岁时赴沪就读法国

郦堂　　　　宝田　　　　缶老

大聋　　　　寿伯　　　　松隐庵

缶庐　　余杭褚德彝吴兴张增熙　　苍石
　　　　安吉吴昌硕同时审定印

昌硕　　　　　　　　宝田私印

图8-2　吴昌硕

小富贵　　　慧业盦　　　丹青不知老将至

一生负气　　朽者　　　　陈衡恪

图9-1　陈师曾

267

越只青山吴唯芳草	师曾	夕红楼
宁支离毋安排	守骏莫若跛	师曾自号朽
师曾	石道人	二俊草堂
三十称觱	壶中天	三山窟
萧俊贤	在山亭	朽木不折
师曾画佛之记	伯渔	刻画始信天有功
简庐	畏庐	染仓室

图 9-2 陈师曾

教会学校。翌年携弟寅恪留学日本，历时八载，归国后任教于江苏南通师范。是时与吴昌硕结有金石交。后又赴湖南师范任教。不久北上京华，任教育部编审。赁居西城，庭中有一老槐，遂名其书斋曰"槐堂"。常与姚华、金拱北、王云、鲁迅、齐白石交好切磋。他的篆刻初由黄易、奚冈、赵之谦等印人入手，后转师缶翁。有人见其治印用刀几乎握拳，锋则向鼻，下刀如蚕食叶，窸然作响，令人叫绝。1923 年夏日继母遽殁，陈奔丧南京，不幸得痢疾病卒南京，年仅 48 岁。越年葬于杭州西湖牌坊山。梁启超把陈师曾的不幸离世称为"中国文化界的大地震"。缶翁亦悲恸谓之"朽者不朽"。著有《陈师曾画选》《中国画史》《染仓室印存》《槐堂摹印浅说》《不朽录》等。如图 9 所示，陈师曾印章边栏主要有：

1、白文留红边栏："小富贵""慧业盦""丹青不知老将至""一生负气""朽者""陈衡恪"等印。

2、白文逼边式边栏："越只青山吴唯芳草""师曾"等印。

3、白文竖栏边栏："夕红楼"。

4、白文长方形留红边栏："宁支离毋安排""守骏莫若跛"等印。

5、朱文细边边栏："师曾自号朽""师曾"等印。

6、朱文残破式边栏："石道人""二俊草堂""三十称觱""壶中天"等印。

7、朱文借边式边栏："三山窟""萧俊贤""在山亭"等印。

8、朱文粗边边栏："朽木不折""师曾画佛之记"等印。

9、朱文粗细边混合式边栏："伯

渔""刻画始信天有功"等印。

10、朱文竖栏边栏:"简庐""畏庐"等印。

11、朱文长方形粗边边栏:"染仓室"。

（三）徐新周

徐新周（1853年—1925年），字星舟，别署星洲、星州、星周，以星州最为常用。斋号有"陶制庐""耦花盦"。江苏吴县人。嗜好金石篆刻，崇尚昌硕印艺，得缶翁俞允，遂当面执弟子礼。作印谨守师法，不逾越规矩。面貌甚得缶翁法乳。然线条比缶翁方匀坚实，不若缶翁浑厚恣肆。应求者之请，偶作圆朱文印，潇洒逸致，气韵生动。曾在上海悬例鬻印，取值不昂，求者踵接。缶翁晚年限于目力，另因忙于应酬，四方求印者都委以星州捉刀。1918年辑160方得意之作成《耦花盦印存》四册，缶翁亲为撰序。如图10所示，徐新周印章边栏主要有:

1、白文印下留红式边栏:"善言莫离口""寒道人""涵容是处人第一法""得句先呈佛""梦宬金泥石屑"等印。

2、白文留红边栏:"栖志浮云""潭上质印"等印。

3、白文"十"字格边栏:"神无不畅"。

4、白文长方形口字格边栏:"养耳"。

5、朱文细边边栏:"蛇龙皆非池中物"。

6、朱文"田"字格边栏:"高仓长寿"。

7、朱文粗边边栏:"先东坡二十日生""吉人之辞""仆本恨人""大象无形"等印。

8、朱文粗细边混合式边栏:"斗岳浮海"。

9、朱文多口形边栏:"尔雅窈窕夫妇"。

10、朱文残破式边栏:"优游自得"。

善言莫离口	寒道人	涵容是处人第一法
得句先呈佛	梦宬金泥石屑	栖志浮云
潭上质印	神无不畅	养 耳
蛇龙皆非池中物	高仑长寿	先东坡二十日生
吉人之辞	仆本恨人	大象无形
斗岳浮海	尔雅窈窕夫妇	优游自得

图 10-1 徐新周

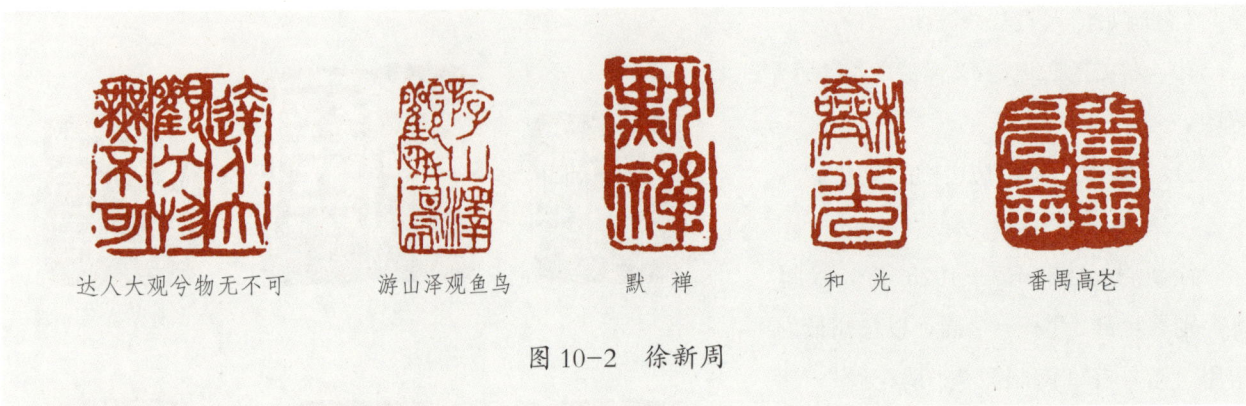

达人大观兮物无不可　　游山泽观鱼鸟　　默禅　　和光　　番禺高岩

图 10-2　徐新周

壑叟无恙　　畏俗　　壑公无咎

人书俱老　　藏之名山　　苦铁门弟铁汉

民无疾苦　　赵云壑之印　　壑山残叟

大手笔　　壑山长者　　壑道人

秀而野　　壑道人　　一日千里

图 11-1　赵云壑

11、朱文栅栏式边栏："达人大观兮物无不可"。

12、朱文长方形残破式边栏："游山泽观鱼鸟"。

13、朱文长方形粗边边栏："默禅"。

14、朱文长方形"日"字格边栏："和光"。

（四）赵云壑

赵云壑（1874年—1955年），近现代篆刻家。原名龙，后改名为起，字子云，号铁汉、壑山樵子、云壑子、壑道人，晚号壑叟、秃翁、半秃老人、秃尊者、泉梅老人。江苏苏州人，居苏州时斋号有耕心草堂、十泉十梅之居等。寓居上海时斋号有云起楼、还读楼、春晖草堂、思寒斋、无休庵等。赵云壑自小家境贫苦，其父以撑船为业。受其母亲张氏影响，拜师读书，习字作画。后在吴昌硕门下为徒，受业于缶翁，自此书、画、印俱得缶翁真传，撷其精粹而不袭其貌，时出新意。他治印时，常常手起刀落，毫不犹豫，随手雕镌，且不加修饰。所刻印作古朴浑厚，爽直洒脱，苍莽遒劲，兼得秦汉遗风，疏密有度，气势磅礴。其朱文印以肥润出之，线条粗壮有力，富有韵味，自然老到，无一点做作痕，风神独具，东瀛人以"缶庐第二"誉之。

如图 11 所示，赵云壑印章边栏主要有：

1、白文留红边栏："壑叟无恙""畏俗""壑公无咎""人书俱老""藏之名山"等印。

2、白文印下留红边栏："苦铁门弟铁汉""民无疾苦""赵云壑之印"等印。

3、白文残破式边栏："壑山残叟"。

4、白文口字形边栏："大手笔"。

5、白文长方形留红边栏："壑山长者""壑道人"等印。

6、朱文长方形细边边栏："秀而野"。

7、朱文长方形细边残破式边栏："壑道人""一日千里""子云长寿"等印。

8、朱文借边式边栏："破荷弟子""鹤寿"等印。

（五）李苦李

李苦李（1877 年 —1929 年），清末民国篆刻家。原名祯，字篠湖、晓芙、晓夫，号苦李。以号行之。原籍浙江山阴，其父亲客居江西南昌西园，苦李遂生于赣。1904 年 28 岁时，移居江苏南通。任职于翰墨林书局。此局经营文房四宝、书画买卖，并进行书画装裱。得以与南通名流交往，对书画篆刻倍加钻研。后得师从吴昌硕。陈师曾在南通师范学校任教时，常到翰墨林书局作客，与苦李过从甚密，论艺谈书，互相师法，情若手足。师曾中年夭逝，苦李痛失良友，曾制"木头老子"印纪之，可见情挚怀虚。缶翁评其印"已到佳处"。如图 12所示，李苦李印章边栏主要有：

1、白文留红边栏："枯肠芒角""不因人热""李祯私印""西园病客""修竹亭""宗元长寿""从性而游""汉画轩"等印。

2、白文残破式边栏："山阴李祯

子云长寿　　破荷弟子　　鹤　寿

图 11-2　赵云壑

枯肠芒角　　不因人热　　李祯私印

西园病客　　修竹亭　　宗元长寿

从性而游　　汉画轩　　山阴李祯章

六枳亭长　　通　隐　　退翁七十学隶

图 12-1　李苦李

图 12-2　李苦李

章""六枳亭长"等印章，为白文残破式边栏。

3、朱文细边边栏:"通隐""退翁七十学隶"等印。

4、朱文粗边边栏:"师莱""恬盒""泰铸"等印。

5、朱文借边式边栏:"泽潢""辽隐八十后学隶"等印。

6、朱文粗细边混合式边栏:"李祯之印""李"等印。

7、朱文圆形边栏:"鱼千里"为朱文圆形边栏。

8、朱文长方形细边边栏:"丙寅""蝘臂李"等印，为朱文长方形细边边栏。

（六）寿石工

寿石工（1885年—1950年）名玺，字务熹，号印句、印丐、印侯、珏庵、悲风、珏公、园丁，别署石公、硕公、无量、粹公、容簃、燕客、辟支堂、冷荷亭长、石尊者等。斋名有蝶芜斋、铸梦庐、绿天精舍、玄尚精庐、湘怨楼等。浙江绍兴人，定居北京。工诗词、书法、篆刻，均自成一格。篆刻师赵叔孺、吴昌硕、黄士陵，工稳秀逸，宁静蕴藉。书法初学欧、米，后参以六朝碑版变化，形成刚劲流畅极富金石之气。1917年与陈师曾创立北京美术专门学校，后曾在北京女子文理学院、北京艺术学院任教。著有《铸梦庐篆刻学》《篆刻学讲义》等。寿石工印章边栏主要有:

1、白文留红边栏:图13中"蝶芜斋""柳边清课""叠鼓夜寒垂灯春浅""常恨世人新意少""十亩园丁五湖印句""霞外草堂""山阴寿玺章""海棠花底三年驻"等印。

2、白文印下留红边栏:图13中"寿

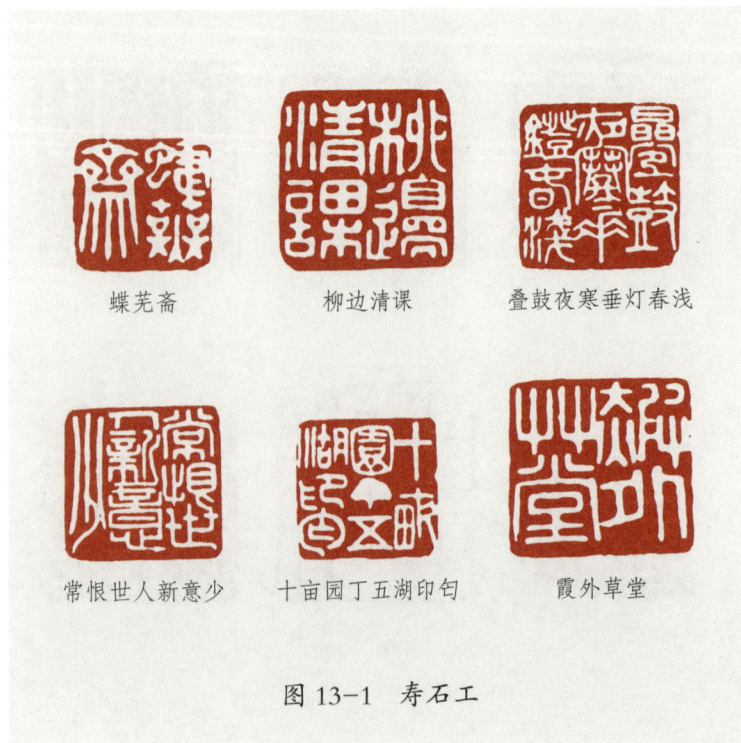

图 13-1　寿石工

| 山阴寿玺章 | 海棠花底三年驻 | 寿氏印匄 | 春声 | 蒹月楼 |

| 能自树立不因循 | 玺 | 无量 | 百事翻从阙陷好 | 容移 |

| 寿玺 | 美意延年 | 石尊者 | 寿玺长幸大吉又日利 |

图13-2 寿石工

氏印匄""春声""蒹月楼""能自树立
不因循"等印。

3、白文灵形式边栏：图13"玺"。

4、白文"口"字格竖栏边栏：图13
"无量"。

5、白文长方形留红边栏：图13"百
事翻从阙陷好""容移"等印。

6、白文"口"字形边栏：图13"寿
玺""美意延年""石尊者""寿玺长幸
大吉又日利"等印。

7、朱文细边边栏：图14"元嘉砚
斋""湘怨楼""消息辞""缘天精舍"
等印。

8、朱文粗边边栏：图14"龙沙归

| 元嘉砚斋 | 湘怨楼 | 消息辞 |

| 缘天精舍 | 龙沙归客 | 长年 |

图14-1 寿石工

273

伯子玺　　　　　石工短歌　　　　　无　量

园　丁　　　　　石工父　　　　　　寿　氏

蝶芜斋　　　　　毂盦　　　　　　　老　大

霞　外　　　　　寿　玺　　　　　　景梨轩

不食鱼斋　　　　　　千秋愿

图 14-2　寿石工

客""长年""伯子玺""石工短歌"等印。

9、朱文借边式边栏：图 14"无量""园丁""石工父"等印。

10、朱文圆形边栏：图 14"寿氏"。

11、朱文粗细边混合式边栏：图 14"蝶芜斋""毂盦""老大"等印。

12、朱文椭圆形边栏：图 14"霞外"。

13、朱文长方形粗边边栏：图 14"寿玺""景梨轩""不食鱼斋""千秋愿"等印。

（七）楼邨

楼邨（1880 年—1950 年），又名卓立、小名保源，字肖嵩、又字新吾，号玄根居士、麻木居士、玄道人、玄朴居士、玄璞居士、缙云老叟。与吴昌硕交好。吴氏为之改名辛壶（与新吾谐音）。斋称玄根庼。浙东缙云人。善山水、花卉，工书法，宗颜、柳，尤以篆刻最出名。自幼受父熏陶，酷爱金石书画，受吴昌硕赏识，结忘年交，加入西泠印社。1923 年，移居上海，结识柳亚子、黄宾虹、童大年等学者名流。夏超任浙江省省长，应邀任浙江省公署秘书。1926 年10 月，携眷避难于沪，脱离仕途，以卖字画为生。1934 年，应上海美专校长刘海粟聘，任国画系教授。1936 年，任中国艺专校长。乐育英才，声名益著。如图 15 所示，楼邨印章边栏主要有：

1、白文留红边栏："楼邨印""楼邨之印""但恨金石南天贫""柳洲散客"。

2、白文口字形竖栏边栏："辛壶""天几清妙"。

3、白文留红残破式边栏："楼邨之印""德患吾故物"。

4、朱文细边边栏："印泥之皇"。

5、朱文粗细边混合式边栏："古楼

楼邨印

楼邨之印

但恨金石南天贫

柳洲散客

辛 壶

天几清妙

楼邨之印

德惠吾故物

印泥之皇

古楼邨

缙云楼邨长寿

息 园

有竹令人瘦

辛 壶

会心不远

红了樱桃绿了芭蕉

脱有形似

楼辛壶

辛 壶

楼邨之印

图 15　楼邨

郁勃纵横如古隶

吴迈之印

樛荫草庐

千里之路不可扶以绳

阅古楼藏书记

梓园　　涵中　　传绅

图16　吴涵

法大自然　　楚尾吴头　　专门利人

图17-1　钱瘦铁

"郘""缙云楼郘长寿""息园""有竹令人瘦"。

6、朱文粗边边栏：有"辛壶""会心不远""红了樱桃绿了芭蕉""脱有形似"。

7、朱白相间式边栏："楼辛壶"。

8、白文口字形边栏："辛壶"。

9、朱文残破式边栏："楼郘之印"。

（八）吴涵

吴涵（1876 年—1927 年）字子茹，号臧龛，别署藏堪。因生于湖州，故小名湖儿、壶儿、阿壶。浙江安吉人，为吴昌硕次子。少聪颖，渊源家学，并从王竹君、沈石友学诗书。年二十八游宦江西，曾任万安县令。因父老，于1922 年返沪，任王一亭之秘书。1927 年夏，骤染伤寒，病故于沪寓。吴氏于训诂、辞章、书画、金石篆刻均有相当高的造诣。擅隶书，能绘事，随笔点染，别具奇趣。刻印得自家传，所作绝似乃父。缶翁晚年应请索过忙，时遣之捉刀。沙孟海先生《沙村印话》云："臧龛印法多用缶老中年以前体，余每以此辨识大小吴真伪。世言萧祭酒书，晚节所变，乃右军年少时法，子茹印亦著是"。如图16 所示，吴涵"郁勃纵横如古隶""吴迈之印""樛荫草庐"等印边栏属白文逼边边栏。"千里之路不可扶以绳"印，为朱文多口形边栏。"阅古楼藏书记"属朱文粗细边混合式边栏。"梓园""涵中""传绅"等印为朱文残破式边栏。

（九）钱瘦铁

钱瘦铁（1896 年—1967 年），原名厓，字叔厓，别号数青峰馆主、天池龙泓斋主。江苏无锡人。12 岁在苏州学装裱碑帖，并钻研篆刻艺术，被金石家郑文焯收为弟子。不久又荐其投吴昌硕门

厓叔

无限风光在险峰

沈铭昌年六十以后书

味菓墨戏

周碧初

下，并随缶翁参加上海的艺事活动，不久移居上海，参加金石书画组织，获交黄宾虹，颇得启掖。曾主持红叶书画社，中国画会。瘦铁与苦铁（吴昌硕）、冰铁（王大炘），并称"江南三铁"，盛传一时。1924年，受上海美专之聘，回国任该校国画系主任。1933年，钱携眷侨居日本，并与郭沫若过从甚密，抗战爆发后，日警方欲拘捕侨日郭沫若，瘦铁筹款买票，掩护郭辗转加拿大邮船，化名潜返回国。日警方为此逮钱入狱，判刑五年。后释放归国。1963年国庆前夕，钱应郭之邀到北京做客，并为郭沫若镌印多枚。钱的篆刻师法缶翁，印章、边栏不求貌似，只求神韵，后致力于汉官印，旁及《天发神谶碑》。他的印作面目多样，不拘成法自出新意。著有《瘦铁印存》四册、《钱瘦铁画集》等。如图17所示，钱瘦铁印章边栏主要有：

1、白文留红边栏："法大自然""楚尾吴头""专门利人""厓叔""无限风光在险峰""沈铭昌年六十以后书"等印章，皆为白文留红边栏。其"无限风光在险峰"，印文中宫收紧，点画伸展自如，刀意笔意气息浓厚，"峰"字与"无"字同向印内倾斜，作对角呼应之状，"险"字与"限"字偏旁相同作对角

盥雪翁

鹰击长空

平安

黄山袖得故乡云

瘦铁

鼎堂

海粟欢喜

浅予

关雪

可染

池田醇印

废画三千

图17-2 钱瘦铁

277

对称处理。而印章底部边栏打破平直之状，向右波曲斜伸而上，使边栏妙趣横生。突出了汉魏时代官印之流风余韵。

2、白文竖栏边栏："味蕖墨戏"为白文竖红边栏。印中上宽下窄竖一界格，"蕖"字三点作竖式，"墨"字四点作横式排列，全印结体自然，天真烂漫，在点画粗细曲直变化多端处显示了作者深厚的学养与功力。

3、朱白相间式边栏："周碧初"。

4、白文"口"字形边栏："盦雪翁"。

5、白文长方形留红边栏："鹰击长空"。

6、朱文细边边栏："平安""黄山袖得故乡云"。

7、朱文粗边边栏："瘦铁""鼎堂"。

8、朱文长方形细边边栏："海粟欢喜"。

9、朱文长方形粗边边栏："浅予"。

10、朱文椭圆形边栏："关雪"。

11、朱文圆形边栏："可染"。

七、虞山派印章边栏

虞山派创始人赵石，江苏常熟人，为吴昌硕弟子。他的篆刻不为师囿，以古封泥为法，主张古拙浑朴一路印风，寓奇于正，章法虚实有致，别有新意，极得封泥神韵。传人甚众，著名的有赵林、邓散木等。

（一）赵石

赵石（1874年—1933年），民国时期篆刻家。又名古愚，字石农，号古泥，别署泥道人。江苏常熟人，赵氏幼年家境贫苦，父母双亡，仅读了三年私塾，就在祖父的中药铺学徒。学而无成，苦闷愤及奔苏州寒山寺欲剃度为僧，未为所纳。后由缶翁弟子李锺指引，学书法

篆刻，并赠古泥刀石和一部《六书通》，赵刻苦勤奋，技艺大进，且悟性颇高，李将赵石推荐给缶翁，缶老将其安置在莫逆之交、当地名儒沈石友家，治石刻砚，并授以篆刻要诀。赵石到沈家，犹如今人读大学，沈家所有"文物"倾柜开放，令他大开眼界，不仅精学书法篆刻，且诗词韵律，作文绘画同时并进。赵氏一生刻印甚多，尤擅晶玉与铜印，篆刻风格既师缶翁，又潜心封泥，崇尚朴茂奔放，古拙浑厚。曾在民国初红极一时，人称"赵派""虞山派"。古泥形貌奇古，健于谈论，而胸襟坦荡宽阔，极重言诺。1933年，赵氏因肝病不治而逝。生前自书遗嘱，不许开吊，不设灵座，不烧银锭纸钱，毫不循彼时旧俗，令人感佩。辑有《赵古泥印存》《拜缶庐印存》《泥道人诗抄》等。如图18所示，赵石印章边栏主要有：

1、白文留红边栏："邹朝潘印""俞愚之读碑记""听松庵行者""喜读古碑""逃禅""赵石私印""德虹长寿章""子孙永保""江南吴孟公诗书画印""读不遍千古书作不了天下事识不尽海内人""富贵如传舍惟谨慎乃得久居"。

2、白文"口"字形边栏："宝牍楼""宙云""空心亭北人家"。

3、朱文粗边边栏："烟村""古泥"。

4、朱文细边边栏："开卷一乐"。

5、朱文粗细边混合式边栏："闾濆临古""芳圃书画""佛心""铄迦罗心室""三长两短之斋"。

6、朱文细边长方形边栏："怡云轩主""虚静斋书画印""虞鹜"。

7、朱文长方形粗边边栏："泰伯九十九世孙鸿畴"。

邹朝澍印

俞愚之读碑记

听松庵行者

喜读古碑

逃禅

赵石私印

德虹长寿章

子孙永保

江南吴孟公
诗书画印

读不遍千古书作不了
天下事识不尽海内人

富贵如传舍惟
谨慎乃得久居

宝牍楼

宙云

空心亭北人家

烟村

古泥

开卷一乐

间澹临古

芳圃书画

佛心

铄迦罗心室

三长雨短之斋

怡云轩主

虚静斋书画印

虞鹜

泰伯九十九世系鸿畴

周左季壬子岁所钞书

虞山沈煦孙字成伯
号师米鉴藏金石印

图18 赵石

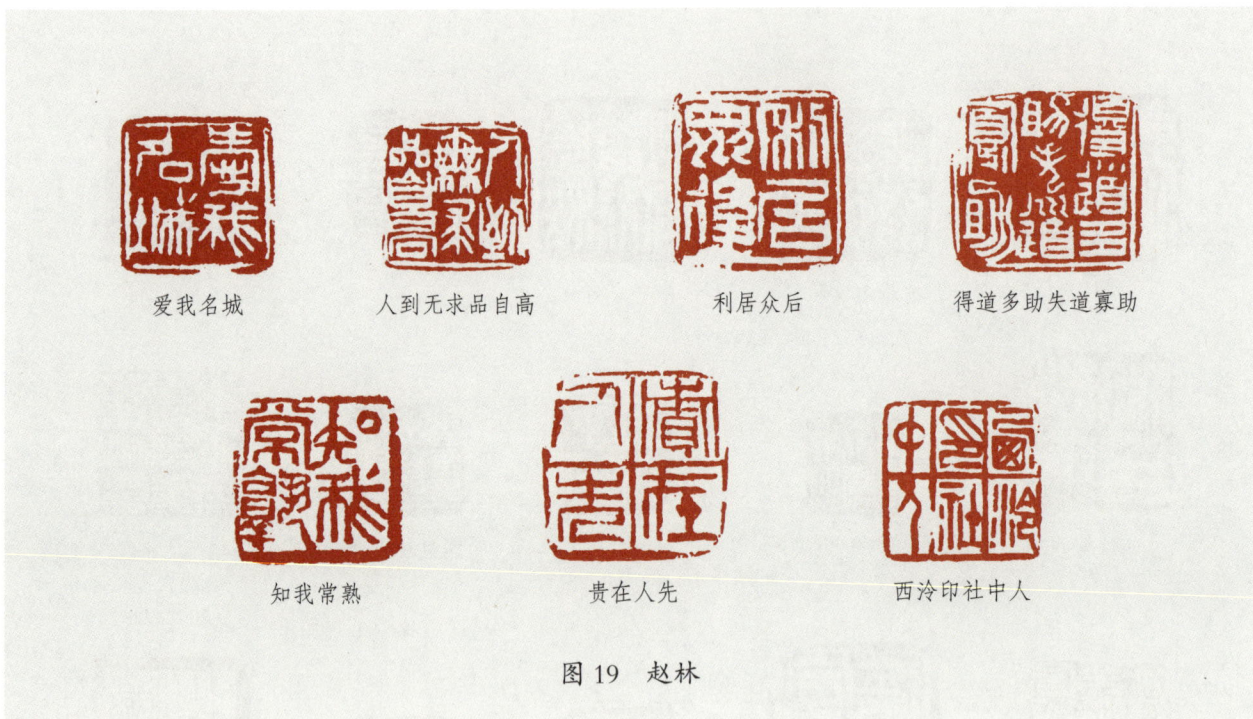

爱我名城	人到无求品自高
利居众后	得道多助失道寡助
知我常熟	贵在人先

西泠印社中人

图 19 赵林

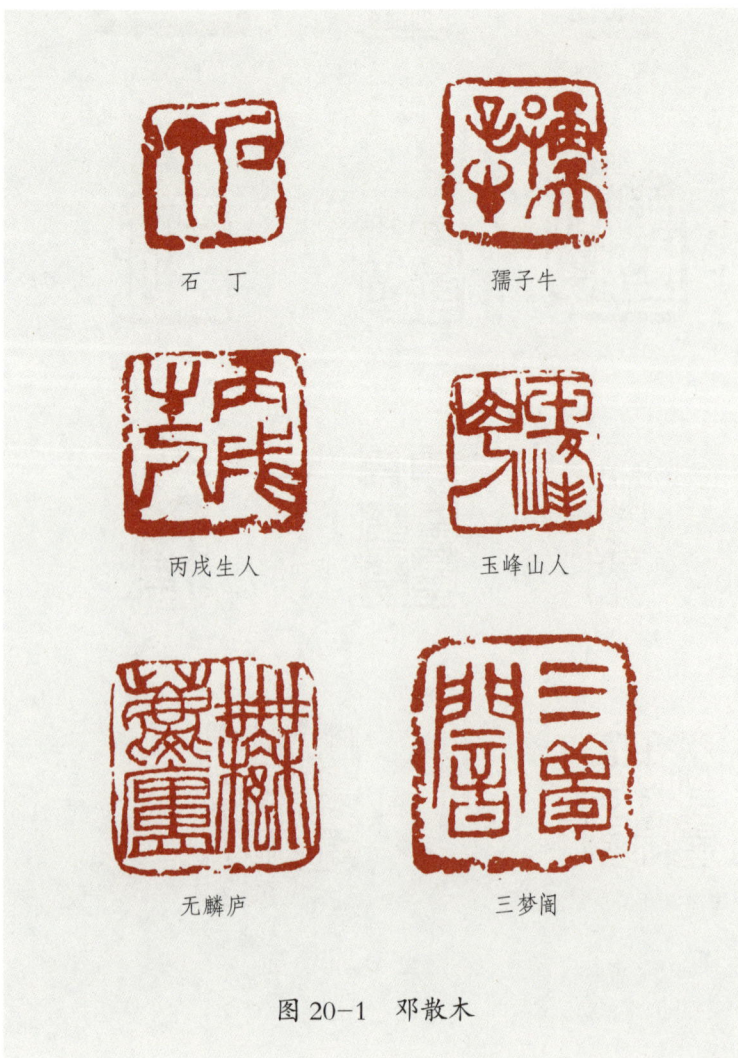

石丁	孺子牛
丙戌生人	玉峰山人
无麟庐	三梦阁

图 20-1 邓散木

8、朱文无边栏印:"周左季壬子岁所钞书"。

9、朱文多"口"形边栏:"虞山沈熙孙字成伯号师米鉴藏金石印",在朱文"口"字格内,有三横三竖构成16个"口"字格,16个印文平均布白于中,这样的印章边栏,为朱文多"口"形边栏。

(二)赵林

赵林(1907年—2005年),女。字晋凤,系赵古泥的独生女儿。江苏常熟人。早在八、九岁时便为父亲加水、磨墨,至深夜不离案几。在父亲的熏陶感染下,从而喜欢上了书法篆刻。1932年在上海美术专科学校毕业,经过数十年的刻苦钻研,以女书法,篆刻家著名。深为父辈的南社书法家萧退庵先生所激赏。赵林的篆刻,得父亲亲炙,继承了其父新虞山派的遗风,厚重古朴,对汉印、古玺深得精髓。印面布置疏密得宜,能于拙中见巧,而无霸悍之气。晚年每多随意处,笔画或粗或细,使转自如,而刀意爽然，不加修饰，却苍劲泼辣，别有韵味。赵林为西泠印社社员、中国书法家协会理事、上海书法家协会理事、散木印社名誉社长、常熟虞山印社名誉社长。她久居上海，新中国成立后从事中学教育，于1965年退休，90岁时还能作书刻印。2005年9月4日因病在上海逝世。享年98岁。图19中，赵林"爱我名城""人到无求品自高""利居众后""得道多助失道寡助"等印章边栏，皆为白文"口"字形边栏。"知我常熟"印为朱文粗细边混合式边栏。"贵在人先"一印为朱文"田"字格边栏。"西泠印社中人"一印，系朱文多"口"形边栏。

（三）邓散木

邓散木（1898年—1963年），原名菊初、铁，字钝铁、散木，别署粪翁、钝铁、楚狂人，郁青道人、无外居士、一足等。上海人，晚年移居北京。邓氏篆刻魅力四射，后人曾争相仿效。其印章边栏也时出新意，别具一格。邓散木印章边栏主要有：

1. 封泥式边栏。图20中，"石丁"印边栏源自封泥式。"孺子牛"的边栏亦然。印面气魄宏大，边栏端庄古朴、光彩照人。边栏断残之处显然用刀把敲击而成，与印面字画气息贯通，印文采用形象化手段处理，方圆相参，构成了独特的艺术形式。邓氏刻治的封泥式边栏印章数量很多，他承袭了古封泥神韵，边栏的粗细、残缺、断连都比较含蓄统一，比较规范，而且粗边一般都放在印下与印左，细边设置在印上或左右，印文常常与印边互相粘连借用。

2. 朱文粗细混合式边栏。图21中"式廓""邓杰""拙存""文凤""琴

怡庵

九州生气恃风雷

可天

渐入佳境

书工

六曲春星二分明月

前不见古人

素处以默

在水一方

力争上游

艺术还家

宝康瓠

起一

玄畅居士

图20-2 邓散木

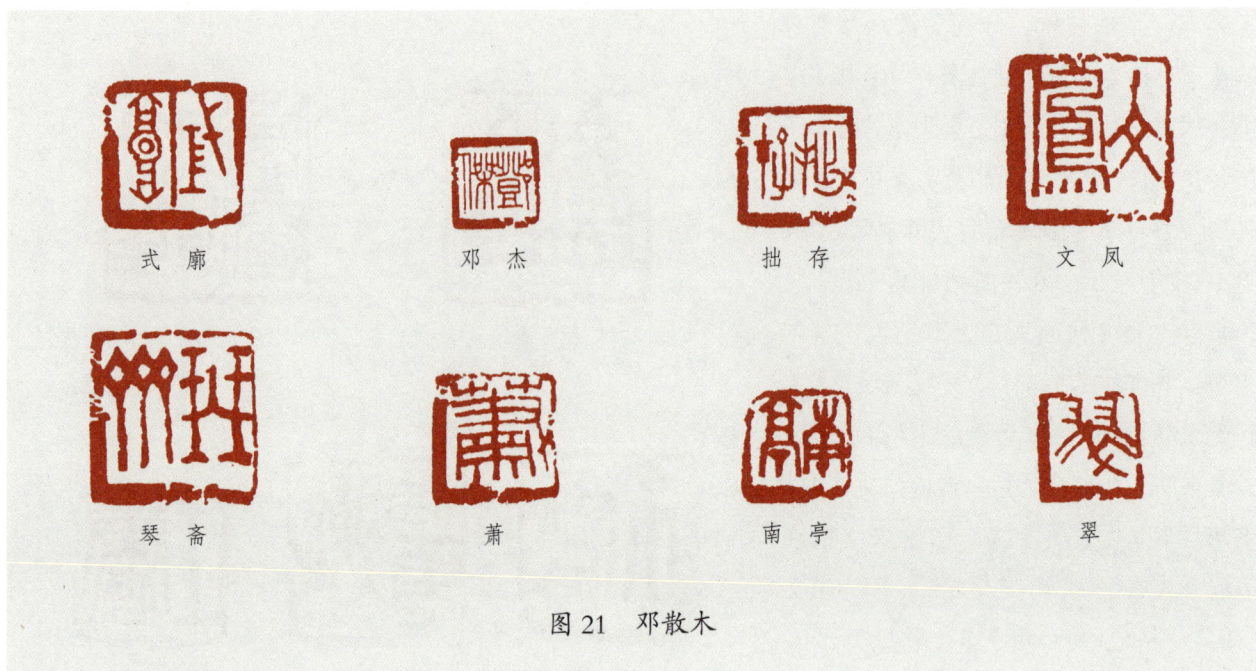

式 廓　　邓 杰　　拙 存　　文 凤

琴 斋　　萧　　南 亭　　翠

图 21　邓散木

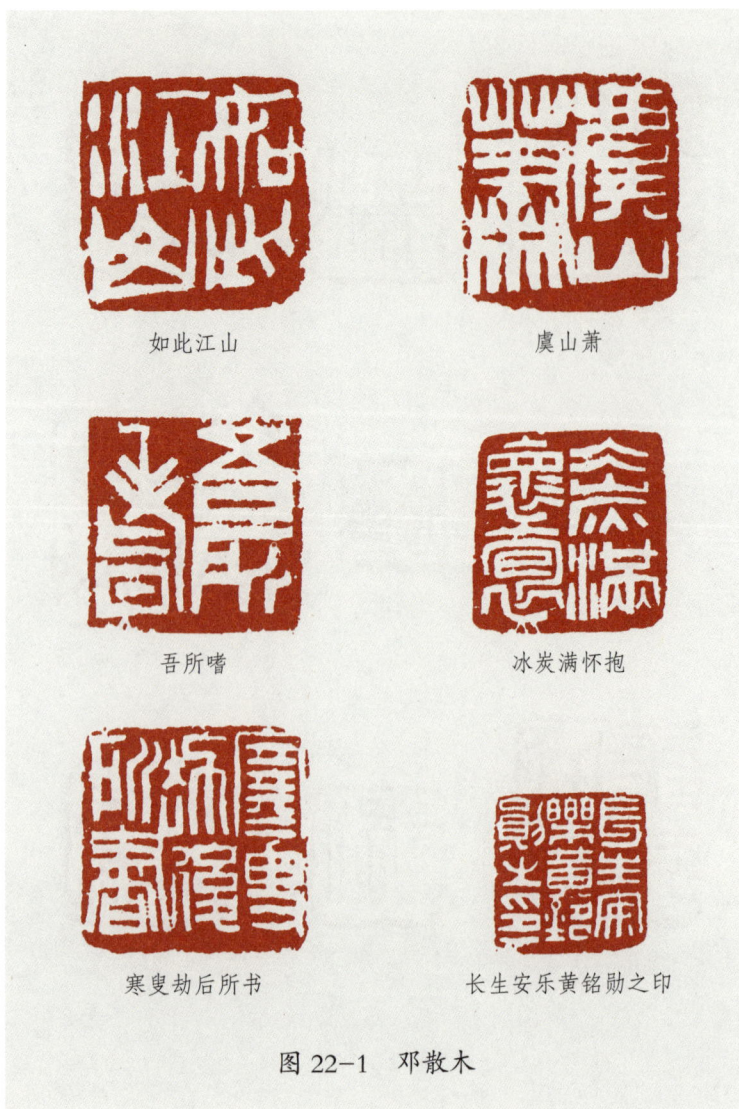

如此江山　　虞山萧

吾所嗜　　冰炭满怀抱

寒叟劫后所书　　长生安乐黄铭勋之印

图 22-1　邓散木

斋"等一组印章的边栏，系粗细混合式边栏，它是从封泥式边栏演变脱胎而来，与封泥式边栏不同的是，它以挺拔光洁、整齐为主要特点，虽然也有残破断碎处，但那毕竟是少量的，而且没有改变边栏的连贯与伸展，可以看到邓氏的朱文粗细混合式边栏非常方正，少有圆意，粗细衔接与过渡十分自然，反差强烈。而印文一般与边栏都保持一定距离，就虚实而言，印面呈周虚中实，这样更衬托出边栏的端庄稳重。

3、白文留红边栏。图22中"如此江山"印，"山"字底画向上斜伸，而"此"字亦按照"山"字的斜度上移，造成印下留红成一斜式。粪翁不满足印章的四平八稳模式，以斜制"险"，很有个性。如"虞山萧"一印，"山"字作扁平上移处理，"萧"字下方的六条竖画亦逐一减缩，与"山"字保持同一斜度，构成了一个险局。但全印重心居中，尤其是印文的点画粗细变化，调整了平衡。"吾所嗜"的边栏呈对角留红式，"冰炭

满怀抱"呈梯形式,"十变"粗的特粗,
细的特细,确实变得很特别。由此可见,
龚翁对边栏的设计与刻制特别用心,而
特具面貌。

4、白文"口"字形边栏。图23中
"贮易之钵",系白文"口"字形边栏。
边栏线条形随刀转,收刀出锋,四条边
栏每边都留有余地,每边都有不同姿态
的断缺破残。十分大方、朴拙、耐看。
独字印"吴",印文字画左粗右细,方
折为主。边栏也呈左粗右细,线条劲削
尖利。印中大块留红与印章白文"口"
字边之外的粗阔的朱文边栏遥相呼应,
极为生动感人。先生的白文"口"字形

任关元　　　　蘷门李重人医师　　　东莱后裔

十　变　　　　铁面将军章　　　　　耳　视

图 22-2　邓散木

贮易之钵　　　　吴　　　　妙契同尘　　　四禅天上凡夫

友　美　　　　石　丁　　　　玉　　　　跃进书生

古为今用　　　共说此年丰　　　平地一声雷　　　真　趣

图 23　邓散木

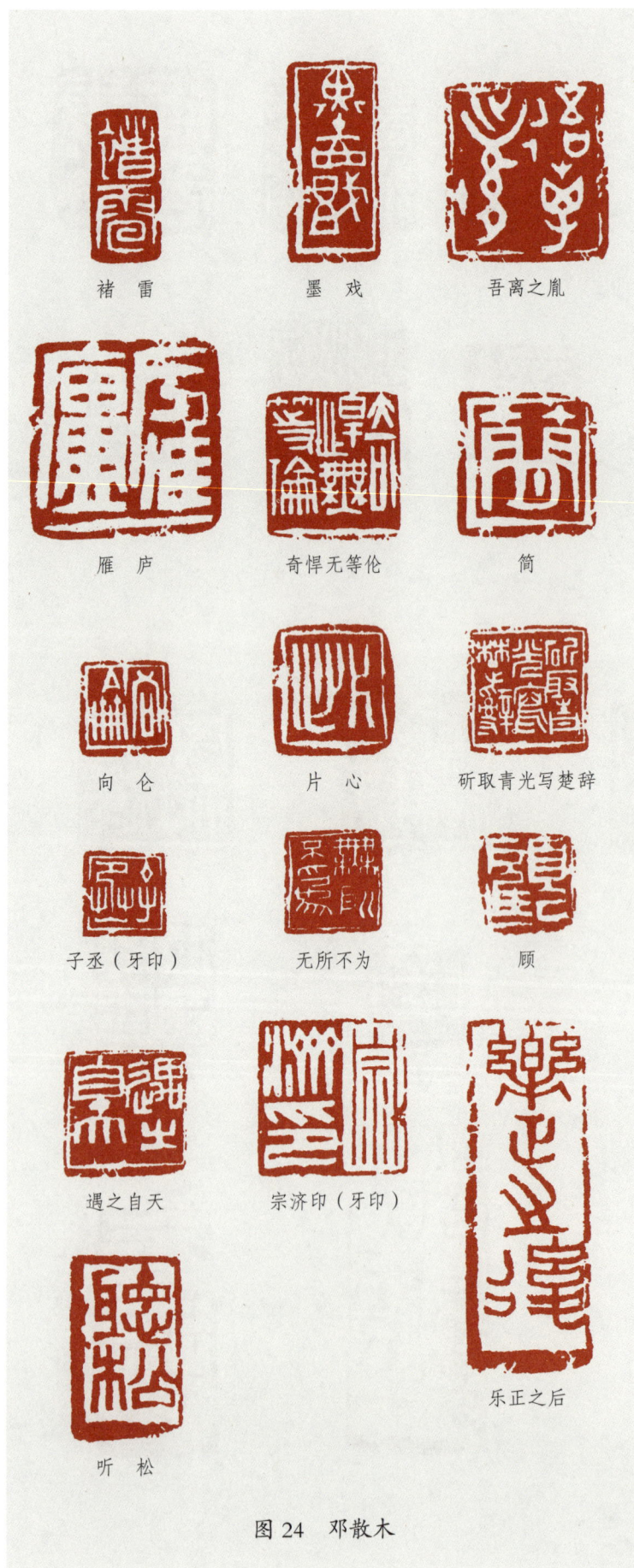

褚雷　　　　墨戏　　　　吾离之胤

雁庐　　　　奇悍无等伦　　　　简

向仑　　　　片心　　　　斫取青光写楚辞

子丞（牙印）　　　无所不为　　　　顾

遇之自天　　　宗济印（牙印）　　　乐正之后

听松

图 24　邓散木

边栏印章数量极多，几乎每印面貌各异，边栏亦各异。如"妙契同尘"与"四禅天上凡夫"印，用封泥的形式刻成白文"口"字形，"友美""石丁"的边栏，一竖一横，就像用毛笔稍微勾画了一下，很有品位与特色。再如"雁庐"印，上、左、右为白文留红式边栏，而印下加了一条白边，成了白文单边边栏。印文粗折、浑厚、刚健，充满力量。两字的"厂"字部成倚侧并列之势，而白文单边的线条与印文字画动势保持一致，似流星般利落，大有跃跃欲飞之态。整个印章上窄下宽，呈梯形之状，稳如磐石。灵动、稳正在龚翁刀下发挥淋漓。

5、白文"亚"字形边栏。"亚"字形边栏一般以朱文居多，如图 23"玉"字一印，系白文"亚"字形边栏。印边白文猛利老辣，质量很高，全印刀笔俱佳，意境深远。

6、朱文"田"字格边栏。图 23"跃进书生"印，属"田"字格边栏，楷书体入印，"书"与"跃"下方互相粘连在一起，在印中制造了一个红点。打破了印面的均衡与平静，"书"字以简化字入印，增添了全印的朴茂和浑厚，亦增添了意趣。

7、朱白相间式边栏。图 23"古为今用"，"古为"二字，一气呵成，天衣无缝，下方六条竖画，似六只鼎脚，致使留红边栏成锯齿状不规则形。而朱文"今用"二字，只占全印三分之一，二字之间有一横线，成朱文"日"字格。"宗济印"，左为白文留红，右为朱文细边，异常方正平直。

8、朱文不规则形边栏。图 23 中"共

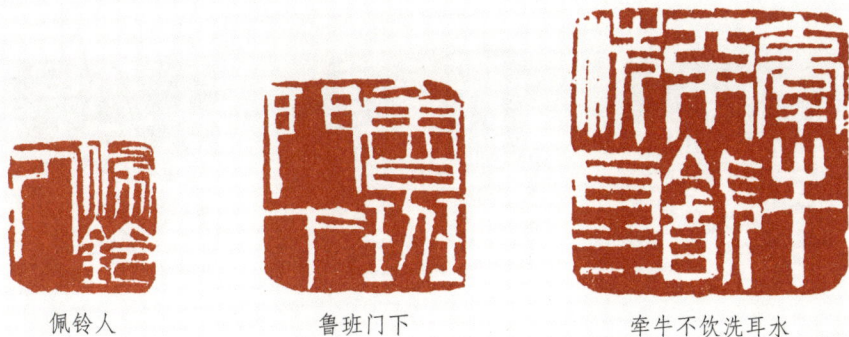

佩铃人　　　　　鲁班门下　　　　牵牛不饮洗耳水

图 25-1　齐白石

说此年丰"一印，依石赋形，随形布文，天然无雕。朱文边栏的线条屈伸自如，边栏上下气势贯通，边栏右面断而带缺，边栏左边作借边处理。散木视治印如"名将布阵"，自出机杼，不为古印及前人大家印风所囿，善于用"巧"，善添其"趣"，又善得古玺之拙融汇一印之中。故散木印章的边栏，超凡脱俗，与众不同。

9、朱文长方形粗细边混合式边栏。图 23 中"平地一声雷""乐正之后""听松"等印章，系朱文长方形形式，其边栏呈粗细边混合式，灵动活泼，古朴厚重。

10、白文长方形留红边栏：图 23"真趣"和图 24"褚雷"等印章。

11、白文长方形口字形边栏：图 23"友美"和图 24"墨戏"等印章。

八、齐白石印章的边栏

齐白石（1863 年—1957 年），原名纯芝，后改名璜，字渭清，号白石老人、木居士、木人、寄萍老人、齐大、借山翁等。湖南湘潭人，1920 年后居北京，他的篆刻初宗浙派，后涉猎赵之谦，取法秦汉，从秦汉玺印中汲取"天趣胜人"的本质，形成自己"胆敢独造"的创新之路。他将《三公山碑》、《天发神谶碑》、秦权量、汉将军印章等参以小篆，化古为己，融入印中。章法与刀法吸取了汉急就章的特点，印章布局奇肆朴茂，紧凑舒展，印文高低参差，点画斜直错落有致，纵横平直遒劲。用单刀直入法，一刀到底，方入尖出，笔力纵横，疏密有致，线条粗犷，不受牵挂，不受墨底所拘，不加修饰。刀痕累累，线质既爽利又拙涩，一派爆裂壮观，冷峻严正，创造出一个具有鲜明个性的篆刻世界。是印章流派史上又一里程碑，世称齐派。仿效者众多。其印章边栏亦变化多端，充满趣味与个性。齐白石印章边栏主要有：

1、白文留红边栏

图 25 系齐白石一组白文留红边栏印章。白石老人以秦汉白文留红式边栏为基础，在印面上大块留红，致使留红边栏呈不规则形。如"佩铃人"印，"佩铃"两字笔画较多，将其置于右边，而"人"字笔画特少，却独占一半印面。使"人"字下方大块留红。再如"鲁班门下"一

中国长沙湘潭人也

白石老年赏鉴

夺得天工

叹浮名堪一笑

难如人意一生惭

痴思长绳系日

马上斜阳城下花

接木移花手段

老夫也在皮毛类

白石草堂

白石赏心

借山老子

杏子坞民

也曾卧看牛山

白石言事

白石草衣

白石见

四不怕者

借山吟馆主者

白石题跋

图 25-2　齐白石

印，"门"字之下，"下"字左右，均大胆留红，使得留红边栏与印文字画的留红连成一片，呈不规则形。看似粗野，不成比例，实则法度谨严，充满着简捷冷逸的韵味。"牵牛不饮洗耳水""中国长沙湘潭人也"等白文印，很讲求虚实与疏密，"中"下、"沙"下、"人"与"也"下，"牛"与"不"下大块留红，而"国"与"长"，"沙"与"潭"、"牵"与"洗"等印文点画则满实性的构图，真可谓密得不能容针，这种虚虚实实、黑白反差如此强烈的边栏，确实用了超常的夸张手段，是汉印所不及的。

2、白文印下留红边栏

图26系一组白文印下留红边栏印。一方白文印，上与左右的红地基本等同，而下边的留红却特别粗大宽阔，称为白文印下留红边栏。如"见贤思齐""老萍手段"等诸多白文印，上方与左右的白文留红边栏基本相等，而印下的留红特别多特别大。再如"齐大"与"白石翁"更具印下留红的特点。这就是边栏托起了印文，使印文奋发上扬，全印充满了动感。

3、白文逼边式边栏

图27系一组白文逼边式边栏印。其"白石许可"印，印的四面都有字画出边或逼边，"白石吟屋"印，印文字画虽然简少，但非常有神，印文点画顶到边栏。逼边边栏一般较为破残，但白石的这类印章并无过多的残缺与破碎，边栏仍然完美与方正，字口清晰，这正是他的高明与不同凡响之处。前人有"白文必逼边，朱文不逼边"之说，但白石之印反其道而行之，朱文印采用逼借边形式。印文字画不仅直逼边栏，且常常与边栏

见贤思齐　老萍手段　老萍

白石翁　扫门者四时风　吾年八十矣

行年八十三矣　齐大　老年肯如人意

我负人人当负我　杏子坞老民

吾狐也　悔乌堂　湘潭人也

七四翁　丙子　齐白石

图26　齐白石

白石许可

白石吟屋

煮画庖

苹翁得见有因缘

七十三岁后镌

白石造作

白石老年百娱

梅西居士

白石相赠

大匠之门

隔花人远天涯近

白石篆字

图27　齐白石

瓶屋

平园主人

寄萍堂

苦手

雨岩

饱看西山

吾画遍行天下伪造居多

图28-1　齐白石

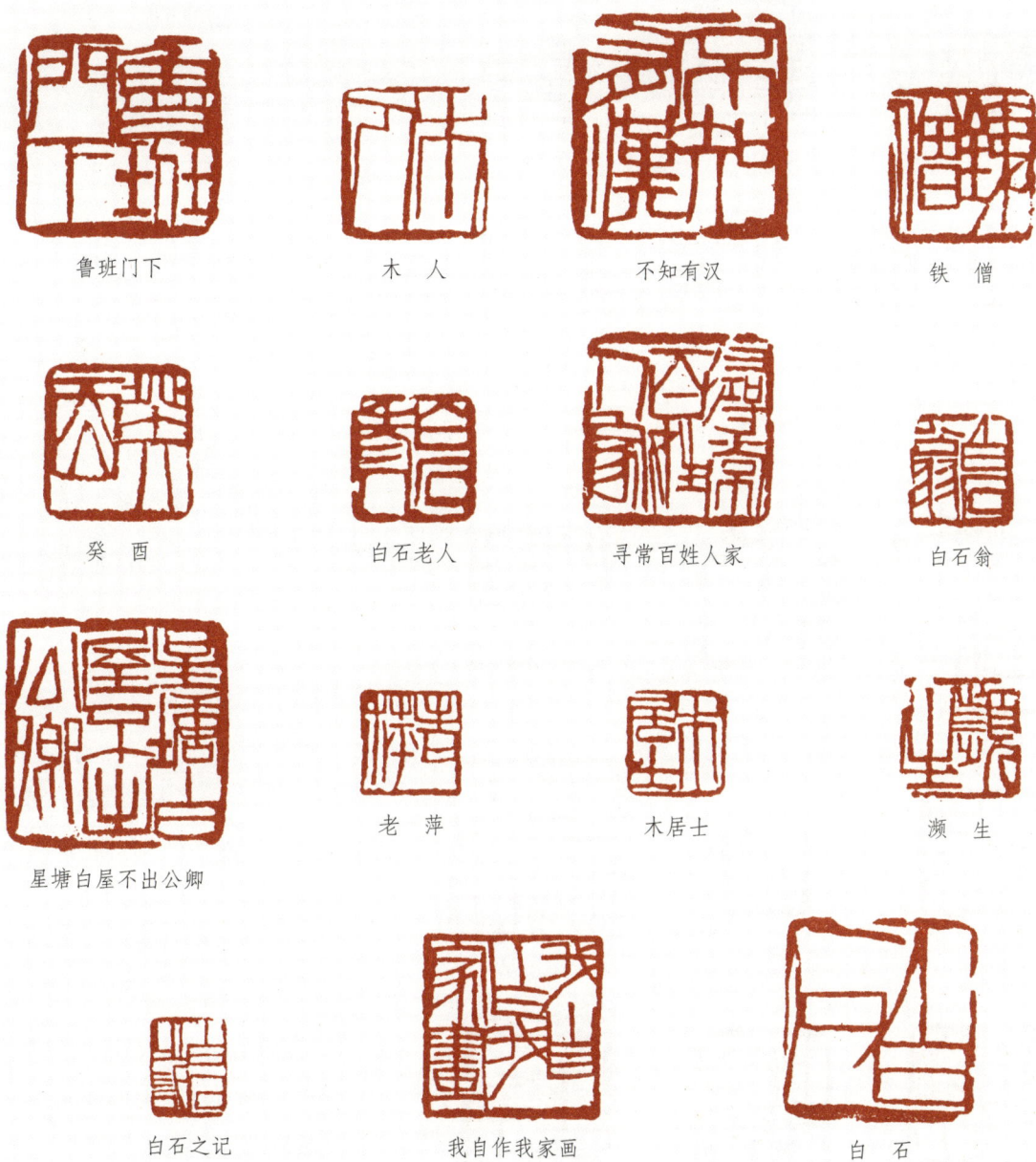

鲁班门下　　　　木 人　　　　不知有汉　　　　铁 僧

癸 酉　　　　白石老人　　　　寻常百姓人家　　　　白石翁

星塘白屋不出公卿　　　　老 萍　　　　木居士　　　　濒 生

白石之记　　　　我自作我家画　　　　白 石

图28-2 齐白石

线条重合、粘连在一起。继承与创新在这里得到了辩证的统一，使印章"印中有我"，巧中见妙，把两者淋漓尽致地表现出来。

4、朱文借边式边栏

图28系一组朱文借边式边栏印。其"瓻屋"印，边栏线条粗于印文，平正利落，印文上移，印下大块留空，"屋"字

左画借作边栏用，天衣无缝，恰到好处。再如"平园主人"印，"平"字上画与"园"字右、下画借作边栏，很得体，整个边栏有虚有实，有断有连，方寸之上，显示出不同凡响的气象。"苦手""雨岩""饱看西山""寄萍堂"等诸多印章均系借边式边栏。这类印章，印边关系尤为融洽，印中有边，边连印文，妙不

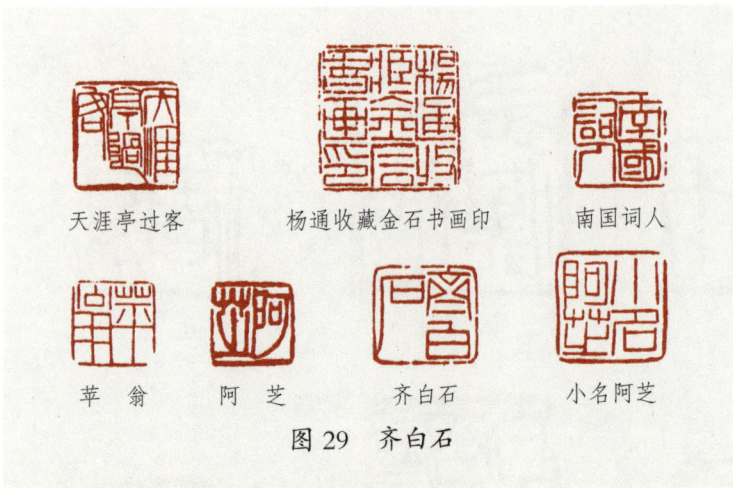

图29 齐白石

天涯亭过客　　杨通收藏金石书画印　　南国词人

苹翁　　阿芝　　齐白石　　小名阿芝

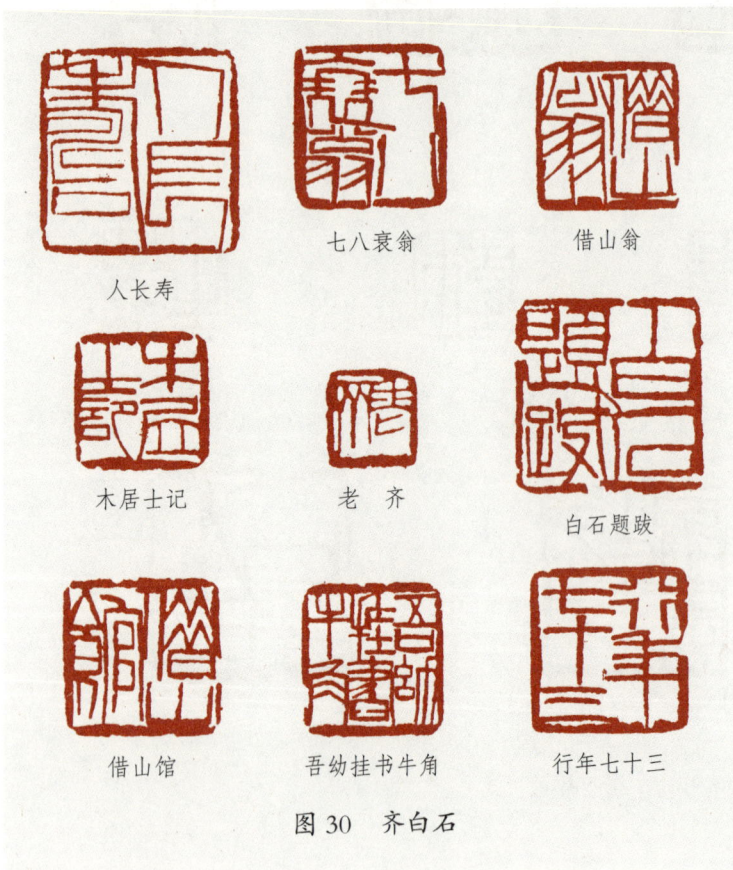

人长寿　　七八衰翁　　借山翁

木居士记　　老齐　　白石题跋

借山馆　　吾幼挂书牛角　　行年七十三

图30 齐白石

以农器谱传吾子孙　　老手齐白石

图31 齐白石

可言。

5、朱文细边边栏

图29"天涯亭过客""杨通收藏金石书画印""南国词人""苹翁""阿芝""齐白石""小名阿芝"等印章，系一组朱文细边边栏印，白石的这类边栏以方为主，方中寓圆，很含蓄古朴。

6、朱文粗边边栏

图30"人长寿""七八衰翁""借山翁""木居士记""老齐""白石题跋"等印章，印文细，边栏粗，皆属朱文粗边边栏。白石的朱文粗边边栏一如印文格调，刀痕明显，无比挺拔峻丽，很有特色与个性。

7、白文"井"字形边栏

图31"以农器谱传吾子孙"一印，印中加了一个"井"字作为格栏，印末一个"孙"字，占了上下两格，仍很自然得体，说明白石技法娴熟，有胆有识，遂能出奇制胜。"老手齐白石"一印，虽少了一横，但亦作"井"字形边栏类，几乎每个印文都出边出格，刀笔味特浓厚。格栏的一横二竖，将印面切割成六个格子，有意思的是印中的那条横线右高左低，右细左粗，完全打破了平衡感，又添了几分动势，"石"字左竖画伸展直下，起到了边栏作用，又填补了下格的空缺。印文字画多处和竖栏重合，甚至冲出边栏。印面留红呈对角呼应，特别耐看。

8、朱文粗细边混合式边栏

朱文粗细边混合式边栏的定义前面已介绍过，图32系一组朱文粗细边混合式边栏印章，其基本模式出自秦汉，但白石的截玉缺笔，无比锐利挺劲，边栏的粗细不是靠留红与敲击生成，而是刀刃的直接作用所致，粗粗细细完全是一

年高身健不肯作神仙　　煮画山庵　　白石画虫　　三百石印富翁　　萍翁段读

阿芝　　齐白石藏　　齐木人　　太平无事不忘君恩　　阿芝

木人　　齐大　　阿芝　　白石曾见　　悔乌堂

图32　齐白石

畿南文献之家　　寄萍堂　　老苹曾见　　忆君肠欲断　　白眼看它世上人

图33-1　齐白石

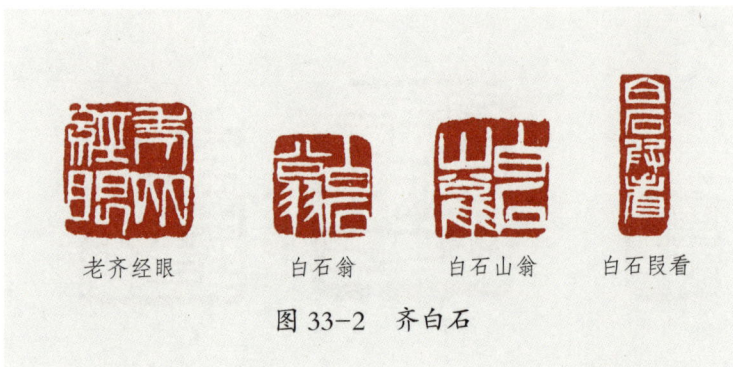

老齐经眼　白石翁　白石山翁　白石叚看

图33-2　齐白石

雷峰片石草庐　大年长寿　童大年印

大年千万　身世寄渔樵　昧退道人

双玺斋　心安是药更无方　裴子

书征图记　大年康吉　醴芝室

人生行乐耳　梦坡居士　金鳌十二峰松下第五童子大年　稚臣长寿

图34　童大年

派自然风光。如"年高身健不肯作神仙"一印，印文左右两边与边栏的衔接刀痕累累，特别是"肯"字的右竖画，一直竖到边栏的缺口中间，"白石曾见"的"石"字之左竖画，"煮画山庖"的"庖"字右垂、"白石画虫"的"白"字顶画与"石"字左竖画，都是表现了这种手法，不仅体现了印家的审美风格，也体现了充满个性的艺术特色，呈现在我们面前的是一种崭新的艺术形式。

9、白文留红粗细不等式边栏

图33"畿南文献之家"印，四边留红粗细不等，印左逼边，留红最少，印上稍有留红，印右留红稍多，印下则留红最多。"寄萍堂"印，分别从右、上、左、下，留红由少至多。"忆君肠欲断"印的留红则呈对边粗细式。白石的白文留红粗细不等式边栏印章，既不同于秦汉又不同于前人，很有个性与特色，他敢于探索，敢于创新，强调了章法的大虚大实，篆法的方劲挺拔，刀法的猛利果断，三者有机地结合，展现了"快剑斩蛟"的情趣。

九、民国时期其他篆刻名家印章边栏

（一）童大年

童大年（1871年—1955年），原名暠，字幼来，一字醒盦，号心安，别号性涵、印童、惺堪、恂谚、省葊等。所居称安居、依古庐、雷峰片石草庐。江苏崇明（今属上海市）人。幼承家学，自幼爱好书诗绘画，勤奋好学，个性淡然，胸襟开朗随意，不拘小节，随遇而安。能精研六书，取法乎上。7岁即习篆刻，

27 岁后为端方幕僚，50 岁后鬻艺营生。篆刻早年以古玺、汉印为宗，后习邓石如、赵之谦及浙派印风。长期潜心陶文、古泉、砖瓦文字，并受到缶翁影响。他的篆刻风格浑厚朴实，具有较浓厚的金石气息。童大年系西泠印社早期宿耆，性格爽朗，嗜酒如命，亦喜收藏古物，凡鼎彝泉镜，陶石砖瓦靡不罗致。著有《依古庐篆痕》《童子雕篆》《现代篆刻第八集》（童大年专集），另已辑成的有《瓦当印谱》《无双印谱》《樵古印谱》《古人名印谱》《肖形图像印存》等。如图 34 所示，童大年的印章边栏主要有：

"雷峰片石草庐""大年长寿""童大年印""大年千万"等印，系白文留红边栏。"身世寄渔樵""昧退道人"等印，系白文印下留红边栏。"双玺斋""心安是药更无方"等印，为白文"口"字格边栏。"裴子""书征图记"等印系朱文细边边栏。"大年康吉"印为朱文粗边边栏。"醴芝室""人生行乐耳"等印，为朱文粗细边混合式边栏。"梦坡居士"为白文长方形"口"字格边栏。"金鳌十二峰松下第五童子大年"印，属朱文多"口"形边栏。"稚臣长寿"印，系朱文"田"字格边栏。

（二）赵时棡

赵时棡（1874 年—1945 年），民国时期篆刻家。初名润祥，出生在其父镇江府任所，镇江古称润州，因而得名。后名棡，又易名时棡，字叔孺。号献忱，纫苌。晚年自号二弩老人。浙江省鄞县籍。其父官至大理寺正卿，家学熏陶，自幼聪慧好学，10 岁即能对客挥毫。11 岁随父入都。后入仕历署福州平潭同知、兴化府粮捕通判等。辛亥革命后移居上海，以书画篆刻自给。他的印章上追古玺汉印，及元人朱文，尤精玉簪小玺，后广泛收集商周青铜等器物，从中吸取艺术养分，使印章章法具有很高的水平。对赵之谦印风极为推崇，朱文印以赵为典范，流利自然。赵时棡的及门弟子有 40 多人，卓然成家的有沙孟海、陈巨来、方介堪等。另著有《二弩精舍藏印》《二弩精舍印赏》《汉印分韵补》《古印文字韵林》等。如图 35、图 36 所示，赵时棡印章边栏主要有：

1、白文留红边栏："趞鼎楼藏汉碑""精金美玉""赵时棡印""特健药"。

2、朱文细边边栏："安和室""虚斋墨缘""破帖斋""赵时棡印"。

3、朱文粗边边栏："四明周氏宝藏三代器""鲁盦"。

4、朱文残破式边栏："丁辅之所藏名人手札""七姐八妹九兄弟""洪承祓印"。

5、朱文细边长方形边栏有："净意斋""古鉴阁""古鄞周氏雪盦收藏旧拓善本""无锡秦氏文锦供养"。

6、白文"口"字形边栏："绳盦""石佛龛"。

7、朱文粗边长方形边栏："秉三"。

8、白文"口"字形竖栏边栏："张秉三"。

9、白文长方形"口"字式边栏："古鉴阁中铭心绝品"。

10、白文长方形留红边栏："南林张氏余辉斋藏"。

11、朱文粗边椭圆形边栏："墨戏"。

12、朱文长方形粗边押印边栏："赵押"。

他的"静观室印""秦清曾"等印章及细边边栏，线条圆美无纤曼之习，用刀精细，富有金石味，分朱布白不以花

趞鼎楼藏汉碑

精金美玉

赵时棡印

特健药

安和室

虚斋墨缘

破帖斋

赵时棡印

四明周氏宝
藏三代器

鲁盦

丁辅之所藏名人手扎

七姐八妹九兄弟

洪承裸印

净意斋

古鉴阁

古鄞周氏雪盦
收藏旧拓善本

无锡秦氏文锦供养

绳盦

石佛盦

秉三

图 35　赵时棡

张秉三

古鉴阁中铭心绝品

南林张氏余辉斋藏

墨戏

赵押

静观室印

秦清曾

赵桐私印

学吃亏

蓟里草堂

祖籍肃慎国今居六代都

五百图书之室

锡山秦文锦印

僕累庐

鹤壶精舍

丛桂小筑许氏鉴藏

荔庵

叔孺藏梁王像题名记

寒金斋

清曾临古

网公

蛟川方氏半阴闲庐
珍藏书画之印

衡伯

图36 赵时棡

哨、斑驳、狂怪来渲染气势，而以深厚的刀意笔韵来表达情趣。他的诸多白文留红边栏印上窥汉魏，下自取法浙、皖两派之长，工稳平实，秀雅雄健，疏密变化更为突出夸张，章法布局渊雅合度，别具高风。

（三）王福庵

王福庵（1880年—1960年），原名寿祺，后更名禔，字维季，号福庵，以号行。别署锄石农、屈瓠、印佣、石奴、罗刹江民；性素寡言，早有持默之号，71岁以后自号持默老人。所居曰麋砚斋、春住楼。浙江杭州人。父同柏为晚清进士，庭训甚严。早年能绘画刻印，25岁时与叶铭、丁仁、吴隐创建西泠印社。20世纪20年代应北京国民政府之聘，任职印铸局，又兼故宫博物院古物陈列所鉴定委员。1930年南归，在上海鬻艺自给。新中国成立后被聘为浙江省文史馆馆员、上海中国画院画师。书精隶篆，隶书以史晨精整一路，益以儒雅。篆书以铁线名世，私淑者甚众，而金文成就更高，含蓄蕴藉，浑劲雅隽，线条极为干净。篆刻尤为出类拔萃，沈禹钟以为与吴昌硕、赵时棡鼎足而三。福庵印从陈曼生、赵之琛入手，精研西泠八家印法，又益以皖派之长，兼取赵之谦、黄牧甫，复上究周秦两汉古印，自成体貌。刀法全用碎刀短切，章法稳妥。细朱文成就最大，曾绍杰评曰："其细朱文印，茂密而舒卷自如，遵修旧文而不穿凿，精湛秀静，独具风格。"46岁时因触电伤脑，愈后不耐久坐，遂躺于藤椅之上治石。著有《说文部首检异》《麋砚斋作篆通假》《福庵藏印》。自刻印辑有《罗刹江民印稿》《麋砚斋印存》等。如图37所

示，王福庵印章边栏主要有：

1、白文留红边栏："我生疏懒无所能""虚静斋""寄情于山水松竹之间"。

2、朱文细边边栏："带燥方润""砚田无恶岁""我苦在不痴不慧中""斗酒散襟颜"。

3、白文长方形留红边栏："彦冲所藏碑帖"。

4、白文"口"字形边栏："笔画劲利刀如锥""世朴画松""金石刻画臣能为"。

5、朱文长方形细边边栏："守寒巢""莫等闲白了少年头"。

6、朱文粗边边栏："彦冲"。

7、上拼合式边栏："鹤庐周甲后作""丁辅之泉唐人"。

（四）杨仲子

杨仲子（1885年—1962年），原名祖锡，亦名扬子，号石冥山人，一粟翁，梦春楼主，字仲子，以字行。所居曰"海燕楼"。江苏南京人。早年留学法国，攻读化学工程。后复往瑞士日内瓦音乐学院，专攻音乐。1920年归国后，任北平艺术学院院长，1943年任国立礼乐馆作乐部主任兼中央音乐学院教务长。他精通西洋音乐，亦精通传统的诗、书、画、印。把音乐的境界寓于治印之中，这凝固的音乐使篆刻作品内涵更加深刻，时人有"南杨北齐"之誉（杨，指杨仲子；齐，指齐白石）。他的篆刻早期宗法秦汉，承袭了战国古玺的风格，以钟鼎文字入印，字形奇妙诡异，仪态万千，自成一家面貌。其一生为许多社会名流、专家、学者治印，其中以其妹夫胡小石以及徐悲鸿二人为最多。徐悲鸿曾言："平生幸事乃藏得仲子精品近五十方，俱黄钟大吕之音，雄强高古之作，其中寓极妙之和声，

我生疏懒无所能

虚静斋

寄情于山水松竹之间

带燥方润

砚田无恶岁

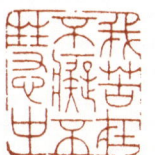
我苦在不痴不慧中

斗酒散襟颜

彦冲所藏碑帖

笔画劲利人如锥

世朴画松

金石刻画臣能为

守寒巢

莫等闲白了少年头

彦　冲

鹤庐
周甲后作

丁辅之
泉唐人

秦康祥印

姚亮私印

能事不受相逼迫

澄怀观妙

叡识阁

松竹草堂

但愿人长久
千里共婵娟

克天亦作克田一字
环古号古公别号天老

世朴写竹

禹功手获

定海应烽

会稽孙氏虚静
斋收藏书画印

鄞秦彦冲
所藏竹刻

图 37　王福庵

忘情何必
生斯世

哀莫大于心死

艺丐征得

杨子

马小牡

金陵

墨缘

相见时难别亦难

哀郢

哀故都之日远

雪谷长寿

平羽鉴赏

长相思

为我

漂泊西南

一粟斋集古

长相毋忘

大司乐钵

秋月

惜春

问春何在

图 38-1　杨仲子

非常人所能解悟模拟也。"又曾言仲子先生是"以贞卜文字入印之第一人"。潘伯鹰亦言："甲骨晚出，援以入印，直追古出，乃先生所擅也。"杨仲子精研甲骨文字，通过篆刻艺术再现其瘦劲的体势，险奇的布白，古雅的风貌，开创了印坛的新天地。齐白石曾赞曰："仲子先生之刻，古工秀劲，殊能绝伦，其人品亦驾人上，余所佩仰。"1949 年后，杨任南京市文物保管委员会主任。他一生治学谨严，为人正直，不媚权贵，忠于艺术。另有《怀沙集》《杨仲子金石遗稿》传世。

杨仲子印章边栏种类繁多，形式丰富，新颖别致，真正做到了形式为内容服务，内容与边栏高度协调一致。如图 38 所示，杨仲子印章"忘情何必生斯世"系白文留红边栏。"哀莫大于心死"系白文印下留红边栏。"艺丐征得"系白文"田"字格边栏。"杨子"为朱文细边边栏。"马小牡""金陵""墨缘""相见时难别亦难"等印为朱文粗边边栏。"哀郢""哀故都之日远"等印为朱文粗细混合式边栏。"雪谷长寿""平羽鉴赏"等印系朱文"田"字格边栏。"长相思""为我""漂泊西南""一粟斋集古"等印系白文"口"字形边栏。"长相毋忘"系瓦当式边栏。"大司乐钵"为朱文双"口"式边栏。"秋月"为白文长方形"口"字式边栏。"惜春"为朱文长方形封泥式边栏。"问春何在""春归何处"等印为朱文长方形粗边边栏。"徐""鸿"为朱文粗边圆形边栏。"石城"系白文不规则形边栏。"崔吉所作"为朱文无边栏印章。"阿洗"系朱文长方形粗细边混合式边栏。"中子集古"系白文椭圆形留红边栏。

其中"马小牡""为我""雪谷长寿"

等印，为甲骨结体，疏朗宽博，气韵典雅，线条细妍且富含弹性，道丽天成。他的用刀以冲为主，冲切兼施，意在浙、皖两派之间，抑扬顿挫，放而不狂，雄浑凝练。

（五）简经纶

简经纶（1888年—1950年）字琴石，号琴斋，别署千石、千石楼主、万石楼主。所居曰千石楼、万石楼、千石层、千石室、千万石居、在山楼等。祖籍广东番禺。生于越南，及长回国，间经史于简竹居，并从康有为学书。在上海侨务机构任职，公余之暇，与海上诸名家交流艺事。1937年迁居香港，以避战火，1942年移家澳门，战后返港，设馆教授书艺。尤精于甲骨。大字每以茅龙笔书之，小字则借助钝嘴钢笔蘸墨而成，峭利道劲，曾著有《甲骨集古诗联》。五十岁后习画，雅淡宜人。其篆刻，早岁学浙派，出入秦汉，后亲炙于易大庵，艺事大进，所拟古玺工绝。时甲骨文初出，简氏率先以之人印，运刀劲利瘦硬，布局错落有致，成就极大。简氏复擅楷书印，常撷魏晋碑刻佳书刻之，宛若古碑，别开生面。辑有《琴斋印留》。《千古楼印识》。《琴斋书画印合集》等。如图39，简经纶印章"琴斋言事""虎"等印为白文留红边栏。"仑"系白文饰灵边栏。"经纶之钵"为编钟形边栏。"不行其野""车马一东西""智者不言""舒新城钵""贞吉""至乎以弗解解之"等印为白文"口"字形边栏。"处其一""和其光"等一组印章为朱文粗边边栏。"以介眉寿"为白文"田"字格边栏。"为一日计者亡千载也""我是江山风月之主人"等印系朱文多"口"

春归何处　　徐　　鸿　　石城

崔吉所作　　阿洗　　中子集古

图38-2　杨仲子

琴斋言事　　虎　　仑

经纶之钵　　不行其野　　车马一东西

智者不言　　舒新城钵　　贞吉

处其一　　和其光　　以介眉寿

图39-1　简经纶

为一日计者
亡千载也

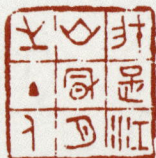

我是江山风月之主人

翁山后人

王 虎

仑大吉昌

琴 斋

海外归来始读书

经纶之钵

山中人唯知自乐
天下事不在多言

至乎以弗解解之

若 水

当保南岳

集百家言

图 39-2 简经纶

字形边栏。"翁山后人"系朱文粗细混合式边栏。"当保南岳"系朱文"田"字格边栏。"王虎"为朱文"亚"字形边栏。"仑大吉昌"系朱文拼合式边栏。"琴斋"为朱文无边栏印章。"海外归来始读书"系朱文长方形粗边边栏。

（六）谈月色

谈月色（1891 年—1976 年），女，原名古溶。因晏殊词句"梨花院落溶溶月"，遂字月色，以字行。晚号珠江老人，又号谈十娘。斋室名有梨花院落、茶四妙亭、旧时月色楼、汉玉鸳鸯池馆等。广东顺德人。1928 年，曾任黄花岗考古学院研究员，广州博物馆专员，抗战后曾供职于总统府印铸局。1936 年随夫居南京鼓楼二条巷。晚年聘为江苏省文史馆馆员，并当选为全国第三、第四届妇女代表、江苏省政协委员、南京市人大代表等。她自幼出家在广州檀度庵比丘尼，法名悟定，及其聪慧，除课佛外，兼研书画，民国初年，广州诸多名流学士常至禅门挥毫雅集。1917 年，与同盟会会员赵藩、李根源、蔡哲夫相识，吟诗作画，讨论艺事。蔡哲夫擅书画篆刻，并精谙古董图籍，博学多才。月色常向他请益，久之渐生爱慕之意。哲夫已有妻室，月色不顾世俗，甘愿还俗，屈居副室。聘礼系珊瑚盒中一玉鸳鸯，1920 年，由程大璋为媒正式结婚。时哲夫 42 岁，月色 30 岁，后共同致力于书画艺术，谈专攻墨梅与瘦金书，并在哲夫指导下学篆刻。初摹秦汉古印。与当时的篆刻名家邓尔雅、陈达夫、唐醉石、王光烈、简经纶、杨天骥、寿石工、李尹桑、沙孟海、冯康侯、吴朴堂等多有过从交流，互相砥砺，广采博取。1930 年有幸师从王福庵先生。所作白文印端庄肃穆，凝重洗练，饶有雍容华贵气象。细朱文印秀逸雅致，方圆相宜，时露温文尔雅的书卷气息。还用瘦金书入印，别开生面。此外她还将金文、甲骨文、石鼓文、爻书、秦隶、汉额、封泥、瓦当、陶文、钱币、砖铭等时代不同、风格各异的文字，融入印章，自出机杼，一统于遒劲秀丽的风韵之中。辛亥元勋、艺界耆宿孙科、李宗仁、李烈钧、冯玉祥、叶楚伧、蔡元培、柳亚子、李根源、黄君璧、饶宗颐、李天马等人的用印皆出谈氏之手。黄宾虹晚年用印亦由其刻制。1952年至1958年间，曾三次在江苏省美术馆举办"谈月色书画篆刻展"，颇具影响。著有《月色诗集》《中国梅花发展史》《月色印谱》等。如图40所示，谈月色"孙科私印""白崇禧印""仪汉斋"等一组印为白文留红边栏。"小林智生""谈月色玺"等印为白文"口"字格边栏。"焕章"为白文"口"字格竖栏边栏。"寒翁诗词书画"为白文多"口"形边栏。"汪梦秋"为朱白相间式边栏。"冯玉祥印""蔡元培印""健生长寿"等印为朱文细边边栏。"严挹英""顽铁""龙裕钧"等印为朱文粗边边栏。"黄宾虹"印为朱文粗边圆形边栏。"力争上游""月色画佛""业净山房"等印为朱文"田"字格边栏。"壶帝"为象形式边栏。"南京图书馆藏""同梦笔生花馆"等印为朱文长方形细边边栏。"月色白下卖画买书"为朱文长方形多"口"式边栏。

谈月色印章边栏，无论朱白、无论何种形式，皆干净利落，严谨规矩，端庄平稳，既充满书卷气，又洋溢着金石气。

孙科私印　　白崇禧印　　仪汉斋

小林智生　　谈月色玺　　焕章

寒翁诗词书画　　汪梦秋　　冯玉祥印

健生长寿　　蔡元培印　　严挹英

顽铁　　龙裕钧　　黄宾虹

力争上游　　月色画佛　　业净山房

图40-1 谈月色

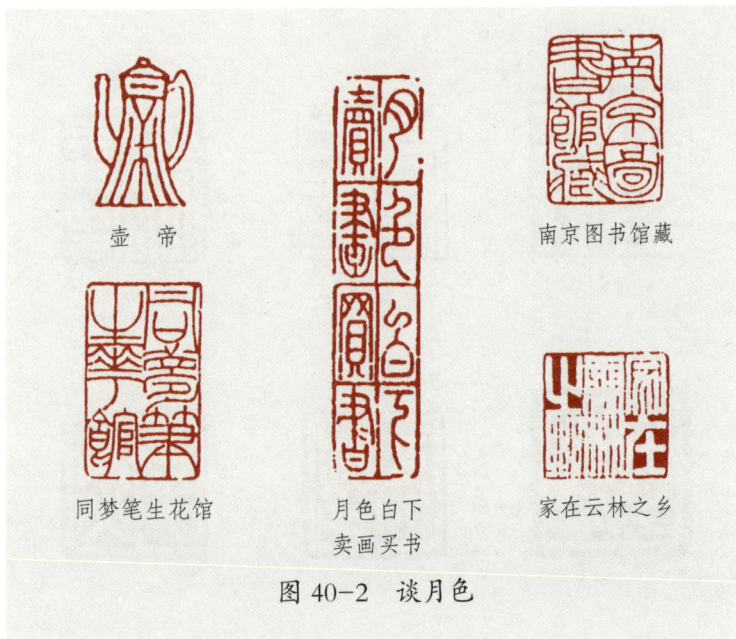

壶帝

南京图书馆藏

同梦笔生花馆

月色白下
卖画买书

家在云林之乡

图 40-2　谈月色

行尽江南不与离人遇

章士钊印

徐悲鸿

算潮水知人最苦

始知真放在精微

质诸鬼神而无疑

犹怜花可可梦依依

物外真游

光明海

拙亦宜然

十年磨剑

沈尹默印

图 41-1　乔大壮

（七）乔大壮

乔大壮（1892 年—1948 年），名曾劬，字壮殹，别署伯戬、劳庵、桥瘁、瘁翁、波外翁等。其所居曰波外楼、戬翼斋、酒悲亭、永夕室等，四川华阳县籍。先在重庆中央大学讲授古典文学，抗战胜利后，随校东迁南京。大壮幼承庭训，博习经史诗文，擅长于词学。治印始于 1916 年，40 岁以前未留印稿，1938 年入蜀后方事拓存。先由汉印入手，后窥先秦、古玺，乃至封泥，复致力于黄牧甫，走挺拔清劲一路风格。秦汉风神的白文印刻得尤为精到工致。大壮性谨饬，接客言谈，正襟危坐。先后供职于土地局、经济部、监察院，以文书笔札深得人称。怀才不遇，总有伤感，时露郁郁。中年丧偶，忧郁更甚，借酒消愁，酩酊之后纵兴放歌，高谈阔论，无所顾忌。适值南京时局动乱，学潮频频，后去台湾大学任中文系主任，不久又返回南京中央大学，此时解聘教师风潮未了，流言蜚语时有所闻，使之寝食不得安宁，遂拟赴沪，临行留诗给高足蒋维松云："此行不是无期别，试向初平觅道真。"甚感"人间可哀"，又对家人一一交代。终在苏州梅村桥上投身于河，离开了人间世俗，并留下绝笔诗："白刘往往敌曹刘，邺下江东各献酬。为此题诗真绝命，潇潇暮雨在苏州。"时年 57 岁。著有《波外楼诗》《波外乐章》，另有友人辑其拓刻 560 石成《乔大壮印蜕》二册行世。如图 41 所示，乔大壮"行尽江南不与离人遇""章士钊印""徐悲鸿""算潮水知人最苦"等印系白文留红边栏。"始知真放在精微""质诸鬼神而无疑"等一组印章为白文"口"字形边栏。"犹怜花可可梦依依"为白文栅栏式边栏。"物外真游"为白文"田"字格边栏。"光明海"为白文长方形"口"字格边栏。"拙亦宜然"系朱文细边边栏。"十年磨剑""沈尹默印""须髯如戟"等一组印章为朱文粗边边栏。"鼠肝室""忍墨书堂"等印为朱文长方形粗边边栏。

（八）来楚生

来楚生（1903 年—1975 年），原名稷勋，号然犀、楚凫、负翁、安处、一枝、非叶，晚年易字初生，亦作初升，浙江萧山人，生于武昌。抗战后定居上海。早年曾得潘天寿指点。个性耿直，潜心艺事，书画篆刻成就极高。书法兼擅诸体，隶书遍习汉碑参两汉简牍墨迹，沉着洒脱，不为前人成法束缚；草书取法明人黄道周，融入篆籀笔意，自成风貌；意笔花鸟，笔墨洗练，清新隽永，亦在画坛自树一帜，是当代享有三绝之誉的著名艺术家。篆刻远师秦汉，近踵吴熙载、吴昌硕、齐白石，70 岁后奇峰突起，别开新面。其肖形印于玺印之外，融合汉画像意趣，所作有生肖、佛像、草虫、成语故事等，内容丰富，不胜枚举，在印坛具有开拓性贡献。如图 42 所示，来楚生"来稷勋印""粗枝大叶"等一组印章为白文留红边栏。"耳聣室""栩栩斋主年五十后之作"等一组印章为白文印下留红边栏。"冷月私印""楚生私印"等印为白文残破式边栏。"抱华精舍""支离错落天真"等印为白文长方形留红边栏。"处厚""宠为下""玄庐生于乙巳""于无佛处称尊"等印为朱文封泥式边栏。"丁酉"印为朱文圆形粗边边栏。"过庭庭外"系朱白相间式边栏。"德侯"为葫芦形边栏。"潘押"印

| 须髯如戟 | 鼠肝室 | 忍墨书堂 |

| 绍杰之钵 | 人间可衷 | 小长安客 |

| 潘伯鹰印 | 爱晏平仲程婴与之同名 |

图 41-2　乔大壮

| 来稷勋印 | 粗枝大叶 | 耳聣室 |

| 栩栩斋主年五十后之作 | 冷月私印 | 楚生私印 |

图 42-1　来楚生

为朱文椭圆形边栏。

（九）傅抱石

傅抱石（1904年—1965年），原名长生，瑞麟，字庆远，自号抱石斋主人，江西新余人。曾被选为江苏省政协委员、江苏省人大代表、全国政协常委、全国人大代表，并担任过江苏省国画院院长，江苏省美术家协会主席，江苏省书法印章研究会副会长，西泠印社副社长、中国美术家协会副主席等，为著名中国画画家，美术教育家。尤以山水画雄踞于世，因而他的篆刻被画名所淹没。其实傅抱石的篆刻艺术造诣很深，他少年时就爱上了篆刻，他家附近就有刻字店、裱画店，常去观看，边看边记，很快就自己制印。那时家境困苦，曾仿刻赵之谦之名印售卖，以维持生计。由于天资聪明，当在江西第一师范学校毕业时，已刻成几部《印存》，名噪南昌城。他所以取名"抱石"，一是尊崇伟大爱国诗人屈原，取楚辞"抱石怀沙"之意；二是他酷爱篆刻，与石结缘；三是他十分爱好石涛的绘画艺术，以石涛为师，一语三关。1932年，徐悲鸿到南昌看到了傅的习作，非常赞赏。并得徐的指导与帮助，于1933年以公费去日本留学，1935年5月，在日本东京举办"傅抱石书画篆刻展"，日本著名篆刻家、书法家河井仙郎、中村不折等名流都到展场参观购印，在日本的郭沫若先生亲到展厅主持。傅抱石当场刻制微刻边款，倾倒所有在场观众，被称为"精神刻手"。抱石印作上追秦汉，既浑朴又潇洒挺拔，风格自具。他的朱文印刀笔交融、自出机杼，白文印典雅大方，并常有浙派神韵。抱石之篆刻，参以画理，这是他的独到

抱华精舍	支离错落天真	处厚
宠为下	玄庐生于乙巳	于无佛处称尊
丁酉	过庭庭外	德侯
潘押	但顾无事常相见	语不惊人死不休
初升	生肖	吹箫引凤
浑脱舞	蛙	渔人
秋苇墨拓	宁少少许	杭州张氏

图 42-2　来楚生

之处。而他的微刻边款，如"采芳洲兮杜若"一印，在印的三个侧面刻了屈原离骚全文2765字。成为篆刻领域的奇迹。他不仅在石上治印，而且在铜、竹、木、水晶、玉等材料上治印，取材十分广泛。"毛泽东印"，寿山石料，五厘米见方，顶端刻有古兽纽。1959年7月，傅抱石与关山月为人民大会堂绘制巨幅国画"江山如此多娇"时，傅抱石在北京就地购石，治就此印，恭请毛主席为此画题款时用。但毛主席在书画作品上没有盖章的习惯，这次亦不例外，故傅抱石将此印带回南京，置于箱底40年。1999年7月，因江苏省举办国庆五十年书法、篆刻大展，傅二石才将此方秘而未示、藏而未用的"当代文物"公之于世。傅抱石著有《中国篆刻史述略》《白石老人的篆刻艺术》《评明清画家印鉴》《刻印源流》等篆刻论著。如图43所示，傅抱石印章边栏主要有：

1、白文留红边栏："毛泽东印""当其无有书之用""采芳洲兮杜若""恨古人不见我"。

2、白文印下留红边栏："傅抱石"。

3、白文残破式边栏："新渝傅氏"。

4、白文"口"字形边栏："悲鸿""庆武"。

5、朱文细边边栏："踪迹大化""往往醉后""抱石得心之作""抱石山斋"。

6、朱文粗边边栏："抱石斋""终身不拟作忙人"。

7、朱文粗边圆形边栏："傅"。

8、朱文椭圆形边栏："盘根错节"。

9、朱文粗边长方形边栏："余之画不过草草"。

10、朱文"田"字格边栏："不求

毛泽东印

当其无有书之用

采芳洲兮杜若

恨古人不见我

傅抱石

新渝傅氏

悲　鸿

庆　武

踪迹大化

往往醉后

抱石得心之作

抱石山斋

图 43-1　傅抱石

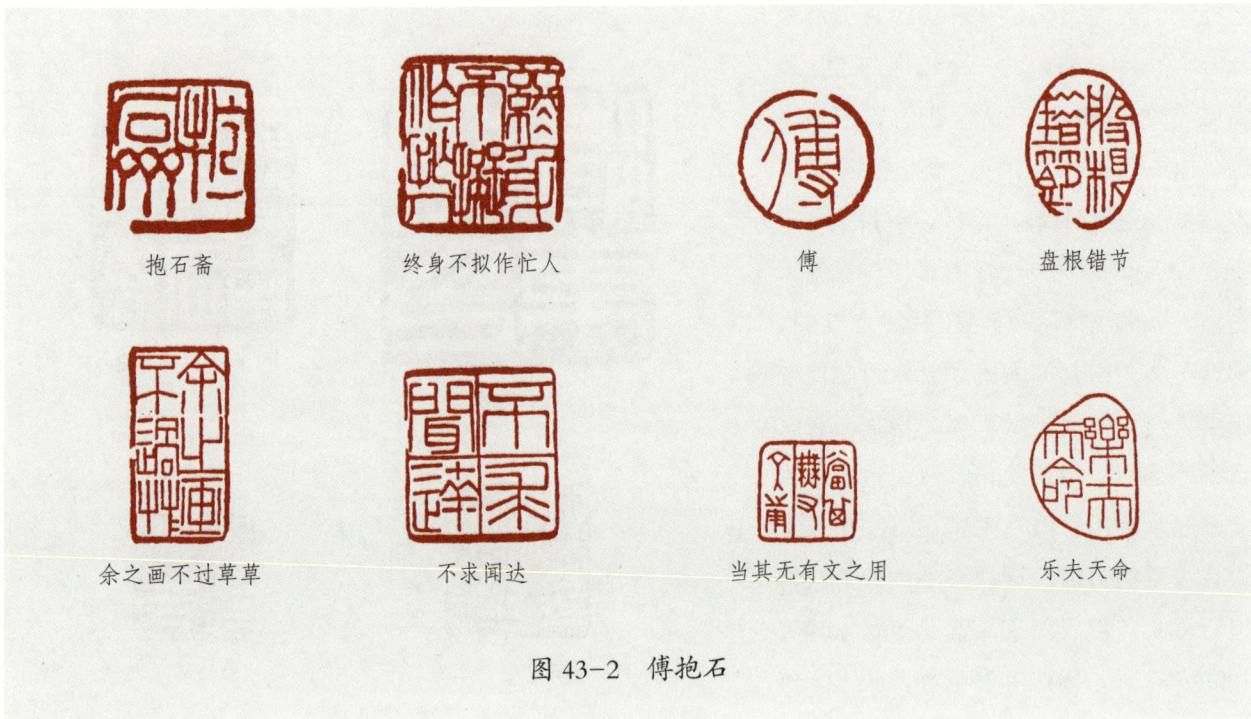

抱石斋　　　　终身不拟作忙人　　　　傅　　　　盘根错节

余之画不过草草　　　　不求闻达　　　　当其无有文之用　　　　乐夫天命

图 43-2　傅抱石

吴湖帆潘静淑
珍藏印　　　　张爱私印　　　　沈尹默印

平复堂印　　　　衡园词客　　　　张爱私印

由豫山堂　　　　陈夷同印　　　　安持精舍

兼巢老人第七女　　　　韧舟　　　　溥儒

图 44-1　陈巨来

闻达"。

11、朱文栅栏式边栏："当其无有文之用"。

12、朱文不规则形边栏："乐夫天命"。

（十）陈巨来印章边栏

陈巨来（1905 年—1984 年），浙江平湖人，生于福建，后移居上海。篆刻投赵叔孺门下。新中国成立后，任上海文史馆馆员、上海中国画院画师。他专攻篆刻，由赵叔孺又转益赵之谦、黄士陵之印风。后又和吴湖帆过从，精研秦汉古印。他的圆朱文印成就最高，秀雅精劲，清新多姿。赵叔孺曾言其"圆朱文为近代第一"。陈巨来取法广泛，出入规矩，章法、篆法、刀法皆一丝不苟，功力深厚，把篆刻艺术推到一个新的极致。有《盍斋藏印》《安持精合印存》《安持精合印话》等传世。

如图 44 所示，陈巨来"吴湖帆潘静淑珍藏印""张爱私印""沈尹默印""平复堂印""衡园词客""张爱私印"等印章系白文留红边栏。"由豫山堂""陈夷同印"等印为白文逼边式边栏。"安持精舍"为白文"田"字格边栏。"兼巢老人第七女"为白文"口"字格边栏。"韧舟"为白文横式竖栏边栏。"溥儒"为灵形式边栏。"珠溪""吴湖帆潘静淑珍藏印""梅景书屋""下里巴人"等印为朱文细边边栏。"政平"为朱文粗边边栏。"百岁千秋"为朱文"田"字格边栏。"玖庐"为白文"日"字格边栏。"松冈书屋""梅景书屋""双江阁""曾经钱氏君匋珍护""大风堂珍藏印"等印章为朱文细边长方形边栏。

十、小结

民国时期的官印边栏，大都为粗边或特粗边，有一部分用长方形形式，印章硕大宽阔，基本沿用承袭前代模式，没有太多的改变。而流派印、文人印、私印，那些代表近现代的诸多篆刻家，却更是姹紫嫣红、争奇斗艳，并逐渐取得了与国画、书法"鼎立而三"的地位。

民国以来的近现代印章、印学，包括边栏艺术，由于出土文物日益丰富，加之西方美学的影响，无数印人企图跳出传统的潮流，跳出明清印风的潮流，达到求变、创新的层面。达到前所未有新的高度。

在这个时期中，最有社会影响的流派有两个系列，其一以写意、豪放为特色。有齐派与邓派。齐派，即齐白石，因其晚年居住北京，又可称为"京派"，以单刀直入、欹斜错落为特色，取法古之将军印，其边栏也各呈特色。邓派，即邓散木，号粪翁，因其师从赵古泥，

珠溪	吴湖帆潘静淑珍藏印	梅景书屋
下里巴人	政平	百岁千秋
玖庐	松冈书屋	梅景书屋
双江阁	曾经钱氏君匋珍护	大风堂珍藏印

图44-2 陈巨来

属虞山派印人。因其篆刻艺魅力四射，印章厚重苍劲，特别讲究章法与气势，别具一格，后人曾争相仿效。其印章边栏也时出新意。故又独称邓石如之后又一邓派。另一系列则是以工整、秀丽为特色，有赵叔孺、王福庵两派。以细朱文印最为特色。韩登安将小篆细朱文印分为圆朱文与铁线篆两个亚类，赵叔孺派偏于圆朱文，王福庵派偏于铁线篆。笔者以为明清、民国时期印章的边栏，异常丰富多彩，品类和形式系继先秦、汉魏之后又一高峰，所有的边栏形式皆得到了前所未有的发扬光大。

附 录

附 录 | 中国历代印章边栏总汇

朱文边栏总汇

朱文细边边栏

朱文粗边边栏

朱文曲尺形边栏

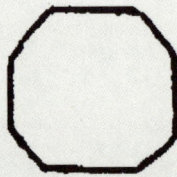

朱文多边形边栏

朱文粗细边
混合式边栏

朱文"亚"字形边栏

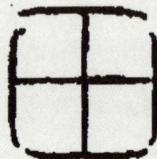

朱文"田"字格边栏

朱文多"口"形边栏

朱文编钟式边栏

朱文"日"字格边栏

朱文无边栏印章

朱文饰纹边栏

朱文拼合式边栏

朱文联珠式边栏

瓦当式边栏

封泥式边栏

朱文双"口"形边栏

朱文"田"字格边栏

朱文"日"字格边栏

朱文粗细式
"田"字格边栏

朱文残缺式边栏　　　　　朱文特粗边栏　　　　　朱文钱币式边栏　　　　　朱文异形边栏

朱文不规则形边栏　　　　朱文象形边栏　　　　　朱文饰灵边栏　　　　　朱文"T"字格边栏

朱文栅栏式边栏　　　　　朱文残破式边栏　　　　朱文菱形边栏　　　　　朱文半圆（半瓦当）边栏

朱文圆形双边边栏　　　　朱文多元结构边栏　　　朱文三角形式边栏　　　朱文借边式边栏

朱文长方形边栏　　　　　朱文圆形边栏　　　　　朱文葫芦形边栏　　　　朱文方形押印边栏

朱文椭圆形边栏　　　　　朱文梯形边栏　　　　　无边栏押印

311

附　录 | 中国历代印章边栏总汇

白文边栏总汇

白文留红边栏　　白文"口"字形边栏　　白文"田"字格边栏　　白文曲尺式边栏　　白文"日"字格边栏

白文"T"字格边栏　　白文"目"字格边栏　　白文"回"格边栏　　白文"亚"字形边栏　　白文编钟式边栏

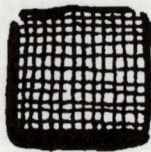

朱白相间式边栏　　白文留红粗细式边栏　　白文圆形留红边栏　　白文"O"形竖栏边栏　　白文扇形边栏

白文双"T"格边栏　　白文横红边栏　　白文竖红边栏　　白文印下留红边栏　　白文双"口"形边栏

白文饰灵边栏　　白文"井"字格边栏　　白文栅栏式边栏　　白文多"口"形边栏　　白文印下横白式边栏

白文借边式边栏

白文残破式边栏

白文印中竖白式边栏

白文图形式边栏

白文钱币式边栏

子母复合式边栏

白文象形式边栏

白文界格式边栏

长方形"口"
字式边栏

白文圆形竖栏边栏

白文"0"形边栏

白文椭圆形"○"
形横格边栏

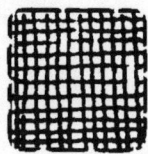

白文逼边式边栏

朱白相间式边栏

灵形混合式边栏

白文椭圆形"0"
形边栏

白文椭圆形留红边栏

白文拼合式边栏

白文圆形边栏

白文特宽留红边栏

白文长方形
残破式边栏

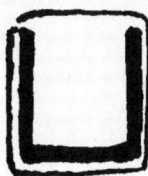

白文"凵"形边栏

白文长方形左右竖边栏